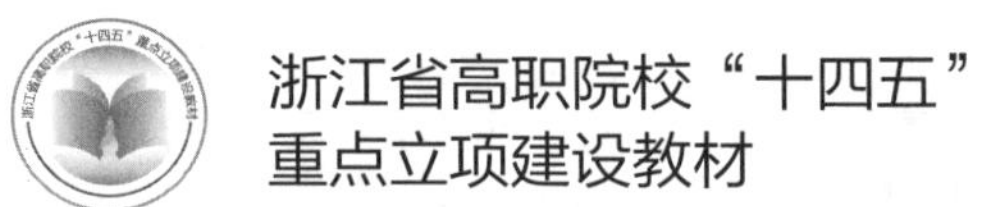

浙江省高职院校“十四五”
重点立项建设教材

高等职业教育智慧财经
系列教材

纳税核算与智能申报

NASHUI HESUAN YU ZHINENG SHENBAO

主　编　郑宝凤　潘上永
副主编　周肖肖　李国辉

本书另配：教学课件
教　　案
参考答案
税费申报与管理平台

中国教育出版传媒集团
高等教育出版社·北京

内容提要

本书是高等职业教育智慧财经系列教材之一，是浙江省高职院校“十四五”重点立项建设教材。

本书以立德树人为根本任务，基于我国税收基本知识、法律法规和相关政策编写，采用“项目任务”式架构设计，包含7个项目：纳税准备工作、增值税核算与智能申报、消费税核算与智能申报、企业所得税核算与智能申报、个人所得税核算与智能申报、财产和行为税核算与智能合并申报、其他税费核算与智能申报，将税收理论知识学习、税费计算与会计处理、纳税申报实操技能培养深度融合，充分满足职业岗位的知识能力需求和数字化新技能训练要求。为利教便学，部分学习资源（如操作演示、微课视频）以二维码形式提供在相关内容旁，可扫码获取；此外，本书另配有教学课件、教案、参考答案、金税仿真（智能化税费申报与管理）平台等教学资源，供教师教学使用。

本书既可作为高等职业本科院校和高等职业专科院校财务会计类专业相关课程教材，也可作为社会相关人员培训用书。

图书在版编目（CIP）数据

纳税核算与智能申报 / 郑宝凤，潘上永主编.
北京：高等教育出版社，2025. 6. -- ISBN 978-7-04-065066-2

Ⅰ. F810.42；F812.423

中国国家版本馆CIP数据核字第2025BF2367号

策划编辑 张雨亭　毕颖娟　**责任编辑** 张雨亭　钱力颖　**封面设计** 张文豪　**责任印制** 高忠富

出版发行	高等教育出版社	**网　　址**	http: // www. hep. edu. cn
社　　址	北京市西城区德外大街4号		http: // www. hep. com. cn
邮政编码	100120	**网上订购**	http: // www. hepmall. com. cn
印　　刷	上海华教印务有限公司		http: // www. hepmall. com
开　　本	787 mm × 1092 mm　1/16		http: // www. hepmall. cn
印　　张	23		
字　　数	582千字	**版　　次**	2025年6月第1版
购书热线	010－58581118	**印　　次**	2025年6月第1次印刷
咨询电话	400－810－0598	**定　　价**	49.00元

物 料 号　65066–00

前言

本书是高等职业教育智慧财经系列教材之一，是浙江省高职院校“十四五”重点立项建设教材。

党的二十大报告指出：“教育是国之大计、党之大计。培养什么人、怎样培养人、为谁培养人是教育的根本问题。”本书贴合高等职业教育特点，围绕“立德树人”核心目标，贯彻“三全育人”教育理念，紧跟“智慧税务”实践发展趋势，致力于培养适应数字经济时代、满足产业转型升级和技术创新需求的高素质新型财税人才。

税收是国家财政收入的重要来源，是国家治理的基础和重要支柱。科学的财税体制是优化资源配置、维护市场统一、促进社会公平的重要保障。随着社会经济的发展和信息技术的进步，国家不断深化财税体制改革，全面落实税收法定原则，深入推进税收征管数字化转型。在此背景下，编写一本反映税制改革优化最新成果，适配“以数治税”时代需求的纳税核算与申报教材，十分重要。

本书主要有以下特色。

1. 思政教育深入：德技并修，融入思政教育元素

本书秉持“德技并修”育人原则，将思政教育有机融入专业知识与能力培养之中。税法作为国家法律体系的重要组成部分，天然蕴含着丰富的思政（素质）教育元素。本书在每个学习任务的末尾，精心设计了“诚信纳税　为国聚财”特色栏目，深入探讨税收法治的内涵、诚信纳税的重要性、社会主义核心价值观的践行等内容，引导学生在掌握专业技能的同时，树立正确的价值观和职业道德观，培养德才兼备的高素质财税人才。

2. 设计理念独特：项目导向，设计“教、学、做”一体化任务

本书以涉税工作岗位的典型工作任务为主线，采用模块化设计，按税种划分教学任务单元。每个项目遵循“熟悉税法—税款核算—智能申报—纳税分析”的逻辑顺序展开，重点聚焦增值税、消费税、企业所得税和个人所得税等核心税种。集合“教、学、做”三要素，将税收理论知识学习、税费计算与会计处理、纳税申报实操技能培养深度融合，充分满足职业岗位的知识能力需求，还特别注重数字化新技能的训练，可为学生未来的职业发展打下坚实的基础。

3. 内容全面新颖：紧跟税收政策动向

本书涵盖了我国现行税收体系中十八个税种的核算与申报流程，重点介绍增值税、企业所得税、个人所得税等主体税种，还详细介绍了社会保险费的核算与申报要点。本书紧跟最新税收政策动态，依据《中华人民共和国增值税法》等最新税收政策更新内容，确保内容的时效性和实用性。本书还增加了"新电子税务局""数电发票"等现代化税收征管手段的应用，帮助学生学习和掌握最新的智能申报流程和方法。

4．数字技术先进：数智驱动，模拟智慧税务应用场景

本书紧跟时代步伐，以智慧税务工具为手段，具有显著的技术新颖性。本书结合了"金税四期""智慧税务"等数字化技术，依据时代创新需要，积极拓展学生对大数据时代"智慧税务"发展的认知，主动适应信息化社会对智能办税服务专业人才的诉求。通过实际案例的分析和操作，突出数字化工具运用，增强学生对智慧税务应用场景的理解和掌握，帮助学生认识税务管理的数字化转型趋势，培养"以数办税"的新型智慧税务人才。

5．教学资源丰富：支持线上线下一体化教学

本书为教师和学生提供了丰富的配套教学资源，极大地增强了教学的灵活性与趣味性。本书设计了"引导案例""特别提示""课堂讨论""技能训练""思考训练题"等多种互动式学习栏目，配备了微课视频、操作演示等丰富的实训资源，融入了金税仿真平台等智能申报技术。为利教便学，本书还为教师提供了教学课件、教案、参考答案、金税仿真（智能化税费申报与管理）平台等教学资源；教师可以根据本书末页所附的"课程平台申请体验单"申请试用"智能化税费申报与管理平台"。

6．适用范围广泛，本科专科多专业适用

本书既可作为高等职业本科院校、高等职业专科院校大数据与会计、财税大数据应用等专业学生的教学用书，也可作为涉税工作人员的培训教材，还可作为中小型企业财税人员学习税收制度和处理涉税业务的参考书籍。

本书由浙江经贸职业技术学院郑宝凤、潘上永任主编，周肖肖、李国辉任副主编，莫佳妮、余子涵、平音参编。具体编写分工如下：周肖肖、平音编写项目一，郑宝凤、潘上永编写项目二，周肖肖编写项目三和项目五，郑宝凤编写项目四，莫佳妮、李国辉编写项目六，余子涵、郑宝凤编写项目七。

本书在编写过程中，除依据现行税收法规外，还借鉴了部分专家、学者的资料和教材，得到了众多行业专家和厦门网中网软件有限公司的大力支持，在此一并表示衷心的感谢！

由于编者理论水平和实践经验有限，书中难免存在疏漏之处，恳请广大读者提出宝贵意见，我们将随着税法的改革和征管手段的变化对教材内容不断改进和优化。

编　者

2025年6月

目录

资源导航

微课视频

动画视频

操作演示

文本

项目一

纳税准备工作

内容导图

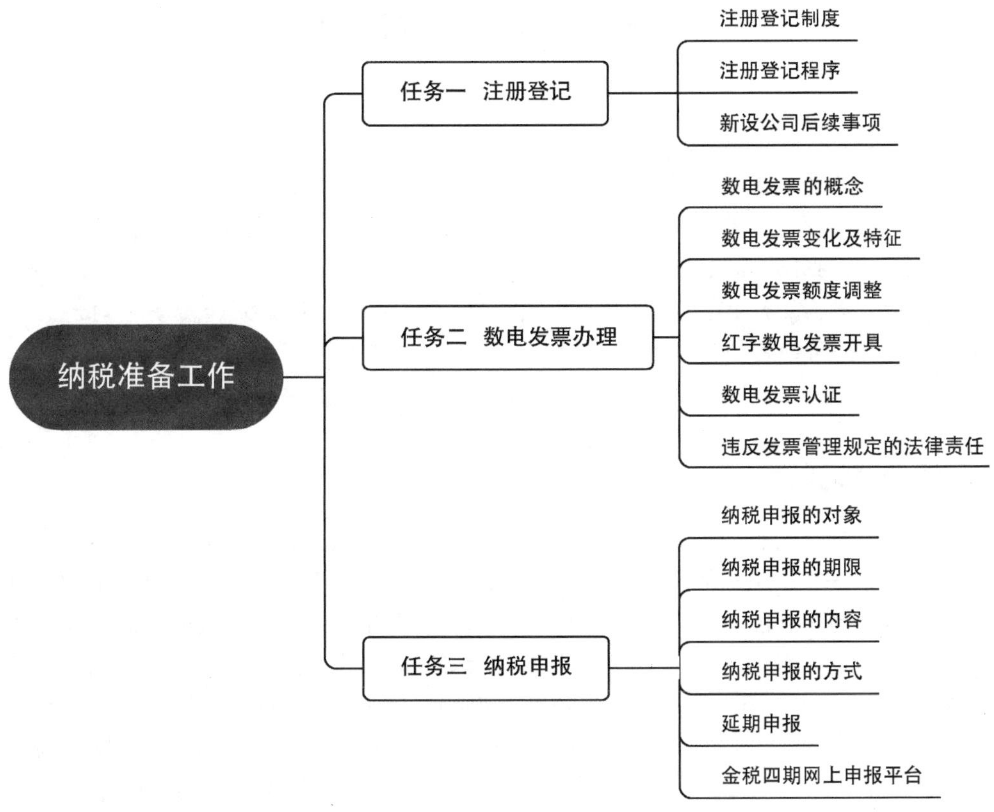

知识目标

(1) 了解企业注册登记基本流程。

(2) 掌握数电发票的特征及开具方法。

(3) 熟悉纳税申报流程和新电子税务局平台的功能。

技能目标

（1）会办理企业注册登记业务。
（2）懂数电发票的申领和使用。
（3）能使用新电子税务局平台进行纳税申报。

素养目标

（1）树立诚信纳税意识，自觉遵守税法，增强税务依法合规操作能力。
（2）提升智能化税务管理环境下的持续学习能力。
（3）践行社会主义核心价值观，为促进经济高质量发展贡献力量。

任务一　注 册 登 记

引导案例

李杰是一名刚毕业的大学生。面对竞争激烈的就业市场，他决定自主创业，为社会创造更大的经济价值。经过一段时间的努力，他找到了两个志同道合的同学。三人决定携手创业，共同开启这段充满挑战与机遇的旅程。他们通过市场调研，分析了当前市场的需求和趋势，结合自身的优势和兴趣，确定了公司的主营业务和发展方向，然后便开始着手设立公司的各项事宜。那么设立公司究竟需要做些什么呢？

一、注册登记制度

纳税人从事生产经营活动，办理涉税业务，首先需要注册登记。根据《国务院办公厅关于加快推进“五证合一、一照一码”登记制度改革的通知》（国办发〔2016〕53号），2016年10月1日起，全国正式实施“五证合一、一照一码”登记制度。“五证合一”是指在全面实施工商营业执照、组织机构代码证、税务登记证“三证合一”登记制度改革的基础上，整合社会保险登记证和统计登记证，实现“五证合一”的登记制度；“一照一码”，是指通过“一口受理、并联审批、信息共享、结果互认”，将由原来五个部门分别核发不同证照，改为由市场监督管理部门核发加载统一社会信用代码的营业执照，并将登记信息通过信息共享平台传递给相关部门，其他证照不再发放，如图1-1所示。统一社会信用代码为18位，由登记管理部门代码（1位）、机构类别代码（1位）、登记管理机关行政区划码（6位）、主体标识码（原

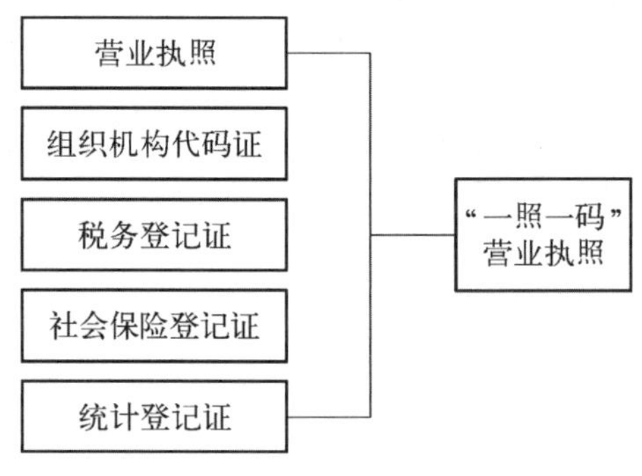

图1-1　“五证合一、一照一码”示意图

组织机构代码，9位）、校验码（1位）五个部分组成。“五证合一、一照一码”登记制度是有利于继续深化商事制度改革、优化营商环境、推动大众创业万众创新的重要举措。

为持续优化营商环境，2018年《工商总局等十三部门关于推进全国统一“多证合一”改革的意见》（工商企注字〔2018〕31号）在保持“五证合一”制度框架基础上，将19项涉企证照事项纳入整合范围，形成“二十四证合一”的新型“多证合一、一照一码”证照体系。2021年《国务院关于深化“证照分离”改革进一步激发市场主体发展活力的通知》（国发〔2021〕7号），深化“证照分离”改革，进一步激发市场主体发展活力。

二、注册登记程序

企业注册登记流程

为进一步提高企业登记管理的便利化、规范化、信息化水平，根据《工商总局关于推行企业登记全程电子化工作的意见》（工商企注字〔2017〕43号），《市场监管总局关于做好取消公司名称预先核准行政许可事项衔接工作的通知》（国市监注〔2019〕70号），我国全面推行企业名称自主申报。2021年7月，国务院颁布《中华人民共和国市场主体登记管理条例》，进一步规范市场主体登记管理行为，自2022年3月1日起施行。2021年12月，国家市场监督管理总局开发建设了“全国市场主体登记注册服务网”，汇集了全国各省、自治区、直辖市市场监管部门的全程电子化登记系统入口，面向社会提供更加便利、规范的市场主体登记服务，加快推动实现全国登记注册业务规范化和标准化。

当前，在深化“放管服”改革背景下，我国已构建起高效便捷的企业开办服务体系，通过实施“一件事一次办”改革，实现企业设立全流程集成化办理。企业注册登记程序的核心内容如下。

（一）办理渠道

1. 线上办理

企业登录全国或各地一体化政务服务平台“企业开办一网通办”专区，可全程在线完成名称申报、材料提交、电子签名等操作，并完成公章刻制、发票申领、社保登记、公积金缴存登记、银行开户预约等事项的同步申请。

2. 线下办理

企业可前往各级政务服务中心的企业开办综合窗口，提交申请材料，完成相关事项的办理，享受“一窗受理”服务。

（二）办理流程

1. 材料准备

材料准备是确保企业顺利注册的基础，基础材料主要包括公司章程、股东及法定代表人身份证明、经营场所证明等。在准备材料前，企业可登录线上平台进行名称自主申报，选择“名称登记”模块，填写相关信息并提交。系统将自动审核名称是否符合要求，审核通过后即可使用该名称进行后续注册流程。需要注意的是，涉及前置审批的行业须提交相关主管部门的批准文件或许可证件，如金融、保险、证券、医疗器械等。

2. 集成申报

推行线上线下一体化集成服务，统一线上入口，系统自动生成标准化表单；设立线下“一件事”综合窗口，提供免费帮办服务，实现线上线下同标准、无差别办理。同时支持容缺受理机制，即次要材料可承诺补交。

3. 并联审批

并联审批指的是依托信息化平台，多个审批部门协同作业，对同一项目的多个审批事项进行同步办理。例如，在企业开办过程中：由市场监管部门实时核准登记并生成电子营业执照；由公安部门同步完成公章刻制备案；由税务部门自动开通电子税务局，完成税种认定；由人社、医保、公积金部门即时办理参保登记；由银行机构实时接收开户预约信息。这种模式大幅缩短了审批时间，提高了办事效率，是深化"放管服"改革、优化营商环境的重要举措。

4. 结果领取

企业完成设立登记后，可选择窗口、邮寄、自助等方式领取设立登记结果，为后续运营做好准备，具体包括以下事项。

（1）实物交付：领取营业执照正副本，作为企业合法经营的重要凭证，并领取企业备案公章，包括公章、财务章、合同章、发票章和法人章。

（2）电子凭证：法定代表人可通过微信或支付宝的"电子营业执照"小程序下载电子营业执照，与纸质营业执照具有同等法律效力。

（3）配套服务：领取社保登记回执，作为职工参保的凭证；领取公积金开户指引，指导企业完成公积金缴存登记。

（三）注意事项

在提交设立登记申请时，企业需要使用CA（Certification Authority）证书或电子营业执照完成线上签署。法定代表人及股东须确保身份信息真实有效，并按要求完成实名认证和电子签名，以保障申请材料的合法性和有效性。

企业完成设立登记后，还需要及时办理以下业务：发票领用、社保缴费、公积金开户、银行开户、税务报到等。企业应在领取营业执照后30天内完成税务报到，开通电子税务局账户并完成税种认定。

特别提示

2024年7月1日正式实施的新《中华人民共和国公司法》（以下简称《公司法》）规定，有限责任公司的注册资本为在公司登记机关登记的全体股东认缴的出资额。全体股东认缴的出资额由股东按照公司章程的规定自公司成立之日起五年内缴足。这意味着我国注册资本由"认缴制"回归"实缴制"。

课堂讨论

假如你是李杰的合作伙伴，想和李杰一起给公司取个什么名字？想好之后可扫描"浙里办"APP或小程序，登录后进入【市场监管业务办理】—【企业开办】看一看有没有人已使用了此名，还可以详细看一下公司取名的规则和需要前置审批的事项哦。

三、新设公司后续事项

新设企业（公司，下同）领取"一照一码"营业执照后，市场监督管理部门通过政务信息共享平台将登记信息实时推送至税务机关，纳税人无须单独办理税务登记，但仍需要完成以下涉税事项。

（一）基础涉税信息确认

1. 自动税务登记

企业领取营业执照后，系统将自动完成税务登记。纳税人可使用营业执照上的纳税人识别号、法定代表人身份证号或手机号码及初始密码（通常为法定代表人身份证号码后六位）登录电子税务局。登录后，纳税人需要进入电子税务局【企业信息确认】模块，完善财务负责人、办税人员等信息。自2023年起，办税人员须完成实名认证。系统会自动分配主管税务机关及科所分局，并提示税务信息确认完成。

2. 税费种类认定

税务机关根据企业经营范围自动核定税种（增值税、企业所得税等），企业须在30日内登录电子税务局确认或调整。若涉及跨境业务或特殊行业（如跨境电商、再生资源），还须单独提交补充材料。

（二）一般纳税人资格登记

根据《增值税一般纳税人登记管理办法》（国家税务总局令第43号），自2018年2月1日起，增值税纳税人（以下简称“纳税人”），年应税销售额超过财政部、国家税务总局规定的小规模纳税人标准的，除按照政策规定，选择按照小规模纳税人纳税的以及年应税销售额超过规定标准的其他个人外，应当向主管税务机关办理一般纳税人登记。另外，对于新成立企业默认为小规模纳税人，若需要成为一般纳税人，也可以直接办理一般纳税人登记。

企业可以登录新电子税局，点击【我要办税】—【综合信息报告】—【资格信息报告】—【增值税一般纳税人登记】功能菜单填写相关信息，确定其会计核算健全，并选择一般纳税人生效之日是当月1日还是次月1日。

引例解析

首先，李杰和同学们需要确定公司基本信息，包括：公司类型、公司名称、注册资本、经营范围等；其次，要准备设立登记材料，包括：公司章程、股东身份证明、法定代表人信息、经营场所证明、财务负责人信息等。然后，登录企业开办“一网通办”平台或市场监管部门的官方网站，进行名称自主申报，提交设立申请，并使用电子营业执照或CA证书完成线上签署。审核通过后，企业可通过线上平台或线下窗口领取营业执照、公章等，并完成税务登记、社保和公积金登记、银行开户等后续事项。

· 诚信纳税　为国聚财 ·

纳税与共赢

企业在完成设立登记后，即成为市场主体，依法享有经营权利的同时，也须承担相应的纳税义务。纳税是企业最基本的法律责任，也是企业对社会的重大贡献。依法纳税不仅是企业应尽的义务，也是企业良好信誉的体现。企业通过诚信纳税，为国家财政收入提供支持，助力政府提供公共服务、改善民生。

例如，格力电器曾表示十年给国家纳税1 400亿元。2012年至2023年，格力电器实现营业收入18 767亿元，净利润累计2 304亿元，累计纳税1 534.4亿元，超过其间公司累计向股东分红的金额。这体现了企业将纳税作为社会责任的核心，通过纳税为社会创造价值，也为企业自身发展奠定了坚实基础。

作为市场主体，诚信纳税不仅是企业的法定义务，更是履行社会责任、推动社会进步的重要体现。通过诚信纳税，企业可以为社会创造更大的经济价值，实现企业与社会的共同发展。因此，对于刚刚设立的企业来说，了解和履行纳税义务，就是合规经营和履行企业责任的首要工作。

任务二　数电发票办理

引导案例

李杰的公司终于成立了，大家都兴奋不已，拿到营业执照这天，三个年轻人决心干出一番大事业。很快，在他们的共同努力下，公司迎来了第一笔业务。对方是一家大型企业，经过多轮洽谈，双方顺利签订了合同。几天后，公司收到了第一笔营业收入，金额虽然不大，但对他们来说意义非凡。财务小王迅速核对了合同金额和收款信息，确认无误后，他开始为购买方开具增值税发票。这是公司成立以来的第一张发票，小王格外小心。你知道小王应如何开具这张发票吗？

为贯彻落实中共中央办公厅、国务院办公厅《关于进一步深化税收征管改革的意见》中提出的"稳步实施发票电子化改革""2025年基本实现发票全领域、全环节、全要素电子化，着力降低制度性交易成本"要求，自2021年12月1日起，广东省、上海市和内蒙古自治区率先试点推行全面数字化电子发票（以下简称"数电发票"）。试点推行工作平稳有序，取得了优化营商环境、提升行政效能、助力经济社会数字化转型的积极效果。在此基础上，《国家税务总局关于推广应用全面数字化电子发票的公告》（国家税务总局公告2024年第11号），明确自2024年12月1日起，在全国正式推广应用数电发票。

一、数电发票的概念

数电发票是《中华人民共和国发票管理办法》中"电子发票"的一种，是将发票的票面要素全面数字化，号码全国统一赋予，开票额度智能授予，信息通过税务数字账户等方式在征纳主体之间自动传递的新型发票。数电发票与纸质发票具有同等法律效力。

数电发票为单一联次，以数字化形态存在。纳税人登录全国统一规范电子税务局电子发票服务平台，录入购买方信息、商品或服务详情、金额等内容，核对无误后即可开具。在电子发票（增值税专用发票）和电子发票（普通发票）两类数电发票下，根据特定业务标签，设置了建筑服务、成品油、报废产品收购、旅客运输服务、货物运输服务、不动产销售、不动产经营租赁服务、农产品收购、光伏收购、代收车船税、自产农产品销售、差额征税、机动车、二手车、代开发票、通行费、医疗服务、拖拉机和联合收割机、稀土等特定业务发票。

二、数电发票变化及特征

操作演示
发票开具

（一）数电发票变化

相比传统税控发票，数电发票有较大的变化，具体变化如图1-2所示。

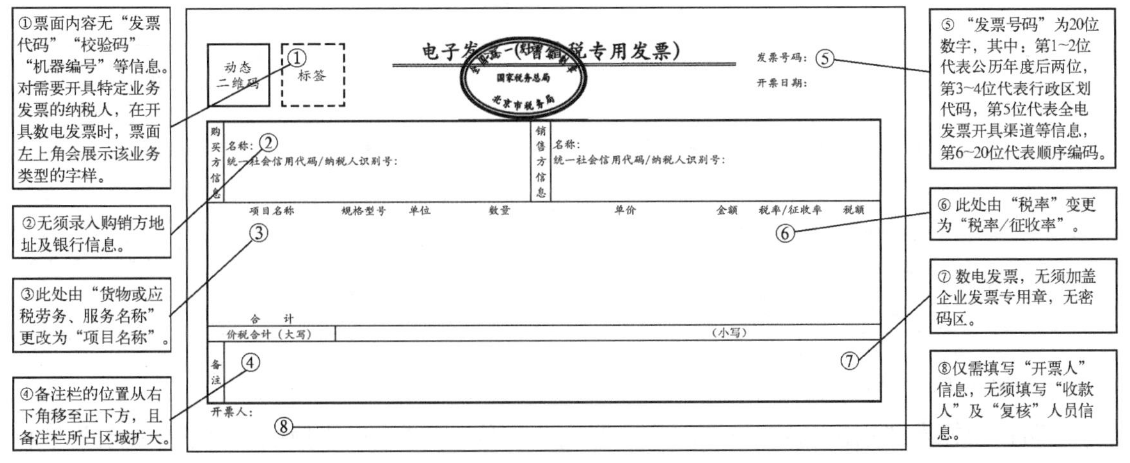

●数电发票的法律效力、基本用途与现有纸质发票相同。

●数电发票与目前使用的纸质发票、电子发票等在发票样式及发票内容上，发生了较大调整。

●另需注意数电发票无联次。

·动态二维码 ·发票号码 ·开票日期 ·购买方信息 ·销售方信息 ·项目名称

·规格型号 ·单位 ·数量 ·单价 ·金额 ·税率/征收率

·税额 ·合计 ·价税合计（大写、小写） ·备注 ·开票人

图1-2　数电发票（票样）与变化

（二）数电发票特征

货物运输发票开具

与原有税控发票相比较，数电发票具有“两去两化两制”的特征，开票和管理更为便利，具体如表1-1所示。

表1-1　数电发票与税控发票的特征比较

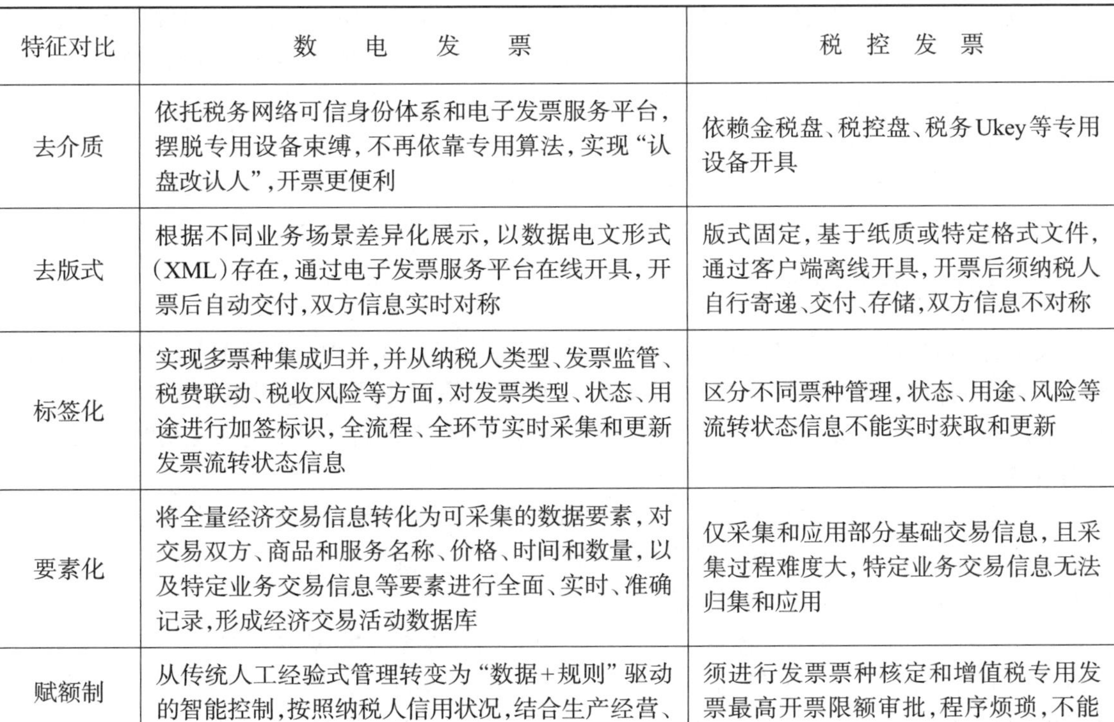

特征对比	数电发票	税控发票
去介质	依托税务网络可信身份体系和电子发票服务平台，摆脱专用设备束缚，不再依靠专用算法，实现“认盘改认人”，开票更便利	依赖金税盘、税控盘、税务Ukey等专用设备开具
去版式	根据不同业务场景差异化展示，以数据电文形式（XML）存在，通过电子发票服务平台在线开具，开票后自动交付，双方信息实时对称	版式固定，基于纸质或特定格式文件，通过客户端离线开具，开票后须纳税人自行寄递、交付、存储，双方信息不对称
标签化	实现多票种集成归并，并从纳税人类型、发票监管、税费联动、税收风险等方面，对发票类型、状态、用途进行加签标识，全流程、全环节实时采集和更新发票流转状态信息	区分不同票种管理，状态、用途、风险等流转状态信息不能实时获取和更新
要素化	将全量经济交易信息转化为可采集的数据要素，对交易双方、商品和服务名称、价格、时间和数量，以及特定业务交易信息等要素进行全面、实时、准确记录，形成经济交易活动数据库	仅采集和应用部分基础交易信息，且采集过程难度大，特定业务交易信息无法归集和应用
赋额制	从传统人工经验式管理转变为“数据+规则”驱动的智能控制，按照纳税人信用状况，结合生产经营、	须进行发票票种核定和增值税专用发票最高开票限额审批，程序烦琐，不能

（续表）

特征对比	数 电 发 票	税 控 发 票
	开票和申报行为，自动为纳税人赋予发票总额度并动态调整	及时保障纳税人用票需求
赋码制	由系统实时、在线、随机生成20位全国唯一发票号码，赋码包括年度、行政区划代码、开具渠道、顺序编码等信息，无法仿制、篡改	代码号码须预先印制，存在制贩假票、假票入账等问题

（三）数电发票的优点

与防伪税控发票相比，数电发票将多个联次改为单一联次，将依赖纸质形态存在改为依赖数字形态存在，将线下申请领用介质后使用改为在线实名认证后使用，主要有以下优点。

1. 领票流程更简化

数电发票实现“去介质”，纳税人不再需要预先领取专用税控设备；通过“赋码制”取消特定发票号段申领，发票信息生成后，系统自动分配唯一的发票号码；通过“赋额制”自动为纳税人赋予发票总额度。基于此，符合条件的新办纳税人基本实现了“开业即可开票”。

2. 开票用票更便捷

纳税人可以登录全国统一规范电子税务局，使用其集成的电子发票服务平台上的“发票业务”功能，即可进行发票开具、交付、查验以及用途勾选等系列操作，享受“一站式”服务，不再需要登录多个平台。纳税人如果在开票、受票的过程中遇到问题，可使用“征纳互动”功能，享受智能咨询和答疑服务。如果对赋予的发票总额度有异议，也可以通过“征纳互动”向税务机关提出。

数电发票取消了特定版式，增加了XML的数据电文格式以便利交付，同时保留PDF、OFD等格式，降低了发票使用成本，提升了纳税人用票的便利度。数电发票的样式可根据不同业务进行差异化展示，为纳税人提供更优质的个性化服务。

3. 入账归档一体化

通过制发电子发票数据规范与出台电子发票国家标准，实现数电发票全流程数字化。同时，通过税务数字账户下载的数电发票含有数字签名，无须加盖发票专用章即可入账归档。

操作演示 折扣发票开具

三、数电发票额度调整

发票总额度，是指一个自然月内，纳税人发票开具总金额（不含增值税）的上限。税务机关根据纳税人的税收风险程度、纳税信用级别、实际经营情况等因素，通过电子发票服务平台授予发票总额度，并实行动态调整。发票总额度的动态调整有四种方式，包括月初赋额调整、赋额临时调整、赋额定期调整、人工赋额调整。

（1）月初赋额调整是指信息系统每月月初自动对纳税人的发票总额度进行调整。

（2）赋额临时调整是指纳税信用良好的纳税人当月开具发票金额首次达到当月发票总额度的一定比例时，信息系统自动为其临时调增一次当月发票总额度。

（3）赋额定期调整是指信息系统自动对纳税人当月发票总额度进行调整。如2024年7月初成立的甲公司，初始发票额度为350万元。根据甲公司实际经营情况以及7月至12月各月发票额度的使用情况，2025年1月月初信息系统将其当月发票总额度调整至500万元。

（4）人工赋额调整是指纳税人因实际经营情况发生变化而申请调整发票总额度，主管税务机关确认未发现异常的，为纳税人调整发票总额度。

四、红字数电发票开具

红字发票开具

纳税人开具蓝字数电发票后，如发生销售退回（包括全部退回和部分退回）、开票有误、应税服务中止（包括全部中止和部分中止）、销售折让等情形的，应当按照规定开具红字数电发票。

（1）蓝字数电发票未进行用途确认及入账确认的，开票方发起红冲流程，并直接开具红字数电发票。农产品收购发票、报废产品收购发票、光伏收购发票等，无论是否进行用途确认或入账确认，均由开票方发起红冲流程，并直接开具红字数电发票。

（2）蓝字数电发票已进行用途确认或入账确认的（用于出口退税勾选和确认的仍按现行规定执行），开票方或受票方均可发起红冲流程，并经对方确认《红字发票信息确认单》（以下简称《确认单》）后，由开票方开具红字数电发票。《确认单》发起后72小时内未确认的，自动作废。若蓝字数电发票已用于出口退税勾选和确认的，须操作进货凭证信息回退并确认通过后，由开票方发起红冲流程，并直接开具红字数电发票。

受票方已将数电发票用于增值税申报抵扣的，应暂依《确认单》所列增值税税额从当期进项税额中转出，待取得开票方开具的红字数电发票后，与《确认单》一并作为记账凭证。

特别提示

已开具的数电发票不能作废。纳税人因开票有误等情形需要作废数电发票的，应当通过增值税发票综合服务平台全额开具红字数电发票。

（1）纳税人需要开具红字发票的，应在所对应的蓝字发票金额范围内开具，确保红字发票金额不超过原蓝字发票的金额。

（2）在开具蓝字数电发票的当月开具红字数电发票的，增值税发票综合服务平台将同步增加纳税人剩余发票额度；跨月开具红字数电发票的，增值税发票综合服务平台将不增加其剩余发票额度。

发票抵扣

五、数电发票认证

纳税人可以通过税务数字账户使用增值税发票综合服务平台具备的发票用途确认、风险提示、信息下载等功能。

纳税人取得带有“增值税专用发票”字样的数电发票、带有“普通发票”字样的数电发票等符合规定的增值税扣税凭证，如需要用于申报抵扣增值税进项税额或申请出口退税、代办退税的，应当通过税务数字账户或增值税发票综合服务平台确认用途。

未使用数电发票的纳税人继续通过增值税发票综合服务平台使用相关增值税扣税凭证功能，取得带有“增值税专用发票”字样的数电发票，带有“普通发票”字样的数电发票等符合规定的增值税扣税凭证，用于申报抵扣增值税进项税额或申请出口退税、代办退税的，应当通过增值税发票综合服务平台确认用途。纳税人错误确认发票用途的，可向主管税务机关申请更正。

特别提示

数电发票没有认证确认、稽核比对、申报抵扣的期限。

六、违反发票管理规定的法律责任

违反发票管理规定,应承担相关法律责任,主要情况如下:

(1) 未按规定开具、使用、报送发票数据等,税务机关责令改正,可处1万元以下的罚款,没收违法所得。

(2) 跨规定的使用区域携带、邮寄、运输空白发票的,税务机关责令改正,可以处1万元以下的罚款;情节严重的,处1万元以上3万元以下的罚款,没收违法所得。丢失或擅自损毁发票,同此处罚。

(3) 虚开发票,税务机关没收违法所得,虚开金额1万元以下可并处5万元以下罚款,超1万元并处5万~50万元罚款,构成犯罪的依法追责。非法代开发票,同此处罚。

(4) 私自印制、伪造、变造发票的,税务机关没收违法所得,销毁作案工具和非法物品,处1万~5万元罚款,情节严重的处5万~50万元罚款,构成犯罪的,依法追责。

(5) 转借、转让发票的,或明知是非法发票而受让的,税务机关处1万~5万元罚款,情节严重的处5万~50万元罚款,有违法所得的,予以没收。

课堂讨论

数电发票的推广应用对税务管理具有深远的影响。你觉得主要有哪些影响?

引例解析

首先,小王需要确定的是发票类型,即需要开具的是增值税专用发票还是增值税普通发票,然后登录全国统一规范电子税务局的增值税发票综合服务平台,录入购买方信息、商品或服务详情、金额等内容,核对无误后点击“开具”,发票信息即可快速生成并发送到对方的税务系统。

• 诚信纳税　为国聚财 •

数电发票:开启税务与企业数字化新时代

数电发票的全面推广不仅是税务管理现代化的重要举措,也是企业数字化转型的重要契机。企业和税务部门需要共同适应这一变化,充分利用数电发票带来的便利,确保税务合规性,推动经济社会高质量发展。

为加强数据安全,数电发票系统应实施严格的身份认证机制,使用强密码和双因素认证,确保只有授权人员才能访问和操作发票数据。同时,建立合理的权限管理机制,对不同用户设置不同权限，防止数据被非法访问。

企业还应加强内部管理与培训，建立健全的数电发票管理制度，规范开具、使用、报销，入账和归档等全流程管理。同时，定期对财务人员进行培训，提高其对数电发票操作的熟练度和风险防范意识。定期对数电发票数据进行备份，确保在系统故障或数据丢失时能够快速恢复。同时，建立应急响应机制，以便在发生数据安全事件时迅速采取措施，减少损失。

任务三　纳 税 申 报

引导案例

李杰的公司即将顺利营业一个月，三个年轻人约好这月底要出门旅游好好休息一下。此时，财务小王提出商量纳税申报事宜。李杰感到有些疑惑，作为新设立的小规模纳税人，公司应如何进行纳税申报呢？能不能享受税收优惠政策呢？于是，小王耐心地向李杰做了解释。听完小王的解释，李杰意识到，虽然纳税申报看似复杂，但只要按照流程操作，就能顺利完成。他决定先完成纳税申报，再安心去旅游。毕竟，合规经营才是企业长远发展的基石。如果你是小王，会怎么向李杰解释呢？

纳税申报是指纳税人、扣缴义务人在发生法定纳税义务后，按照税法或税务机关相关行政法规规定，在申报期限内，以书面形式向主管税务机关提交有关纳税事项及应缴税款的法律行为。

依据《中华人民共和国税收征管法》的规定，纳税人从开业（设立）之日起至注销税务登记之日止均要履行纳税申报义务，如实办理纳税申报，报送各税种纳税申报表和其他纳税资料。

一、纳税申报的对象

下列纳税人、扣缴义务人及代征人应当按期向国家税务机关办理纳税申报或者代扣代缴，并提交代收代缴税款报告、委托代征税款报告。

（一）依法已向国家税务机关办理税务登记的纳税人

（1）各项收入均应当纳税的纳税人。

（2）享受全部或部分产品、项目税种减税、免税照顾的纳税人。

（3）当期营业额未达起征点或没有营业收入的纳税人。

（4）实行定期定额纳税的纳税人。

（5）应当向国家税务机关缴纳企业所得税及其他税种的纳税人。

（二）按规定无须向国家税务机关办理税务登记，以及应当办理而未办理税务登记的纳税人

（1）临时性经营主体。

（2）特定行业的小规模纳税人。

（3）未办理税务登记的新设立企业。

（4）未办理税务登记的个体工商户。

（5）其他特殊情况。

（三）扣缴义务人和国家税务机关确定的委托代征人

扣缴义务人是指法律、行政法规规定负有代扣代缴、代收代缴税款义务的单位和个人。常见的扣缴义务人包括：

（1）支付工资、薪金所得的单位。

（2）支付稿酬、劳务报酬的单位或个人。

（3）支付利息、股息、红利的单位。

委托代征人是指受税务机关委托，代征零星、分散和异地缴纳的税收的单位和个人。常见的委托代征人包括邮政部门、金融机构及其他单位和个人。

二、纳税申报的期限

纳税申报期限是指税收法律、法规规定或者税务机关依照税收法律、法规的规定确定的纳税人、扣缴义务人向税务机关办理申报和纳税的期限。

纳税申报期限是根据各个税种的特点确定的，各个税种的纳税期限因其征收对象、计税环节的不同而不尽相同。同一税种也因为纳税人的经营情况不同、财务会计核算不同、应纳税额大小不等，所以申报期限也不同，通常可以分为按期申报纳税和按次申报纳税。按期纳税申报，是以纳税人发生纳税义务的一定期间为纳税申报期限，不能按期纳税申报的，实行按次申报纳税。纳税人、扣缴义务人如遇国家法定的公休假日，可以顺延其纳税期限。公休假日指元旦、春节、五一国际劳动节、国庆节、双休日等。

三、纳税申报的内容

纳税申报的内容主要包括两个方面：一是纳税申报表或者代扣代缴、代收代缴税款报告表；二是与纳税申报（或者代扣代缴、代收代缴）有关的资料或证件。

（一）申报表及代扣代缴、代收代缴报告表的填写

纳税人和扣缴义务人在填报纳税申报表或代扣代缴、代收代缴税款报告表时，应将税种、税目、应纳税项目或者应代扣代缴、代收代缴税款项目，适用税率或单位税额，计税依据，扣除项目及标准，应纳税额或应代扣、代收税款，税款所属期限等内容逐项填写清楚。

（二）纳税人办理申报应报送的资料

（1）纳税申报表，是由税务机关统一负责印制的供纳税人进行纳税申报的书面报告，其内容因纳税依据、计税环节、计算方法的不同而有所区别。

（2）财务会计报表，是根据会计账簿记录及其他反映生产、经营情况的资料，按照规定的指标体系、格式和序列编制的，用以反映企业、事业单位或其他经济组织在一定时期内经营活动情况或预算执行情况的报告文件。不同纳税人由于生产经营的内容不同，所使用的财务会计报表也不一样，需要向税务机关报送的种类也不相同。

（3）其他纳税资料，如：与纳税有关的经济合同、协议书；固定工商业户外出经营活动税收管理证明和异地完税证明；境内外公证机关出具的有关证件；个人工资及收入证明等。

（三）扣缴义务人办理申报应报送的资料

（1）代扣代缴、代收代缴税款报告表。

（2）其他有关资料，通常包括：代扣代缴、代收代缴税款的合法凭证；与代扣代缴、代收代缴税款有关的经济合同、协议书、公司章程等。

四、纳税申报的方式

纳税申报方式是指纳税人或扣缴义务人在发生纳税义务或代扣代缴、代收代缴义务后，在其申报期限内，依照税收法律、行政法规的规定到指定税务机关进行申报纳税的形式。

我国的纳税申报，主要采用上门申报和网上申报两种形式。

（一）上门申报

上门申报是纳税人、扣缴义务人在规定的申报期限内，到主管税务机关指定的办税服务场所报送纳税申报表，代扣代缴、代收代缴税款报告表等有关资料。

（二）网上申报

网上申报是指纳税人在法定的期限内利用计算机通过互联网登录税务部门电子申报网站，录入当月应申报数据，审核无误后，由银行自动从纳税人税款专用账户划转应纳税款，完成申报纳税。

五、延期申报

延期申报是指纳税人、扣缴义务人不能按照税法规定的期限办理纳税申报或者报送代扣代缴、代收代缴税款报告表。

（一）延期纳税申报规定

延期申报是指纳税人、扣缴义务人基于法定原因，不能在规定的期限内办理申报，经核准延期一定时间申报的制度。

延期申报的法定原因，是指不可抗力因素，即无法预见、无法避免的自然灾害，包括水、火、风灾、地震等；财务处理的特殊原因，即财务处理未结束，在规定的申报期内申报确有特殊困难的。地域性原因造成无法及时申报的，税务机关应公告延期申报期限。

（二）办理延期申报的程序

纳税人、扣缴义务人不能按期办理纳税申报或者报送代扣代缴、代收代缴税款报告表的，经税务机关核准，可以延期申报。但纳税人应当在纳税期内按照上期实际缴纳的税额或者税务机关核定的税额预缴税款，并在核准的延期内办理税款结算。注意事项如下。

（1）申请延期申报的纳税人、扣缴义务人应在规定的申报期前向办税服务厅涉税窗口递交申请资料。申请资料包含下列内容：书面申请报告；延期申报审批表；税务机关要求报送的其他资料。

（2）纳税人、扣缴义务人因不可抗力，不能按期办理纳税申报或者报送代扣代缴、代收代缴税款报告表的，可以延期办理，但是，应在不可抗力情形消除后立即向税务机关报告，税务机关应当查明事实，予以核准。

微课视频

常用办税软件介绍

六、金税四期网上申报平台

金税四期网上申报平台是中国国家税务总局推出的第四代纳税服务平台，标志着“金税工程”迈入了一个全新的发展阶段。金税四期网上申报平台不仅整合了税务申报、缴税、查询等核心业务，还融入了电子税务局的诸多便捷服务，如税务登记、发票管理、税收优惠申请等。通过这一平台，纳税人可以随时随地完成各项税务申报工作，实现税务业务的全程在线办理，极大地提高办税效率。目前全国申报平台主要是两个，分别是新电子税务局和自然人税收管理系统，均有网页和APP两个版本。

（一）新电子税务局

2024年3月，《国家税务总局关于开展2024年“便民办税春风行动”的意见》，要求全面推广上线全国统一规范电子税务局（简称“新电子税务局”），实现税费服务智能化升级。新电子税务局是一个全国统一的、规范的、智能的涉税服务系统，能实现全国一个标准、一个规则、一个平台业务通办。纳税人可以通过更加高效、便捷的电子税务局平台完成纳税申报等各项税务业务。

在新电子税务局登录页面，纳税人可以通过平台轻松在线填写并提交各类税务申报表，如增值税申报表、所得税申报表等。平台支持多种申报方式，既可以直接填写，也可以导入预设模板，满足不同纳税人的个性化需求。平台还提供了申报表的预填服务，根据纳税人的历史申报数据和税务信息，自动预填部分申报内容，大大减轻了纳税人的填报负担。

（二）自然人税收管理系统

自然人税收管理系统也得到了全面升级。新的扣缴客户端是在金税三期个人所得税扣缴系统的基础上，结合金税四期的技术要求和业务需求进行升级改造的一款专门用于个人所得税代扣代缴申报的客户端软件。纳税人可以通过访问各省税务局门户网站首页或登录升级后的电子税务局平台，点击相关链接访问自然人税收管理系统的网页版。首次访问仍需要进行实名认证注册，若已在电子税务局系统完成实名认证注册，则可以直接登录电子税务局，并设置登录自然人税收管理系统的登录名和密码，即可访问系统并办理相关业务。

此外，纳税人还可以通过扫描自然人税收管理系统网页版首页的二维码，下载手机APP客户端。下载安装完成后，通过实名注册并登录，可以随时随地进行相关业务办理。在实名注册后，纳税人可以通过自然人税收管理系统报送专项附加扣除信息、在线填写申报表、在线缴税，并实现纳税记录的在线查询、开具等业务。金税四期的实施，进一步提升了税务服务的便捷性和办税效率，为纳税人提供了更加优质的税务服务体验。

（三）金税四期网上申报平台的特点

金税四期上线，意味着我国税收征管由“以票控税”走向“以数治税”，税收征管不再依据发票纳税，而是通过对企业的各方面数据进行分析，进而识别企业的纳税风险点和对企业进行监管。

1. 全数据、全业务、全流程的“云化”打通

金税四期实现了税务数据的全面上云，打通了税务业务的全流程，从申报、缴税到查询、咨询的全部业务都可以在线完成，大大提高了税务管理效率和服务水平。

2. 智能办税、智慧监管

平台运用大数据、人工智能等新一代信息技术，对纳税人的税务行为进行全方位、全业务、全流程的智能监管，及时发现并处理潜在的税务风险，提高了税务管理的精准性和有效性。

3. 便捷高效

金税四期网上申报平台以用户为中心，设计了简洁明了的操作界面和流程，使得纳税人能够轻松上手，快速完成税务申报和其他业务办理。平台还支持移动端访问，纳税人可以通过手

机或平板电脑等移动设备随时随地办理税务业务，进一步提升了办税的便捷性。

4. 安全可靠

平台采用了先进的信息安全技术，包括加密传输、身份验证、访问控制等，确保了纳税人信息的安全性和保密性。平台还建立了完善的数据备份和恢复机制，确保税务数据的安全可靠，防止数据丢失或损坏。

此外，金税四期网上申报平台积极与相关部门和机构进行合作，实现税务信息的共享和互通。金税四期网上申报平台还注重用户体验的持续优化和提升，如定期收集纳税人的反馈意见和建议，不断优化功能和服务，以满足纳税人的各种需求。这不仅有助于提高税务管理的效率和准确性，还为纳税人提供了更加便捷、高效的税务服务体验。

课堂讨论

纳税人如果当月没有收入或利润，是否需要进行纳税申报呢？

引例解析

小规模纳税人通常按季度进行纳税申报，公司需要在每个季度结束后的次月完成增值税申报、企业所得税预缴申报以及其他认定税种的申报。纳税人登录电子税务局点击【我要办税】下的【税费申报及缴纳】，选择对应的申报模块即可进行申报。系统会根据企业信息自动预填部分数据，纳税人确认无误后即可提交。若业务复杂，可手动填写申报表并核对数据后提交。

小规模纳税人可以享受一定的税收优惠。例如，如果季度销售额未超过30万元，可以免征增值税。对小型微利企业年应纳税所得额不超过300万元的部分，减按25%计入应纳税所得额，按20%的税率缴纳企业所得税，实际税负为5%。

• 诚信纳税　为国聚财 •

纳税申报与诚信纳税：责任、公平与社会进步的基石

纳税申报是纳税人向税务机关报告其纳税情况的法定程序。这一过程不仅是税务机关掌握税收信息、确保税收征管顺利进行的基础，更是纳税人履行法律义务、承担社会责任的重要体现。纳税申报要求纳税人真实、准确地报告收入、成本、费用等财务信息，通过纳税申报，税务机关能够合理分配税收负担，确保税收政策的有效实施，从而维护社会公平、保障国家财政收入的稳定和公共服务的供给。

反之，虚假申报或逃避纳税的行为，不仅损害了国家利益，也破坏了社会的公平正义。当部分纳税人通过不正当手段逃避纳税义务时，税收负担就会被不公正地转嫁给其他守法纳税人，这种现象不仅会导致社会资源分配的不合理，还会引发公众对税收制度的信任危机。

纳税人应充分认识到纳税申报与诚信纳税的重要性，自觉遵守税收法律法规，依法履行纳税义务。

思考训练题

一、单项选择题

1. 统一社会信用代码的位数是（　　）。

A. 15位　　B. 16位　　C. 17位　　D. 18位

2. 电子营业执照与纸质执照相比，二者的法律效力关系是（　　）。

A. 电子营业执照法律效力更高　　B. 纸质执照法律效力更高

C. 二者具有同等法律效力　　D. 电子营业执照无法律效力

3. 新设企业领取“一照一码”营业执照后，关于税务登记下列说法正确的是（　　）。

A. 需要单独办理税务登记　　B. 系统自动完成税务登记

C. 需要提交额外材料才能完成税务登记　　D. 不需要进行税务登记

4. 新成立企业若需要成为一般纳税人，可以直接办理一般纳税人登记，确定的条件是（　　）。

A. 有足够的资金　　B. 有固定的经营场所

C. 会计核算健全　　D. 有专业的财务人员

5. 数电发票的开票额度授予方式为（　　）。

A. 人工经验式管理　　B. 智能控制

C. 固定额度　　D. 手动申请

6. 数电发票号码的位数共有（　　）。

A. 18位　　B. 20位　　C. 22位　　D. 25位

7. 数电发票全面推广应用的时间是（　　）。

A. 2024年11月1日　　B. 2024年12月1日

C. 2025年1月1日　　D. 2025年3月1日

8. 数电发票“标签化”指的是（　　）。

A. 发票类型、状态、用途的加签标识　　B. 发票的颜色和样式

C. 发票的大小和形状　　D. 发票的纸质和质量

9. 数电发票相比传统税控发票，实现了“去介质”，下列说法正确的是（　　）。

A. 依赖专用设备　　B. 不再需要专用设备

C. 需要更多设备　　D. 需要特殊介质

10. 电子税务局中的“公众服务”功能主要提供的服务是（　　）。

A. 税务机关通知公告和公开信息查询　　B. 纳税人信息管理和账户管理

C. 办税进度及结果信息查询　　D. 在线预约办税和征纳交互

二、多项选择题

1. 关于企业办理注册登记的渠道，下列说法错误的是（　　）。

A. 只能线上办理　　B. 只能线下办理

C. 线上或线下办理均可　　D. 必须同时线上和线下办理

2. 企业完成设立登记后，领取营业执照的方式包括（　　）。

A. 窗口领取　　B. 邮寄领取

C. 自助领取　　D. 电话领取

3. 根据规定，下列内容可以包含在企业名称中的是（　　）。

A. 企业注册地点　　B. 特定含义的数字

C. 企业的服务宗旨　　D. 企业股东名字

4. 关于数电发票赋额临时调整，下列说法错误的是（　　）。

A. 每月月初自动调整

B. 纳税信用良好的纳税人当月开具发票金额首次达到当月发票总额度的一定比例时

C. 每年定期调整

D. 纳税人申请调整

5. 下列选项中需要依法办理纳税申报的是（　　）。

A. 收入达到一定金额的纳税人　　B. 企业所得税纳税人

C. 享受减税、免税照顾的纳税人　　D. 定期定额纳税的纳税人

三、判断题

1. 数电发票为单一联次，以数据电文形式存在。（　　）

2. 通过税务数字账户下载的数电发票含有数字签名，无须加盖发票专用章即可入账归档。（　　）

3. 数电发票需要登录多个平台完成相关操作。（　　）

4. 纳税人因不可抗力不能按期办理纳税申报的，应等待税务机关通知。（　　）

5. 电子税务局中“我要办税”功能主要用于查看税务公告和通知。（　　）

四、简答题

1. 何谓“多证合一、一照一码”登记制度？

2. 简述公司注册登记的基本流程。

3. 简述数电发票的概念、特征及优点。

4. 纳税申报有哪些常见的方式？

5. 如何操作新电子税务局客户端平台？

6. 如何操作使用自然人税收管理系统？该系统有哪些功能模块？

项目二

增值税核算与智能申报

内容导图

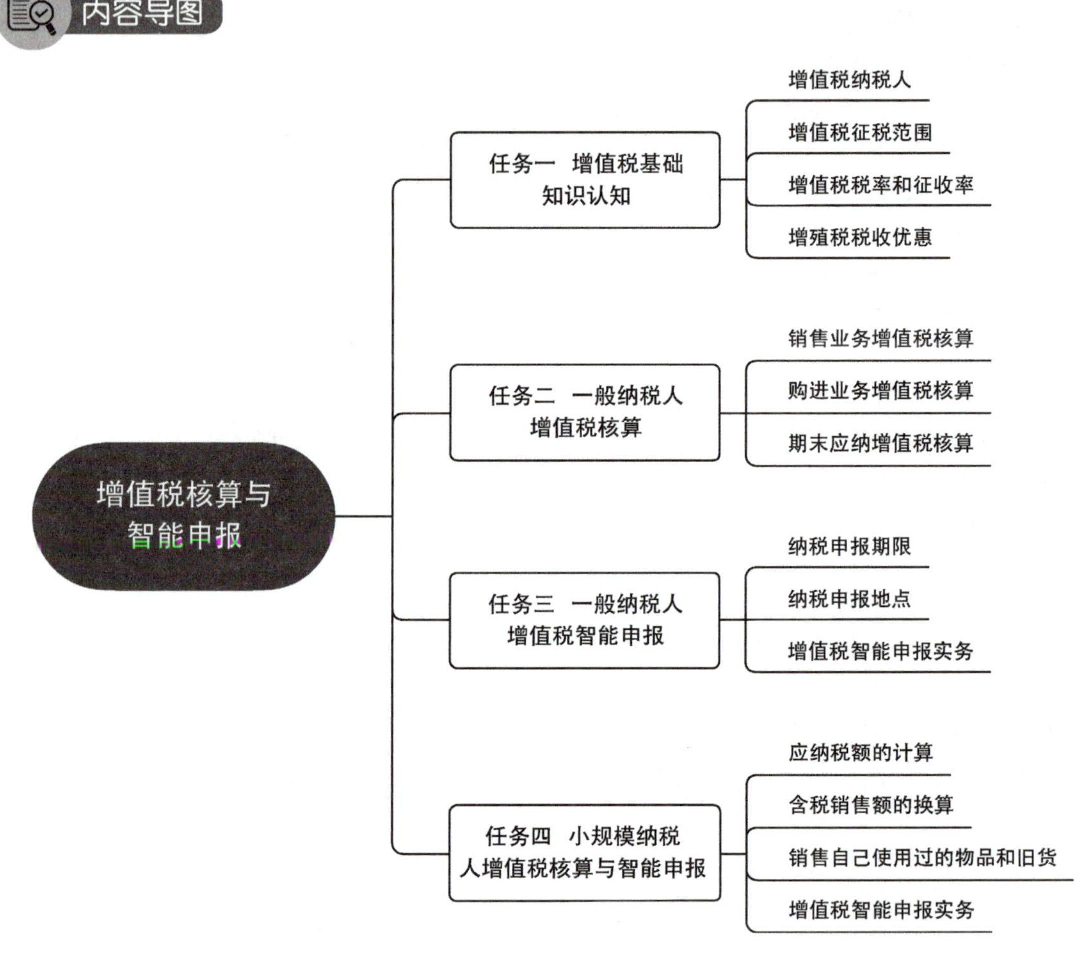

知识目标

（1）了解增值税的基本规定。

(2) 熟悉增值税会计处理的账户设置。
(3) 掌握增值税纳税申报表的填写方法。

技能目标

(1) 会增值税应纳税额的准确计算。
(2) 懂增值税会计分录的规范编制。
(3) 能正确填报增值税纳税申报表。

素养目标

(1) 树立诚信纳税意识,提高增值税依法合规操作能力。
(2) 培养智能化税务管理环境下增值税知识的持续学习能力。
(3) 借助新技术拓展创新思维,提升数据分析能力。

任务一　增值税基础知识认知

引导案例

张明是一名财会专业的大一新生。课前,老师让同学们收集10张发票。于是张明第一次认真关注了自己各类消费支出的发票,包括:超市购物发票、书店购书发票、出租车发票、网约车发票、淘宝购物发票、酒店餐饮发票、高铁发票[电子发票(铁路电子客票)]、快递发票等。

通过收集发票,张明不禁感叹,原来税收离我这么近,而且现在开发票这么方便,提供购买方信息后就可以快速获得各种电子发票。张明还发现,他拿到的增值税发票税率有1%,3%,6%,13%……还有免税的。张明疑惑了:不同发票的税率为什么差异这么大?支付的价款中原来是有增值税的,那我是不是就是纳税人呢?为什么我拿到的都是普通发票,听说还有专用发票?还有,高铁发票上没有写增值税,那它和增值税发票有关吗?

增值税是对以商品(含应税劳务和应税服务)在流转过程中产生的增值额为计税依据而征收的一种税,具有税收中性、普遍征税、不重复征税等特性,对保证税收收入、规范税收秩序、促进经济发展具有重大作用。

1954年,法国经济学家莫里斯·洛雷率先推动增值税的制定与实施,该举措取得巨大成功,洛雷也因此被誉为“增值税之父”。半个多世纪以来,增值税得到了全世界的广泛认可,已有100多个国家实施增值税制度。我国自1979年引进增值税制度以来,经历了多次改革,并于2016年5月1日起全面实施“营改增”。目前增值税是我国第一大税种,2024年国内增值税总收入为6.67万亿元,占全国税收总收入的38.1%。

2025年前，我国增值税核算与申报遵循的基本规范包括2017年11月19日国务院令第691号修订的《中华人民共和国增值税暂行条例》、2011年10月28日中华人民共和国财政部令第65号修正的《中华人民共和国增值税暂行条例实施细则》，以及2016年5月1日起实施的《财政部、国家税务总局关于全面推开营业税改征增值税试点的通知》(财税〔2016〕36号）等法律法规。2024年12月25日，第十四届全国人民代表大会常务委员会第十三次会议通过《中华人民共和国增值税法》，自2026年1月1日起施行。

一、增值税纳税人

文本

《中华人民共和国增值税法》

凡在中华人民共和国境内（以下简称境内）销售货物、服务、无形资产、不动产（以下称应税交易），以及进口货物的单位和个人（包括个体工商户），都是增值税的纳税人。单位包括企业、行政单位、事业单位、军事单位、社会团体及其他单位。个人包括个体工商户和其他个人。

单位以承包、承租、挂靠方式经营的，承包人、承租人、挂靠人（以下统称承包人）以发包人、出租人、被挂靠人（以下统称出包人）名义对外经营并由发包人承担相关法律责任的，以该发包人为纳税人。否则，以承包人为纳税人。

在我国境外的单位或者个人在境内发生应税交易，在境内未设有经营机构的，以其境内代理人为扣缴义务人；在境内没有代理人的，以购买方为扣缴义务人。

为了便于征管，我国将增值税纳税人按会计核算水平和经营规模大小划分为一般纳税人和小规模纳税人，分别采取不同的增值税计税方法。二者的判断标准如表2-1所示。

表2-1　小规模纳税人和一般纳税人的判断标准

比较项	小规模纳税人	一般纳税人
标准	年应税销售额500万元（含）以下	超过小规模纳税人标准
特殊情况	（1）其他个人（非个体工商户）：不得办理一般纳税人登记 （2）非企业性单位和不经常发生应税行为的纳税人："可选择"按小规模纳税人纳税	小规模纳税人会计核算健全，能够提供准确税务资料的可以申请登记为一般纳税人

（一）小规模纳税人

增值税小规模纳税人的标准为年应征增值税销售额500万元及以下。年应税销售额，是指纳税人在连续不超过12个月或四个季度的经营期内累计应征增值税销售额，包括纳税申报销售额、稽查查补销售额、纳税评估调整销售额。

小规模纳税人会计核算健全，能够提供准确税务资料的，可以向主管税务机关申请办理一般纳税人登记。会计核算健全，是指能够按照国家统一的会计制度规定设置账簿，根据合法、有效凭证进行核算。

（二）一般纳税人

一般纳税人是指年应税销售额超过财政部、国家税务总局规定的小规模纳税人标准的企业。非企业性单位、不经常发生应税行为的企业、年应税销售额超过规定标准但不经常发生应税行为的单位和个体工商户可选择按照小规模纳税人纳税。年应税销售额超过规定标准的其他个人不办理一般纳税人登记。

纳税人应当向其机构所在地主管税务机关办理一般纳税人登记。年应税销售额超过规定标准的纳税人选择按照小规模纳税人纳税的，应向主管税务机关提交书面说明。纳税人登记为一般纳税人后，不得转为小规模纳税人，国家税务总局另有规定的除外。

选择题 2-1

根据增值税法律制度的规定，下列说法中正确的是（　　）。

A. 从事货物生产的企业，年应税销售额在500万元（含）以下的，一律认定为小规模纳税人

B. 小规模纳税人会计核算健全、能提供准确税务资料的，可申请登记为一般纳税人

C. 已认定为小规模纳税人的企业一律不得再转为一般纳税人

D. 应税服务年销售额超过500万元的个体工商户为一般纳税人

答案解析：小规模纳税人会计核算健全，能够提供准确税务资料的，可以向税务机关申请一般纳税人资格认定；除国家税务总局另有规定外，纳税人一经认定为一般纳税人后，不得转为小规模纳税人。正确选项为B、D。

课堂讨论

增值税一般纳税人和小规模纳税人主要存在哪些不同点？

二、增值税征税范围

增值税的征税范围包括在中华人民共和国境内销售或者进口货物，提供加工、修理修配服务，销售服务、无形资产或不动产。

（一）征税范围的一般规定

现行增值税征税范围的一般规定包括：

1. 销售或者进口货物

销售货物指的是有偿转让货物的所有权。销售货物的起运地或者所在地在境内。有偿，是指从购买方取得货币、货物或者其他经济利益。货物，是指有形动产，包括电力、热力、气体在内，不包括土地、房屋和其他建筑物等不动产。

进口货物，是指申报进入我国海关境内的货物。除享受免税政策外，报关进口的应税货物在进口环节缴纳增值税。

2. 提供加工、修理修配服务

加工是指受托加工货物，即委托方提供原料及主要材料，受托方按照委托方的要求制造货物并收取加工费的业务；修理修配是指受托对损伤和丧失功能的货物进行修复，使其恢复原状和功能的业务。单位或者个体工商户聘用的员工为本单位或者雇主提供加工、修理修配服务，不包括在内。上述服务发生地均应在境内。

3. 销售服务、无形资产或者不动产

销售服务是指提供交通运输服务、邮政服务、电信服务、建筑服务、金融服务、现代服务和生活服务。销售无形资产是指转让无形资产所有权或者使用权的业务活动。无形资产是指不具实物形态，但能带来经济利益的资产。销售不动产是指转让不动产所有权的业务活动。不动产是指不能移动或者移动后会引起性质、形状改变的财产。

文本

销售服务、无形资产、不动产注释

在中国境内销售服务、无形资产或不动产是指：

（1）销售货物的，货物的起运地或者所在地在境内。

（2）销售或者租赁不动产、转让自然资源使用权的，不动产、自然资源所在地在境内。

（3）销售金融商品的，金融商品在境内发行，或者销售方为境内单位和个人。

（4）除上述第（1）条和第（2）条规定外，销售服务或者无形资产的，服务、无形资产在境内消费，或者销售方为境内单位或个人。

境外单位或者个人向境内单位或者个人销售“完全在境外”发生的服务、“完全在境外”使用的无形资产或者出租“完全在境外”使用的有形动产，均不属于在境内提供应税服务。

选择题 2-2

根据增值税法律制度的规定，下列选项中不属于现代服务的是（　　）。

A. 研发和技术服务　　B. 文化创意服务

C. 安装服务　　D. 装卸搬运服务

答案解析：安装服务属于建筑服务。正确选项为C。

选择题 2-3

根据增值税法律制度的规定，下列属于在境内销售服务、无形资产或者不动产的是（　　）。

A. 境外甲公司将其境外的办公大楼出售给中国境内企业

B. 境外乙公司将其境外房屋出租给中国留学生

C. 境外丙公司为中国游客提供从境外M地到境外N地的运输服务

D. 境外丁公司将其在中国境内使用的经销权转让给中国境内企业

答案解析：选项A、B所销售或者租赁的不动产在境外，不属于在境内销售不动产；选项C境外单位或者个人向境内单位或者个人销售完全在境外发生的服务，不属于在境内销售服务。正确选项为D。

（二）对视同应税交易的征税规定

有下列情形之一的，视同应税交易，应当按照规定缴纳增值税：

（1）单位和个体工商户将自产或者委托加工的货物用于集体福利或者个人消费。

（2）单位和个体工商户无偿转让货物。

（3）单位和个人无偿转让无形资产、不动产或者金融商品。

选择题 2-4

根据增值税法律制度的规定，下列属于视同应税交易征收增值税的有（　　）。

A. 将委托加工的货物分配给投资者

B. 用自产货物换取生产资料

C. 将购买的货物用于集体福利

D. 将自产产品对外捐赠

答案解析：选项B以物易物属于特殊的销售业务；选项C属于不得抵扣的进项税额。正确选项为A、D。

（三）对混合销售行为的征税规定

一项销售行为如果既涉及货物又涉及服务，为混合销售。从事货物的生产、批发或者零售的单位和个体工商户的混合销售行为，视为销售货物，按照销售货物缴纳增值税；其他单位和个人的混合销售行为，视为销售服务，按照销售服务缴纳增值税。

混合销售行为成立的标准有两点：一是必须是一项销售行为；二是该项行为必须既涉及货物又涉及服务。货物是指增值税暂行条例中规定的有形动产，包括电力、热力和气体在内；服务是指属于"营改增"范围的交通运输服务、建筑服务、金融服务、邮政服务、电信服务、现代服务、生活服务等。例如，超市在销售货物的同时提供送货服务，这种销售货物并提供运输服务的行为属于混合销售行为，所收取的货款及运输费用按销售货物计算缴纳增值税。

注意，一般纳税人销售自产机器设备的同时提供安装服务，应分别核算机器设备和安装服务的销售额，安装服务可以按照甲供工程选择适用简易计税方法计税。一般纳税人销售外购机器设备的同时提供安装服务，如果已经按照兼营的有关规定，分别核算机器设备和安装服务的销售额，安装服务可以按照甲供工程选择适用简易计税方法计税。纳税人对安装运行后的机器设备提供的维护保养服务，按照"其他现代服务"缴纳增值税。

选择题 2-5

根据增值税法律制度的规定，下列属于混合销售行为的是（　　）。

A. 建材商店在销售建材的同时又为其他客户提供装饰服务

B. 汽车制造公司在生产销售汽车的同时又向该客户销售行车记录仪

C. 地板销售商在销售地板的同时又为该客户提供地板安装服务

D. 饭店提供餐饮服务的同时销售酒水饮料

答案解析：选项A属于销售货物和提供服务两项行为；选项B仅涉及货物销售，未涉及服务，非混合销售行为；选项C、D属于混合销售行为，其中选项C按照销售货物缴纳增值税，选项D按照销售服务缴纳增值税。正确选项为C、D。

（四）对兼营行为的征税规定

兼营行为，是指纳税人的经营范围既包括销售货物和加工、修理修配服务，又包括销售服务、无形资产或者不动产。纳税人销售货物、服务、无形资产或者不动产适用不同税率或者征收率的，应当分别核算适用不同税率或者征收率的销售额，未分别核算销售额的，从高适用税率。

选择题 2-6

根据“营改增”相关法规制度规定，下列属于增值税兼营行为的是(　　)。

A. 电信公司向某客户提供电信服务并同时销售手机

B. 照相馆向某客户提供照相业务并同时销售相框

C. 饭店开设客房、餐厅从事服务业务并附设商场销售货物

D. 银行从事存、贷款业务并销售金、银

答案解析：选项A、B属于增值税混合销售行为，是一项销售行为既涉及服务又涉及货物。正确选项为C、D。

（五）不征收增值税项目

有下列情形之一的，不属于应税交易，不征收增值税：

(1) 员工为受雇单位或者雇主提供取得工资、薪金的服务。

(2) 收取行政事业性收费、政府性基金。

(3) 依照法律规定被征收、征用而取得补偿。

(4) 取得存款利息收入。

(5) 根据国家指令无偿提供的铁路运输服务、航空运输服务，属于用于公益事业的服务。

(6) 存款利息收入。不包括非金融企业之间、企业和个人之间借贷的利息。

(7) 被保险人获得的保险赔付。

(8) 房地产主管部门或者其指定机构、公积金管理中心、开发企业以及物业管理单位代收的住宅专项维修资金。

(9) 在资产重组过程中，通过合并、分立、出售、置换等方式，将全部或者部分实物资产及与其相关联的债权、负债和劳动力一并转让给其他单位和个人，其中涉及的货物、不动产、土地使用权转让行为，不征收增值税。

(10) 纳税人取得的财政补贴收入，与其销售货物、劳务、无形资产、不动产的收入或者数量直接挂钩的，应按规定计算缴纳增值税。纳税人取得的其他财政补贴收入，不属于增值税应税收入，不征收增值税。

需要注意的是，应税服务不包括“非营业活动”中提供的应税服务，如行政单位收取的满足条件的政府性基金或者行政事业性收费；单位或者个体工商户聘用的员工为本单位或者雇主提供取得工资、薪金的服务；单位或者个体工商户为聘用的员工提供服务。

选择题 2-7

根据增值税法律制度的规定，下列各项中，不征收增值税的有(　　)。

A. 物业管理单位代收的住宅专项维修资金

B. 被保险人获得的医疗保险赔付

C. 保险公司取得的财产保险费收入

D. 物业管理单位收取的物业费

答案解析：选项C和选项D需要征收增值税。正确选项为A、B。

课堂讨论

如何区分混合销售行为与兼营行为？它们的税务处理有什么不同？

三、增值税税率和征收率

我国增值税适用税率目前分为13%、9%、6%和零税率四种，征收率分为3%和5%两种。

（一）增值税税率

1. 基本税率：13%

增值税一般纳税人销售或者进口货物，提供加工、修理修配服务，提供有形动产租赁服务，除适用低税率、零税率和征收率范围外，税率均为13%。

2. 低税率：9%

（1）增值税一般纳税人提供交通运输服务、邮政服务、基础电信服务、建筑服务、不动产租赁服务、销售不动产或转让土地使用权，除适用零税率范围外，税率为9%。

（2）纳税人销售或者进口下列货物，适用9%低税率：

① 粮食等农产品、食用植物油、食用盐；

② 自来水、暖气、冷气、热水、煤气、石油液化气、天然气、二甲醚、沼气、居民用煤炭制品；

③ 图书、报纸、杂志、音像制品、电子出版物；

④ 饲料、化肥、农药、农机、农膜。

3. 低税率：6%

增值税一般纳税人提供增值电信服务、金融服务、现代服务（租赁除外）、生活服务、销售无形资产（转让土地使用权除外），税率为6%。

4. 零税率

（1）纳税人出口货物，税率为零；但是，国务院另有规定的除外，包括国家禁止出口的天然牛黄、麝香、铜和铜基合金等，国家限制出口的矿砂及精矿、钢铁初级产品、原油、车用汽油、煤炭、原木、尿素产品、山羊绒、鳗鱼苗、某些援外货物等。

（2）境内单位和个人跨境销售国务院规定范围内的服务、无形资产，税率为零。

① 国际运输服务。国际运输服务是指：在境内载运旅客或者货物出境；在境外载运旅客或者货物入境；在境外载运旅客或者货物。

② 航天运输服务。

③ 向境外单位提供的完全在境外消费的下列服务：研发服务；合同能源管理服务；设计服务；广播影视节目（作品）的制作和发行服务；软件服务；电路设计及测试服务；信息系统服务；业务流程管理服务；离岸服务外包业务；转让技术。

④ 财政部和国家税务总局规定的其他服务。

选择题 2-8

根据增值税法律制度的规定，下列各项中，增值税税率为13%的是（　　）。

A. 销售不动产

B. 提供加工、修理修配服务

C. 提供租赁服务

D. 提供物流辅助服务

答案解析：选项A适用9%的税率；选项C动产租赁适用13%的税率，不动产租赁适用9%的税率；选项D适用6%的税率。正确选项为B。

（二）征收率

小规模纳税人经营规模小，会计核算不健全，实行按销售额和征收率计税的简易办法。除部分不动产销售和租赁行为的征收率为5%以外，小规模纳税人发生的应税行为以及一般纳税人发生特定应税行为选择简易办法计税的，一般适用3%的征收率。

1. 一般纳税人的下列销售行为，暂按简易办法依照3%的征收率计税

（1）寄售商店代销寄售物品。

（2）典当业销售死当物品。

2. 一般纳税人销售下列自产货物，可选择适用简易办法依照3%征收率计税

（1）县级及以下小型水力发电单位生产的电力。

（2）建筑用和生产建筑材料所用的砂、土、石料。

（3）以自己采掘的砂、土、石料或其他矿物连续生产的砖、瓦、石灰。

（4）用微生物、人或动物的血液或组织等制成的生物制品。

（5）自来水。

（6）商品混凝土。

特别提示

纳税人是否执行3%的征收率可自行选择，如自来水公司可以选择执行9%的增值税税率，也可以执行3%的征收率。前者按一般计税方法可以抵扣进项税额，后者按简易办法征税，不得抵扣进项税额。纳税人选择简易办法计税后，“36个月”内不得变更。

3. 纳税人的下列销售行为，依照3%征收率减按“2%”征收（如表2-2所示）

表2-2　纳税人销售自己使用过的固定资产、旧货的增值税处理

纳税人身份	征税项目	计算方法
一般纳税人	自己使用过的“购入时未抵扣过进项税”的固定资产	含税销售价格 ÷（1＋3%）×2%
	销售旧货	
小规模纳税人	自己使用过的固定资产	
	销售旧货	

4. 一般纳税人发生下列应税行为，可选择适用简易方法依照3%征收率计税

（1）公共交通运输服务。

（2）动漫产品的设计、制作服务，以及在境内转让动漫版权。

（3）电影放映服务、仓储服务、装卸搬运服务、收派服务、文化体育服务。

（4）在纳入营改增试点之日前取得的有形动产为标的物提供的经营租赁服务。

（5）在纳入营改增试点之日前签订的尚未执行完毕的有形动产租赁合同。

5. 纳税人的下列情况，依照5%的征收率计税

（1）销售不动产。

① 一般纳税人销售其2016年4月30日前取得的不动产，可以选择适用简易计税方法，按照5%的征收率计算应纳税额。

② 小规模纳税人销售其取得的不动产（不含个体工商户销售购买的住房和其他个人销售不动产），按照5%的征收率计算应纳税额。

③ 房地产开发企业中的一般纳税人，销售自行开发的房地产老项目，可以选择适用简易计税方法按照5%的征收率计税。

④ 房地产开发企业中的小规模纳税人，销售自行开发的房地产项目，按照5%的征收率计税。

⑤ 其他个人销售其取得（不含自建）的不动产（含其购买的住房），按照5%的征收率计算应纳税额。

⑥ 个人将购买不足2年的住房对外销售的，按照5%的征收率全额缴纳增值税；个人将购买2年以上（含2年）的北上广深非普通住房对外销售的，按照5%的征收率差额缴纳增值税；其他情形免征增值税。

（2）不动产经营租赁服务。

① 一般纳税人出租其2016年4月30日前取得的不动产，可以选择适用简易计税方法，按照5%的征收率计算应纳税额。

② 小规模纳税人出租其取得的不动产（不含个人出租住房），应按照5%的征收率计算应纳税额。

③ 其他个人出租其取得的不动产（不含住房），应按照5%的征收率计算应纳税额。

④ 个人出租住房，应按照5%的征收率减按1.5%计算应纳税额。

（3）其他情况。

① 一般纳税人和小规模纳税人提供劳务派遣服务选择差额纳税的。

② 一般纳税人2016年4月30日前签订的不动产融资租赁合同，或以2016年4月30日前取得的不动产提供的融资租赁服务，选择适用简易计税方法的。

③ 一般纳税人收取试点前开工的一级公路、二级公路、桥、闸通行费，选择适用简易计税方法的。

④ 一般纳税人提供人力资源外包服务，选择适用简易计税方法的。

⑤ 纳税人转让2016年4月30日前取得的土地使用权，选择适用简易计税方法的。

选择题 2-9

根据增值税法律制度的规定，下列情形中，一般纳税人销售货物暂按简易办法依照3%征收率计算缴纳增值税的有（　　）。

A. 寄售商店代销寄售物品

B. 典当业销售死当物品

C. 纳税人销售旧货

D. 销售自己使用过的已抵扣进项税额的固定资产

答案解析：选项C按照简易办法依照3%征收率减按2%征收增值税；选项D按一般纳税人适用的税率征税。正确选项为A、B。

课堂讨论

纳税人发生应税销售行为适用不同增值税税率或者征收率的，应当如何征税？

四、增值税税收优惠

（一）起征点

增值税起征点仅适用于个人，但不包含登记认定为一般纳税人的个体工商户，即仅适用于按照小规模纳税人纳税的个体工商户和其他个人。小规模纳税人发生应税交易，销售额未达到起征点的，免征增值税；达到起征点的，依照本法规定全额计算缴纳增值税。起征点标准由国务院规定，报全国人民代表大会常务委员会备案。

（二）小微企业减免税规定

为进一步支持小微企业和个体工商户发展，自2023年1月1日至2027年12月31日，增值税小规模纳税人发生增值税应税销售行为，合计月销售额未超过10万元（以1个季度为1个纳税期的，季度销售额未超过30万元，下同）的，免征增值税。销售额不包括本期发生的不动产销售额。增值税小规模纳税人适用3%征收率的应税销售收入，减按1%征收率征收增值税；适用3%预征率的预缴增值税项目，减按1%的预征率预缴增值税。

适用增值税差额征税政策的小规模纳税人，以差额后的销售额确定是否可以享受上述规定的增值税减免政策，如符合则在《增值税及附加税费申报表（小规模纳税人适用）》中的“免税销售额”相关栏次，填写差额后的销售额。

其他个人，采取一次性收取租金形式出租不动产取得的租金收入，可在对应的租赁期内平均分摊，分摊后的月租金收入未超过10万元的，免征增值税。

（三）增值税免税项目

（1）农业生产者销售的自产农产品，农业机耕、排灌、病虫害防治、植物保护、农牧保险以及相关技术培训业务，家禽、牲畜、水生动物的配种和疾病防治。农业生产者包括从事农业生产的单位和个人。农产品是指种植业、养殖业、林业、牧业、水产业生产的各类植物、动物的初级产品。

（2）医疗机构提供的医疗服务。

（3）古旧图书，自然人销售的自己使用过的物品。

（4）直接用于科学研究、科学试验和教学的进口仪器、设备。

（5）外国政府、国际组织无偿援助的进口物资和设备。

(6) 由残疾人的组织直接进口供残疾人专用的物品。

(7) 销售的自己使用过的物品。

(四)“营改增”相关主要免税项目

(1) 托儿所、幼儿园提供的保育和教育服务。

(2) 养老机构提供的养老服务。

(3) 残疾人福利机构提供的育养服务。

(4) 婚姻介绍服务。

(5) 殡葬服务。

(6) 残疾人员本人为社会提供的服务。

(7) 托儿所、幼儿园、养老机构、残疾人服务机构提供的育养服务,婚姻介绍服务,殡葬服务。

(8) 学校提供的学历教育服务,学生勤工俭学提供的服务。

(9) 纪念馆、博物馆、文化馆、文物保护单位管理机构、美术馆、展览馆、书画院、图书馆举办文化活动的门票收入,宗教场所举办文化、宗教活动的门票收入。

以上免税项目的具体标准由国务院规定。

特别提示

(1) 纳税人兼营免税、减税项目的,应当分别核算免税、减税项目的销售额;未分别核算的,不得免税、减税。

(2) 纳税人销售货物或者应税劳务适用免税规定的,可以放弃免税,并依照规定36个月内不得再申请免税。

选择题 2-10

根据增值税法律制度的规定,下列项目中属于增值税免税项目的有(　　)。

A. 提供学历教育的学校收取的赞助费

B. 个人转让著作权

C. 残疾人提供理发服务

D. 医疗机构提供的医疗服务

答案解析: 选项A中的赞助费需要缴纳增值税。正确选项为B、C、D。

课堂讨论

征税起征点和免征额的区别是什么?你觉得哪个更好?为什么?

引例解析

在现实生活中,增值税随处可见,涵盖了各行各业。一般情况下,增值税一般纳税人销售货物、提供加工修理修配服务和动产租赁服务适用13%税率,“营改增”业务适用6%和9%税率，小规模纳税人适用3%征收率，还有部分简易计税项目适用5%征收率。2023年1月1日至2027年12月31日，增值税小规模纳税人月销售额10万元以下(含本数)的，免征增值税；对适用3%征收率的应税销售收入，减按1%的征收率征收增值税。

作为流转税，增值税具有强大的税负转嫁性，因此与我们每个人息息相关。增值税的纳税人虽然是取得各类收入的单位和个人，但是实际负税人却是消费者。消费者平时拿到的收银小票看不到增值税，因为在零售环节，增值税是用含税价表示的。开具发票的时候，纳税人不可以向消费者个人开具增值税专用发票。原高铁票票面看不到税款，但实际上它也是含税的。2024年11月1日起，高铁票也可开具电子发票(铁路电子客票)。

· 诚信纳税　为国聚财 ·

增值税是如何发挥经济调节作用的?

增值税在经济调节中发挥着多方面的作用，对经济的稳定和发展具有重要意义。

首先，增值税通过税率的调整和退税机制的运用，对经济中的资金流动进行有效调节。在经济下行时，政府可以采取降低增值税税率或提高退税额度的措施，以减轻企业负担，促进消费和投资，从而刺激经济增长。反之，当经济过热时，政府可以适当提高增值税税率，以抑制消费和投资，防止经济过热，实现经济的平稳运行。例如，2022年，我国实施了大规模的增值税留抵退税政策，全年退税减税降费及缓缴税费超4.2万亿元，其中增值税留抵退税款2.46万亿元。这一政策不仅帮助企业缓解了资金压力，还有效刺激了投资和消费，推动了经济的增长，充分展现出社会主义制度在集中资源和力量、快速响应经济发展需求上的灵活性。

其次，增值税可以通过差额征税的方式，引导资源从低效率的行业向高效率的行业转移。通过设定不同的增值税税率，政府可以鼓励或限制特定行业的发展，促进产业结构的优化和调整。例如，对环保、高新技术等战略性新兴产业给予较低的增值税税率，可以鼓励这些产业的发展；而对资源密集型、高污染行业规定较高的增值税税率，则可以限制这些产业的规模。

再者，通过设置合理增值税税率和出口退税政策，可以提高本国商品和服务的价格竞争力，扩大出口和吸引外国投资。同时，对于进口商品和服务征收增值税也可以保护本国产业免受不公平竞争的影响。

最后，增值税作为一种间接税，最终由消费者承担，而不是直接由个人或企业承担。这种税收分担方式有助于减轻低收入人群的负担，实现相对公平的税收分配。通过增值税的征收，政府还可以筹集到更多的财政收入，用于公共事业建设、社会保障、教育、医疗等方面，提高全民的福祉水平。

任务二　一般纳税人增值税核算

引导案例

北京市美达服装有限公司（以下简称“美达公司”）为增值税一般纳税人，主要从事服装设计、生产、加工和销售业务。2025年3月，美达公司发生了销售货物、提供加工劳务和设计服务等应税行为，其销售和服务对象包括企事业单位、消费者个人等，开出的发票包括电子发票（增值税专用发票）和电子发票（普通发票），还存在零售环节没有开票的情况。另外，为了尽快回笼资金，公司采取了折扣销售方式；为了提高社会知名度，公司向某中学捐赠校服。对此，美达公司应如何计算销项税额？

美达公司还收到了供应商提供的电子发票（增值税专用发票）和电子发票（普通发票），员工报销的住宿费电子发票（增值税专用发票）、餐饮店电子发票（普通发票）和高铁票等。那么，公司应如何核算准予从销项税额抵扣的进项税额？

增值税一般纳税人销售货物或者提供应税劳务、应税行为，采用一般计税方法计算应纳增值税额。应纳税额计算公式如下：

当期应纳税额 = 当期销项税额 − 当期进项税额

当计算结果小于0，不足抵扣的进项税额可以结转下期继续抵扣。

根据财政部《增值税会计处理规定》（财会〔2016〕22号）的要求，增值税一般纳税人应当在“应交税费”科目下设置相关明细科目对企业各项涉增值税业务进行核算。

一、销售业务增值税核算

销项税额，是指纳税人发生应税交易，按照销售额和适用的税率计算，并向购买方收取的增值税税额。当期销项税额的计算公式为：

当期销项税额 = 当期销售额 × 适用税率

特别提示

公式中的“当期”，是个重要的时间限定，通过“增值税纳税义务发生时间”予以明确。凡纳税义务发生时间所属期为“当期”的增值税业务，均应计入“当期销项税额”，在《增值税及附加税费申报表》“销售额”相关栏目列示。

纳税人发生应税交易，其纳税义务发生时间为收讫销售款项或者取得索取销售款项凭据的当天；先开具发票的，为开具发票的当天。按销售结算方式的不同，具体有如下情况。

（1）采取直接收款方式销售货物，不论货物是否发出，均为收到销售款或者取得索取销售款凭据的当日。

（2）采取托收承付和委托银行收款方式销售货物，为发出货物并办妥托收手续的当日。

（3）采取赊销和分期收款方式销售货物，为书面合同约定的收款日期的当日，无书面合同的或者书面合同没有约定收款日期的，为货物发出的当日。

（4）采取预收货款方式销售货物，为货物发出的当日，但生产销售生产工期超过12个月的大型机械设备、船舶、飞机等货物，为收到预收款或者书面合同约定的收款日期的当日；采取预收款方式提供租赁服务的，其纳税义务发生时间为收到预收款的当日。

（5）委托其他纳税人代销货物，为收到代销单位的代销清单或者收到全部或者部分货款的当日。未收到代销清单及货款的，为发出代销货物满180天的当日。

（6）销售应税劳务，为提供劳务同时收讫销售款或者取得索取销售款的凭据的当日。

（7）纳税人发生视同应税交易的，其纳税义务发生时间为完成视同应税交易的当日。

（8）纳税人从事金融商品转让的，为金融商品所有权转移的当日。

（9）增值税扣缴义务发生时间为纳税人增值税纳税义务发生的当日。

特别提示

增值税一般纳税人进口货物，在进口环节需要向海关缴纳进口增值税，其纳税义务发生时间为报关进口的当日，从海关取得的进口增值税专用缴款书上注明的增值税可以从销项税额中抵扣。

发生增值税销售业务后，增值税一般纳税人应在“应交税费”科目下设置“应交增值税”“待转销项税额”“简易计税”“转让金融商品应交增值税”等明细科目。在“应交增值税”明细账下设置“销项税额”“销项税额抵减”“减免税款”“出口退税”等专栏进行核算。具体内容如表2-3所示。

表2-3 增值税销售业务相关会计科目设置

明细科目	专栏	核算内容
应交增值税	销项税额	记录一般纳税人发生应税交易应收取的增值税额
	销项税额抵减	记录一般纳税人按照现行增值税制度规定因扣减销售额而减少的销项税额
	减免税款	记录一般纳税人按现行增值税制度规定准予减免的增值税额
	出口退税	记录一般纳税人出口货物或跨境销售服务、无形资产，适用零税率按规定退回的增值税额
待转销项税额	/	核算一般纳税人发生应税交易，已确认相关收入（或利得）但尚未发生增值税纳税义务而需以后期间确认为销项税额的增值税额
简易计税	/	核算一般纳税人采用简易计税方法发生的增值税计提、扣减、预缴、缴纳等业务
转让金融商品应交增值税	/	核算增值税纳税人转让金融商品发生的增值税额

（一）一般销售方式下的核算

微课视频
一般销售方式下的增值税核算

销售额是指纳税人发生应税交易取得的与之相关的价款，包括货币和非货币形式的经济利益对应的全部价款，如价外向购买方收取的手续费、补贴、基金、集资费、返还利润、奖励费、违约金、滞纳金、延期付款利息、赔偿金、代收款项、代垫款项、包装费、包装物租金、储备费、优质费、运输装卸费以及其他各种性质的价外收费。但下列项目不包括在内。

（1）受托加工应征消费税的消费品所代收代缴的消费税。

（2）同时符合以下条件的代垫运输费用：

① 承运部门的运输费用发票开具给购买方的。

② 纳税人将该项发票转交给购买方的。

（3）同时符合以下条件的代为收取的政府性基金或者行政事业性收费：

① 由国务院或者财政部批准设立的政府性基金，由国务院或者省级人民政府及其财政、价格主管部门批准设立的行政事业性收费。

② 收取时开具了省级以上财政部门印制的财政票据。

③ 所收款项全额上缴财政。

（4）销售货物的同时代办保险等而向购买方收取的保险费，以及向购买方收取的代购买方缴纳的车辆购置税、车辆牌照费。

凡随同销售货物或提供应税劳务、发生应税行为向购买方收取的价外费用，无论其会计制度如何核算，均应并入销售额计算应纳税额。税法规定各种性质的价外收费都要并入销售额计算征税，目的是防止以各种名目的收费减少销售额逃避纳税的现象。

特别提示

根据国家税务总局规定：对增值税一般纳税人（包括纳税人自己或代其他部门）向购买方收取的价外费用和逾期包装物押金，应视为含税收入，在征税时换算成不含税收入再并入销售额。换算公式为：

$$销售额=含税销售额\div(1+税率)$$

技能训练 2-1

北京市明达电器制造有限公司（简称：明达公司，下同）为增值税一般纳税人，目前纳税信用等级为B，主要从事家用电器的研发、生产和销售等业务。公司统一社会信用代码：91110106357612835X；注册地址：北京市东城区龙泉街道古北路888号；电话：010-61376688；开户银行及账号：中国建设银行北京市东城区支行，6111010135768577；法定代表人：张超；财务负责人：李彤；会计：陈铭；出纳：王希。

公司2025年3月销售业务如下。

（1）3月1日，向一般纳税人北京市盛华百货有限公司（简称：盛华百货，下同）销售柜式空调50台，单价10 000元/台，洗衣机50台，单价3 000元/台，冰箱50台，单价3 500元/台，开具电子发票（增值税专用发票）1份，如图2-1所示。款项均已收存银行。

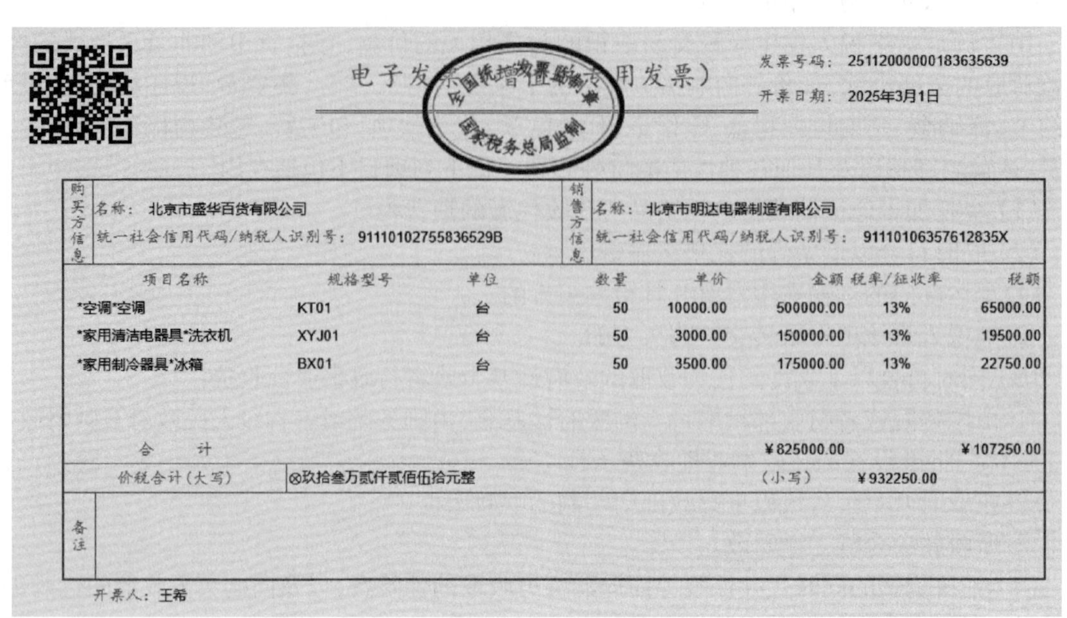

电子发票（增值税专用发票）

发票号码：25112000000183635639
开票日期：2025年3月1日

购买方信息 名称：北京市盛华百货有限公司 统一社会信用代码/纳税人识别号：91110102755836529B

销售方信息 名称：北京市明达电器制造有限公司 统一社会信用代码/纳税人识别号：91110106357612835X

项目名称	规格型号	单位	数量	单价	金额	税率/征收率	税额
*空调*空调	KT01	台	50	10000.00	500000.00	13%	65000.00
*家用清洁电器具*洗衣机	XYJ01	台	50	3000.00	150000.00	13%	19500.00
*家用制冷器具*冰箱	BX01	台	50	3500.00	175000.00	13%	22750.00
合计					¥825000.00		¥107250.00
价税合计（大写）	⊗玖拾叁万贰仟贰佰伍拾元整				（小写）	¥932250.00	

备注

开票人：王希

图2-1 电子发票（增值税专用发票）（销售柜式空调等）

（2）3月2日，向小规模纳税人北京市启美商超有限公司（简称：启美商超，下同）销售消毒柜30台，单价1 500元/台；提供设计服务一项，发票注明金额5 000元，税额300元；为超市修理冷冻柜，收取修理费共计565元。开具电子发票（普通发票）1份，如图2-2所示，款项均已收存银行。

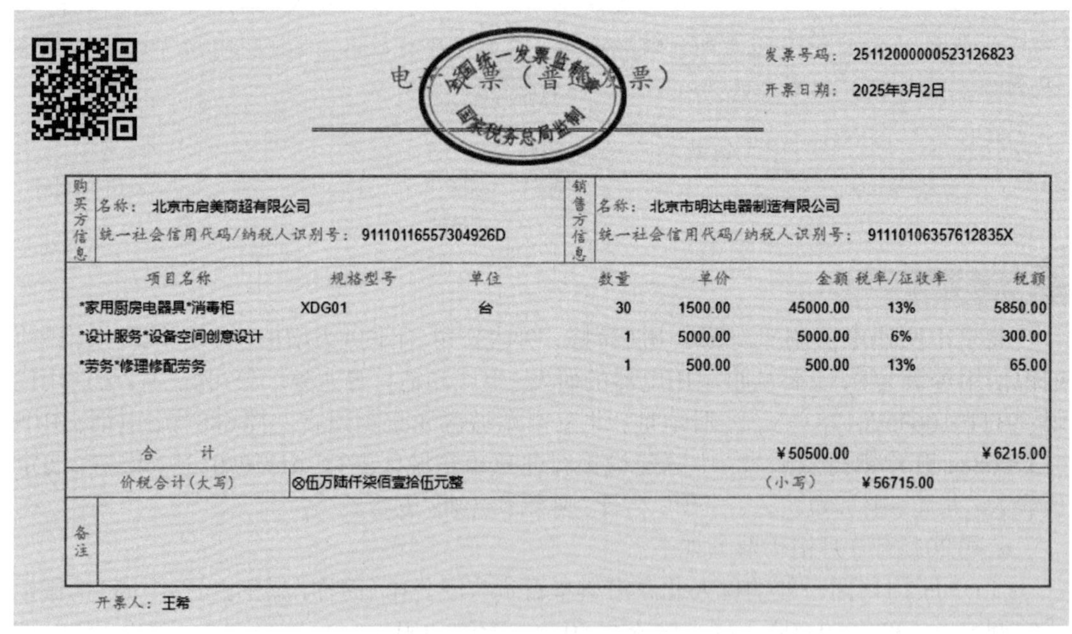

电子发票（普通发票）

发票号码：25112000000523126823
开票日期：2025年3月2日

购买方信息 名称：北京市启美商超有限公司 统一社会信用代码/纳税人识别号：91110116557304926D

销售方信息 名称：北京市明达电器制造有限公司 统一社会信用代码/纳税人识别号：91110106357612835X

项目名称	规格型号	单位	数量	单价	金额	税率/征收率	税额
*家用厨房电器具*消毒柜	XDG01	台	30	1500.00	45000.00	13%	5850.00
*设计服务*设备空间创意设计			1	5000.00	5000.00	6%	300.00
*劳务*修理修配劳务			1	500.00	500.00	13%	65.00
合计					¥50500.00		¥6215.00
价税合计（大写）	⊗伍万陆仟柒佰壹拾伍元整				（小写）	¥56715.00	

备注

开票人：王希

图2-2 电子发票（普通发票）（销售消毒柜等）

（3）3月3日，向个人消费者零售电热水器共计100台，价税合计2 260元/台，未开具发票，款项已收存银行。

（4）3月4日，公司将闲置的厂房和设备对外租赁，分别签订厂房租赁合同和设备租赁合同，租期1年。厂房租赁金额13 000元，税额1 170元；设备租赁金额5 000元，税额650元。开具电子发票（增值税专用发票）2份。租金已收存银行。发票信息略。

要求：编制相关会计分录。

技能训练 2-1 解析

一般纳税人无论开具增值税专用发票，还是增值税普通发票，或未开具发票，其销售收入都应按照适用税率确认销项税额。业务（3）的销售额为100 × 2 260 ÷（1 + 13%）= 200 000（元），销项税额为200 000 × 13% = 26 000（元）。销项税额合计金额为107 250 + 6 215 + 26 000 + 1 170 + 650 = 141 285（元）。会计分录如下。

（1）借：银行存款　　932 250
　　贷：主营业务收入　　825 000
　　　　应交税费——应交增值税（销项税额）　　107 250

（2）借：银行存款　　56 715
　　贷：主营业务收入　　45 000
　　　　其他业务收入　　5 500
　　　　应交税费——应交增值税（销项税额）　　6 215

（3）借：银行存款　　226 000
　　贷：主营业务收入　　200 000
　　　　应交税费——应交增值税（销项税额）　　26 000

（4）借：银行存款　　19 820
　　贷：其他业务收入　　18 000
　　　　应交税费——应交增值税（销项税额）　　1 820

（二）特殊销售方式下的核算

1. 采取折扣方式销售

（1）折扣销售（商业折扣）。折扣销售是指销货方在销售货物或者提供应税劳务、发生应税行为时，因购货方购货数量较大等原因而给予购货方的价格优惠。根据税法规定，纳税人采取折扣方式销售货物，如果销售额和折扣额在同一张发票上分别注明的，可以按照折扣后的销售额征收增值税；未在同一张发票“金额”栏注明折扣额，而仅在发票的“备注”栏注明折扣额的，折扣额不得从销售额中减除。实务中，纳税人一般按商业折扣后的实际销售价格直接开具发票。

（2）销售折扣（现金折扣）。销售折扣是指销货方在销售货物或应税劳务后，为了鼓励购货方及早偿还货款而协议许诺给予购货方的一种折扣优待（如：10天内付款，货款折扣2%；10天以上20天内付款，折扣1%；20天以上30天内全价付款）。销售折扣发生在销售货物之后，是一种融资性质的理财费用，因此，销售折扣不得从销售额中减除。

特别提示

计算现金折扣时只需要考虑对商品销售收入的折扣，不用考虑对增值税的折扣，现金折扣不影响增值税纳税金额。

(3) 销售折让。销售折让是指货物销售后，由于其品种、质量等原因购货方未予退货，但销货方需要给予购货方的一种价格折让。销售折让与销售折扣虽然都是在货物销售后发生的，但销售折让是由于货物的品种和质量引起销售额的减少，因此，对销售折让可以折让后的货款为销售额。

技能训练 2-2

3月5日，明达公司向盛华百货销售挂式智能空调100台，单价为5 000元/台，货款共计500 000元，税款65 000元，开具电子发票（增值税专用发票）1份。购销合同中的现金折扣条件为：2/5，1/10，*n*/30。3月10日，收到对方货款入账。另外，明达公司上月销售给盛华百货的10台电热水器因质量问题被退回，确认后选择数电发票红冲原蓝字发票，直接生成红字发票，并将货款20 000元与税款2 600元退还给购货方。

要求：编制相关会计分录。

技能训练 2-2 解析

采取现金折扣方式销售时，纳税人应按照全部货款开具增值税发票。实际发生的现金折扣500 000 × 2% = 10 000（元）应作为财务费用，不得抵减销售收入，不得减少增值税销项税额。因销售退回开具的增值税红字专用发票应冲减当月销售收入和销项税额。会计分录如下。

(1) 销售空调。

借：应收账款　　565 000

　贷：主营业务收入　　500 000

　　应交税费——应交增值税（销项税额）　　65 000

(2) 发生现金折扣。

借：银行存款　　555 000

　财务费用——现金折扣　　10 000

　贷：应收账款　　565 000

(3) 开具红字专用发票。

借：银行存款　　[22 600]

　贷：主营业务收入　　[20 000]

　　应交税费——应交增值税（销项税额）　　[2 600]

2. 采取以旧换新方式销售

以旧换新是指纳税人在销售自己的货物时，有偿收回旧货物的行为。根据税法规定，采取以旧换新方式销售货物的，应按新货物的同期销售价格确定销售额，不得扣减旧货物的收购价格。考虑到金银首饰以旧换新业务的特殊情况，对金银首饰以旧换新业务，可以按销售方实际收取的不含增值税的全部价款征收增值税。

技能训练 2-3

3月8日，明达公司采用以旧换新方式对外零售50台挂式变频空调，该空调市场零售价格为3 390元/台，任意款旧空调每台可以抵扣130元，实际每台向消费者收取3 260元，开具电子发票（普通发票）50份，款项已收存银行。

要求：编制相关会计分录。

技能训练 2-3 解析

企业对外销售时标注的零售价格，如果没有特别说明，一般都是含税的。以旧换新方式下不得扣减旧货物的收购支出，但收取的旧货物可以作为原材料入账。因此，空调销售额为50 × 3 390 ÷（1 + 13%）= 150 000（元），销项税额为150 000 × 13% = 19 500（元），旧空调抵扣金额为50 × 130 = 6 500（元）。会计分录如下。

借：银行存款　　163 000

　　原材料　　6 500

　贷：主营业务收入　　150 000

　　　应交税费——应交增值税（销项税额）　　19 500

3. 采取还本销售方式销售

还本销售是指纳税人在销售货物后，在一定期限内将全部或部分货款一次或分次无条件退还给购货方的销售方式。这种方式实际上是一种筹资，是以货物换取资金的使用价值，到期还本不付息的方法。税法规定，采取还本销售方式销售货物，不得从销售额中减除还本支出。

技能训练 2-4

3月10日，明达公司采用还本销售促销方式对外零售10台智能挂式空调，每台零售价格为9 040元，每年归还购买成本1 600元，5年后还清，开具电子发票（普通发票）10份，款项已收存银行。该空调市场零售价格为每台5 650元。

要求：编制相关会计分录。

技能训练 2-4 解析

公司每年发生的还本支出作为销售费用列支，不得从销售额中减除。因此，空调销售额为9 040 ÷（1 + 13%）× 10 = 80 000（元），销项税额为80 000 × 13% = 10 400（元）。会计分录如下。

借：银行存款　　90 400
　贷：主营业务收入　　80 000
　　应交税费——应交增值税（销项税额）　　10 400

4. 采取以物易物方式销售

以物易物是一种较为特殊的购销活动，是指购销双方不是以货币结算，而是以同等价款的货物相互结算，实现货物购销的一种方式。税法规定，以物易物双方都应作购销处理，以各自发出或收到的货物核算销售额或购货额，计算销项税额或进项税额，并分别开具合法的票据。如收到的货物不能取得相应的增值税专用发票或其他合法票据的，则不能抵扣进项税额。

技能训练 2-5

3月12日，明达公司用市场价200 000元（不含税）的中央空调交换4S店的小轿车1辆，双方各自开具电子发票（增值税专用发票）1份入账。

要求：编制相关会计分录。

技能训练 2-5 解析

以物易物双方应根据开出的增值税专用发票确认销售收入和销项税额，同时根据收到的增值税专用发票确认商品进价和进项税额。因此，明达公司应确认的销项税额为26 000元，进项税额为26 000元。会计分录如下。

借：固定资产　　200 000
　　应交税费——应交增值税（进项税额）　　26 000
　贷：主营业务收入　　200 000
　　应交税费——应交增值税（销项税额）　　26 000

5. 收取包装物押金

根据税法规定，纳税人为销售货物而出租出借包装物收取的押金，单独记账核算的，且时间在1年以内，又未逾期的，不并入销售额征税。逾期没收的包装物押金，应按货物的适用税率计算销项税额，相关税务处理如表2-4所示。包装物押金并入销售额征税时，应先换算为不含税价。对于个别包装物周转使用期限较长的，报经税务机关确定后，可适当放宽逾期期限。

应注意的是，包装物押金不同于包装物租金，包装物租金在销售货物时作为价外费用并入销售额计算销项税额。从1995年6月1日起，对销售除啤酒、黄酒外的其他酒类产品而收取的包装物押金,无论是否返还以及会计上如何核算,均应并入当期销售额征税。

表2-4　包装物押金的增值税处理比较

包装物押金	销售时	逾期/超过1年时
一般货物销售(包括啤酒、黄酒)	不征收	征收
除啤酒、黄酒以外的酒类产品	征收	不征收

技能训练 2-6

3月15日,明达公司仓管员如期收到退还的上月销售商品时提供给客户单位使用的包装箱,但发现其中有一半已被损坏无法继续使用。该包装箱上月向客户收取押金2 000元。公司按照合同规定没收损坏部分包装箱押金1 000元,同时退还剩余包装箱押金。

要求:编制相关会计分录。

技能训练 2-6 解析

没收的包装物押金应视为含税收入计算销项税额。因此,销项税额为1 000÷(1+13%)×13%=115.04(元)。会计分录如下。

借:其他应付款　　2 000
　贷:银行存款　　1 000
　　其他业务收入　　884.96
　　应交税费——应交增值税(销项税额)　　115.04

6. 销售自己使用过的固定资产

"自己使用过的固定资产"是指纳税人根据财务会计制度已经计提折旧的固定资产。

纳税人销售自己使用过的2009年1月1日以后购进或者自制的固定资产,按照适用税率征收增值税;销售2008年12月31日以前购进或者自制的固定资产,如果该固定资产形成时未抵扣过进项税额,则其销售时按照简易办法依照3%征收率减按2%征收增值税;如果该固定资产购入时抵扣过进项税额,则其销售时按照适用税率征收增值税。

自2016年2月1日起,纳税人销售自己使用过的固定资产,适用简易办法依照3%征收率减按2%征收增值税政策的,可以放弃减税,按照简易办法依照3%征收率缴纳增值税,并可开具增值税专用发票。

特别提示

一般纳税人自用的应征消费税的摩托车、汽车、游艇,若用于生产经营且取得合规发票,自2013年8月1日后购进的,其进项税额准予从销项税额中抵扣。

技能训练 2-7

3月18日，明达公司销售自己使用过的小汽车一辆，开具电子发票（普通发票）1份，价税合计20 600元。该小汽车于2013年5月购入，原值250 000元，已提折旧225 000元。明达公司还销售自己使用过的办公桌椅5套，开具电子发票（普通发票）1份，价税合计1 500元。款项均已收存银行。

要求：编制相关会计分录。

技能训练 2-7 解析

销售自己使用过的小汽车适用简易办法，依照3%征收率减按2%征收增值税，并通过“应交税费”下的“简易计税”明细科目核算，其应纳增值税额为20 600 ÷（1 + 3%）× 2% = 400（元）。销售自己使用过的办公桌椅适用13%增值税税率，其应纳销项税额为1 500 ÷（1 + 13%）× 13% = 172.57（元）。会计分录如下。

（1）销售自己使用过的小汽车。

科目	借方	贷方
借：固定资产清理	25 000	
累计折旧	225 000	
贷：固定资产		250 000
借：银行存款	20 600	
贷：固定资产清理		20 200
应交税费——简易计税		400
借：资产处置损益	4 800	
贷：固定资产清理		4 800

（2）销售自己使用过的办公桌椅。

科目	借方	贷方
借：银行存款	1 500	
贷：其他业务收入		1 327.43
应交税费——应交增值税（销项税额）		172.57

特别提示

一般纳税人采用简易计税方法时，应在“应交税费”科目下设置“简易计税”明细科目，用以核算发生的增值税计提、扣减、预缴、缴纳等业务。

微课视频
视同应税交易下的增值税核算

（三）视同应税交易下的核算

税法规定，对视同应税交易征税而无销售额的，按下列顺序确定其销售额。

（1）按纳税人最近时期同类货物的平均销售价格确定。

（2）按其他纳税人最近时期同类货物的平均销售价格确定。

（3）按组成计税价格确定。组成计税价格的公式为：

$$组成计税价格 = 成本 \times (1 + 成本利润率)$$

征收增值税的货物，同时又征收消费税的，组成计税价格中应加上消费税税额。其组成计税价格公式为：

$$组成计税价格 = 成本 \times (1 + 成本利润率) + 消费税税额$$

或：

$$组成计税价格 = 成本 \times (1 + 成本利润率) \div (1 - 消费税税率)$$

公式中的“成本”在不同情形下分别指：销售自产货物的为实际生产成本，销售外购货物的为实际采购成本。公式中的成本利润率一般为10%。但属于应从价定率征收消费税的货物，其成本利润率不一定为10%，详见项目三“消费税核算与智能申报”。

技能训练 2-8

3月20日，明达公司用成本为300 000元，市场价格为400 000元，税率为13%的自产中央空调对B公司投资，开具电子发票（增值税专用发票）1份，占B公司股权20%；将总成本为80 000元的一批自产新型电饭锅作为福利发放给职工，开具企业内部结算凭证，该新产品没有同类市场价格，成本利润率为10%。

要求：编制相关会计分录。

技能训练 2-8 解析

将自产、委托加工或者购进的货物作为投资，提供给其他单位或者个体工商户；将自产、委托加工的货物用于集体福利或者个人消费，都属于视同应税交易行为。对没有同类市场价格的商品应采用组成计税价格确定销售额。因此，相关销项税额分别为：400 000 × 13% = 52 000（元）；80 000 × （1+10%） × 13% = 11 440（元）。会计分录如下。

（1）自产中央空调对外投资。

	借方	贷方
借：长期股权投资——成本	452 000	
贷：主营业务收入		400 000
应交税费——应交增值税（销项税额）		52 000
借：主营业务成本	300 000	
贷：库存商品		300 000

（2）自产新型电饭锅作为职工福利。

	借方	贷方
借：应付职工薪酬	99 440	
贷：主营业务收入		88 000
应交税费——应交增值税（销项税额）		11 440
借：主营业务成本	80 000	
贷：库存商品		80 000

技能训练 2-9

（1）3月22日，明达公司采用收取手续费方式受托代销商品一批，开具电子发票（增值税专用发票）3份，注明金额合计200 000元，税额合计26 000元，同时取得了委托方甲公司开具的等额电子发票（增值税专用发票）1份，按代销货款（不含增值税）的5%扣除手续费，并向委托方开具电子发票（增值税专用发票），同时将余款支付给委托方。

（2）3月23日，明达公司采用买断方式委托乙公司代销自产货物一批，收到受托方代销清单，开具电子发票（增值税专用发票）1份，注明金额300 000元，增值税税额39 000元，款项已收存银行。

要求：编制相关会计分录。

技能训练 2-9 解析

纳税人将货物交付其他单位或者个人代销或者销售代销货物均应视同应税交易。代销货物的手续费属于现代服务业征收范围。因此，受托代销货物销项税额为26 000元，代销货物手续费销项税额为200 000 × 5% ÷（1 + 6%）× 6% = 566.04（元），委托代销货物销项税额为39 000元。会计分录如下。

（1）采用收取手续费方式受托代销商品。

	借方	贷方
借：银行存款	226 000	
贷：应付账款		200 000
应交税费——应交增值税（销项税额）		26 000
借：应交税费——应交增值税（进项税额）	26 000	
贷：应付账款		26 000
借：应付账款	226 000	
贷：银行存款		216 000
其他业务收入		9 433.96
应交税费——应交增值税（销项税额）		566.04

（2）采用买断方式委托代销自产货物。

	借方	贷方
借：银行存款	339 000	
贷：主营业务收入		300 000
应交税费——应交增值税（销项税额）		39 000

（四）差额征税方式下的核算

目前，我国部分特殊服务仍然存在无法通过增值税抵扣机制避免重复征税的情况，为了有效解决纳税人税收负担增加的问题，引入了“差额征税”的办法。

一般纳税人提供应税服务，按照营业税改征增值税有关规定允许从销售额中扣除其支付给其他单位或个人价款的，在收入采用总额法确认的情况下，减少的销项税额应借记“应交税费——应交增值税（销项税额抵减）”科目；在收入采用净额法确认的情况下，按照增值税有关规定确定的销售额计算增值税销项税额并计入“应交税费——应交增值税（销项税额）”

科目。差额征税的主要内容如下。

1. 金融商品转让

金融商品转让，按照卖出价扣除买入价后的余额为销售额。转让金融商品出现的正负差，按盈亏相抵后的余额为销售额。若相抵后出现负差，可结转下一纳税期与下期转让金融商品销售额相抵，但年末时仍出现负差的，不得转入下一个会计年度。

需要注意的是，转让金融商品产生的增值税应通过“应交税费——转让金融商品应交增值税”科目核算。转让金融资产当月月末，如产生转让收益，则按应纳税额，借记“投资收益”等科目，贷记“应交税费——转让金融商品应交增值税”科目；如产生转让损失，则可结转下月抵扣税额，借记“应交税费——转让金融商品应交增值税”科目，贷记“投资收益”等科目。

年末，如果“应交税费——转让金融商品应交增值税”科目有借方余额，说明本年度的金融商品转让损失无法弥补，且本年度的金融资产转让损失不可转入下年度继续抵减转让金融资产的收益，因此，应借记“投资收益”等科目，贷记“应交税费——转让金融商品应交增值税”科目，将“应交税费——转让金融商品应交增值税”科目的借方余额转出。

特别提示

金融商品的买入价，可以选择按照加权平均法或者移动加权平均法计算，选择后36个月内不得变更。金融商品转让不得开具增值税专用发票。

技能训练 2-10

振兴金融服务公司为增值税一般纳税人，2025年3月20日转让债券卖出价（含税）为512 000元，该债券于2022年9月1日购入，买入价（含税）为300 000元。

要求：编制相关会计分录。

技能训练 2-10 解析

转让债券的销售额按照卖出价扣除买入价后的余额确定，为512 000 − 300 000 = 212 000（元），销项税额为212 000 ÷（1 + 6%）× 6% = 12 000（元）。会计分录如下。

借：投资收益　　12 000

　贷：应交税费——转让金融商品应交增值税　　12 000

2. 经纪代理服务

经纪代理服务以取得的全部价款和价外费用，扣除向委托方收取并代为支付的政府性基金或者行政事业性收费后的余额为销售额。向委托方收取的政府性基金或者行政事业性收费，不得开具增值税专用发票。

3. 劳务派遣服务

劳务派遣服务可以选择差额纳税，以取得的全部价款和价外费用，扣除代用工单位支付给劳务派遣员工的工资、福利和为其办理社会保险及住房公积金后的余额为销售额，按照简易计税方法依5%的征收率计算缴纳增值税。

特别提示

一般纳税人提供劳务派遣服务，如果以取得的全部价款和价外费用为销售额，按照一般计税方法计算缴纳增值税；小规模纳税人提供劳务派遣服务，如果以取得的全部价款和价外费用为销售额，按照简易计税方法依3%的征收率计算缴纳增值税。

4. 融资租赁和融资性售后回租业务

（1）经人民银行、原银保监会（现为国家金融监督管理总局，下同）或者商务部批准从事融资租赁业务的纳税人，提供融资租赁服务，以取得的全部价款和价外费用，扣除支付的借款利息（包括外汇借款和人民币借款利息）、发行债券利息和车辆购置税后的余额为销售额。

（2）经人民银行、原银保监会或者商务部批准从事融资租赁业务的试点纳税人，提供融资性售后回租服务，以取得的全部价款和价外费用（不含本金），扣除对外支付的借款利息（包括外汇借款和人民币借款利息）、发行债券利息后的余额作为销售额。

特别提示

2023年5月，中国银行保险监督管理委员会（简称“银保监会”）撤销，其职能由新组建的国家金融监督管理总局全面接管。国家金融监督管理总局于2023年5月18日正式揭牌，整合了银保监会的职责，并扩展至除证券业外的金融业统一监管职责，以强化风险防控和消费者权益保护。

5. 航空运输服务

航空运输企业的销售额，不包括代收的机场建设费和代售其他航空运输企业客票而代收转付的价款。

6. 客运场站服务

一般纳税人提供客运场站服务，以其取得的全部价款和价外费用，扣除支付给承运方运费后的余额为销售额。

技能训练 2-11

舜达客运场站为增值税一般纳税人，为客运公司提供客源组织、售票、检票、发车、运费结算等服务。2025年3月，该企业向旅客收取车票款项636 000元，其中向客运公司支付572 400元。

要求：编制相关会计分录。

技能训练 2-11 解析

一般纳税人提供客运场站服务采用差额征税的方式，以其取得的全部价款和价外费用，扣除支付给承运方运费后的余额为销售额。假设采用收入净额法确认销售额，则销售额为（636 000－572 400）÷（1＋6%）＝60 000（元），销项税额为60 000×6%＝3 600

（元）。会计分录如下。

借：银行存款　　636 000
　贷：主营业务收入　　60 000
　　应交税费——应交增值税（销项税额）　　3 600
　　应付账款　　572 400

7. 旅游服务

一般纳税人提供旅游服务，可以选择以取得的全部价款和价外费用，扣除向旅游服务购买方收取并支付给其他单位或者个人的住宿费、餐饮费、交通费、签证费、门票费和支付给其他接团旅游企业的旅游费用后的余额为销售额。

选择上述办法计算销售额的纳税人，向旅游服务购买方收取并支付的上述费用，不得开具增值税专用发票。

技能训练 2-12

华泰旅游公司为增值税一般纳税人，选择差额征税的方式。2025年3月，该公司向旅游服务购买方收取的含税价款为848 000元，其中支付给其他接团旅游企业的旅游费用和其他单位的相关费用为593 600元。

要求：编制相关会计分录。

技能训练 2-12 解析

华泰旅游公司选择差额征税，可以从取得的全部价款和价外费用中按规定扣除支付给其他单位或者个人的各项费用，余额为销售额。假设采用收入总额法确认销售额，因扣减销售额而减少的销项税额为593 600 ÷（1 + 6%）× 6% = 33 600（元）。

会计分录如下。

借：银行存款　　848 000
　贷：主营业务收入　　800 000
　　应交税费——应交增值税（销项税额）　　48 000
借：主营业务成本　　560 000
　应交税费——应交增值税（销项税额抵减）　　33 600
　贷：应付账款　　593 600

8. 建筑服务

一般纳税人提供建筑服务适用简易计税方法的，以取得的全部价款和价外费用扣除支付的分包款后的余额为销售额。分包款是指支付给分包方的全部价款和价外费用。

9. 销售房地产

房地产开发企业中的一般纳税人销售其开发的房地产项目（选择简易计税方法的房地产

老项目除外)，以取得的全部价款和价外费用，扣除受让土地时向政府部门支付的土地价款后的余额为销售额。

特别提示

房地产老项目是指《建筑工程施工许可证》或建筑工程承包合同注明的开工日期在2016年4月30日前的房地产项目，可以选择适用简易计税方法按照5%的征收率计算缴纳增值税。

（五）纳税检查调整下的核算

纳税检查调整的销售额是指税务局在对纳税人的纳税情况进行检查时发现问题，并责令纳税人根据税法规定调整后销售收入。

增值税一般纳税人在税务机关对其增值税纳税情况进行检查后，凡涉及增值税涉税账务调整的，应设立“应交税费——增值税检查调整”专门账户。凡检查后应调增账面销项税额和进项税额转出或调减进项税额的数额，应借记有关科目，贷记该科目；凡检查后应调减账面销项税额和进项税额转出或调增进项税额的数额，应借记该科目，贷记有关科目；全部调账事项入账后，应结出本账户的余额，并将该余额转入“应交税费——未交增值税”账户。处理之后，本账户无余额。

技能训练 2-13

3月25日，税务机关对明达公司的纳税情况进行检查，发现1月10日向购货方收取的优质费20 340元只开具了收款收据，并贷记“其他应付款”科目，责令企业调整销售额，并于月底前缴纳增值税查补税款。

要求：编制相关会计分录。

技能训练 2-13 解析

向购货方收取的优质费应作为价外费用包含在销售额中。由于价外费用是含税收入，因此，应确认销项税额为20 340 ÷（1 + 13%）× 13% = 2 340（元）。会计分录如下。

（1）收取优质费。

	借方	贷方
借：其他应付款	20 340	
贷：主营业务收入		18 000
应交税费——增值税检查调整		2 340

（2）月末缴纳增值税。

	借方	贷方
借：应交税费——增值税检查调整	2 340	
贷：应交税费——未交增值税		2 340
借：应交税费——未交增值税	2 340	
贷：银行存款		2 340

课堂讨论

对于税务机关在纳税检查过程中发现的上年度未按要求确认的销售收入，应如何进行纳税调整和会计调整？

二、购进业务增值税核算

进项税额，是纳税人购进货物、服务、无形资产或者不动产，支付或者负担的增值税额，是与销项税额相对应的另一个概念。在开具增值税专用发票的情况下，销售方收取的销项税额，就是购买方支付的进项税额。

增值税一般计税方法的核心就是用纳税人收取的销项税额抵扣其支付的进项税额，其余额为增值税应纳税款。但是，并不是纳税人支付的所有进项税额都可以从销项税额中抵扣。税法对进项税额的抵扣作了严格的规定，如果违反税法规定，随意抵扣进项税额构成偷税行为，需要承担相应的法律责任。

增值税一般纳税人应在“应交税费”科目下设置“应交增值税”“待抵扣进项税额”“待认证进项税额”“增值税留抵税额”“代扣代交增值税”等明细科目，在“应交税费——应交增值税”明细账下设置“进项税额”“进项税额转出”“出口抵减内销产品应纳税额”等专栏进行核算。具体内容如表2-5所示。

表2-5 增值税购进业务相关会计科目设置

明细科目	专　栏	核　算　内　容
应交增值税	进项税额	记录一般纳税人购进货物、服务、无形资产或不动产而支付或负担的、准予从当期销项税额中抵扣的增值税额
	进项税额转出	记录一般纳税人购进货物、服务、无形资产或不动产等发生非正常损失以及其他原因而不应从销项税额中抵扣、按规定转出的进项税额
	出口抵减内销产品应纳税额	记录实行“免、抵、退”办法的一般纳税人按规定计算的出口货物的进项税抵减内销产品的应纳税额
待抵扣进项税额	/	核算一般纳税人已取得增值税扣税凭证并经税务机关认证，按照现行增值税制度规定准予以后期间从销项税额中抵扣的进项税额
待认证进项税额	/	核算一般纳税人由于未经税务机关认证而不得从当期销项税额中抵扣的进项税额
增值税留抵税额	/	核算兼有销售服务、无形资产或者不动产的原增值税一般纳税人，截止到纳入营改增试点之日的增值税期末留抵税额，按照现行增值税制度规定不得从销售服务、无形资产或不动产的销项税额中抵扣的增值税留抵税额
代扣代交增值税		核算纳税人购进在境内未设经营机构的境外单位或个人在境内的应税行为代扣代缴的增值税

（一）准予从销项税额中抵扣的进项税额的核算

根据《中华人民共和国增值税法》和《营业税改征增值税试点实施办法》的规定，准予从销项税额中抵扣的进项税额，限于下列增值税扣税凭证上注明的增值税税额和按规定的扣除率计算的进项税额。

1. 从销售方取得的增值税专用发票上注明的增值税额

纳税人购买货物、不动产、无形资产或者接受应税劳务、应税服务从销售方取得的增值税发票，主要分为增值税专用发票和增值税普通发票两种。其中，增值税专用发票上注明的增值税金额可以从纳税人当期的销项税额中抵扣，增值税普通发票上注明的增值税金额不得从销项税额中抵扣。国家另有规定的除外。

技能训练 2-14

北京市明达电器制造有限公司3月购进业务如下。

（1）3月1日，向北京市华东机械厂购进压缩机250台，单价1 800元/台，取得电子发票（增值税专用发票）1份，如图2-3所示；向北京市易风达运输有限公司支付运费共计2 180元，取得电子发票（增值税专用发票）1份，如图2-4所示。款项均已用银行存款支付。

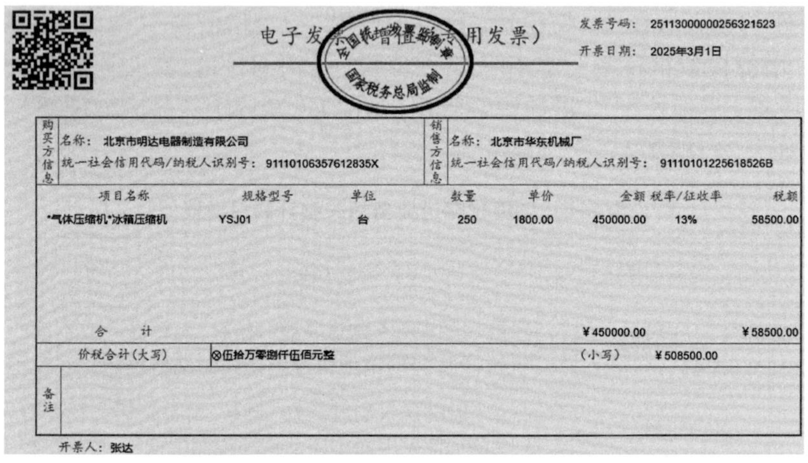

电子发票（增值税专用发票）

发票号码：25113000000256321523

开票日期：2025年3月1日

购买方信息 名称：北京市明达电器制造有限公司 统一社会信用代码/纳税人识别号：91110106357612835X

销售方信息 名称：北京市华东机械厂 统一社会信用代码/纳税人识别号：91110101225618526B

项目名称	规格型号	单位	数量	单价	金额	税率/征收率	税额
*气体压缩机*冰箱压缩机	YSJ01	台	250	1800.00	450000.00	13%	58500.00
合计					¥450000.00		¥58500.00

价税合计（大写） ⊗伍拾万零捌仟伍佰元整 （小写） ¥508500.00

备注

开票人：张达

图2-3　电子发票（增值税专用发票）（购进压缩机）

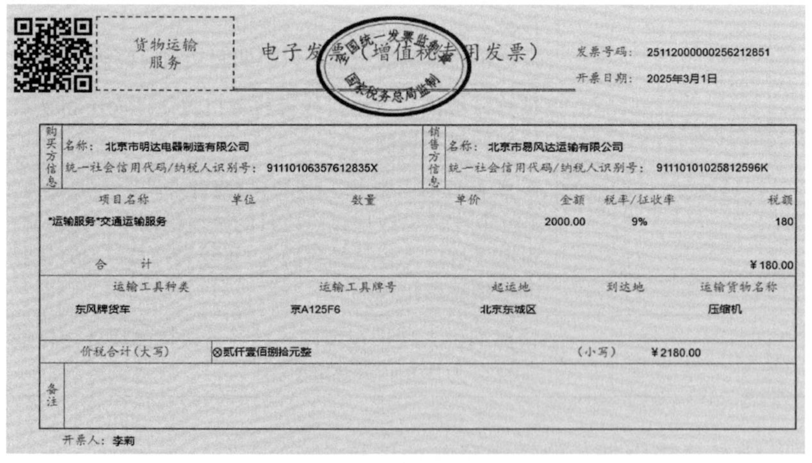

货物运输服务

电子发票（增值税专用发票）

发票号码：25112000000256212851

开票日期：2025年3月1日

购买方信息 名称：北京市明达电器制造有限公司 统一社会信用代码/纳税人识别号：91110106357612835X

销售方信息 名称：北京市易风达运输有限公司 统一社会信用代码/纳税人识别号：91110101025812596K

项目名称	单位	数量	单价	金额	税率/征收率	税额
*运输服务*交通运输服务				2000.00	9%	180
合计						¥180.00

运输工具种类	运输工具牌号	起运地	到达地	运输货物名称
东风牌货车	京A125F6	北京东城区		压缩机

价税合计（大写） ⊗贰仟壹佰捌拾元整 （小写） ¥2180.00

备注

开票人：李莉

图2-4　电子发票（增值税专用发票）（支付运费）

(2) 3月2日，向天宇建材公司购入工程物资一批用于厂房建设，货款300 000元，税款39 000元；购销合同同时注明支付对方运输、装卸费用共计1 130元。该业务作为混合销售业务，天宇公司将运输、装卸费用计入货款后开具电子发票(增值税专用发票)1份。款项尚未支付。另向保险公司支付该批工程物资保险费共计1 060元，取得电子发票(普通发票)1份，如图2-5所示。

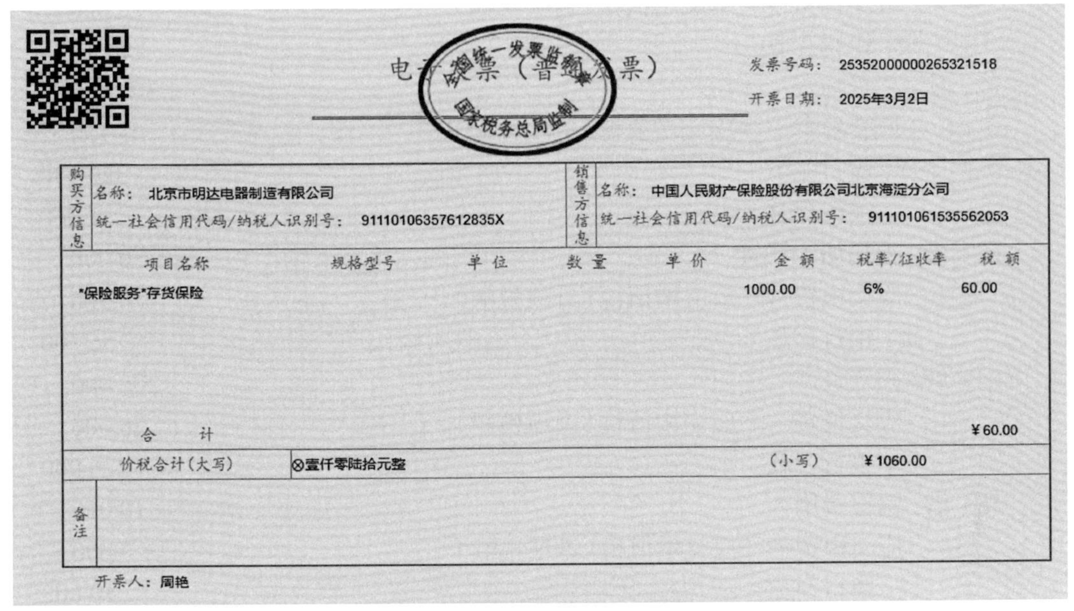

电子发票（普通发票）

发票号码：25352000000265321518

开票日期：2025年3月2日

购买方信息	名称：北京市明达电器制造有限公司 统一社会信用代码/纳税人识别号：91110106357612835X	销售方信息	名称：中国人民财产保险股份有限公司北京海淀分公司 统一社会信用代码/纳税人识别号：911101061535562053

项目名称	规格型号	单位	数量	单价	金额	税率/征收率	税额
*保险服务*存货保险					1000.00	6%	60.00
合计							¥60.00
价税合计(大写)	⊗壹仟零陆拾元整				(小写) ¥1060.00		
备注							

开票人：周艳

图2-5 电子发票(普通发票)(工程物资保险费)

(3) 3月3日，向受托加工单位支付加工费和辅助材料费，取得电子发票(增值税专用发票)1份，注明价款50 000元，税额6 500元。款项已用银行存款支付。

(4) 3月4日，购入小汽车一辆，取得电子发票(机动车销售统一发票)1份，价税合计226 000元。款项已用银行存款支付。

(5) 3月5日，向小海天广告公司购入广告设计服务，取得电子发票(增值税专用发票)1份，注明价款10 000元，税额600元。款项已用银行存款支付。

(6) 3月6日，向小规模纳税人启美商超购入办公用品一批，用银行存款支付2 000元，取得电子发票(普通发票)1份。

假设公司取得的电子发票(增值税专用发票)均已勾选认证。其他发票略。

要求：编制相关会计分录。

技能训练 2-14 解析

电子发票(增值税专用发票)上注明的进项税额准予从销项税额中抵扣，电子发票(普通发票)不得作为进项税额抵扣凭证。因此，业务(1)准予抵扣的进项税额为58 500 +

180 = 58 680（元），业务（2）准予抵扣的进项税额为 39 000 + 1 130 ÷（1 + 13%）× 13% = 39 130（元），业务（3）准予抵扣的进项税额为 6 500 元，业务（4）准予抵扣的进项税额为 226 000 ÷（1 + 13%）× 13% = 26 000（元），业务（5）准予抵扣的进项税额为 600 元，业务（6）不得抵扣进项税额。会计分录如下。

（1）借：原材料	452 000	
应交税费——应交增值税（进项税额）	58 680	
贷：银行存款		510 680
（2）借：工程物资	302 060	
应交税费——应交增值税（进项税额）	39 130	
贷：应付账款		340 130
银行存款		1 060
（3）借：委托加工物资	50 000	
应交税费——应交增值税（进项税额）	6 500	
贷：银行存款		56 500
（4）借：固定资产	200 000	
应交税费——应交增值税（进项税额）	26 000	
贷：银行存款		226 000
（5）借：销售费用	10 000	
应交税费——应交增值税（进项税额）	600	
贷：银行存款		10 600
（6）借：管理费用	2 000	
贷：银行存款		2 000

2. 从海关取得的海关进口增值税专用缴款书上注明的增值税税额

一般来说，申报进入中华人民共和国海关境内的货物，均应缴纳增值税。进口增值税是专门对进口环节的增值额征收的一种增值税。纳税人进口货物，按照组成计税价格和规定的税率计算应纳税额。进口货物计算增值税的组成计税价格和应纳税额的计算公式为：

组成计税价格 = 关税完税价格 + 关税 + 消费税 =（关税完税价格 + 关税）÷（1 − 消费税税率）

应纳增值税额 = 组成计税价格 × 增值税税率

技能训练 2-15

2025 年 3 月 8 日，明达公司与境外公司签订合同进口机器设备一台，该设备关税完税价格 50 000 美元。3 月 16 日，取得海关增值税专用缴款书 2 份。假设进口当日的人民币外汇牌价中间价为 1 美元对 6.3 元人民币，关税税率 10%，增值税税率 13%，款项全部以银行存款支付。

要求：编制相关会计分录。

技能训练 2-15 解析

组成计税价格 = 关税完税价格 + 关税 = 关税完税价格 + 关税完税价格 × 关税税率 = 关税完税价格 ×（1 + 关税税率）= 50 000 × 6.3 ×（1 + 10%）= 346 500（元）

进口环节应纳增值税额 = 组成计税价格 × 增值税税率 = 346 500 × 13% = 45 045（元）。

会计分录如下：

借：固定资产　　346 500

　　应交税费——应交增值税（进项税额）　　45 045

　贷：银行存款　　391 545

3. 中华人民共和国税收完税凭证上注明的增值税税额

从境外单位或者个人购进服务、无形资产或者不动产，自税务机关或者扣缴义务人取得的解缴税款的完税凭证上注明的增值税额准予从销项税额中抵扣。

技能训练 2-16

2025年3月12日，明达公司委托个人发放促销传单，由税务机关代开电子发票（普通发票）1份，注明金额970.87元，税额29.13元。取得个人提供的税收完税证明1份。

要求：编制相关会计分录。

技能训练 2-16 解析

个人提供增值税应税服务取得收入超过起征点的，适用简易办法依照3%征收率征税。个人购进服务取得的完税凭证上注明的增值税税额准予从销项税额中抵扣。

会计分录如下：

借：销售费用　　970.87

　　应交税费——应交增值税（进项税额）　　29.13

　贷：银行存款　　1 000

特别提示

个人从事兼职、设计创作、咨询服务、知识产权授权、业务经营等活动由于没有独立的法人或个体工商户资格，无法为合作方开具增值税发票，故个人可凭书面证明和身份证明到税务机关申请代开增值税发票。

4. 纳税人购进农产品进项税额抵扣规定

（1）取得一般纳税人开具的增值税专用发票或海关进口增值税专用缴款书的，以增值税专用发票或海关进口增值税专用缴款书上注明的增值税额为进项税额。

（2）从按照简易计税方法依照3%征收率计算缴纳增值税的小规模纳税人处取得增值税专用发票的，以增值税专用发票上注明的金额和9%的扣除率计算进项税额。

（3）取得（开具）农产品销售发票或收购发票的，以农产品销售发票或收购发票上注明的农产品购买价格和9%的扣除率计算进项税额。

（4）纳税人购进用于生产或者委托加工13%税率货物的农产品，按照10%的扣除率计算进项税额。

（5）自2012年7月1日起，以购进农产品为原料生产销售液体乳及乳制品、酒及酒精、植物油的增值税一般纳税人，纳入农产品增值税进项税额核定扣除试点范围，其购进农产品无论是否用于生产上述产品，增值税进项税额均按照《财政部 国家税务总局关于在部分行业试行农产品增值税进项税额核定扣除办法的通知》（财税〔2012〕38号）中《农产品增值税进项税额核定扣除试点实施办法》（附件1）的规定抵扣。

（6）依据《财政部国家税务总局关于扩大农产品增值税进项税额核定扣除试点行业范围的通知》（财税〔2013〕57号），自2013年9月1日起，各省、自治区、直辖市、计划单列市税务部门可商同级财政部门，根据《农产品增值税进项税额核定扣除试点实施办法》（财税〔2012〕38号）的有关规定，结合本省（自治区、直辖市、计划单列市）特点，选择部分行业开展核定扣除试点。试点纳税人可以采用投入产出法、成本法、参照法等方法计算增值税进项税额。

特别提示

农产品销售发票，是指农业生产者销售自产农产品适用免征增值税政策而开具的普通发票。购买农产品的购买价格，包括纳税人购进农产品在农产品收购发票或者销售发票上注明的价款和按规定缴纳的烟叶税。纳税人从批发、零售环节购进适用免征增值税政策的蔬菜、部分鲜活肉蛋而取得的普通发票，不得作为计算抵扣进项税额的凭证。

技能训练 2-17

2025年3月16日，明达公司向一般纳税人购买其自产茶叶一批，用于日常办公需要，取得自产农产品销售免税电子发票（普通发票）一份，注明价款为6 000元，如图2-6所示；向小规模纳税人购买其自产花卉一批，用于办公室装饰，取得3%征收率的电子发票（增值税专用发票）一张，注明金额2 000元，税额60元；向启美商超购买鸡蛋一批，用于店庆促销活动，取得电子发票（普通发票）一张，金额3 000元。款项已用银行存款支付。其他发票略。

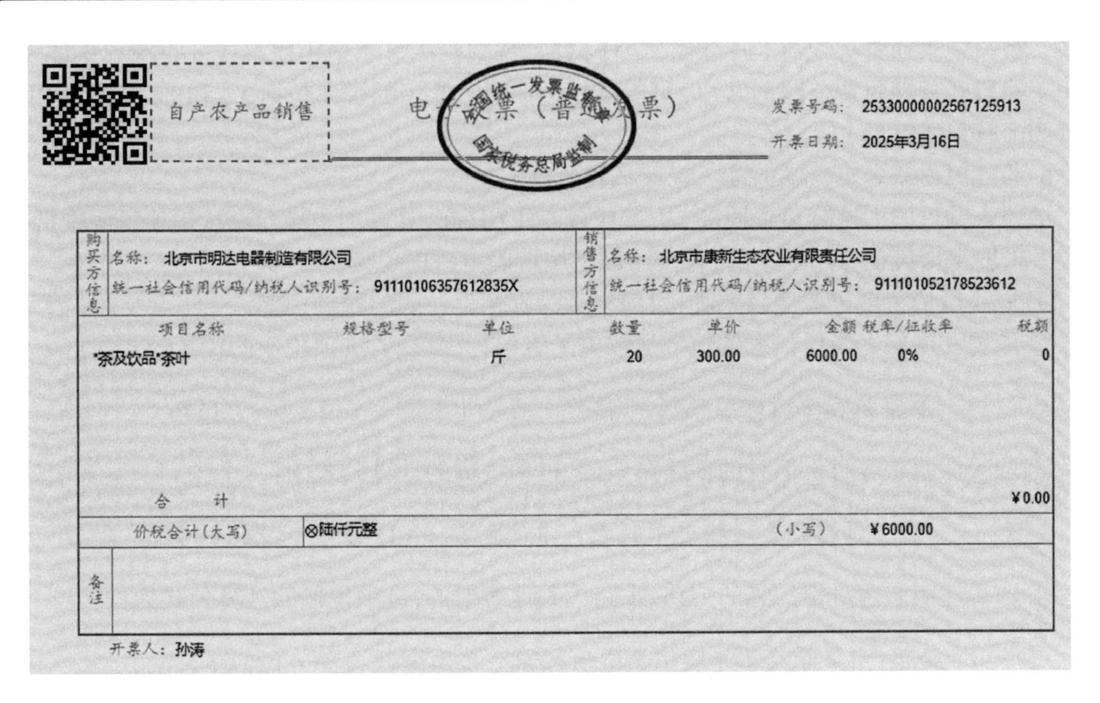

自产农产品销售　　电子发票（普通发票）

发票号码：25330000002567125913
开票日期：2025年3月16日

购买方信息	名称：北京市明达电器制造有限公司 统一社会信用代码/纳税人识别号：91110106357612835X	销售方信息	名称：北京市康新生态农业有限责任公司 统一社会信用代码/纳税人识别号：911101052178523612

项目名称	规格型号	单位	数量	单价	金额	税率/征收率	税额
*茶及饮品*茶叶		斤	20	300.00	6000.00	0%	0
合　　计							¥0.00
价税合计（大写）	⊗陆仟元整				（小写）	¥6000.00	
备注							

开票人：孙涛

图2-6　电子发票（普通发票）（购入自产茶叶）

要求：编制相关会计分录。

技能训练2-17解析

取得自产农产品销售发票，可抵扣进项税额＝6 000×9%＝540（元）；取得小规模纳税人3%征收率电子发票（增值税专用发票），可抵扣进项税额＝2 000×9%＝180（元）；取得超市增值税普通发票，不得抵扣进项税额。会计分录如下。

借：管理费用　　7 340
　　销售费用　　3 000
　　应交税费——应交增值税（进项税额）　　720
　贷：银行存款　　11 060

5. 道路通行费进项税额抵扣规定

纳税人支付的道路通行费，按照收费公路通行费增值税电子普通发票上注明的增值税额抵扣进项税额。通行费，是指有关单位依法或者依规设立并收取的过路、过桥和过闸费。高速公路通行费适用3%征收率，一级、二级公路通行费适用5%征收率。

纳税人支付的桥、闸通行费，暂凭取得的通行费发票上注明的收费金额，可抵扣的进项税额的计算公式为：

$$桥、闸通行费可抵扣进项税额 = 桥、闸通行费发票上注明的金额 \div (1+5\%) \times 5\%$$

自2024年12月1日起，在全国正式推广应用全面数字化电子发票后，通行费也可开具数电发票。数电发票通常标识有“通行费”字样，并且税率栏次显示适用税率或征收率。这种发票适用于通行经营性收费公路的客户，可以抵扣进项税。常用的税率包括3%和9%，后者适用于不动产经营租赁服务。

6. 购进国内旅客运输服务进项税额抵扣的规定

纳税人购进国内旅客运输服务，从2019年4月1日起，其进项税额允许从销项税额中抵扣。纳税人未取得增值税专用发票的，暂按照以下规定确定进项税额：

① 取得增值税电子普通发票的，进项税额为发票上注明的税额；

② 取得注明旅客身份信息的航空运输电子客票行程单的，进项税额的计算公式为：

$$航空旅客运输进项税额=（票价+燃油附加费）\div(1+9\%)\times 9\%$$

③ 取得注明旅客身份信息的铁路车票的，进项税额的计算公式为：

$$铁路旅客运输进项税额=票面金额\div(1+9\%)\times 9\%$$

④ 取得注明旅客身份信息的公路、水路等其他客票的，进项税额的计算公式为：

$$公路、水路等其他旅客运输进项税额=票面金额\div(1+3\%)\times 3\%$$

自2024年11月1日起，在铁路、民航客运领域推广使用全面数字化的电子发票（铁路电子客票）、电子发票（航空运输电子客票行程单）。运输企业为旅客开具电子发票后，不再提供纸质报销凭证，旅客不能同时开具电子发票和纸质报销凭证。为了方便旅客和单位，旅客运输服务领域在全面数字化的电子发票推行使用中设置了过渡期，过渡期为2024年11月1日至2025年9月30日。

技能训练 2-18

2025年3月18日，明达公司办公室李主任报销差旅费，提供了小规模纳税人宜佳酒店开具的电子发票（增值税专用发票）一份，注明住宿费2 000元，税额60元；餐饮店开具的电子发票（普通发票）1份，注明餐饮费用550元；李主任往返北京到杭州的高铁票2张，每张金额581.50元。

要求：编制相关会计分录。

技能训练 2-18 解析

酒店开具的增值税专用发票上注明的进项税额可以全部抵扣。购进餐饮服务不得抵扣进项税额。注明旅客身份信息的高铁票准予抵扣的进项税额＝$581.5\div(1+9\%)\times 9\%=48.01$（元）。因此，进项税额合计数＝$60+48.01+48.01=156.02$（元）。会计分录如下。

借：管理费用　　3 616.98

　　应交税费——应交增值税（进项税额）　　156.02

　贷：银行存款　　3 773

7. 进项税额抵扣的其他规定

（1）自2023年1月1日至2027年12月31日，允许先进制造业企业按照当期可抵扣进项税额加计5%抵减应纳增值税税额。

（2）自2023年1月1日至2027年12月31日，允许集成电路设计、生产、封测、装备、材料企业，按照当期可抵扣进项税额加计15%抵减应纳增值税税额。

（3）自2023年1月1日至2027年12月31日，对生产销售先进工业母机主机关键功能部件、数控系统的增值税一般纳税人，允许按当期可抵扣进项税额加计15%抵减应纳增值税税额。

适用增值税进项税额加计抵减政策的纳税人取得资产或接受劳务时，应当按照《增值税会计处理规定》（财会〔2016〕22号）的相关规定对增值税相关业务进行会计处理；实际缴纳增值税时，按应纳税额借记“应交税费——未交增值税”等科目，按实际纳税金额贷记“银行存款”科目，按加计抵减的金额贷记“其他收益”科目。

（二）不得从销项税额中抵扣的进项税额的核算

不得抵扣的进项税主要有两种情况：一是当期不可抵扣；二是已抵扣过进项税额的货物因改变用途等不再符合抵扣条件而需要作进项税额转出处理。

根据《中华人民共和国增值税法》等规定，下列项目的进项税额不得从其销项税额中抵扣：

（1）适用简易计税方法计税项目、免征增值税项目、用于集体福利或者个人消费的购进货物、服务、无形资产和不动产。其中涉及的固定资产、无形资产、不动产，仅指专用于上述项目的固定资产、无形资产（不包括其他权益性无形资产）、不动产。

纳税人的交际应酬消费属于个人消费。

技能训练 2-19

2025年3月21日，明达公司将上月购入的一批小家电奖励给本季度优秀职工。该批小家电购进时取得电子发票（增值税专用发票），注明金额3 000元，税额390元。

要求：编制相关会计分录。

技能训练 2-19 解析

作为职工福利的外购小家电不得抵扣进项税额，应作为进项税额转出。会计分录如下。

会计分录	借方	贷方
借：应付职工薪酬	3 000	
贷：库存商品		3 000
借：管理费用	3 390	
贷：应付职工薪酬		3 000
应交税费——应交增值税（进项税额转出）		390

（2）非正常损失的购进货物，以及相关的加工修理修配服务和交通运输服务。非正常损失项目，是指因管理不善造成货物被盗、丢失、霉烂变质，以及因违反法律法规造成货物或者不动产被依法没收、销毁、拆除的情形。

技能训练 2-20

2025年3月22日，明达公司上月外购的一批零件，由于仓库保管不善，其中有500件被损坏，已不能继续用于生产。该零件购入时取得电子发票（增值税专用发票），注明单价100元/件，增值税税率13%。

3月23日，上月采购的原材料到厂，实际验收入库1 800千克，短缺200千克。经查，短缺的200千克中，有100千克属于销售方少发货，销售方同意退款，明达公司取得红字增值税专用发票；另有100千克系运输途中被盗丢失，运输部门同意赔偿。该原材料上月已取得电子发票（增值税专用发票）入账，发票上注明单价300元/千克，数量2 000千克，增值税税率13%。

要求：编制相关会计分录。

技能训练 2-20 解析

损坏的零件，其已抵扣的进项税额应通过“进项税额转出”专栏核算，进项税额转出金额 = 500 × 100 × 13% = 6 500（元）；短缺的原材料，取得红字增值税专用发票部分应冲减进项税额，运输部门赔偿部分应计入进项税额转出，进项税额转出金额 = 100 × 300 × 13% = 3 900（元）。会计分录如下。

科目	借方	贷方
借：管理费用	56 500	
贷：原材料		50 000
应交税费——应交增值税（进项税额转出）		6 500
借：原材料	540 000	
待处理财产损溢	60 000	
贷：材料采购		600 000
借：应收账款	33 900	
应交税费——应交增值税（进项税额）	[3 900]	
贷：待处理财产损溢		30 000
借：其他应收款	33 900	
贷：待处理财产损溢		30 000
应交税费——应交增值税（进项税额转出）		3 900

（3）购进并直接用于消费的餐饮服务、居民日常服务和娱乐服务。

（4）国务院规定的其他情形。

（5）适用一般计税方法的纳税人，若兼营简易计税方法计税项目、免征增值税项目而无法划分不得抵扣的进项税额，计算不得抵扣的进项税额的公式如下：

$$不得抵扣的进项税额 = 当期无法划分的全部进项税额 \times (当期简易计税方法计税项目销售额 + 当期免税项目销售额) \div 当期全部销售额$$

另外，纳税人发生应税交易，取得的增值税扣税凭证不符合税法有关规定的，其进项税额不得从销项税额中抵扣。

技能训练 2-21

2025年3月24日，明达公司向金融机构支付本月贷款利息20 000元，取得电子发票（普通发票）。销售部经理招待来公司考察的客户，考察结束后向财务部报销相关费用，提供餐饮费电子发票（普通发票）1份，价税款600元；娱乐服务电子发票（普通发票）1份，价税款300元；抬头为个人的通行费电子发票（普通发票）1份，价税款200元。

要求：编制相关会计分录。

技能训练 2-21 解析

公司购买的贷款服务、餐饮服务和娱乐服务都不得抵扣进项税额，应直接计入费用类账户，其中计入财务费用的金额为20 000元，计入销售费用的金额 = 600 + 300 = 900（元）。抬头为个人的通行费电子发票不得作为报销凭证。会计分录如下。

借：财务费用　　20 000
　贷：银行存款　　20 000
借：销售费用　　900
　贷：银行存款　　900

特别提示

纳税人接受贷款服务向贷款方支付的与该笔贷款直接相关的投融资顾问费、手续费、咨询费等费用，其相关进项税额也不得从销项税额中抵扣。

课堂讨论

你觉得税法规定“购进并直接用于消费的餐饮服务、居民日常服务和娱乐服务不得从销项税额中抵扣”的主要原因是什么？

三、期末应纳增值税核算

增值税一般纳税人发生应税交易的应纳税额，等于当期销项税额抵扣当期进项税额后的余额。计算公式如下：

当期应纳税额＝当期销项税额－当期进项税额

若计算结果为正数，为当期应纳增值税；若计算结果为负数，则形成进项税额留抵税额，结转下期抵扣。考虑到进项税额转出和留抵税额等因素，上述计算公式可拓展为：

应纳税额＝当期销项税额－（当期进项税额－进项税额转出）－上期结转留抵税额

增值税一般纳税人应在“应交税费”科目下设置“应交增值税”“未交增值税”“预交增值税”等明细科目，在“应交税费——应交增值税”明细账下设置“已交税金”“转出未交增值税”“转出多交增值税”等专栏进行核算。具体内容见表2-6。

表2-6　增值税期末业务相关会计科目设置

明细科目	专　　栏	核　　算　　内　　容
应交增值税	已交税金	记录一般纳税人当月已交纳的应交增值税额
	转出未交增值税	记录一般纳税人月度终了转出当月应交未交的增值税额
	转出多交增值税	记录一般纳税人月度终了转出当月多交的增值税额
未交增值税	/	核算一般纳税人月度终了从“应交增值税”或“预交增值税”明细科目转入当月应交未交、多交或预缴的增值税额，以及当月交纳以前期间未交的增值税额
预交增值税	/	核算一般纳税人转让不动产、提供不动产经营租赁服务、提供建筑服务、采用预收款方式销售自行开发的房地产项目等，以及其他按现行增值税制度规定应预缴的增值税额

月度终了时，对于当月应缴未缴的增值税，借记“应交税费——应交增值税（转出未交增值税）”账户，贷记“应交税费——未交增值税”账户；对于当月多缴的增值税，借记“应交税费——未交增值税”账户，贷记“应交税费——应交增值税（转出多交增值税）”账户。

一般纳税人缴纳以前期间未缴的增值税，借记“应交税费——未交增值税”账户，贷记“银行存款”账户。当月已缴纳的增值税额，借记“应交税费——应交增值税（已交税金）”账户，贷记“银行存款”账户；预缴增值税时，借记“应交税费——预交增值税”账户，贷记“银行存款”账户。

月末，企业应将“预交增值税”明细账户余额转入“未交增值税”明细账户，借记“应交税费——未交增值税”账户，贷记“应交税费——预交增值税”账户。房地产开发企业等在预缴增值税后，应直至纳税义务发生时方可从“应交税费——预交增值税”账户结转至“应交税费——未交增值税”账户。

对于当期直接减免的增值税，借记“应交税费——应交增值税（减免税款）”账户，贷记损益类相关账户。

“应交税费”账户下的“应交增值税”“未交增值税”“待抵扣进项税额”“待认证进项税额”“增值税留抵税额”等明细账户期末借方余额，应根据情况在资产负债表中的“其他流动资产”或“其他非流动资产”项目列示；“应交税费——待转销项税额”等账户期末贷方余额，应根据情况在资产负债表中的“其他流动负债”或“其他非流动负债”项目列示；“应交税费”科目下的“未交增值税”“简易计税”“转让金融商品应交增值税”“代扣代交增值税”等科目期末贷方余额，应在资产负债表中的“应交税费”项目列示。

特别提示

根据前面所学的内容，结合财政部《增值税会计处理规定》（财会〔2016〕22号）的要求，一般纳税人核算增值税业务时“应交税费”明细科目及“应交税费——应交增值税”科目设置总结如图2-7所示。

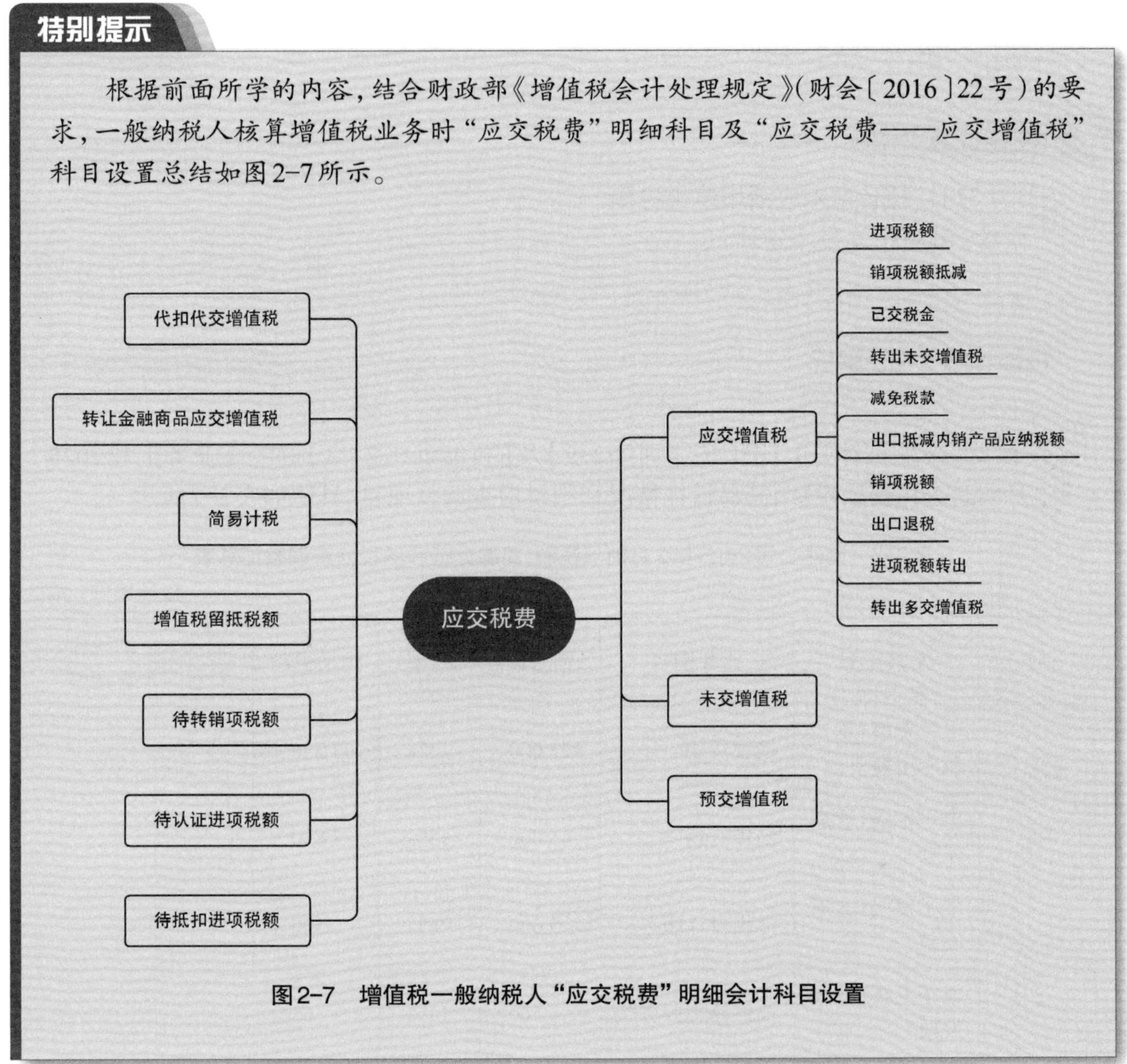

图2-7 增值税一般纳税人“应交税费”明细会计科目设置

技能训练 2-22

2025年3月15日，明达公司缴纳上月应纳增值税金额160 400元。

要求：编制相关会计分录。

技能训练 2-22 解析

缴纳上月增值税会计分录为：

借：应交税费——未交增值税　　160 400

　贷：银行存款　　160 400

技能训练 2-23

3月31日，结转期末应纳增值税税额。

要求：编制相关会计分录。

技能训练 2-23 解析

根据【技能训练2-1】至【技能训练2-9】及【技能训练2-13】的经济业务汇总2025年3月明达公司销项税额、简易计征情况和纳税检查调整项目，具体如表2-7所示。

表2-7　明达公司2025年3月销项税额、简易计征和纳税检查调整汇总表

金额单位：元

业务号	发票类型	业务摘要	销售额	税率	销项税额	简易计征	纳税检查调整
2-1	电子发票（增值税专用发票）	销售货物	825 000	13%	107 250		
	电子发票（普通发票）	销售货物	45 000	13%	5 850		
	电子发票（普通发票）	提供设计服务	5 000	6%	300		
	电子发票（普通发票）	提供修理服务	500	13%	65		
	未开票	销售货物	200 000	13%	26 000		
	电子发票（增值税专用发票）	提供厂房租赁	13 000	9%	1 170		
	电子发票（增值税专用发票）	提供设备租赁	5 000	13%	650		
2-2	电子发票（增值税专用发票）	销售货物	500 000	13%	65 000		

（续表）

业务号	发票类型	业务摘要	销售额	税率	销项税额	简易计征	纳税检查调整
2-2	增值税红字发票	销售退回	−20 000	13%	−2 600		
2-3	电子发票（普通发票）	销售货物	150 000	13%	19 500		
2-4	电子发票（普通发票）	销售货物	80 000	13%	10 400		
2-5	电子发票（增值税专用发票）	销售货物	200 000	13%	26 000		
2-6	无发票	没收押金	884.96	13%	115.04		
2-7	电子发票（普通发票）	出售已使用小汽车	20 000	2%		400	
	电子发票（普通发票）	出售旧办公桌椅	1 327.43	13%	172.57		
2-8	电子发票（增值税专用发票）	自产商品对外投资	400 000	13%	52 000		
	无发票	自产商品发放福利	88 000	13%	11 440		
2-9	电子发票（增值税专用发票）	销售受托代销商品	200 000	13%	26 000		
	电子发票（增值税专用发票）	提供代销商品服务	9 433.96	6%	566.04		
	电子发票（增值税专用发票）	销售委托代销商品	300 000	13%	39 000		
2-13	/	纳税检查调整	18 000	13%			2 340
合计			3 041 146.35	/	388 878.65	400	2 340

根据表2-7，明达公司销项税额合计388 878.65元，纳税检查调整销项税额2 340元，简易计征应交增值税400元。

根据【技能训练2-5】【技能训练2-9】，【技能训练2-14】至【技能训练2-20】的经济业务汇总2025年3月明达公司准予抵扣的进项税额，具体如表2-8所示。

表2-8　明达公司2025年3月准予抵扣的进项税额和减免税款汇总表

金额单位：元

业务号	发票类型	份数	业务摘要	金额	税率	进项税额	进项税额转出	减免税款
2-5	电子发票（增值税专用发票）	1	换进小轿车	200 000	13%	26 000		
2-9	电子发票（增值税专用发票）	1	受托代销商品	200 000	13%	26 000		
2-14	电子发票（增值税专用发票）	1	购进压缩机	450 000	13%	58 500		
	电子发票（增值税专用发票）	1	支付运费	2 000	9%	180		
	电子发票（增值税专用发票）	1	购进工程物资	301 000	13%	39 130		
	电子发票（增值税专用发票）	1	支付加工费等	50 000	13%	6 500		
	电子发票（机动车销售统一发票）	1	购进小汽车	200 000	13%	26 000		
	电子发票（增值税专用发票）	1	购入广告服务	10 000	6%	600		
2-15	海关增值税专用缴款书	1	进口设备	346 500	13%	45 045		
2-16	税收完税证明	1	支付劳务费	970.87	3%	29.13		
2-17	电子发票（普通发票）（自产农产品销售）	1	购买茶叶	6 000	9%	540		
	电子发票（增值税专用发票）	1	购买花卉	2 000	9%	180		
2-18	电子发票（增值税专用发票）	1	支付住宿费	2 000	3%	60		
	高铁票	2	支付高铁票费	1 066.98	9%	96.02		
2-19	电子发票（增值税专用发票）	1	发放职工福利	3 000	13%		390	

（续表）

业务号	发票类型	份数	业务摘要	金额	税率	进项税额	进项税额转出	减免税款
2–20	红字增值税专用发票	1	材料短缺退款	30 000	13%	−3 900		
	仓库保管不善引起的非正常损失			50 000	13%		6 500	
	运输部门赔偿短缺原材料			30 000	13%		3 900	
合计				1 884 537.85	/	224 960.15	10 790	

根据表2–8所示，明达公司3月准予抵扣的进项税额合计224 960.15元，进项税额转出10 790元。

当期应纳增值税额＝当期销项税额－（当期进项税额－进项税额转出）
＝388 878.65－（224 960.15－10 790）
＝174 708.50（元）

当期适用简易计税方法业务应纳税额＝400（元）

期末结转增值税会计分录为：

借：应交税费——应交增值税（转出未交增值税）　　174 708.50
　贷：应交税费——未交增值税　　174 708.50

下月缴纳本期增值税的会计分录为：

借：应交税费——未交增值税　　174 708.50
　　应交税费——简易计税　　400
　贷：银行存款　　175 108.50

特别提示

明达公司收到的红字增值税专用发票应作为进项税额红字冲减，但在填写申报表附表二时，应填在“进项税额转出额”中。

课堂讨论

增值税一般纳税人缴纳上月应交的增值税和预缴本月的增值税在会计核算上有什么区别？

引例解析

美达公司销售货物和提供加工劳务适用13%的税率，提供设计服务适用6%的税率。在销售过程中，不管其开出的发票是什么类型，也不管其是否开具发票，都应该按照适用税率计算销项税额。公司发生的现金折扣作为财务费用，不得减少销售收入和销项税额。对外捐赠应该视同应税交易确认销售收入和销项税额。供应商提供的电子发票（增值税专用发票）和员工提供的住宿费电子发票（增值税专用发票）上注明的税额准予从销项税额中抵扣。注明员工信息的高铁发票，可根据9%含税金额计算准予抵扣的进项税额。

• 诚信纳税　为国聚财 •

数字化时代电子发票助推智慧税务

发票管理是财税管理的最基本要素之一。随着互联网技术的迅速发展，具有无纸化、低能耗、易保存、易查询特点的电子发票成为信息化时代发票管理的新方式。2013年6月27日，京东开出中国内地首张电子发票。自此，中国票据市场开始发生巨大变化，票据流转逐渐实现电子化，市场规范性和透明度大幅提升。

2021年是“十四五”开局之年，中共中央办公厅、国务院办公厅印发《关于进一步深化税收征管改革的意见》（以下简称《意见》），提出要全面推进税收征管数字化升级和智能化改造，实现从“以票管税”向“以数治税”分类精准监管转变。《意见》指出，要稳步实施发票电子化改革，建设全国统一的电子发票服务平台，深化税收大数据共享应用，到2025年基本实现发票全领域、全环节、全要素电子化，基本建成具有高集成功能、高安全性能、高应用效能的智慧税务，形成国内一流的智能化行政应用系统，全方位提高税务执法、服务、监管能力。

为贯彻落实《意见》明确的“稳步实施发票电子化改革”等要求，2021年12月1日起，广东省、上海市和内蒙古自治区试点推行全面数字化电子发票，并逐步扩大至全国。试点推行工作平稳有序，取得了优化营商环境、提升行政效能、助力经济社会数字化转型的积极效果。2024年，《国家税务总局关于推广应用全面数字化电子发票的公告》（国家税务总局公告2024年第11号）颁布，自2024年12月1日起全国正式推广应用数电发票。

任务三　一般纳税人增值税智能申报

引导案例

为了进一步提高自己的实践技能，张明利用暑假时间找到一家财税代理记账机构进行实习。该机构承接了几百家公司的代理记账服务，由于人员流动频繁，代理记账服务工作量较大，每位代理记账服务人员至少承担35家企业的代理记账服务。经过观察，张明发现公司代理的不仅有本省市的企业，还有很多外省市的企业；不仅有小规模纳税人，还有很多一般纳税人；这些企业的经济业务都不复杂，而且有些一般纳税人由于进项税额大于销项税额，当月根本不需要缴纳增值税。张明疑惑了：对于外省市的企业，公司是远程指导企业在当地纳税吗？还有，有些企业既然不用缴纳增值税，那是不是就不用进行纳税申报了呢？

一、纳税申报期限

增值税的纳税期限分别为1日、3日、5日、10日、15日、1个月或者1个季度。纳税人的具体纳税期限，由主管税务机关根据纳税人应纳税额的大小分别核定。以1个季度为纳税期限的规定适用于小规模纳税人、银行、财务公司、信托投资公司、信用社，以及财政部和国家税务总局规定的其他纳税人。不能按照固定期限纳税的，可以按次纳税。

纳税人以1个月或者1个季度为纳税期的，自期满之日起15日内申报纳税；以1日、3日、5日、10日或者15日为纳税期的，自期满之日起5日内预缴税款，于次月1日起15日内申报纳税并结清上月应纳税款。

扣缴义务人解缴税款的期限，依照上述规定执行。

纳税人进口货物，应当自海关填发税款缴纳书之日起15日内缴纳税款。

二、纳税申报地点

（1）固定业户应当向其机构所在地的主管税务机关申报纳税。总机构和分支机构不在同一县（市）的，应当分别向各自所在地的主管税务机关申报纳税；经国务院财政、税务主管部门或者其授权的财政、税务机关批准，可以由总机构汇总向总机构所在地的主管税务机关申报纳税。

（2）固定业户在外县（市）发生应税行为，应当向其机构所在地的主管税务机关申请开具外出经营活动税收管理证明，并向其机构所在地的主管税务机关申报纳税；未开具证明的，应当向应税行为发生地的主管税务机关申报纳税；未向应税行为发生地的主管税务机关申报纳税的，由其机构所在地的主管税务机关补征税款。

（3）非固定业户应当向应税行为发生地主管税务机关申报纳税；未申报纳税的，由其机构所在地或者居住地主管税务机关补征税款。

（4）其他个人提供建筑服务，销售或者租赁不动产，转让自然资源使用权，应向建筑服务发生地、不动产所在地、自然资源所在地主管税务机关申报纳税。

（5）进口货物，应当由进口人或其代理人向报关地海关申报纳税。

（6）扣缴义务人应当向其机构所在地或者居住地的主管税务机关申报缴纳其扣缴的税款。

操作演示

一般纳税人增值税及附加税费申报

三、增值税智能申报实务

（一）增值税智能申报流程

纳税人进入电子税务局后（以浙江省为例），在【我要办税】菜单下，点击【税费申报及缴纳】，选择【增值税及附加税费申报（一般纳税人适用）】，如图2-8所示；或者直接从【我的待办】中选择【增值税及附加税费申报（一般纳税人适用）】，即可进行增值税纳税申报。

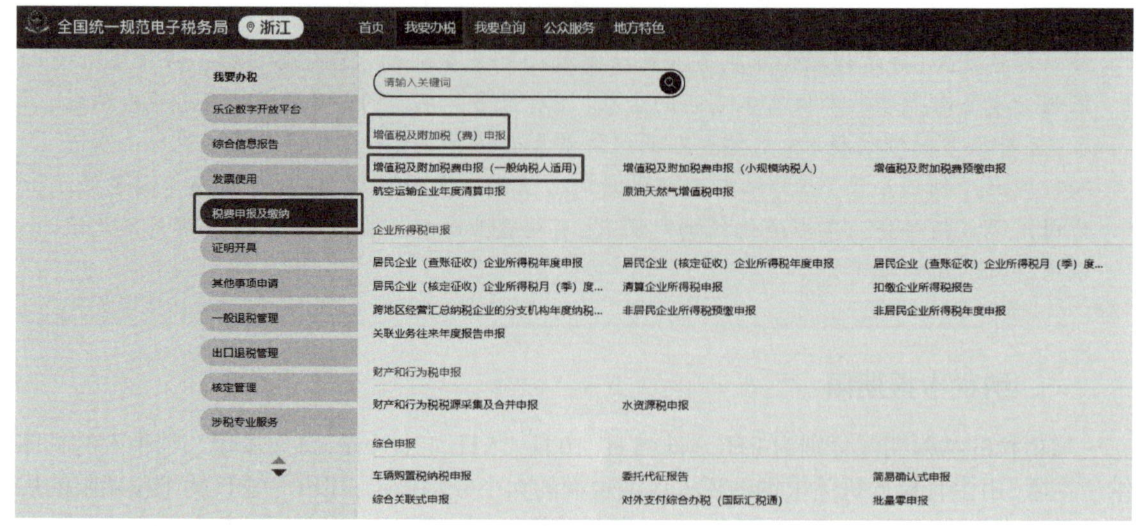

图2-8　增值税税费申报及缴纳

增值税及附加税费申报（一般纳税人适用）包括主表、5张附表和增值税减免税申报明细表。主表为《增值税及附加税费申报表（一般纳税人适用）》，附表分别是《增值税及附加税费申报表附列资料（一）》（本期销售情况明细）、《增值税及附加税费申报表附列资料（二）》（本期进项税额明细）、《增值税及附加税费申报表附列资料（三）》（服务、不动产和无形资产扣除项目明细）、《增值税及附加税费申报表附列资料（四）》（税额抵减情况表）、《增值税及附加税费申报表附列资料（五）》（附加税费情况表）。

增值税及附加税费目前有确认式、补录式和填表式三种申报模式，系统会根据纳税人业务复杂程度自动匹配相应的申报模式，若纳税人不想使用推荐的确认式或补录式申报模式，可切换到填表式申报模式，对数据进行修改或填写。

1. 确认式申报模式

系统会根据开票数据等进行部分数据自动预填，纳税人需要对税款所属期、预填的数据以及税（费）结果进行确认。

在销售收入模块中，纳税人需要确认销售额是否正确，特别是纳税人存在未开票收入的情况时，可直接点击销售额输入框，根据实际经营情况对销售额栏次进行编辑和确认。

纳税人若需要修改确认式申报模式页面展示的其他数据，可点击切换到填表式申报模式，对数据进行修改或填写。纳税人确认数据无误，点击【提交】即可完成申报。

2. 补录式申报模式

因存在未开票收入、其他抵扣、进项转出税额、抵减税额等信息导致系统预填数据与实际经营不符，即确定为补录式申报模式，纳税人可以直接点击相应的输入框，确认数据预填和补录是否完整、正确，若与实际情况不符，可点击【修改】对相关数据进行修改。

如需要修改其他数据，可点击进入填表式申报模式，填写完成确认后点击【提交】即可完成申报。

3. 填表式申报模式

纳税人将直接进入申报表表单填写内容页面，完成附表及减免明细表填写，确认主表数据无误后，即可点击【提交】，完成申报。

4. 特殊情况处理

在点击【提交】后，若出现“是否立即提交申报表”的系统提示，纳税人可点击【确认】提交，直接进行申报缴费；也可以点击【取消】，针对系统比对检查修改原表单内容，修改完成之后可再次点击【提交】进行申报缴款。

若系统出现“填写校验不通过”提示，则纳税人必须要根据提示修改申报表单后才能继续提交报表。若系统出现“提示类申报比对不通过”，纳税人可以根据系统提示点击修改报表；也可以点击强制提交。比对不通过的数据会形成后台记录，纳税人可通过更正申报表，消除比对异常记录。

若系统出现“强制类申报比对不通过”，纳税人可以根据系统提示点击【修改报表】；也可以点击【强制提交】，但这样做会导致申报比对异常转办事项流转至税务局端，纳税人须跟踪比对异常处理情况，否则会影响纳税人发票开具等。

5. 申报缴纳

申报成功后，可以进行缴款。查验本期税款显示无误之后，可选择【立即缴款】或者【预约缴款】完成本次申报涉及的税费款缴纳。也可以在首页中通过【我要办税】—【税费申报及缴纳】—【税费缴纳】进行税费款缴纳，但需要注意缴款期限。若超过缴款期限，系统会自动产生滞纳金。

（二）增值税申报表填写实例

根据《财政部 税务总局关于进一步支持小微企业和个体工商户发展有关税费政策的公告》（财政部 税务总局公告 2023年第12号），自2023年1月1日至2027年12月31日，由省、自治区、直辖市人民政府根据本地区实际情况对增值税小规模纳税人、小型微利企业和个体工商户在50%的税额幅度内减征“六税两费”。

本任务以明达公司3月经济业务为例进行增值税纳税申报表的填写。

技能训练 2-24

明达公司3月经济业务详见任务二【技能训练2-1】至【技能训练2-9】，【技能训练2-13】至【技能训练2-20】，【技能训练2-22】至【技能训练2-23】。

文本

明达公司增值税技能训练业务汇总

其他有关资料如下。

（1）证照名称：企业法人营业执照。

（2）纳税申报日期：2025年4月10日。

（3）2025年1月1日至2月28日生产经营情况包括：

① 1—2月，应税货物销售额累计8 000 000元，销项税额累计1 040 000元。其中2月应税货物销售额累计5 000 000元，销项税额累计650 000元。

② 1—2月，应税加工服务销售额累计240 000元，销项税额累计31 200元。其中2月应税加工服务销售额累计80 000元，销项税额累计10 400元。

③ 1—2月，进项税额累计800 000元，其中2月进项税额500 000元。

④ 1—2月应纳增值税额均按要求如期缴纳。

（4）年初未交税款50 800元。

要求：根据上述资料，填列增值税及其附加税费申报表及附表。

技能训练 2-24 解析

（1）根据表2-7填写表2-10中的相关数字，其中：

① 13%税率的货物及加工修理修配劳务（开具增值税专用发票）销售额为825 000 + 500 000 − 20 000 + 200 000 + 400 000 + 200 000 + 300 000 = 2 405 000（元），销项税额为2 405 000 × 13% = 312 650（元）。

② 13%税率的货物及加工修理修配劳务（开具其他发票）销售额为45 000 + 500 + 150 000 + 80 000 + 1 327.43 = 276 827.43元，销项税额为276 827.43 × 13% = 35 987.57（元）。

③ 13%税率的货物及加工修理修配劳务（未开具发票）销售额为200 000 + 884.96 + 88 000 = 288 884.96元，销项税额为288 884.96 × 13% = 37 555.04（元）。

④ 13%税率的货物及加工修理修配劳务（纳税检查调整）销售额为18 000元，销项税额 = 18 000 × 13% = 2 340（元）。

⑤ 3%征收率的货物及加工修理修配劳务（开具其他发票）销售额为20 000元，按简易计税方法应纳税额为600元。

（2）根据表2-8填写表2-11中的相关数字，其中"本期认证相符且本期申报抵扣"金额为200 000 + 200 000 + 450 000 + 2 000 + 301 000 + 50 000 + 200 000 + 10 000 + 2 000 + 2 000 = 1 417 000（元），进项税额为26 000 + 26 000 + 58 500 + 180 + 39 130 + 6 500 + 26 000 + 600 + 180 + 60 = 183 150（元）。这里需要特别注意的是，红字增值税专用发票上注明的进项税额应填在第20栏红字专用发票信息表注明的进项税额。

（3）根据表2-10至表2-15增值税及附加税申报表附列资料填写增值税及附加税费申报表（表2-9），其中：

① 第1栏"按适用税率计税销售额"本月数为2 988 712.39 + 5 000 + 13 000 + 14 433.96 = 3 021 146.35（元），本年累计数为3 021 146.35 + 8 000 000 + 240 000 = 11 261 146.35（元）。

② 第2栏"应税货物销售额"本月数为2 988 712.39 − 500 − 18 000 = 22 970 212.39（元），本年累计数为22 970 212.39 + 8 000 000 = 10 970 212.39（元）。

③ 第3栏"应税服务销售额"本月数为500元，本年累计数为500 + 240 000 = 240 500（元）。

④ 第11栏"销项税额"本月数为388 532.61 + 650 + 1 170 + 866.04 = 391 218.65（元），本年累计数为391 218.65 + 1 040 000 + 31 200 = 1 462 418.65（元）。

（4）明达公司3月增值税及其附加税费申报表及附表如下：

表2-9　增值税及附加税费申报表

（一般纳税人适用）

根据国家税收法律法规及增值税相关规定制定本表。纳税人不论有无销售额，均应按税务机关核定的纳税期限填写本表，并向当地税务机关申报。

税款所属时间：自2025年3月1日至2025年3月31日　　填表日期：2025年4月10日　　金额单位：元（列至角分）

<table>
<tr><td colspan="4">纳税人识别号（统一社会信用代码）：</td><td colspan="2">91110106357612835X</td><td>所属行业：</td><td>制造业</td></tr>
<tr><td colspan="2">纳税人名称：北京市明达电器制造有限公司</td><td>法定代表人姓名</td><td>张超</td><td>注册地址</td><td>北京市东城区龙泉街道古北路888号</td><td>生产经营地址</td><td>北京市东城区龙泉街道古北路888号</td></tr>
<tr><td>开户银行及账号</td><td colspan="3">中国建设银行北京市东城区支行 6111010135768577</td><td>登记注册类型</td><td>企业法人营业执照</td><td>电话号码</td><td>010-6666666</td></tr>
</table>

（续表）

项　　目		栏次	一般项目		即征即退项目	
			本月数	本年累计	本月数	本年累计
销售额	（一）按适用税率计税销售额	1	3 021 146.35	11 261 146.35		
	其中：应税货物销售额	2	2 970 212.39	10 970 212.39		
	应税劳务销售额	3	500.00	240 500.00		
	纳税检查调整的销售额	4	18 000.00	18 000 .00		
	（二）按简易办法计税销售额	5	20 000.00	20 000 .00		
	其中：纳税检查调整的销售额	6				
	（三）免、抵、退办法出口销售额	7			——	——
	（四）免税销售额	8			——	——
	其中：免税货物销售额	9			——	——
	免税劳务销售额	10			——	——
税款计算	销项税额	11	391 218.65	1 462 418.65		
	进项税额	12	228 860.15	1 028 860.15		
	上期留抵税额	13				——
	进项税额转出	14	14 690.00	14 690.00		
	免、抵、退应退税额	15			——	——
	按适用税率计算的纳税检查应补缴税额	16	2 340.00	2 340.00	——	——
	应抵扣税额合计	17=12+13−14−15+16	216 510.15	——		——
	实际抵扣税额	18（如17<11，则为17，否则为11）	216 510.15			
	应纳税额	19=11−18	174 708.50	174 708.50		
	期末留抵税额	20=17−18				——
	简易计税办法计算的应纳税额	21	600.00	600.00		
	按简易计税办法计算的纳税检查应补缴税额	22			——	——
	应纳税额减征额	23	200.00	200.00		
	应纳税额合计	24=19+21−23	175 108.50	175 108.50		

（续表）

项目		栏次	一般项目		即征即退项目	
			本月数	本年累计	本月数	本年累计
税款缴纳	期初未缴税额（多缴为负数）	25	160 400.00	50 800.00		
	实收出口开具专用缴款书退税额	26			——	——
	本期已缴税额	27=28+29+30+31	160 400.00	622 000.00		
	① 分次预缴税额	28		——		——
	② 出口开具专用缴款书预缴税额	29		——	——	——
	③ 本期缴纳上期应纳税额	30	160 400.00	622 000.00		
	④ 本期缴纳欠缴税额	31				
	期末未缴税额（多缴为负数）	32=24+25+26−27	175 108.50	175 108.50		
	其中：欠缴税额（≥0）	33=25+26−27		——		——
	本期应补（退）税额	34=24−28−29	175 108.50	——		——
	即征即退实际退税额	35	——	——		
	期初未缴查补税额	36			——	——
	本期入库查补税额	37	2 340.00	2 340.00	——	——
	期末未缴查补税额	38=16+22+36−37			——	——
附加税费	城市维护建设税本期应补（退）税额	39	12 257.60		——	——
	教育费附加本期应补（退）费额	40	5 253.26		——	——
	地方教育附加本期应补（退）费额	41	3 502.17		——	——

声明：此表是根据国家税收法律法规及相关规定填写的，本人（单位）对填报内容（及附带资料）的真实性、可靠性、完整性负责。

纳税人（签章）：　　　　年　月　日

经办人： 经办人身份证号： 代理机构签章： 代理机构统一社会信用代码：	受理人： 受理税务机关（章）： 受理日期：　　年　月　日

表2-10 增值税及附加税申报表附列资料(一)

(本期销售情况明细)

税款所属时间：自2025年3月1日至2025年3月31日

纳税人名称(公章)：北京市明达电器制造有限公司　　　　金额单位：元(列至角分)

项目及栏次				开具增值税专用发票		开具其他发票		未开具发票		纳税检查调整		合计			服务、不动产和无形资产扣除项目本期实际扣除金额	扣除后	
				销售额	销项(应纳)税额	销售额	销项(应纳)税额	销售额	销项(应纳)税额	销售额	销项(应纳)税额	销售额	销项(应纳)税额	价税合计		含税(免税)销售额	销项(应纳)税额
				1	2	3	4	5	6	7	8	9=1+3+5+7	10=2+4+6+8	11=9+10	12	13=11−12	14=13÷(100%+税率或征收率)×税率或征收率
一、一般计税方法计税	全部征税项目	13%税率的货物及加工修理修配劳务	1	2 405 000.00	312 650.00	276 827.43	35 987.57	288 884.96	37 555.04	18 000.00	2 340.00	2 988 712.39	388 532.61	—	—	—	—
		13%税率的服务、不动产和无形资产	2			5 000.00	650.00					5 000.00	650.00	5 650.00		5 650.00	650.00
		9%税率的货物及加工修理修配劳务	3											—	—	—	—
		9%税率的服务、不动产和无形资产	4	13 000.00	1 170.00							13 000.00	1 170.00	14 170.00		14 170.00	1 170.00
		6%税率	5	9 433.96	566.04	5 000.00	300.00					14 433.96	866.04	15 300.00		15 300.00	866.04
	其中：即征即退项目	即征即退货物及加工修理修配劳务	6	—	—	—	—	—	—	—	—			—	—	—	—
		即征即退服务、不动产和无形资产	7	—	—	—	—	—	—	—	—						
二、简易计税方法计税	全部征税项目	6%征收率	8							—	—			—	—	—	—
		5%征收率的货物及加工修理修配劳务	9a							—	—			—	—	—	—
		5%征收率的服务、不动产和无形资产	9b							—	—			—	—	—	—
		4%征收率	10							—	—			—	—	—	—
		3%征收率的货物及加工修理修配劳务	11			20 000.00	600.00			—	—	20 000.00	600.00	—	—	—	600.00

（续表）

项目及栏次				开具增值税专用发票		开具其他发票		未开具发票		纳税检查调整		合计			服务、不动产和无形资产扣除项目本期实际扣除金额	扣除后	
				销售额	销项（应纳）税额	销售额	销项（应纳）税额	销售额	销项（应纳）税额	销售额	销项（应纳）税额	销售额	销项（应纳）税额	价税合计		含税（免税）销售额	销项（应纳）税额
				1	2	3	4	5	6	7	8	9=1+3+5+7	10=2+4+6+8	11=9+10	12	13=11−12	14=13÷（100%+税率或征收率）× 税率或征收率
二、简易计税方法计税	全部征税项目	3%征收率的服务、不动产和无形资产	12							——	——						
		预征率 %	13a							——	——						
		预征率 %	13b							——	——						
		预征率 %	13c							——	——						
	其中：即征即退项目	即征即退货物及加工修理修配劳务	14	——	——	——	——	——	——	——	——			——	——	——	——
		即征即退服务、不动产和无形资产	15	——	——	——	——	——	——	——	——						
三、免抵退税	货物及加工修理修配劳务		16	——	——		——		——	——	——		——	——	——	——	——
	服务、不动产和无形资产		17	——	——		——		——	——	——		——				——
四、免税	货物及加工修理修配劳务		18				——		——	——	——		——	——	——	——	——
	服务、不动产和无形资产		19	——	——		——		——	——	——		——				——

表2-11　增值税及附加税费申报表附列资料(二)

(本期进项税额明细)

税款所属时间：自2025年3月1日至2025年3月31日

纳税人名称(公章)：北京市明达电器制造有限公司　　　　金额单位：元(列至角分)

一、申报抵扣的进项税额

项　　目	栏次	份数	金额	税额
(一)认证相符的增值税专用发票	1=2+3	10	1 417 000.00	183 150.00
其中：本期认证相符且本期申报抵扣	2	10	1 417 000.00	183 150.00
前期认证相符且本期申报抵扣	3			
(二)其他扣税凭证	4=5+6+7+8a+8b	5	353 566.98	45 710.15
其中：海关进口增值税专用缴款书	5	1	346 500.00	45 045.00
农产品收购发票或者销售发票	6	1	6 000.00	540.00
代扣代缴税收缴款凭证	7	1	——	29.13
加计扣除农产品进项税额	8a	——	——	
其他	8b	2	1 066.98	96.02
(三)本期用于购建不动产的扣税凭证	9		30 1000.00	39 130.00
(四)本期用于抵扣的旅客运输服务扣税凭证	10	2	1 066.98	96.02
(五)外贸企业进项税额抵扣证明	11	——	——	
当期申报抵扣进项税额合计	12=1+4+11	15	1 770 566.98	228 860.15

二、进项税额转出额

项　　目	栏次	税额
本期进项税额转出额	13=14至23之和	14 690.00
其中：免税项目用	14	
集体福利、个人消费	15	390.00
非正常损失	16	10 400.00
简易计税方法征税项目用	17	
免抵退税办法不得抵扣的进项税额	18	
纳税检查调减进项税额	19	
红字专用发票信息表注明的进项税额	20	3 900.00

（续表）

二、进项税额转出额		
项　　目	栏次	税额
上期留抵税额抵减欠税	21	
上期留抵税额退税	22	
异常凭证转出进项税额	23a	
其他应作进项税额转出的情形	23b	

三、待抵扣进项税额				
项　　目	栏次	份数	金额	税额
（一）认证相符的增值税专用发票	24	——	——	——
期初已认证相符但未申报抵扣	25			
本期认证相符且本期未申报抵扣	26			
期末已认证相符但未申报抵扣	27			
其中：按照税法规定不允许抵扣	28			
（二）其他扣税凭证	29=30至33之和			
其中：海关进口增值税专用缴款书	30			
农产品收购发票或者销售发票	31			
代扣代缴税收缴款凭证	32		——	
其他	33			
	34			

四、其他				
项　　目	栏次	份数	金额	税额
本期认证相符的增值税专用发票	35	11	1 417 000.00	183 150.00
代扣代缴税额	36	——	——	

表 2-12　增值税及附加税费申报表附列资料（三）

（服务、不动产和无形资产扣除项目明细）

税款所属时间：自 2025 年 3 月 1 日至 2025 年 3 月 31 日

纳税人名称（公章）：北京市明达电器制造有限公司　　　　金额单位：元（列至角分）

项目及栏次		本期服务、不动产和无形资产价税合计额（免税销售额）	服务、不动产和无形资产扣除项目				
			期初余额	本期发生额	本期应扣除金额	本期实际扣除金额	期末余额
		1	2	3	4=2＋3	5（5≤1 且 5≤4）	6=4－5
13% 税率的项目	1	5 650					
9% 税率的项目	2	14 170					
6% 税率的项目（不含金融商品转让）	3	15 300					
6% 税率的金融商品转让项目	4						
5% 征收率的项目	5						
3% 征收率的项目	6						
免抵退税的项目	7						
免税的项目	8						

表2-13　增值税及附加税费申报表附列资料(四)

(税额抵减情况表)

税款所属时间：自2025年3月1日至2025年3月31日

纳税人名称(公章)：北京市明达电器制造有限公司　　　　金额单位：元(列至角分)

一、税额抵减情况						
序号	抵减项目	期初余额	本期发生额	本期应抵减税额	本期实际抵减税额	期末余额
		1	2	3＝1＋2	4≤3	5＝3－4
1	增值税税控系统专用设备费及技术维护费					
2	分支机构预征缴纳税款					
3	建筑服务预征缴纳税款					
4	销售不动产预征缴纳税款					
5	出租不动产预征缴纳税款					

二、加计抵减情况							
序号	加计抵减项目	期初余额	本期发生额	本期调减额	本期可抵减额	本期实际抵减额	期末余额
		1	2	3	4＝1＋2－3	5	6＝4－5
6	一般项目加计抵减额计算						
7	即征即退项目加计抵减额计算						
8	合计						

表2-14　增值税及附加税费申报表附列资料（五）

（附加税费情况表）

税款所属时间：自2025年3月1日至2025年3月31日

纳税人名称（公章）：北京市明达电器制造有限公司　　　　金额单位：元（列至角分）

<table>
<tr><td colspan="6" rowspan="2">本期是否适用小微企业
“六税两费”减免政策</td><td rowspan="2">□是
☑否</td><td colspan="2">减免政策适用主体</td><td colspan="6">□个体工商户　　□小型微利企业</td></tr>
<tr><td colspan="2">适用减免政策起止时间</td><td colspan="6">年　月　日至　年　月　日</td></tr>
<tr><td colspan="2" rowspan="3">税（费）种</td><td colspan="3">计税（费）依据</td><td rowspan="2">税（费）率（%）</td><td rowspan="2">本期应纳税（费）额</td><td colspan="2">本期减免税（费）额</td><td colspan="2">小微企业“六税两费”减免政策</td><td colspan="2">试点建设培育产教融合型企业</td><td rowspan="2">本期已缴税（费）额</td><td rowspan="2">本期应补（退）税（费）额</td></tr>
<tr><td>增值税税额</td><td>增值税免抵税额</td><td>留抵退税本期扣除额</td><td>减免性质代码</td><td>减免税（费）额</td><td>减征比例（%）</td><td>减征额</td><td>减免性质代码</td><td>本期抵免金额</td></tr>
<tr><td>1</td><td>2</td><td>3</td><td>4</td><td>5＝（1＋2－3）×4</td><td>6</td><td>7</td><td>8</td><td>9＝（5－7）×8</td><td>10</td><td>11</td><td>12</td><td>13＝5－7－11－12</td></tr>
<tr><td>城市维护建设税</td><td>1</td><td>175 108.50</td><td></td><td></td><td>7%</td><td>12 257.60</td><td></td><td></td><td></td><td></td><td>——</td><td>——</td><td></td><td>12 257.60</td></tr>
<tr><td>教育费附加</td><td>2</td><td>175 108.50</td><td></td><td></td><td>3%</td><td>5 253.26</td><td></td><td></td><td></td><td></td><td></td><td></td><td></td><td>5 253.26</td></tr>
<tr><td>地方教育附加</td><td>3</td><td>175 108.50</td><td></td><td></td><td>2%</td><td>3 502.17</td><td></td><td></td><td></td><td></td><td></td><td></td><td></td><td>3 502.17</td></tr>
<tr><td>合计</td><td>4</td><td>——</td><td>——</td><td>——</td><td>——</td><td>21 013.03</td><td>——</td><td></td><td></td><td></td><td>——</td><td></td><td></td><td>21 013.03</td></tr>
<tr><td colspan="5" rowspan="3">本期是否适用试点建设培育产教融合型企业抵免政策</td><td rowspan="3">□是
□否</td><td colspan="6">当期新增投资额</td><td>5</td><td></td><td></td></tr>
<tr><td colspan="6">上期留抵可抵免金额</td><td>6</td><td></td><td></td></tr>
<tr><td colspan="6">结转下期可抵免金额</td><td>7</td><td></td><td></td></tr>
<tr><td colspan="6" rowspan="3">可用于扣除的增值税留抵退税额使用情况</td><td colspan="6">当期新增可用于扣除的留抵退税额</td><td>8</td><td></td><td></td></tr>
<tr><td colspan="6">上期结存可用于扣除的留抵退税额</td><td>9</td><td></td><td></td></tr>
<tr><td colspan="6">结转下期可用于扣除的留抵退税额</td><td>10</td><td></td><td></td></tr>
</table>

表2-15　增值税减免税申报明细表

税款所属时间：自2025年3月1日至2025年3月31日

纳税人名称（公章）：北京市明达电器制造有限公司　　　　金额单位：元（列至角分）

一、减税项目						
减税性质代码及名称	栏次	期初余额	本期发生额	本期应抵减税额	本期实际抵减税额	期末余额
		1	2	3＝1＋2	4≤3	5＝3－4
合　计	1					
0001129924|SXA031900512|销售旧货（不含二手车经销）、已使用固定资产减征增值税|《财政部 国家税务总局关于简并增值税征收率政策的通知》（财税〔2014〕57号）第一条	2		200	200	200	
	3					

二、免税项目						
免税性质代码及名称	栏次	免征增值税项目销售额	免税销售额扣除项目本期实际扣除金额	扣除后免税销售额	免税销售额对应的进项税额	免税额
		1	2	3＝1－2	4	5
合　计	7					
出口免税	8		——	——	——	
其中：跨境服务	9		——	——	——	
	10				——	

课堂讨论

你知道偷税和避税的区别吗？

引例解析

当前，全国各地普遍采用网上申报纳税，因此，即使是外省市的企业，代理记账机构也可以通过登录当地电子税务局为委托企业进行申报纳税。企业无论亏损或者盈利，无论申报期是否发生经营业务，都应该进行增值税纳税申报。

• 诚信纳税　为国聚财 •

诚信经营　依法纳税

据深圳市税务局第三稽查局发布的税务行政处罚事项告知书（深税三稽罚告〔2021〕173号）显示，深圳某公司因40万元虚开的增值税普通发票，被要求补税并罚款超900万元。原因是这家公司取得了4份虚开的增值税普通发票，计税金额40万元，而这4份发票均为虚开发票，不能作为抵税凭证。由于该公司未在规定期限内接受调查并提供账册凭证等资料，税务局无法准确核算该公司的企业所得税，根据规定对该公司按8%应税所得率核定应纳税所得额。公司2018年度申报营业收入290 769 164.57元，应纳企业所得税5 815 383.29元，已纳企业所得税52 748.94元，应补缴企业所得税5 762 634.35元。根据《中华人民共和国税收征收管理法》第六十三条规定，上述该公司造成少缴企业所得税的行为是偷税，应对该公司所偷税款处60%罚款，罚款金额为3 457 580.61元，最终补税加罚款共计900多万元。在数字经济时代，大数据筛查已经是常态化，不管是企业还是个人，都要诚信经营，依法纳税。

任务四　小规模纳税人增值税核算与智能申报

引导案例

北京市喜安达家具公司（以下简称"喜安达公司"）为增值税小规模纳税人，主要从事家具设计、生产、加工和销售业务。当年3月，喜安达公司发生了销售货物、提供加工和设计服务等应税行为，其销售和服务对象包括企事业单位、个人消费者等，开出的发票包括电子发票（增值税专用发票）、电子发票（普通发票），还存在零售环节没有开票的情况。另外，为了尽快回笼资金，公司采取了折扣销售。为了提高社会知名度，公司向某中学捐赠了校服。喜安达公司还收到了供应商提供的电子发票（增值税专用发票）和电子发票（普通发票），员工报销的住宿费发票、餐饮发票和高铁票等。对此，喜安达公司应如何计算其当月应缴纳的增值税税额？

一、应纳税额的计算

小规模纳税人发生应税交易，实行按照销售额和征收率计算应纳税额的简易计税方法计算和缴纳增值税，并不得抵扣进项税额。其应纳税额计算公式为：

$$应纳税额 = 销售额 \times 征收率$$

特别提示

（1）小规模纳税人取得的销售额是销售货物或提供应税服务向购买方收取的全部价款和价外费用，但是不包括按3%的征收率收取的增值税税额。

(2) 小规模纳税人不得抵扣进项税额，实行简易计税办法。

(3) 小规模纳税人因销售货物退回或者折让退还给购买方的销售额，应从发生销售货物退回或者折让当期的销售额中扣减。

二、含税销售额的换算

由于小规模纳税人在销售货物或提供应税服务时，一般只能开具普通发票，取得的销售收入均为含税销售额。在计算应纳税额时，小规模纳税人必须将含税销售额换算为不含税销售额后才能计算应纳税额，计算公式如下：

$$销售额 = 含税销售额 \div (1 + 征收率)$$

三、销售自己使用过的物品和旧货

(1) 小规模纳税人销售自己使用过的固定资产和旧货，按下列公式确定销售额和应纳税额：

$$销售额 = 含税销售额 \div (1 + 3\%)$$
$$应纳税额 = 销售额 \times 2\%$$

(2) 小规模纳税人销售自己使用过的除固定资产以外的其他物品，按下列公式确定销售额和应纳税额：

$$销售额 = 含税销售额 \div (1 + 3\%)$$
$$应纳税额 = 销售额 \times 3\%$$

操作演示

小规模纳税人增值税及附加税费申报

四、增值税智能申报实务

按固定期限纳税的小规模纳税人可以选择以1个月或1个季度为纳税期限，一经选择，在一个会计年度内不得变更。

小规模纳税人申报增值税及附加税费（小规模纳税人适用）时需要填写主表、2张附表和《增值税减免税申报明细表》。主表为《增值税及附加税费申报表》，附表分别是《增值税及附加税费申报表（小规模纳税人适用）附列资料（一）（服务、不动产和无形资产扣除项目明细）》、《增值税及附加税费申报表（小规模纳税人适用）附列资料（二）（附加税费情况表）》。

小规模纳税人免征增值税的销售额等项目应当填写在《增值税及附加税费申报表（小规模纳税人适用）》的“小微企业免税销售额”或者“未达起征点销售额”相关栏次。如果没有其他免税项目，则无须填报《增值税减免税申报明细表》。

小规模纳税人可在电子税务局、办税服务厅等线上、线下渠道办理增值税及附加税费申报，申报方式可参照一般纳税人增值税及附加税费申报的方式。

技能训练 2-25

盛达商店为增值税小规模纳税人，2025年第1季度发生下列经济业务：

(1) 零售货物，开具普通发票，含税销售额412 000元。

（2）向一般纳税人销售货物，开具电子发票（增值税专用发票），注明价款100 000元，税款3 000元。

（3）从一般纳税人购进货物，取得电子发票（普通发票），价款200 000元，税款26 000元。

（4）销售自己使用过的固定资产，开具电子发票（普通发票），价税合计5 150元。

要求：

（1）计算盛达商店2025年第1季度取得的不含税销售额。

（2）计算盛达商店2025年第1季度应缴纳的增值税税额。

技能训练 2-25 解析

（1）盛达商店2025年第1季度取得的不含税销售额＝412 000÷（1＋3%）＋100 000＋5 150÷（1＋3%）＝505 000（元）

（2）盛达商店2025年第1季度应缴纳的增值税税额＝412 000÷（1＋3%）×3%＋100 000×3%＋5 150÷（1＋3%）×2%＝15 100（元）

盛达商店填写的2025年第1季度增值税及附加税费申报表如表2-16所示。

表2-16　增值税及附加税费申报表

（小规模纳税人适用）

纳税人识别号（统一社会信用代码）：

纳税人名称（公章）：盛达商店　　　　金额单位：元（列至角分）

税款所属时间：自2025年1月1日至2025年3月31日　　　　填表日期：2025年4月10日

	项　目	栏次	本期数		本年累计	
			货物及劳务	服务、不动产和无形资产	货物及劳务	服务、不动产和无形资产
一、计税依据	（一）应征增值税不含税销售额（3%征收率）	1	400 000			
	增值税专用发票不含税销售额	2	100 000			
	其他增值税发票不含税销售额	3	300 000			
	（二）应征增值税不含税销售额（5%征收率）	4	——		——	
	增值税专用发票不含税销售额	5	——		——	
	其他增值税发票不含税销售额	6	——		——	
	（三）销售使用过的固定资产不含税销售额	7（7≥8）	5 000	——		——

（续表）

	项　目	栏次	本期数		本年累计	
			货物及劳务	服务、不动产和无形资产	货物及劳务	服务、不动产和无形资产
一、计税依据	其中：其他增值税发票不含税销售额	8	5 000	——		——
	（四）免税销售额	9 = 10 + 11 + 12				
	其中：小微企业免税销售额	10				
	未达起征点销售额	11				
	其他免税销售额	12				
	（五）出口免税销售额	13（13 ≥ 14）				
	其中：其他增值税发票不含税销售额	14				
二、税款计算	本期应纳税额	15	12 150			
	本期应纳税额减征额	16	50			
	本期免税额	17				
	其中：小微企业免税额	18				
	未达起征点免税额	19				
	应纳税额合计	20 = 15 − 16	12 100			
	本期预缴税额	21	3 000		——	——
	本期应补（退）税额	22 = 20 − 21	9 100		——	——
三、附加税费	城市维护建设税本期应补（退）税额	23	1 057			
	教育费附加本期应补（退）费额	24	453			
	地方教育附加本期应补（退）费额	25	302			

（续表）

声明：此表是根据国家税收法律法规及相关规定填写的，本人（单位）对填报内容（及附带资料）的真实性、可靠性、完整性负责。 纳税人（签章）： 年 月 日	
经办人： 经办人身份证号： 代理机构签章： 代理机构统一社会信用代码：	受理人： 受理税务机关（章）：

受理日期： 年 月 日

课堂讨论

小规模纳税人的季度销售额在30万元以下都能免税吗？

引例解析

喜安达公司在销售货物、提供加工和设计服务过程中，不管其开出的发票是什么类型，也不管其是否开具发票，均适用3%的征收率。公司发生的现金折扣作为财务费用，不得减少销售收入和增值税税款。对外捐赠应视同销售行为确认销售收入和增值税税款。供应商取得的增值税进项税额一律不得抵扣应纳税款。

• 诚信纳税　为国聚财 •

诚信纳税助力企业“诚”风破浪

“这几年，我们真正切身感受到了纳税信用带来的‘优越感’。有了纳税信用A级的优质评价，我们不仅通过银行贷款解决了融资难题，还享受到税务部门多种便利化、个性化服务。”在广东省湛江市遂溪县，诚信纳税已经成为市场主体的共识，纳税人纷纷感慨道，“我们将一如既往诚信经营、诚信纳税，促进企业纳税信用级别向优向好发展。”

遂溪县税务局强化纳税信用等级评定结果的运用，为A级信用纳税人优先提供“套餐式”服务。对连续三年被评为A级信用等级的纳税人，税务局还提供绿色通道、容缺办理、专人帮办等服务，让越来越多的市场主体尝到守信“甜头”。

依法诚信纳税为企业带来的益处远不止于此。为帮助企业将“纳税信用”转化为“融资信用”，缓解企业融资难、融资贵的难题，遂溪县税务部门持续与各大金融机构深化银税互动，为企业“贷”来生机活力。遂溪县当地的一家纳税信用“五连A”企业对此深有体会。伴随着"银税互动"政策的推行，纳税信用开始影响企业的融资资本。该企业财务负责人介绍，企业良好的纳税信用级别符合遂溪农商银行"税贷宝"产品条件，为企业生产经营活动提供了有力的资金保障。

思考训练题

一、单项选择题

1. 下列各项中，属于视同应税交易应当计算销项税额的有（　　）。

A. 将购买的货物用于免税项目　　B. 将购买的货物委托外单位加工

C. 将购买的货物无偿赠送他人　　D. 将购买的货物用于集体福利

2. 下列单位销售（　　）货物适用13%税率。

A. 农机厂（小规模纳税人）销售收割机　　B. 苗圃销售自种花卉

C. 一般纳税人提供加工劳务　　D. 果品公司批发水果

3. 下列项目中，不得从计税销售额中扣除的有（　　）。

A. 折扣额与销售额开在同一张发票情形下的折扣额

B. 销售折扣额

C. 销售折让额

D. 销售退货额

4. 某化工厂（一般纳税人）发生的下列（　　）业务，不准抵扣进项税额。

A. 进口材料取得的海关完税凭证上注明的增值税税额

B. 购进辅助材料取得的增值税专用发票上注明的增值税税额

C. 购料时卖方转来的开给本厂的代垫运费增值税专用发票

D. 为加固职工食堂而购进钢材取得增值税专用发票上注明的增值税税额

5. 下列支付运费取得的增值税发票不允许抵扣进项税额的有（　　）。

A. 销售货物支付运输费用取得的专用发票

B. 外购免税农产品支付运输费用取得的专用发票

C. 外购机器设备支付运输费取得的专用发票

D. 向小规模纳税人购买原材料支付运输费用取得的增值税普通发票

6. 下列关于纳税义务发生时间说法中，正确的是（　　）。

A. 赊销方式销售的，为将提货单交给买方的当天

B. 直接收款方式销售的，为发货当天

C. 预收货款方式销售的，为收款当天

D. 将自产货物用于集体福利和个人消费的为货物移送当天

7. 根据《增值税法》规定，准予在当期抵扣的进项税额是（　　）。

A. 用于厂房建造的工程物资其购入环节的增值税进项税额

B. 非正常损失的货物在购入环节的增值税进项税额

C. 用于免税项目的货物其购入环节的增值税进项税额

D. 用于简易计税项目的货物其购进环节取得的增值税进项税额

8. 根据增值税法律制度的规定，下列各项中，属于混合销售行为的是(　　)。

A. 某饭馆提供餐饮服务并同时销售烟酒

B. 某建材商向工地销售自产活动板房的同时提供安装服务

C. 某酒店提供住宿服务，并提供餐饮服务

D. 某公司主营货物销售，并提供设计服务

9. 下列选项中，不属于生活服务的是(　　)。

A. 文化体育服务　　B. 教育医疗服务

C. 餐饮住宿服务　　D. 贷款服务

10. 企业发生的下列行为中，按规定允许开具增值税专用发票的是(　　)。

A. 商业企业零售烟酒　　B. 餐饮业提供餐饮服务

C. 销售免税的货物　　D. 服装厂向商场销售服装

11. 根据增值税法律制度的规定，下列各项中免征增值税的是(　　)。

A. 企业销售自己使用过的小汽车　　B. 企业销售自产的仪器设备

C. 外贸公司进口化妆品　　D. 农业生产者销售自产的蔬菜

12. 根据增值税法律制度的规定，下列行为中应当按销售货物征收增值税的是(　　)。

A. 提供贷款服务　　B. 销售房地产

C. 将自产白酒无偿赠送他人　　D. 将房屋出租

13. 某生产企业为增值税一般纳税人，5月从国外进口一批原材料，海关核定的关税完税价格为100万元。已知进口关税税率为10%，增值税税率为13%。该公司进口环节应纳增值税税额是(　　)。

A. 1.3万元　　B. 14.3万元

C. 1.15万元　　D. 12.65万元

14. 根据增值税法律制度的规定，下列各项中不属于增值税价外费用的是(　　)。

A. 向购买方收取的补贴

B. 向购买方收取的集资费

C. 向购买方收取的赔偿金

D. 向购买方收取的代购买方缴纳的车辆购置税

15. 某酒厂为增值税一般纳税人，对外销售白酒开具普通发票，注明含税金额为67 800元；同时收取包装物押金1 000元。该酒厂应纳增值税销项税额是(　　)。

A. 7 800元　　B. 7 915.04元

C. 8 944元　　D. 7 930元

二、多项选择题

1. 某公司将成本为38 000元的自产新产品200件作为福利发放给职工，开具企业内部结算凭证。该产品市场价格为50 000元。该公司为增值税一般纳税人，适用13%的增值税税率，则正确的会计分录是(　　)。

A. 借：应付职工薪酬 56 500

B. 借：应付职工薪酬 48 300

C. 贷：主营业务收入 50 000

D. 贷：应交税费——应交增值税(销项税额) 6 500

2. 某公司销售货物一批，不含税价格10 000元，开具普通发票，款项未收。该公司为增值税小规模纳税人，适用3%征收率，则正确的会计分录是（　　）。

A. 借：应收账款10 300

B. 借：应收账款11 300

C. 贷：主营业务收入10 000

D. 贷：应交税费——应交增值税300

3. 下列纳税人经营活动中，适用简易办法征收增值税的有（　　）。

A. 旧货经营单位（一般纳税人）销售旧货

B. 年应税销售额超过500万元的个体工商户

C. 一般纳税人销售他人赠送的新设备

D. 一般纳税人销售自己使用过的2008年12月31日前购入的机器设备

4. 某生产企业下列项目中，可以抵扣进项税额的有（　　）。

A. 外购生产用水、电、气　　B. 购进生产设备修理用零配件

C. 接受贷款服务支付的利息　　D. 外购包装物

5. 根据增值税法律制度的规定，纳税人销售货物向购买方收取的下列款项中，属于价外费用的有（　　）。

A. 延期付款利息　　B. 赔偿金

C. 手续费　　D. 包装物租金

6. 下列经营收入在并入销售额计算销项税额时，需要换算为不含税销售额的有（　　）。

A. 混合销售涉及的应税服务收入

B. 兼营不同税率货物而未分别核算的收入

C. 逾期包装物押金收入

D. 向购买方收取的各项价外费用

7. 根据增值税法律制度的规定，下列货物销售适用9%增值税税率的有（　　）。

A. 一般纳税人销售食用植物油

B. 选择适用简易征收办法的一般纳税人销售自来水

C. 一般纳税人销售农机

D. 农业生产者销售自产农产品

8. 某工厂（一般纳税人）4月发出一批材料委托甲企业加工；5月加工完毕并验收入库，取得加工费增值税专用发票，注明税金2.6万元，于当月勾选认证；6月，将加工收回货物制成的产品用于职工福利，账面成本50万元（无同类产品售价）；8月，支付加工费及税款。该企业下列税务处理中，正确的有（　　）。

A. 5月进项税额2.6万元　　B. 6月销项税额6.5万元

C. 6月销项税额7.15万元　　D. 8月进项税额2.6万元

9. 根据增值税法律制度的规定，下列各项中，属于增值税混合销售行为的有（　　）。

A. 百货商店在销售商品的同时提供送货服务

B. 餐饮公司提供餐饮服务的同时又销售烟酒

C. 宾馆提供住宿服务的同时又开设线下实体超市销售商品

D. 娱乐场所在提供娱乐服务的同时销售酒水食品

10. 根据增值税法律制度的规定，下列各项中，应缴纳增值税的是（　　）。

A. 银行销售金银　　B. 邮政部门销售集邮商品

C. 房地产公司销售商品房　　D. 农业生产者销售自产农产品

三、判断题

1. 不在同一县（市）的关联企业，应于货物移送时，按视同应税交易计算缴纳增值税。（　）

2. 某服装厂接受一饭店委托，为其员工量体裁衣制作工作装，饭店指定了工作装面料质地、颜色和价格，则服装厂此项业务为提供增值税加工服务的行为。（　）

3. 如果增值税一般纳税人将以前购进的货物以原进价销售，由于没有产生增值额，不需要计算增值税。（　）

4. 纳税人将自产、委托加工或购买的货物用于实物折扣，属于折扣销售的一种形式，折扣的实物款额只要与销售额同开在一张发票上，就可从销售额中扣除。（　）

5. 某商店将4月购进的一种饮料于7月作为防暑降温用品发给本单位职工，应视同应税交易计算增值税。（　）

6. 甲纳税人未按规定向乙付货款，乙纳税人按合同规定向甲收取违约金。由于违约金是在销售实现后收取的，因而不应该征增值税。（　）

7. 电影放映服务、仓储服务、装卸搬运服务、收派服务和文化体育服务可以选择适用简易计税方法计税，不允许抵扣进项税额。（　）

8. 某商业广场经营单位将广场建筑物外墙出租给一家广告公司用于发布公告，该经营业务取得的收入应按照“文化创意服务——广告服务”税目缴纳增值税。（　）

9. 带料加工的金银首饰，应按委托方销售同类金银首饰的销售价格确定计税依据征收增值税。（　）

10. 纳税人总、分机构不在同一县（市）的，须分别向各自所在地主管税务机关申报纳税。（　）

四、综合实训题

（一）企业的基本信息

1. 统一社会信用代码：91330100699831061８

2. 纳税人名称：HZ东发公司

3. 注册及营业地址：HZ市8号大街88号

4. 证照名称及号码：企业法人营业执照

5. 开户银行及账号：上海浦东发展银行HZ市保俶支行，9503 0154 8000 02518

6. 所属行业：农副食品加工业（代码：0313）

7. 联系电话：86929688

8. 法人代表：张东

9. 主管税务机关：国家税务总局HZ市经济技术开发区税务局

10. 税管员：王敏

11. 纳税申报日期：2025年7月10日

12. 2025年1月1日至2025年5月31日生产经营情况

（1）1—5月，应税货物销售额累计24 000 000元，销项税额累计3 390 000元，其中8月应税货物销售额3 000 000元，销项税额390 000元。

（2）1—5月，应税加工服务销售额累计140 000元，销项税额累计18 200元，其中8月应税加工服务销售额20 000元，销项税额2 600元。

（3）1—5月，进项税额累计2 740 000，其中8月进项税额260 000元。

13. 月初未交税款41 300元

（二）2025年6月发生的经济业务

1. 销售情况

（1）1日，向一般纳税人销售自产货物一批，开具增值税专用发票5份，注明价款1 000 000元，税款130 000元；因销售货物提供运输服务，收取运费5 650元，开具普通发票5份。货款、税款及运费已收存银行。

（2）2日，向小规模纳税人销售增值税税率为13%的自产货物一批，开具电子发票（普通发票）5份，价税合计56 500元，款项已收存银行。

（3）10日，按免抵退方式出口自产货物一批，开具出口发票1份，价款100 000美元，美元与人民币汇率，汇率为1∶6.3，款项未收。该出口货物的征收率为13%，退税率为11%。

（4）15日，用成本为200 000元、市场价格为250 000元、增值税税率为13%的自产货物对B公司投资，开具增值税专用发票1份，占B公司股份的20%。

（5）16日，用成本为40 000元的自产新产品一批作为福利发放给职工，开具企业内部结算凭证，该新产品没有同类市场价格。

（6）20日，为小规模纳税人受托加工增值税税率为13%的货物一批，开具电子发票（普通发票）1份，收取加工费、辅助材料费及税款合计11 300元。

（7）21日，税务机关对公司的纳税情况进行检查，发现2025年4月10日向购货方收取的优质费11 300元只开具了收款收据，贷记“其他应付款”账户，责令企业调整销售额，并于月底前缴纳增值税查补税款。

（8）25日，采用收取手续费方式受托代销商品一批，开具增值税专用发票3份，注明价款50 000元，税款6 500元，同时取得了委托方开具的等额增值税专用发票1份，按代销货款（不含增值税）的5%扣除手续费，并向委托方开具专用发票后，将余款支付给委托方。

（9）26日，采用买断方式委托B公司代销自产货物一批，收到受托方代销清单，开具增值税专用发票1份，注明价款100 000元，税款13 000元，款项已收存银行。

（10）27日，销售自己使用过的机器设备1台，开具普通发票1份，价税合计5 150元，款项已收存银行。该设备于2008年12月5日购入，账面原值23 400元，已提折旧12 000元。

（11）28日，销售自己使用过的小轿车1辆，开具普通发票1份，价税合计10 300元，款项收存银行。该小轿车于2009年1月购入，原值80 000元，已提折旧40 000元。

（12）29日，销售自己使用过的其他物品一批，开具增值税专用发票1份，注明价款5 000元，税款650元，款项收存银行。

（13）30日，根据开票系统校验通过的开具红字增值税专用发票信息表，开具增值税红字发票1份，价款25 000元，税款3 250元，并将货款与税款退还给购货方。

2. 购买情况

（1）1日，购进生产原料一批，取得增值税专用发票5份，注明价款、税款分别为500 000元、65 000元，运费取得专用发票5份，共计金额10 000元，税款900元，款项用银行存款支付。

（2）2日，购入机器一台，取得增值税专用发票1份，注明买价50 000元，增值税税额6 500元，运费取得专用发票1份，金额2 500元，税款225元，款项用银行存款支付。

（3）5日，从小规模纳税人购入材料一批，用银行存款支付款项10 000元，取得普通发票。

（4）5日，从农业生产者收购用于生产加工的免税农产品一批，经税务机关批准的收购凭证10份，注明收购价款为250 000元，领用并投入生产增值税税率为13%的货物，款项已用银行存款支付。

（5）8日，进口货物一批，关税完税价格100 000美元，进口关税税率10%，增值税税率13%，进口当日的人民币外汇牌价中间价为1美元对人民币6.3元。货款与税款已用银行存款支付，取得海关增值税专用缴款书1份。

（6）10日，购入工程物资一批用于建造厂房，取得增值税专用发票1份，注明价款200 000元，税款26 000元，款项尚未支付。

（7）10日，将上月收购投入生产增值税税率为13%税率货物、成本为45 000元的农产品用于本企业职工福利。（假设上个月已按10%扣除率计算抵扣进项税额）

（8）15日，将库存的成本为100 000元、增值税税率为13%的原材料用于本厂的新厂房工程。

（9）20日，向受托加工单位支付加工费和辅助材料费10 000元，加工服务的增值税税额1 300元，取得了受托加工方开具的增值税专用发票1份。

（10）21日，税务机关对公司的纳税情况进行检查，发现公司将2025年3月5日购入，成本为50 000元、增值税税率为13%的库存原材料用于修建职工食堂，没有转出进项税额，责令公司在10日内补缴税款。

（11）25日，采购甲材料10 000千克，单价10元/千克，取得增值税专用发票1份，注明价款100 000元，税款13 000元，款项已用银行存款支付。

（12）28日，本月25日采购的甲材料到厂，实际验收入库8 000千克，短缺2 000千克。29日查明原因，短缺的2 000千克有1 000千克属于销售方少发货，同意退款，并已取得红字增值税专用发票；另有1 000千克系运输途中被盗丢失，运输部门同意赔偿。

（13）31日，财产清查发现，因管理不善造成一批库存产品霉烂变质，成本200 000元。该产品的材料成本占50%，材料的增值税税率为13%。

（14）本月出口自产货物一批，开具出口发票，价款100 000美元，汇率1美元对人民币6.3元，款项未收。该出口货物的征收率为13%，退税率为11%。受托代销取得增值税专用发票1份，金额50 000元，税额6 500元。

上述14项经济业务，凡符合税法规定准予抵扣的扣税凭证均已勾选认证或稽核比对一致。

（三）实训要求

（1）指出上述经济业务中，哪些属于视同应税交易？哪些属于特殊销售行为？

（2）计算东发公司2025年6月按适用税率征收增值税货物及加工服务的销售额和销项税额。

（3）计算东发公司2025年6月按简易征收办法征收增值税货物的销售额和应纳税额。

（4）计算东发公司2025年6月按适用税率征收增值税的应税服务（不含加工服务）销售额和销项税额。

（5）计算东发公司2025年6月免征增值税货物及加工服务销售额。

（6）指出上述经济业务中，哪些准予抵扣进项税额？哪些不得抵扣进项税额？哪些应当扣减发生期进项税额？

（7）计算当期申报抵扣进项税额合计。

（8）计算本期进项税转出额。
（9）计算东发公司2025年6月按适用税率计算的纳税检查应补缴的增值税额。
（10）计算东发公司2025年6月应抵扣税额合计。
（11）计算东发公司2025年6月应纳税额。
（12）计算东发公司2025年6月应纳税额合计。
（13）编制东发公司2025年6月上述经济业务的会计分录。
（14）填写东发公司2025年6月增值税纳税申报表。
（15）分析东发公司2025年6月经济业务存在的税会差异。

项目三

消费税核算与智能申报

内容导图

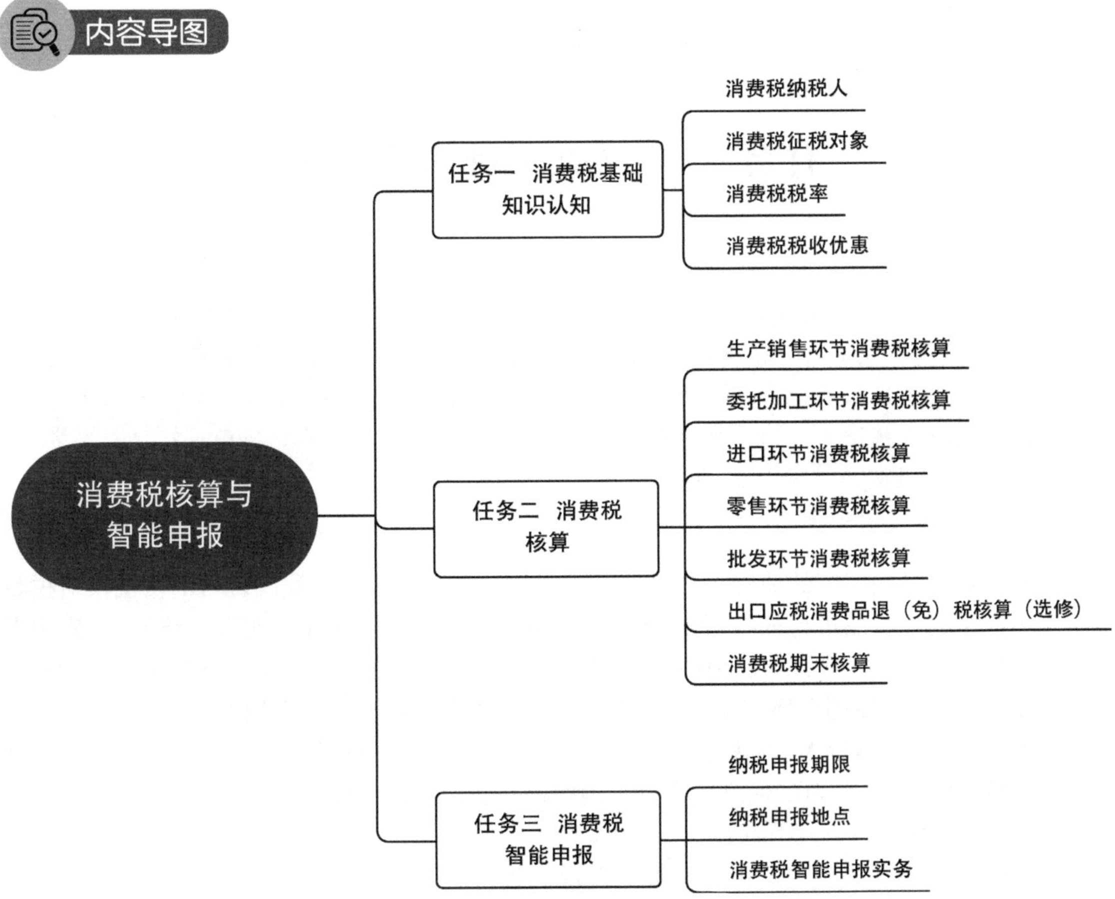

知识目标

（1）了解消费税的基本规定。

（2）熟悉消费税会计处理的账户设置。

（3）掌握消费税纳税申报表的填写方法。

技能目标

（1）会消费税应纳税额的准确计算。
（2）懂消费税会计分录的规范编制。
（3）能正确填写不同应税消费品的消费税纳税申报表。

素养目标

（1）树立诚信纳税意识，提高消费税依法合规操作能力。
（2）培养智能化税务管理环境下消费税知识的持续学习能力。
（3）养成生态优先、绿色发展、积极健康的科学消费观。

任务一　消费税基础知识认知

引导案例

张明第一次接触消费税，认为只要消费了就要缴纳消费税。他的理解对吗？诺贝尔经济学奖获得者保罗·萨缪尔森认为消费税是对烟酒及其他对健康有害的物品的征税，一种对污染和其他有害的外部效应的征税。因此，与增值税相比，消费税永远是“配角”，主要发挥调节作用。那么，我们生活中到底有哪些商品要交消费税？税率有多高？对我们的生活有多大的影响？

消费税是对某些特定的消费品和消费行为征收的一种间接税。我国现行消费税仅对税目税率表中列举的消费品进行征收，纳税环节主要确定在生产、委托加工或进口环节，个别消费品的纳税环节为零售环节，除卷烟在批发环节、超豪华小汽车在零售环节加征从价定率消费税外，其他消费品无论在哪个环节征税，都实行单环节征收，以防止重复征税。消费税的平均税率比较高，且税负差异较大，对需要限制或控制消费的消费品，通常税负较重。消费税的税负具有转嫁性，消费者为税负的最终负担者。消费税是我国第四大税种，2024年我国国内消费税总收入为1.65万亿元，占全国税收总收入的9.4%。

消费税法是指国家制定的用以调整消费税征收与缴纳之间权利及义务关系的法律规范。我国消费税法的基本规范是2008年11月5日经国务院第34次常务会议修订通过并颁布、自2009年1月1日起施行的《中华人民共和国消费税暂行条例》，以及2008年12月15日财政部、国家税务总局第51号令颁布的《中华人民共和国消费税暂行条例实施细则》。为进一步完善消费税制，自2014年12月1日起，取消气缸容量250毫升（不含）以下的小排量摩托车、汽车轮胎、车用含铅汽油、酒精的消费税；自2015年2月1日起，对电池、涂料征收消费税；自2016年10月1日起，取消对普通美容修饰类化妆品征收消费税，将高档化妆品的税率调整为15%；自

2016年12月1日起，对每辆零售价格130万元及以上的超豪华小汽车，在零售环节加征消费税，税率为10%。自2022年11月1日起，将电子烟纳入消费税征收范围。2025年7月20日起，超豪华小汽车的消费税征收范围调整为每辆零售价格90万元及以上的各种动力类型（含纯电动、燃料电池等动力类型）的乘用车和中轻型商用客车。

一、消费税纳税人

消费税认知

在中华人民共和国境内生产、委托加工和进口应税消费品的单位和个人，以及国务院确定的销售应税消费品的其他单位和个人，为消费税的纳税人，应当依照有关规定缴纳消费税。

由于消费税是在对所有货物普遍征收增值税的基础上选择部分消费品征收的，因此，消费税纳税人同时也是增值税纳税人。

二、消费税征税对象

（一）税目

目前我国确定征收消费税的只有烟、酒、高档化妆品等共计15个税目，有的税目之下还进一步划分若干二级子税目。

1. 烟

凡是以烟叶为原料加工生产的产品，不论使用何种辅料，均属于本税目的征收范围。本税目下设卷烟（生产环节和批发环节）、雪茄烟、烟丝和电子烟四个子目。

2. 酒

酒是酒精度在1度以上的各种酒类饮料，下设白酒、黄酒、啤酒和其他酒四个子目，其中啤酒又下设甲类、乙类两类。

3. 高档化妆品

高档化妆品包括高档美容、修饰类化妆品、高档护肤类化妆品和成套化妆品。

高档美容、修饰类化妆品和高档护肤类化妆品是指生产（进口）环节销售（完税）价格（不含增值税）在10元/毫升（克）或15元/片（张）及以上的美容、修饰类化妆品和护肤类化妆品。

4. 贵重首饰及珠宝玉石

本税目包括：凡以金、银、白金、宝石、珍珠、钻石、翡翠、珊瑚、玛瑙等高贵稀有物质以及其他金属、人造宝石等制作的各种纯金银首饰及镶嵌首饰和经采掘、打磨、加工的各种珠宝玉石。

对非金银首饰（如镀金、包金首饰），目前在生产环节和零售环节均不计征消费税。

5. 鞭炮、焰火

本税目包括各种鞭炮、焰火。体育上用的发令纸、鞭炮药引线，不按本税目征收。

6. 成品油

本税目包括汽油、柴油、石脑油、溶剂油、润滑油、燃料油、航空煤油7个子目。

7. 小汽车

本税目征收范围包括含驾驶员座位在内最多不超过9个座位（含）的，在设计和技术特性上用于载运乘客和货物的各类乘用车，含驾驶员座位在内的座位数在10至23座（含）的在设计和技术特性上用于载运乘客和货物的各类中轻型商用客车和超豪华小汽车。

超豪华小汽车指的是每辆零售价格90万元（不含增值税）及以上的乘用车和中轻型商用客车。

电动汽车（不含税零售价格在90万元以下）、沙滩车、雪地车、卡丁车、高尔夫车不属于消费税征收范围，不征收消费税。

8. 摩托车

本税目包括轻便摩托车和摩托车两种。对最大设计车速不超过50千米每小时，发动机气缸总工作容量不超过50毫升的三轮摩托车不征收消费税。

9. 高尔夫球及球具

高尔夫球及球具是指从事高尔夫球运动所需的各种专用装备，包括高尔夫球、高尔夫球杆及高尔夫球包（袋）等。

10. 高档手表

高档手表是指销售价格（不含增值税）每只在10 000元（含）以上的各类手表。

11. 游艇

游艇是指长度大于8米（含）小于90米（含），内置发动机，可以在水上移动，一般为私人或团体购置，主要用于水上运动和休闲娱乐等非牟利活动的各类机动艇。

12. 木制一次性筷子

木制一次性筷子，又称卫生筷子，是指以木材为原料经过锯段、浸泡、旋切、刨切、烘干、筛选、打磨、倒角、包装等环节加工而成的各类一次性使用的筷子。

13. 实木地板

实木地板是指以木材为原料，经锯割、干燥、刨光、截断、开榫、涂漆等工序加工而成的块状或条状的地面装饰材料。本税目征收范围包括各类规格的实木地板、实木指接地板、实木复合地板及用于装饰墙壁、天棚的侧端面为榫、槽的实木装饰板。未经涂饰的素板也属于本税目征税范围。

14. 电池

电池是一种将化学能、光能等直接转换为电能的装置，为一般由电极、电解质、容器、极端，通常还有隔离层组成的基本功能单元，以及用一个或多个基本功能单元装配成的电池组。范围包括原电池、蓄电池、燃料电池、太阳能电池和其他电池。

15. 涂料

涂料是指涂于物体表面，能形成具有保护、装饰或特殊性能的固态涂膜的一类液体或固体材料的总称。

选择题 3-1

根据消费税法律制度的规定，下列各项中，属于消费税征税范围的有（　　）。

A. 销售单价为30万元的电动汽车　B. 高档手表

C. 一次性竹制筷子　D. 游艇

答案解析：选项A、C不在消费税列举税目中。正确选项为B、D。

（二）征税环节

除卷烟、超豪华小汽车外，消费税实行单一环节征收，具体包括以下五个征税环节。

1. 生产应税消费品

生产应税消费品是消费税征收的主要环节，因消费税具有单一环节征税的特点，在生产环节征税以后，货物在流通环节无论再流转多少次，不需要再缴纳消费税。生产应税消费品除了直接对外销售应征收消费税外，纳税人将生产的应税消费品换取生产资料、消费资料、投资入股、偿还债务，以及用于继续生产应税消费品以外的其他方面，都应缴纳消费税。

2. 委托加工应税消费品

委托加工应税消费品是指委托方提供原料和主要材料，受托方只收取加工费和代垫部分辅助材料加工的应税消费品。除受托方为个人外，由受托方在向委托方交货时代收代缴税款。委托方是个人的，由委托方收回后缴纳消费税。

3. 进口应税消费品

单位和个人进口货物属于消费税征税范围的，在进口环节也要缴纳消费税。为了减少征税成本，进口环节的消费税由海关代征。

4. 零售应税消费品

自1995年1月1日起，金银首饰消费税由生产销售环节征收改为零售环节征收。改在零售环节征收消费税的金银首饰仅限于金基、银基合金首饰以及金、银和金基、银基合金的镶嵌首饰。

自2016年12月1日起，超豪华小汽车，在生产（进口）环节按现行税率征收消费税基础上，在零售环节加征消费税。纯电动、燃料电池等没有气缸容量（排气量）的超豪华小汽车仅在零售环节征收消费税。

5. 批发应税消费品

自2009年5月1日起，在卷烟批发环节加征一道复合税，纳税人是在中华人民共和国境内从事卷烟批发业务的单位和个人。卷烟批发企业之间销售的卷烟不缴纳消费税，只有将卷烟销售给零售商等其他单位和个人才缴纳消费税。

选择题 3-2

下列各项中，属于消费税征收范围的是（　　）。

A. 4S店销售的非豪华小汽车

B. 木材公司销售自产的实木地板

C. 百货公司销售的高尔夫球及球具

D. 烟酒公司批发的白酒

E. 门店销售的金银首饰

答案解析：非豪华小汽车、实木地板、高尔夫球都只在生产环节征收消费税，4S店和百货公司不是生产公司，销售时不征消费税，选项A、C错误；木材公司销售自产实木地板属于生产环节，选项B正确；白酒在批发环节不征消费税，选项D错误；金银首饰在零售环节征收消费税，选项E正确。正确选项为B、E。

三、消费税税率

（一）税率的一般规定

消费税采用比例税率和定额税率两种形式，以适应不同应税消费品的实际情况。具体税目及税率表如表3-1所示。

表3-1　消费税税目、税率表

税　　目	税　　率
一、烟 1. 卷烟	

（续表）

税　　目	税　　率
（1）甲类卷烟	56%加0.003元/支
（2）乙类卷烟	36%加0.003元/支
（3）批发环节	11%加0.005元/支
2. 雪茄烟	36%
3. 烟丝	30%
4. 电子烟	
（1）生产（进口）环节	36%
（2）批发环节	11%
二、酒	
1. 白酒	20%加0.5元/500克（或者500毫升）
2. 啤酒	
（1）甲类啤酒	250元/吨
（2）乙类啤酒	220元/吨
3. 黄酒	240元/吨
4. 其他酒	10%
三、高档化妆品	15%
四、贵重首饰及珠宝玉石	
1. 金银首饰、铂金首饰、钻石及钻石饰品（零售环节）	5%
2. 其他贵重首饰及珠宝玉石（生产环节）	10%
五、鞭炮、焰火	15%
六、成品油	
1. 汽油	1.52元/升
2. 柴油	1.20元/升
3. 石脑油	1.52元/升
4. 溶剂油	1.52元/升
5. 润滑油	1.52元/升
6. 燃料油	1.20元/升
7. 航空煤油（暂缓征税）	1.20元/升
七、摩托车	
1. 气缸容量为250毫升	3%
2. 气缸容量为250毫升以上的	10%
八、小汽车	
1. 乘用车	
（1）气缸容量（排气量，下同）在1.0升（含）以下	1%
（2）气缸容量在1.0升以上至1.5升（含）以下	3%
（3）气缸容量在1.5升以上至2.0升（含）	5%
（4）气缸容量在2.0升以上至2.5升（含）	9%
（5）气缸容量在2.5升以上至3.0升（含）	12%
（6）气缸容量在3.0升以上至4.0升（含）	25%
（7）气缸容量在4.0升以上	40%

（续表）

税目	税率
2. 中轻型商用客车 3. 超豪华小汽车（零售环节，在生产环节基础上另征）	5% 10%
九、高尔夫球及球具	10%
十、高档手表	20%
十一、游艇	10%
十二、木制一次性筷子	5%
十三、实木地板	5%
十四、电池	4%
十五、涂料	4%

（二）卷烟产品的税率

卷烟在生产和批发两个环节征税。生产环节采取复合计征方法计税。从价比例税率分为两档：甲类卷烟，即每标准条（200支）调拨价格在70元（含70元，不含增值税）以上的卷烟，比例税率为56%；乙类卷烟，即每标准条（200支）调拨价格在70元（不含增值税）以下的卷烟，比例税率为36%；从量定额税率均为0.003元/支。批发环节也采取复合计征方法，比例税率为11%，定额税率为0.005元/支。

（三）啤酒产品的税率

啤酒的定额税率分为250元和220元两档，划分标准为：每吨出厂价格（含包装物及包装物押金）3 000元（含3 000元，不含增值税）以上的，是甲类啤酒，适用250元/吨的单位税额；每吨出厂价格（含包装物及包装物押金，不含增值税）3 000元以下的，是乙类啤酒，适用220元/吨的单位税额。对娱乐业和饮食业自制的啤酒，适用250元/吨的单位税额。

（四）税率的特殊规定

（1）纳税人兼营不同税率的应税消费品，应当分别核算不同税率应税消费品的销售额、销售数量。未分别核算销售额、销售数量的，从高适用税率。

（2）纳税人将应税消费品与非应税消费品，或者将不同税率的应税消费品组成成套消费品销售的，应根据成套消费品的销售额，按照应税消费品中适用的最高税率征税。

特别提示

应税消费品成套销售，即使分别核算也要按最高税率征收消费税。

课堂讨论

增值税和消费税是重要的流转税，在税收体系中发挥着不同但互补的作用。请你从征税范围、征税环节、征税方法等方面谈谈两者之间的异同点。

四、消费税税收优惠

消费税是在对货物普遍征收增值税基础上的选择性征收，主要是针对一些环境污染、高消费类产品进行征收，起到寓禁于征的作用。税收优惠主要体现在节能环保和减少污染等方面。

对节能环保电池，节能环保涂料，用废弃动植物油生产的纯生物柴油，用废矿物油生产的工业油料，自产石脑油、燃料油用于生产乙烯、芳烃类化工产品，用外购或委托加工收回的已税汽油生产的乙醇汽油以及生产成品油过程中消耗的自产成品油部分，免税。

引例解析

张明的理解是不对的。我国的消费税是特别消费税，是在普遍征收增值税的基础上，仅针对一些特定的消费品征税。目前仅对烟、酒、高档化妆品、鞭炮焰火、成品油、摩托车、小汽车、高尔夫球及球具、高档手表、游艇、木制一次性筷子、实木地板、电池和涂料15种商品征税。消费税的税率差别比较大，最低的税率为气缸容量1升及以下的1%，最高的税率为甲类卷烟的56%加0.003元/支。消费税税负差异大，对人们的购买选择有较大的影响。

• 诚信纳税　为国聚财 •

绿色税收助力生态文明建设

实现碳达峰、碳中和，是党中央统筹国内国际两个大局作出的重大战略决策，是着力解决资源环境约束突出问题、是实现中华民族永续发展的必然选择，是构建人类命运共同体的庄严承诺，也是关系民生的重大问题。

在这个过程中，税收将发挥重要作用。在我国，虽尚未有设置专门的“碳税”，但已出台了一系列鼓励节能环保的税收优惠政策，逐渐构建起日益完善的绿色税制体系。例如，专门开征环境保护税，推进资源税从价计征改革和征收水资源税的试点改革；适时调整消费税的征收范围，对木制一次性筷子、实木地板在生产（进口）环节，征收5%的消费税；对环境高污染的电池、涂料征收4%消费税；按小汽车排量征收消费税，排气量在1升及以下的，征收1%消费税，依次递增，排气量在4.0升及以上的，征收40%消费税；对不属于超豪华小汽车的新能源车辆，免征消费税，鼓励低碳消费。

绿色、低碳发展贯穿生产、流通、消费的全过程。未来，在节能环保、促进生态文明建设方面，税收将发挥更大的宏观调控作用。

任务二　消费税核算

引导案例

杭州市喜洋洋珠宝商城为增值税一般纳税人，主要从事珠宝玉石的零售。2025年3月，商城开展“三八女神节”活动，将珍珠项链和钻石戒指组成成套商品销售，每套不含税价10 000元，共20套。其中珍珠项链价值3 200元，钻石戒指6 800元。该商城该如何缴纳增值税和消费税呢？另外，增值税是价外税，消费税是价内税，两者在会计核算的时候有什么不同呢？

缴纳消费税的纳税人主要设置以下两个账户进行消费税的会计核算。

1.“应交税费——应交消费税”

为了准确地反映企业消费税的应交、已交、欠交等情况，需要缴纳消费税的企业，应在“应交税费”账户下设置“应交消费税”明细账户进行会计核算。“应交消费税”明细账户采用三栏式账户记账，借方核算实际缴纳的消费税或允许抵扣的消费税；贷方核算按规定应缴纳的消费税；期末贷方余额，表示尚未缴纳的消费税，借方余额表示多缴纳的消费税。

2.“税金及附加”

为了反映由消费税产生的费用，企业还应设置“税金及附加”账户。该账户用于核算因销售应税产品而需要承担的消费税及相关税费（城市维护建设税、教育费附加等）。

一、生产销售环节消费税核算

纳税人生产应税消费品用于销售的，应于销售环节纳税。在销售确认时，按取得的销售收入和增值税额，借记“银行存款”“应收账款”等账户，贷记“主营业务收入”“应交税费——应交增值税（销项税额）”等账户，同时结转成本并计算提取消费税，借记“税金及附加”账户，贷记“应交税费——应交消费税”账户。按规定期限上缴税款时，借记“应交税费——应交消费税”账户，贷记“银行存款”账户。

（一）直接对外销售应税消费品消费税核算

按现行税法的基本规定，消费税应纳税额的计算主要分为从价计征、从量计征和从价从量复合计征三种方法。

1. 从价计征

我国现行消费税对大部分应税消费品实行从价计征，计算公式为：

应纳税额＝应税消费品的销售额×比例税率

（1）销售额的确定。

销售额为纳税人销售应税消费品向购买方收取的全部价款和价外费用。在我国，缴纳增值税的货物并不都缴纳消费税，而缴纳消费税的货物都是增值税征税范围的货物，都同时缴纳增值税。为了方便和统一，实行从价计征的应税消费品，其销售额的确定与增值税中销售额的确定，除个别特殊情况外是一致的。所以，在项目二中有关增值税销售额的确定规定同样适用于消费税，在此不再重复。

特别提示

增值税是价外税，消费税是价内税，因而计税依据销售额中包含消费税，但不含增值税。消费税的纳税义务发生时间与增值税基本相同。

（2）销售额的特殊规定。

① 包装物及押金的计税销售额。包装物及押金规定基本上与增值税规定一致，不同地方在于，啤酒、黄酒的包装物押金在逾期后需要缴纳增值税，而不需要缴纳消费税。该区别存在的原因是，啤酒、黄酒属于从量计征的应税消费品，因而消费税与销售额无关。但是需要注意的是，啤酒在确定消费税税率档次时是包含包装物（不包括供重复使用的塑料周转箱）押金的。不同包装物押金的税务处理比较如表3–2所示。

表3–2　不同包装物押金的税务处理比较

包装物押金	收取时		逾期未收回或已收取时间超过12个月时	
	增值税	消费税	增值税	消费税
一般应税消费品	不征收	不征收	征收	征收
除啤酒、黄酒以外的酒类	征收	征收	不征收	不征收
啤酒、黄酒（从量计征）	不征收	不征收	征收	不征收

② 纳税人通过自设非独立核算门市部销售的自产应税消费品，应当按照门市部对外销售额或者销售数量征收消费税。

③ 纳税人用于换取生产资料和消费资料，投资入股和抵偿债务等的应税消费品，应当以纳税人同类应税消费品的最高销售价格作为计税依据计算消费税。

特别提示

纳税人用于换取生产资料和消费资料，投资入股和抵偿债务等方面的应税消费品，增值税仍然是按照加权平均销售价格作为计税依据。

2. 从量计征

我国现行消费税对啤酒、黄酒、成品油实行从量计征，计算公式为：

$$应纳税额 = 应税消费品的销售数量 \times 定额税率$$

（1）销售数量的确定。

销售量是指纳税人生产、加工和进口应税消费品的数量。具体规定为：

① 销售应税消费品的，为应税消费品的销售数量。

② 自产自用应税消费品的，为应税消费品的移送使用数量。

③ 委托加工应税消费品的，为纳税人收回的应税消费品数量。

④ 进口的应税消费品,为海关核定的应税消费品进口征税数量。

(2) 计量单位的换算标准。

黄酒、啤酒是以吨为税额单位;汽油、柴油是以升为税额单位的。但是,税法考虑到在实际销售过程中,一些纳税人会把吨或升这两个计量单位混用,故规范了不同产品的计量单位,以准确计算应纳税额,吨与升两个计量单位的换算标准如表3-3所示。

表3-3　吨、升换算表

名　称	计量单位换算标准	名　称	计量单位换算标准
啤酒	1吨 = 988升	汽油	1吨 = 1 388升
黄酒	1吨 = 962升	柴油	1吨 = 1 176升
石脑油	1吨 = 1 385升	溶剂油	1吨 = 1 282升
润滑油	1吨 = 1 126升	燃料油	1吨 = 1 015升
航空煤油	1吨 = 1 246升		

3. 复合计征

现行消费税的征税范围中,只有卷烟、白酒采用复合计征方法,计算公式为:

应纳税额 = 应税消费品的销售额 × 比例税率 + 销售数量 × 定额税率

销售额、销售数量的确定方法与从价计征、从量计征相同,具体如表3-4所示。

表3-4　消费税计税方法及公式比较

征收方法	税　目	计　税　公　式
复合计征	卷烟(生产环节)、白酒	应纳消费税 = 销售额 × 比例税率 + 销售数量 × 定额税率
从量计征	啤酒、黄酒、成品油	应纳消费税 = 销售数量 × 定额税率
从价计征	除上述以外的其他税目	应纳消费税 = 销售额 × 比例税率

技能训练 3-1

杭州喜来临酒业有限公司(以下简称:喜来临酒业公司)为增值税一般纳税人,主要从事啤酒、黄酒、白酒、葡萄酒、药酒的生产与销售业务。公司统一社会信用代码:330100676752299342;注册地址:杭州市钱塘区下沙街道1号大街888号;电话:057×-86986688;开户银行及账号:中国建设银行杭州市经济技术开发区支行,6158010263681657;法定代表人:李德;财务负责人:王林;会计:李凯;出纳:孙亮。

公司2025年3月消费税业务如下:

(1) 3月1日,销售A型药酒10吨,不含税价5 000元/吨,开具电子发票(增值税专用发票)。款项已收存银行。

（2）3月3日，销售粮食白酒30吨，取得不含税销售额105 000元，开具电子发票（普通发票）。收取粮食白酒包装物押金9 040元，开具收据。款项已收存银行。

（3）3月4日，销售啤酒150吨，每吨不含税销售价格2 900元，开具电子发票（增值税专用发票）；收取啤酒包装物押金2 260元，开具收据。款项已收存银行。

（4）3月6日，用自产B型药酒120吨，抵偿债务226 000元，开具电子发票（增值税专用发票）。该批药酒市场平均不含税价格200 000元，最高不含税销售价格250 000元。

要求：编制相关会计分录。

技能训练 3-1 解析

（1）喜来临酒业公司销售自产的药酒，既需要缴纳增值税，也需要缴纳消费税。

借：银行存款　56 500

　贷：主营业务收入　50 000

　　应交税费——应交增值税（销项税额）　6 500

借：税金及附加　5 000

　贷：应交税费——应交消费税　5 000

（2）粮食白酒的包装物押金，在收取时就要缴纳增值税和消费税。增值税销项税额合计为［105 000 + 9 040 ÷（1 + 13%）］× 13% = 14 690（元）；消费税税额合计为［105 000 + 9 040 ÷（1 + 13%）］× 20% + 30 × 2 000 × 0.5 = 52 600（元）

借：银行存款　127 690

　贷：主营业务收入　105 000

　　其他应付款——白酒包装物押金　8 000

　　应交税费——应交增值税（销项税额）　14 690

借：税金及附加　52 600

　贷：应交税费——应交消费税　52 600

（3）啤酒的包装物押金在收取的时候不需要缴纳增值税和消费税。增值税销项税额为56 550元；啤酒消费税税率为220元/吨［判断税率过程：2 260 ÷（1 + 13%）÷ 150 + 2 900 = 2 913.33（元/吨）<3 000（元/吨），为乙类啤酒］，啤酒消费税税额 = 150 × 220 = 33 000（元）

借：银行存款　928 810

　贷：主营业务收入　435 000

　　其他应付款——啤酒包装物押金　2 260

　　应交税费——应交增值税（销项税额）　56 550

借：税金及附加　33 000

　贷：应交税费——应交消费税　33 000

（4）公司以自产产品抵偿债务，增值税按市场价格计算销项税额为200 000 × 13% = 26 000（元），消费税税额需要按最高销售价格计算，为250 000 × 10% = 25 000（元）

借：应付账款	226 000
贷：主营业务收入	200 000
应交税费——应交增值税（销项税额）	26 000
借：税金及附加	25 000
贷：应交税费——应交消费税	25 000

4. 外购应税消费品已纳税款的扣除

为了避免重复征税，现行消费税法律规定，将外购应税消费品用于继续生产应税消费品销售的，可以将外购应税消费品和委托加工收回应税消费品已缴纳的消费税扣除。

（1）扣除范围。按照税法规定，下列连续生产的应税消费品，准予从应纳消费税税额中按当期生产领用数量计算外购应税消费品已纳消费税税款：

① 外购已税烟丝为原料生产的卷烟；

② 外购已税高档化妆品为原料生产的高档化妆品；

③ 外购已税珠宝玉石为原料生产的贵重首饰及珠宝玉石；

④ 外购已税鞭炮、焰火为原料生产的鞭炮、焰火；

⑤ 外购已税摩托车生产的摩托车；

⑥ 外购已税杆头、杆身和握把为原料生产的高尔夫球杆；

⑦ 外购已税木制一次性筷子为原料生产的木制一次性筷子；

⑧ 外购已税实木地板为原料生产的实木地板；

⑨ 外购已税汽油、柴油、石脑油、燃料油、润滑油（简称应税油品）为原料生产的应税成品油；

⑩ 以外购葡萄酒为原料连续生产应税葡萄酒。

（2）扣除方法。上述当期准予扣除外购应税消费品已纳消费税税款的计算公式为：

$$\text{当期准予扣除的外购应税消费品已纳税款}=\text{当期准予扣除的外购应税消费品买价}\times\text{外购应税消费品适用税率}$$

$$\text{当期准予扣除的外购应税消费品买价}=\text{期初库存的外购应税消费品的买价}+\text{当期购进的应税消费品的买价}-\text{期末库存的外购应税消费品的买价}$$

需要说明的是，纳税人用外购的已税珠宝玉石生产的，改在零售环节征收消费税的金银首饰（镶嵌首饰），在计税时一律不得扣除外购珠宝玉石的已纳税款。

课堂讨论 ?

比较增值税和消费税抵扣的区别。

技能训练 3-2

喜来临酒业公司3月月初库存的从生产企业外购的葡萄酒，不含增值税买价30万元，本月外购葡萄酒的不含增值税买价10万元，期末库存的外购葡萄酒买价为35万元，领用的葡萄酒当月全部用于连续生产葡萄酒。

要求：编制相关会计分录。

技能训练 3-2 解析

从生产企业购进的葡萄酒为原料连续生产葡萄酒的已纳消费税额可以扣除，计算过程为：（300 000 + 100 000 − 350 000）× 10% = 5 000（元）

借：生产成本　　45 000

　　应交税费——应交消费税　　5 000

　贷：原材料　　50 000

（二）自产自用应税消费品消费税核算

自产自用是指纳税人生产应税消费品后，不是用于直接对外销售，而是用于自己连续生产应税消费品或用于其他方面。

1. 用于连续生产应税消费品

连续生产应税消费品是指作为生产最终应税消费品的直接材料、构成最终产品实体的应税消费品。为体现税不重征且计税简便的原则，纳税人自产自用的应税消费品，用于连续生产应税消费品的，不纳税，也不需要进行消费税的账务处理。例如，卷烟厂生产的烟丝，用于本厂连续生产卷烟的，不缴纳消费税，只对生产的卷烟征收消费税。

2. 用于其他方面的应税消费品

所谓"用于其他方面"，是指纳税人用于生产非应税消费品、在建工程、管理部门、非生产机构、提供服务，以及用于馈赠、赞助、集资、广告、样品、职工福利、奖励等方面的应税消费品。纳税人将自产应税消费品用于其他方面的，视同对外销售，于移送使用时纳税。

自产自用的应税消费品用于连续生产非应税消费品。由于最终产品不属于应税消费品，所以在领用时借记"生产成本"账户，贷记"库存商品""应交税费——应交消费税"等账户。自产自用的应税消费品用于在建工程、管理部门等，应借记"在建工程""管理费用""应付福利费""营业外支出"等账户，贷记"库存商品""主营业务收入""应交税费——应交增值税（销项税额）""应交税费——应交消费税"等账户。

3. 组成计税价格及税额的计算

纳税人自产自用的应税消费品，凡用于其他方面，应当纳税的，其销售额的确定顺序如下。

（1）按照纳税人当月销售的同类消费品的销售价格计算纳税。如果当月同类消费品各期销售价格不同，应按销售数量加权平均计算。但销售的应税消费品有下列情况之一的，不得列入加权平均计算：① 销售价格明显偏低又无正当理由的；② 无销售价格的。

（2）如果当月无销售或者当月未完结，应按照同类消费品上月或者最近月份的销售价格计算纳税。

（3）没有同类消费品销售价格的，按照组成计税价格计算纳税。组成计税价格计算公式如表3-5所示。

表3-5　自产自用应税消费品的组成计税价格及税额的计算

计税方法	组成计税价格	应纳消费税税额
从价计征	（成本＋利润）÷（1－比例税率）	组成计税价格×比例税率
从量计征	——	移送使用数量×定额税率
复合计征	（成本＋利润＋数量×定额税率）÷（1－比例税率）	组成计税价格×比例税率＋数量×定额税率

组成计税价格计算公式中的利润，是指根据应税消费品的全国平均成本利润率计算的利润。全国平均成本利润率由国家税务总局确定，具体规定如表3-6所示。

表3-6　平均成本利润率

货　物　名　称	利润率/%	货　物　名　称	利润率/%
1. 甲类卷烟	10	11. 摩托车	6
2. 乙类卷烟	5	12. 高尔夫球及球具	10
3. 雪茄烟	5	13. 高档手表	20
4. 烟丝	5	14. 游艇	10
5. 粮食白酒	10	15. 木制一次性筷子	5
6. 薯类白酒	5	16. 实木地板	5
7. 其他酒	5	17. 乘用车	8
8. 高档化妆品	5	18. 中轻型商务客车	5
9. 鞭炮、焰火	5	19. 电池	4
10. 贵重首饰及珠宝宝石	6	20. 涂料	7

技能训练 3-3

（1）3月8日，喜来临酒业公司将自产的成本为90 000元的22吨葡萄酒用于生产酒心巧克力，已知该葡萄酒的市场销售价格为120 000元。

（2）3月10日，喜来临酒业公司将新研制的粮食白酒1吨作为过节福利发放给员工饮用，该白酒无同类产品市场销售价格。已知该批白酒生产成本20 000元。

要求：编制相关会计分录。

技能训练 3-3 解析

（1）将自产的葡萄酒（应税消费品）用于连续生产酒心巧克力（非应税消费品），需要在领用的时候缴纳消费税。应交消费税＝120 000×10%＝12 000（元）

借：生产成本　　　102 000
　贷：库存商品　　　90 000
　　应交税费——应交消费税　　　12 000

（2）公司将自产的粮食白酒用于职工福利，需要视同对外销售。

组成计税价格 =［20 000 ×（1 + 5%）+ 1 × 2 000 × 0.5］÷（1 − 20%）= 27 500（元）

销项税额 = 27 500 × 13% = 3 575（元）

消费税税额 = 27 500 × 20% + 1 × 2 000 × 0.5 = 6 500（元）

借：应付职工薪酬　　　31 075
　贷：主营业务收入　　　27 500
　　应交税费——应交增值税（销项税额）　　　3 575

借：税金及附加　　　6 500
　贷：应交税费——应交消费税　　　6 500

二、委托加工环节消费税核算

（一）委托加工应税消费品的确定

委托加工的应税消费品是指由委托方提供原料和主要材料，受托方只收取加工费和代垫部分辅助材料加工的应税消费品。对于由受托方提供原材料生产的应税消费品，或者受托方先将原材料卖给委托方，然后再接受加工的应税消费品，以及由受托方以委托方名义购进原材料生产的应税消费品，不论纳税人在财务上是否作销售处理，都不得作为委托加工应税消费品，而应当按照销售自制应税消费品缴纳消费税。

（二）代收代缴税款的规定

税法规定，委托加工的应税消费品，由受托方在向委托方交货时代收代缴消费税。受托方在代收代缴消费税时，按下列顺序确定计税依据。

1. 按照受托方的同类消费品的销售价格计算纳税

"同类消费品的销售价格"与自产自用应税消费品确定同类消费品的销售价格的原则和方法相同。

2. 没有同类消费品销售价格的，按照组成计税价格计算纳税

没有同类消费品销售价格的，组成计税价格计算公式如表3-7所示。

表3-7　委托加工应税消费品的组成计税价格

委托加工应税消费品计税方法	组成计税价格	代收代缴消费税
从价计征	（材料成本 + 加工费）÷（1 − 比例税率）	组成计税价格 × 比例税率
从量计征	—	委托方收回数量 × 定额税率
复合计征	（材料成本 + 加工费 + 数量 × 定额税率）÷（1 − 比例税率）	组成计税价格 × 比例税率 + 数量 × 定额税率

组成计税价格公式中的“材料成本”是指委托方所提供加工材料的实际成本。委托加工应税消费品的纳税人，必须在委托加工合同上如实注明（或以其他方式提供）材料成本，凡未提供材料成本的，受托方所在地主管税务机关有权核定其材料成本。“加工费”是指受托方加工应税消费品向委托方所收取的全部费用（包括代垫辅助材料的实际成本，不包括增值税税金）。

对于受托方没有按规定代收代缴税款的，委托方要补缴税款，对受托方不再重复补税，但要按《中华人民共和国税收征收管理法》的规定，处以应代收代缴税款50%以上3倍以下的罚款。

特别提示

若受托方为个人（含个体工商户），一律由委托方在收回加工应税消费品后向所在地主管税务机关缴纳消费税。

（三）委托加工应税消费品收回后消费税的处理

1. 受托方已代收代缴消费税的

委托加工的应税消费品，受托方在交货时已代收代缴消费税，委托方收回的应税消费品，以不高于受托方的计税价格出售的，为直接销售，不再缴纳消费税；委托方以高于受托方的计税价格出售的，不属于直接销售，须按规定申报缴纳消费税，在计税时准予扣除受托方已代收代缴的消费税。

2. 受托方没有代收代缴消费税的

受托方没有代收代缴消费税的，委托方应补交税款。如果在检查时，收回的应税消费品已经直接销售的，按销售额计税；收回的应税消费品尚未销售或不能直接销售的（如收回后用于连续生产），按组成计税价格计税。组成计税价格的计算公式与上述“（二）代收代缴税款的规定”组成计税价格公式相同。

（四）委托加工收回应税消费品已纳税款的扣除

委托加工的应税消费品因为已由受托方代收代缴消费税，因此，委托方收回货物后用于连续生产应税消费品的，其已纳税款准予按照规定从连续生产的应税消费品应纳消费税税额中抵扣。

1. 扣除范围

按照税法规定，下列连续生产的应税消费品准予从应纳消费税税额中按当期生产领用数量计算扣除委托加工收回应税消费品的已纳消费税税款：

（1）以委托加工收回的已税烟丝为原料生产的卷烟。

（2）以委托加工收回的已税高档化妆品为原料生产的高档化妆品。

（3）以委托加工收回的已税珠宝玉石为原料生产的贵重首饰及珠宝玉石。

（4）以委托加工收回的已税鞭炮、焰火为原料生产的鞭炮、焰火。

（5）以委托加工收回的已税摩托车生产的摩托车。

（6）以委托加工收回的已税杆头、杆身和握把为原料生产的高尔夫球杆。

（7）以委托加工收回的已税木制一次性筷子为原料生产的木制一次性筷子。

（8）以委托加工收回的已税实木地板为原料生产的实木地板。

（9）以委托加工收回的已税汽油、柴油、石脑油、燃料油、润滑油（简称应税油品）为原料生产的应税成品油。

（10）以委托加工收回的葡萄酒为原料连续生产葡萄酒。

2. 扣除方法

委托加工收回应税消费品，准予从应纳消费税税额中按当期生产领用数量计算扣除其已纳消费税税款，计算公式为：

当期准予扣除的委托加工应税消费品已纳税款 = 期初库存的委托加工应税消费品已纳税款 + 当期收回的委托加工应税消费品已纳税款 − 期末库存的委托加工应税消费品已纳税款

委托加工应税消费品委托方与受托方之间的关系如表3-8所示。

表3-8　委托加工应税消费品委托方与受托方之间的关系比较

项　目	委　托　方	受　托　方
委托加工成立的条件	提供原材料和主要材料	只收取加工费和代垫辅料
增值税税务处理	① 购进材料涉及增值税进项税	① 购进辅料涉及增值税进项税
	② 支付加工费涉及增值税进项税	② 收取加工费和代垫辅料费涉及增值税销项税
委托加工环节消费税处理	提货时受托方代收代缴（受托方为个体户时除外）	交货时代收代缴委托方消费税
代收代缴后消费税的相关处理	① 以不高于受托方的计税价格出售的，为直接销售，不再缴纳消费税	及时到受托方所在地税务机关解缴税款
	② 以高于受托方的计税价格出售的，不属于直接销售，须按规定申报缴纳消费税，在计税时准予扣除受托方已代收代缴的消费税（不受扣除范围限制）	
	③ 连续加工应税消费品后销售的，在出厂环节缴纳消费税，符合条件的可按生产领用抵扣消费税	

需要说明的是，纳税人用委托加工收回的已税珠宝玉石生产的改在零售环节征收消费税的金银首饰，在计税时一律不得扣除委托加工收回的珠宝玉石的已纳消费税税款。

特别提示

委托加工收回的应税消费品已纳税款的扣除的规定与外购应税消费品已纳税款的扣除规定是一致的。

（五）委托加工应税消费品应纳税额的会计处理

1. 委托方的会计处理

由受托方代收代缴的消费税，按下列方法进行账务处理。

（1）若委托加工的应税消费品收回后直接销售（不加价），不再需要缴纳消费税的，委托方应将受托方代收代缴的消费税直接计入委托加工物资的成本，借记“委托加工物资”，贷记“银行存款”等。

（2）若委托加工收回的物资加价出售或是用于连续生产应税消费品，在生产实际消耗时准予扣除已纳消费税的，可将受托方代收代缴的消费税暂时记入“应交税费——待抵扣消费税”账户的借方，当生产领用委托加工物资，准予扣除税款时，再借记“应交税费——应交消费税”账户，贷记“应交税费——待抵扣消费税”账户，也可以直接借记“应交税费——应交消费税”账户，但需要及时做好消费税抵扣台账管理。

技能训练 3-4

（1）3月11日，喜来临酒业公司将上月购进的一批5万元的粮食，运往蓝天公司，委托其加工成粮食白酒。

（2）3月20日，喜来临酒业公司从蓝天公司收回全部粮食白酒10吨。支付蓝天公司不含税加工费及辅料费2万元，并取得增值税专用发票，由蓝天公司代收代缴消费税（蓝天公司同类粮食白酒销售价格9万元）。喜来临酒业公司期初没有委托加工粮食白酒。

（3）3月22日，喜来临酒业公司将收回的粮食白酒全部销售，取得不含税销售额12万元。

要求：编制相关会计分录。

技能训练 3-4 解析

（1）发出材料。

借：委托加工物资　　50 000

　贷：原材料　　50 000

（2）收回粮食白酒。

① 支付加工费：

借：委托加工物资　　20 000

　　应交税费——应交增值税（进项税额）　　2 600

　贷：银行存款　　22 600

② 支付代收代缴消费税：

代收代缴消费税税款 = 90 000 × 20% + 10 × 2 000 × 0.5 = 28 000（元）

借：应交税费——待抵扣消费税　　28 000

　贷：银行存款　　28 000

③ 商品入库：

借：库存商品　　70 000

　贷：银行存款　　70 000

（3）将委托加工收回粮食白酒全部对外销售，销售价格12万元>受托方计价9万元，不属于直接销售，仍须按规定申报缴纳消费税，在计税时准予扣除受托方已代收代缴的消费税。

借：银行存款　　135 600
　贷：主营业务收入　　120 000
　　应交税费——应交增值税（销项税额）　　15 600
借：税金及附加　　34 000
　贷：应交税费——应交消费税　　34 000
借：应交税费——应交消费税　　28 000
　贷：应交税费——待抵扣消费税　　28 000

2. 受托方的会计处理

受托方在委托方提货时代收代缴消费税，按应收取的加工费、增值税和应代收代缴的消费税借记“应收账款”“银行存款”等账户，按应收的加工费和增值税销项税额贷记“主营业务收入”或“其他业务收入”“应交税费——应交增值税（销项税额）”等账户，按应代收代缴的消费税额贷记“应交税费——应交消费税”账户；上缴代收代缴的消费税时，借记“应交税费——应交消费税”账户，贷记“银行存款”账户。

技能训练 3-5

蓝天公司作为受托方为喜来临酒业公司加工粮食白酒，见【技能训练3-4】。

要求：编制相关会计分录。

技能训练 3-5 解析

（1）收取加工费及增值税。
借：银行存款　　22 600
　贷：主营业务收入　　20 000
　　应交税费——应交增值税（销项税额）　　2 600

（2）收取代收代缴消费税。
借：银行存款　　28 000
　贷：应交税费——应交消费税　　28 000

（3）上缴代收代缴消费税。
借：应交税费——应交消费税　　28 000
　贷：银行存款　　28 000

三、进口环节消费税核算

纳税人进口应税消费品，按组成计税价格和规定的税率来计算消费税，具体计算如表3-9所示。

表3-9 进口应税消费品的组成计税价格

计税方法	组成计税价格	应纳消费税
从价计征	（关税完税价格＋关税）÷（1－比例税率）	组成计税价格×比例税率
从量计征	—	海关核定数量×定额税率
复合计征	（关税完税价格＋关税＋数量×定额税率）÷（1－比例税率）	组成计税价格×比例税率＋数量×定额税率

进口的应税消费品，于报关进口时缴纳消费税，由海关代征；进口的应税消费品，由进口人或者其代理人向报关地海关申报纳税；纳税人进口应税消费品，按照关税征收管理的相关规定，应当自海关填发海关进口消费税专用缴款书之日起15日内缴纳税款。

纳税人进口应税消费品，记入进口货物的成本，借记“材料采购”“原材料”“库存商品”等账户，贷记“银行存款”账户。

技能训练 3-6

3月25日，喜来临酒业公司进口葡萄酒一批，成交到岸价（关税完税价格）为360 000元，关税税率为14%，货款未付，进口环节的税款用银行存款支付，取得海关进口消费税专用缴款书。

要求：编制相关会计分录。

技能训练 3-6 解析

关税＝360 000×14%＝50 400（元）

组成计税价格＝（360 000＋50 400）÷（1－10%）＝456 000（元）

应纳消费税税额＝456 000×10%＝45 600（元）

应纳增值税税额＝456 000×13%＝59 280（元）

借：库存商品　456 000
　　应交税费——应交增值税（进项税额）　59 280
　贷：应付账款　360 000
　　　应交税费——应交关税、增值税、消费税　155 280

四、零售环节消费税核算

（一）金银首饰、铂金首饰、钻石及钻石饰品

零售环节征收消费税的金银首饰指的是金、银和金基、银基合金首饰以及金、银和金、银和金基、银基合金的镶嵌首饰，其他贵重首饰仍然在生产环节征税。对既销售金银首饰，又销售非金银首饰的生产、经营单位，应将两类商品划分清楚，分别核算销售额。凡划分不清楚或不能分别核算的，在生产环节销售的，一律从高适用税率征收消费税；在零售环节销售的，一律按金银首饰征收消费税。金银首饰与其他产品组成成套消费品销售的，应按销售额全额征收消费税。

带料加工的金银首饰，应按受托方销售同类金银首饰的销售价格确定计税依据征收消费税。没有同类金银首饰销售价格的，按照组成计税价格计算纳税。

纳税人采用以旧换新（含翻新改制）方式销售的金银首饰，应按实际收取的不含增值税的全部价款确定计税依据征收消费税。

技能训练 3-7

杭州琪琪百货商场为增值税一般纳税人，2025年4月发生如下经营业务。

（1）零售金银首饰取得含税销售额10.53万元（不包括以旧换新业务）。

（2）采取以旧换新方式销售黄金首饰，新首饰的含税销售额5.85万元，旧首饰作价的含税金额为3.51万元，商场实际收取的含税金额为2.34万元。

（3）零售玛瑙取得含税销售额1.17万元。

（4）零售包金项链取得含税销售额4.68万元。

要求：计算商场零售金银首饰应缴纳的消费税。

技能训练 3-7 解析

玛瑙属于应税消费品，但是在生产环节纳税；包金首饰属于非应税消费品，因而玛瑙和包金首饰的销售额不需要缴纳消费税。

$$应纳消费税税额 = 10.53 \div (1+13\%) \times 5\% + 2.34 \div (1+13\%) \times 5\% = 0.57（万元）$$

（二）超豪华小汽车

超豪华小汽车指的是每辆零售价格90万元（不含增值税）及以上的各种动力类型（含纯电动、燃料电池等动力类型）乘用车和中轻型商用客车。

超豪华小汽车零售环节消费税应纳税额的计算公式为：

$$应纳税额 = 零售环节销售额（不含增值税，下同）\times 零售环节税率$$

国内汽车生产企业直接销售给消费者的超豪华小汽车，消费税税率按照生产环节税率和零售环节税率加总计算。消费税应纳税额的计算公式为：

$$应纳税额 = 销售额 \times（生产环节税率 + 零售环节税率）$$

对纯电动、燃料电池等没有气缸容量（排气量）的超豪华小汽车仅在零售环节征收消费税。

技能训练 3-8

2025年4月，天籁4S店销售一辆小汽车，零售价格为200万元。

要求：判断该4S店是否需要缴纳消费税。计算4S店销售小汽车应缴纳的消费税。

技能训练 3-8 解析

零售价格为200万元的小汽车，不含税价格为176.99万元，超过90万元，因此为超豪华小汽车，需要在零售环节缴纳消费税。

$$应纳消费税税额 = 200 \div (1+13\%) \times 10\% = 17.7（万元）$$

五、批发环节消费税核算

批发环节的应税消费品仅指卷烟。在我国境内从事卷烟批发业务的单位和个人，应就其批发的卷烟，按复合计税方式缴纳消费税。在计算批发环节卷烟消费税时要注意以下两个问题。

（1）卷烟批发企业之间销售的卷烟不缴纳消费税，只有将卷烟销售给零售商或其他纳税人以外的单位和个人时才缴纳消费税。

（2）卷烟批发企业在计算卷烟消费税时，不得扣除卷烟生产环节已缴纳的消费税税款。

技能训练 3-9

2025年4月，中国红卷烟批发企业批发销售卷烟400箱，其中批发给另一卷烟批发企业200箱、零售专卖店150箱、个体烟摊50箱。每箱不含税批发价格为13 000元。

要求：计算中国红卷烟批发企业4月应缴纳的消费税。

技能训练 3-9 解析

卷烟批发企业之间销售的卷烟不缴纳消费税，因而销售给另一卷烟批发企业不缴纳消费税。

$$应纳消费税税额 = 13\,000 \times (150+50) \times 11\% + (150+50) \times 150 = 316\,000（元）$$

六、出口应税消费品退（免）税核算（选修）

（一）出口应税消费品的退税政策

1. 出口免税并退税

有出口经营权的外贸企业购进应税消费品直接出口的，以及外贸企业受其他外贸企业委托代理出口应税消费品，免征消费税，退还前一环节对其已征的消费税。需要注意的是，外贸企业只有受其他外贸企业委托，代理出口应税消费品才可办理退税。外贸企业受其他企业（主要是非生产性的商贸企业）委托，代理出口应税消费品是不予退（免）税的。

2. 出口免税但不退税

有出口经营权的生产性企业自营出口或生产企业委托外贸企业代理出口自产的应税消费品，依据其实际出口数量免征消费税，不予办理退还消费税。免征消费税是指对生产性企业按其实际出口数量免征生产环节的消费税。消费税是单环节征税，生产环节免征消费税，则该应税消费品出口时已不含有消费税，所以无须再办理退还消费税。

3. 出口不免税也不退税

除生产企业、外贸企业以外的其他企业，具体是指一般商贸企业，这类企业委托外贸企业代理出口应税消费品一律不予退（免）税。

（二）出口应税消费品的退税率

计算出口应税消费品应退消费税的税率或单位税额，依据《中华人民共和国消费税暂行条例》所附的税目税率表执行。也就是说，出口应税消费品的退税率为应税消费品的征收率，这是增值税和消费税在计算退税时的重要区别。

出口企业应将适用不同消费税税率的出口商品分别核算与申报，划分不清的，一律从低适用税率。

（三）出口应税消费品退税额的计算

出口货物的消费税应退税额的计税依据，按购进出口货物的消费税专用缴款书或海关进口消费税专用缴款书确定。具体计算如表3-10所示。

表3-10　出口应税消费品退税额的计算

征税方法	应退消费税额
从价计征	出口货物的工厂销售额 × 比例税率
从量计征	出口数量 × 定额税率
复合计征	出口货物的工厂销售额 × 比例税率 + 出口数量 × 定额税率

课堂讨论

比较生产企业和外贸企业在增值税与消费税出口退税政策上的异同。

技能训练 3-10

某自营出口的外贸公司为增值税一般纳税人，从某化妆品厂购进高档化妆品一批，增值税专用发票上注明的价款为200万元。外贸公司将该批高档化妆品销往国外，离岸价格为250万元，并按规定申报办理消费税退税。已知高档化妆品增值税的退税率为9%。

要求：计算该外贸公司应退的增值税和消费税。

技能训练 3-10 解析

应退增值税税额 = 200 × 9% = 18（万元）

应退消费税税额 = 200 × 15% = 30（万元）

借：应收出口退税——增值税　　180 000
　贷：应交税费——应交增值税（出口退税）　　180 000
借：应收出口退税——消费税　　300 000
　贷：主营业务成本　　300 000

七、消费税期末核算

消费税期末核算时，企业基于汇总的期末应纳消费税税额，借记“应交税费——应交消费税”，贷记“银行存款”。

技能训练 3-11

文本
喜来临酒业公司消费税技能训练业务汇总

根据资料【技能训练3-1】至【技能训练3-4】，对杭州喜来临酒业有限公司2025年3月消费税进行期末处理，假设该公司期初无消费税留抵税额，本期无预缴消费税税额。

技能训练 3-11 解析

期末应纳消费税税额 = 5 000 + 52 600 + 33 000 + 25 000 − 5 000 + 12 000 + 6 500 + 34 000 − 28 000 = 135 100（元）

借：应交税费——应交消费税　　135 100
　贷：银行存款　　135 100

引例解析

增值税在每个环节都需要征税，增值税税额 = 10 000 × 20 × 13% = 26 000（元）。消费税在特定环节征税，珍珠项链在生产环节征税，钻石戒指在零售环节征税。但由于珍珠项链和钻石戒指组成成套商品销售，珍珠项链与钻石戒指需要全部按照钻石戒指缴纳消费税，消费税税额 = 10 000 × 20 × 5% = 10 000（元）。会计分录如下。

借：银行存款　　226 000
　贷：主营业务收入　　200 000
　　　应交税费——应交增值税（销项税额）　　26 000
借：税金及附加　　10 000
　贷：应交税费——应交消费税　　10 000

· 诚信纳税　为国聚财 ·

新能源汽车：绿色出行的先锋与税收调控的典范

税收是国家组织财政收入的主要形式，是国家调控经济的重要杠杆之一。国家可以通过税收种类的设置以及对税收项目、税率、加成征收或减免税等方面的规定，调节社会生产、交换、分配和消费，促进社会经济的健康发展，维护国家政权。

纳税是每个公民和企业的义务，也是国家财政的重要来源。从国家税收主体来看，传统能源企业等一直是纳税的主力军，如中石油、中石化等大型央企集团每年都贡献近千亿元的税收。但随着时代的发展，新能源汽车产业正逐渐崭露头角，展现出强大的发展潜力和税收贡献潜力。

新能源汽车作为新兴产业的代表，正逐渐成为税收调控的重要对象和经济增长的新引擎。数据显示，近年来新能源汽车产业发展迅猛，税收贡献不断增加。虽然目前其纳税总额尚未超过传统燃油汽车企业，但增长速度令人瞩目。以某头部新能源汽车企业为例，其2022年纳税总额约500亿元，2023年增至600亿元，2024年达到约为700亿元，呈现逐年稳步增长的趋势，有望在未来成为重要的纳税大户。

国家出台的多项新能源汽车免税政策不仅直接减轻了消费者的负担，刺激了市场需求，还带动了上下游产业的协同发展，包括上游的电池、电机、电控等核心零部件企业，以及下游的充电桩、售后服务等配套企业，形成了完整的产业链条，创造了大量的就业机会和经济效益。

新能源汽车的推广与国家倡导的绿色发展理念高度契合。与传统燃油汽车相比，新能源汽车在使用过程中几乎不产生尾气排放，对改善空气质量、有效减少温室气体排放具有重要作用。它有助于缓解能源危机，降低对传统化石能源的依赖，推动能源结构的优化升级。同时，新能源汽车的智能化、网联化发展趋势，也为汽车产业的转型升级注入了新的活力，提升了我国汽车产业在全球的竞争力。

任务三　消费税智能申报

引导案例

张明在财税代理记账机构实习期间，发现有一家新设立的化妆品销售公司，上月销售化妆品100套，每套价格1 500元；上月还从国外进口一批高档化妆品200套，每套成交到岸价（关税完税价格）850元，关税税率20%。他发现销售化妆品时公司只缴纳了增值税。张明疑惑了，他记得高档化妆品是消费税15个列举税目中的一个，属于应税消费品，那为什么这家化妆品公司销售时不需要缴纳消费税呢？另外，你能帮张明计算一下进口环节应纳的消费税税额吗？是不是所有进口的化妆品都需要缴纳消费税呢？

一、纳税申报期限

消费税的纳税期限分别为1日、3日、5日、10日、15日、1个月或者1个季度。纳税人的具体纳税期限，由主管税务机关根据纳税人应纳税额的大小分别核定；不能按照固定期限纳税的，可以按次纳税。

纳税人以1个月或者1个季度为1个纳税期的，自期满之日起15日内申报纳税；以1日、3日、5日、10日或者15日为1个纳税期的，自期满之日起5日内预缴税款，于次月1日起15日内申报纳税并结清上月应纳税款。

纳税人进口应税消费品，应当自海关填发海关进口消费税专用缴款书之日起15日内缴纳税款。

特别提示

消费税纳税申报期限与增值税纳税申报期限一致。

二、纳税申报地点

（1）纳税人销售的应税消费品，以及自产自用的应税消费品，除国务院及相关机构另有规定外，应当向纳税人机构所在地或者居住地的主管税务机关申报纳税。

（2）委托加工的应税消费品，除受托方为个人外，由受托方向其机构所在地主管税务机关申报纳税。

（3）进口的应税消费品，由进口人或者其代理人向报关地海关申报纳税。

（4）纳税人到外县（市）销售或者委托外县（市）代销自产应税消费品的，于应税消费品销售后，向机构所在地或者居住地主管税务机关申报纳税。

纳税人的总机构与分支机构不在同一县（市）的，应当分别向各自机构所在地的主管税务机关申报纳税；经财政部、国家税务总局或者其授权的财政、税务机关批准，可以由总机构汇总向总机构所在地的主管税务机关申报纳税。

（5）纳税人销售的应税消费品，如因质量等原因发生退货时，经报主管税务机关备案，其已缴纳的消费税税款可退还。主管税务机关核对无误后办理退税，企业不能自行直接抵减应纳税款。

三、消费税智能申报实务

（一）消费税智能申报流程

2021年8月1日，《国家税务总局关于增值税 消费税与附加税费申报表整合有关事项的公告》（国家税务总局公告2021年第20号）发布，我国开始全面推行增值税、消费税分别与附加税费申报表整合工作。

修改后的消费税申报表大大简化，原分税目的8张消费税纳税申报表主表整合为1张《消费税及附加税费申报表》主表，基本结构维持不变，包含销售情况、税款计算和税款缴纳三部分，增加了栏次和列次序号及表内勾稽关系，删除不参与消费税计算的“期初未缴税额”等3个项目，方便纳税人平稳过渡使用新申报表。原分税目的22张消费税纳税申报表附表整合为7张附表，其中4张为通用附表，1张成品油消费税纳税人填报的专用附表、2张卷烟消费税纳税人填报的专用附表。具体分别是：

（1）附表1-1：本期准予扣除税额计算表。

（2）附表1-2：本期准予扣除税额计算表（成品油消费税纳税人适用）。

（3）附表2：本期减（免）税额明细表。

（4）附表3：本期委托加工收回情况报告表。

（5）附表4：卷烟批发企业月份销售明细清单（卷烟批发环节消费税纳税人适用）。

（6）附表5：卷烟生产企业合作生产卷烟消费税情况报告表（卷烟生产环节消费税纳税人适用）。

（7）附表6：消费税附加税费计算表。

修改后的报表将附加税费直接并入增值税、消费税申报表，具体为：① 纳税人填写增值税、消费税相关申报信息后，将被自动带入附加税费附列资料（附表）；② 完成附加税费其他申报信息后，又回到增值税、消费税申报主表，从而形成纳税人本期应缴纳的增值税、消费税和附加税费数据。纳税人登录电子税务局后，上述表内信息预填均可由系统自动实现。

（二）消费税申报表填写实例

下面以喜来临酒业公司3月经济业务为例进行消费税纳税申报表的填写。

技能训练 3-12

文本

《消费税及附加税费申报表》

喜来临酒业公司3月经济业务详见任务二【技能训练3-1】至【技能训练3-4】及【技能训练3-11】。

要求：根据上述资料，填写《消费税及其附加税费申报表》及附表（表3-11、表3-12、表3-13、表3-14）。

表3-11　消费税及附加税费申报表

税款所属期：自2025年3月1日至2025年3月31日

纳税人识别号（统一社会信用代码）：330100676752299342

纳税人名称：杭州喜来临酒业有限公司　　　　金额单位：人民币元（列至角分）

项目＼应税消费品名称	适用税率 定额税率	适用税率 比例税率	计量单位	本期销售数量	本期销售额	本期应纳税额
	1	2	3	4	5	6 = 1 × 4 + 2 × 5
粮食白酒	0.5	20%	斤	82 000	260 500	93 100
乙类啤酒	220	——	吨	150	435 000	33 000
其他酒	——	10%	吨	152	420 000	42 000
合计	——	——	——	——	——	168 100

（续表）

项目 应税消费品名称	适用税率		计量单位	本期销售数量	本期销售额	本期应纳税额
	定额税率	比例税率				
	1	2	3	4	5	6 = 1 × 4 + 2 × 5

	栏次	本期税费额
本期减（免）税额	7	
期初留抵税额	8	
本期准予扣除税额	9	33 000
本期应扣除税额	10 = 8 + 9	33 000
本期实际扣除税额	11［10<（6 − 7），则为10，否则为6 − 7］	33 000
期末留抵税额	12 = 10 − 11	
本期预缴税额	13	0
本期应补（退）税额	14 = 6 − 7 − 11 − 13	135 100
城市维护建设税本期应补（退）税额	15	9 457
教育费附加本期应补（退）费额	16	4 053
地方教育附加本期应补（退）费额	17	2 702

声明：此表是根据国家税收法律法规及相关规定填写的，本人（单位）对填报内容（及附带资料）的真实性、可靠性、完整性负责。

纳税人（签章）： 年 月 日

经办人： 经办人身份证号： 代理机构签章： 代理机构统一社会信用代码：	受理人： 受理税务机关（章）： 受理日期： 年 月 日

表3-12 本期准予扣除税额计算表

金额单位：元（列至角分）

准予扣除项目 \ 应税消费品名称			葡萄酒	粮食白酒	合计
一、本期准予扣除的委托加工应税消费品已纳税款计算	期初库存委托加工应税消费品已纳税款	1		0	0
	本期收回委托加工应税消费品已纳税款	2		28 000	28 000
	期末库存委托加工应税消费品已纳税款	3		0	0

（续表）

准予扣除项目 \ 应税消费品名称				葡萄酒	粮食白酒	合计
一、本期准予扣除的委托加工应税消费品已纳税款计算		本期领用不准予扣除委托加工应税消费品已纳税款	4		0	0
		本期准予扣除委托加工应税消费品已纳税款	5 = 1 + 2 − 3 − 4		28 000	28 000
二、本期准予扣除的外购应税消费品已纳税款计算	（一）从价计税	期初库存外购应税消费品买价	6	300 000		300 000
		本期购进应税消费品买价	7	100 000		100 000
		期末库存外购应税消费品买价	8	350 000		350 000
		本期领用不准予扣除外购应税消费品买价	9	0		0
		适用税率	10	10%		10%
		本期准予扣除外购应税消费品已纳税款	11 =（6 + 7 − 8 − 9）× 10	5 000		5 000
	（二）从量计税	期初库存外购应税消费品数量	12			
		本期外购应税消费品数量	13			
		期末库存外购应税消费品数量	14			
		本期领用不准予扣除外购应税消费品数量	15			
		适用税率	16			
		计量单位	17			
		本期准予扣除的外购应税消费品已纳税款	18 =（12 + 13 − 14 − 15）× 16			
三、本期准予扣除税款合计			19 = 5 + 11 + 18	5 000	28 000	33 000

表3-13　本期委托加工收回情况报告表

一、委托加工收回应税消费品代收代缴税款情况

金额单位：元（列至角分）

应税消费品名称	商品和服务税收分类编码	委托加工收回应税消费品数量	委托加工收回应税消费品计税价格	适用税率		受托方已代收代缴的税款	受托方（扣缴义务人）名称	受托方（扣缴义务人）纳税人识别号	税收缴款书（代扣代收专用）号码	税收缴款书（代扣代收专用）开具日期
				定额税率	比例税率					
1	2	3	4	5	6	7＝3×5＋4×6	8	9	10	11
粮食白酒		20 000	90 000	0.5	20%	28 000	蓝天公司	略		

二、委托加工收回应税消费品领用存情况

应税消费品名称	商品和服务税收分类编码	上期库存数量	本期委托加工收回入库数量	本期委托加工收回直接销售数量	本期委托加工收回用于连续生产数量	本期结存数量
1	2	3	4	5	6	7＝3＋4－5－6
粮食白酒		0	20 000	20 000	0	0

表 3-14 消费税附加税费计算表

金额单位：元（列至角分）

<table>
<tr><td colspan="3" rowspan="3">本期是否适用小微企业“六税两费”减免政策</td><td rowspan="3">□是
☑否</td><td colspan="2" rowspan="2">减免政策适用主体</td><td colspan="4">增值税小规模纳税人：□是 □否</td></tr>
<tr><td colspan="4">增值税一般纳税人：□个体工商户 □小型微利企业</td></tr>
<tr><td colspan="2">适用减免政策起止时间</td><td colspan="4">年 月至 年 月</td></tr>
<tr><td rowspan="3">税（费）种</td><td>计税（费）依据</td><td rowspan="2">税（费）率（%）</td><td rowspan="2">本期应纳税（费）额</td><td colspan="2">本期减免税（费）额</td><td colspan="2">小微企业“六税两费”减免政策</td><td rowspan="2">本期已缴税（费）额</td><td rowspan="2">本期应补（退）税（费）额</td></tr>
<tr><td>消费税税额</td><td>减免性质代码</td><td>减免税（费）额</td><td>减征比例（%）</td><td>减征额</td></tr>
<tr><td>1</td><td>2</td><td>3 = 1 × 2</td><td>4</td><td>5</td><td>6</td><td>7 =（3 − 5）× 6</td><td>8</td><td>9 = 3 − 5 − 7 − 8</td></tr>
<tr><td>城市维护建设税</td><td>135 100</td><td>7%</td><td>9 457</td><td></td><td></td><td></td><td></td><td></td><td>9 457</td></tr>
<tr><td>教育费附加</td><td>135 100</td><td>3%</td><td>4 053</td><td></td><td></td><td></td><td></td><td></td><td>4 053</td></tr>
<tr><td>地方教育附加</td><td>135 100</td><td>2%</td><td>2 702</td><td></td><td></td><td></td><td></td><td></td><td>2 702</td></tr>
<tr><td>合计</td><td>——</td><td>——</td><td>16 212</td><td>——</td><td></td><td>——</td><td></td><td></td><td>16 212</td></tr>
</table>

引例解析

除卷烟、超豪华小汽车外，消费税实行单一环节征收。消费税的纳税环节包括生产、委托加工、进口、零售（金银首饰、超豪华小汽车）和批发（卷烟），因此，化妆品销售公司销售化妆品不需要缴纳消费税。该公司进口的高档化妆品应纳消费税为 $200 \times 850 \times (1+20\%) \div (1-15\%) \times 15\% = 36\,000$（元）。进口环节需要缴纳消费税的化妆品是指高档化妆品，即进口完税价格（不含增值税）在10元/毫升（克）或15元/片（张）及以上的美容、修饰类化妆品和护肤类化妆品。高档化妆品组成套装进口的，应全额征收消费税。因此，不是所有进口的化妆品都需要缴纳消费税。

• 诚信纳税　为国聚财 •

消费税改革：从源头控制到终端调节

日常生活中，购买烟酒、汽车、汽油、高档化妆品等商品的人，都会和消费税打交道。虽然消费者最终承担了消费税，但很多人对此往往“无感”，这是因为我国消费税主要在生产环节而非零售环节征收，生产者“替”消费者缴纳了税收。这种做法主要是为了加强源头控制，方便税收征管，防止税款流失。但在生产环节征收消费税也有一定的弊端，主要体现在消费者对所承担的实际税负不易感知，不利于消费税调节功能的发挥。

根据党的十八届三中全会部署，消费税改革的方向是“调整消费税征收范围、环节、税率，把高耗能、高污染产品及部分高档消费品纳入征收范围”。《中华人民共和国国民经济和社会发展第十四个五年规划和2035年远景目标纲要》提出，“调整优化消费税征收范围和税率，推进征收环节后移并稳步下划地方”。可见，未来消费税改革将从征收范围、环节、税率三个方面展开。

（1）征收范围方面：更多的高能耗、高污染，以及高档消费行业可能会被纳入征税范畴；而一些越来越大众化的产品可能不再征收消费税。

（2）征收环节方面：主要从生产环节征收后移至批发或零售环节征收。

（3）税率方面：原有的“三高产品”税率可能会进一步提高，一些越来越大众化的产品的税率可能会进一步下降。

思考训练题

一、单项选择题

1. 根据消费税法律制度的规定，下列消费品中不属于消费税征税范围的是（　　）。

A. 小汽车　　B. 汽车轮胎

C. 烟丝　　D. 实木地板

2. 纳税人自产自用的应税消费品用于连续生产应税消费品的（　　）。

A. 不纳税　　B. 只纳消费税

C. 只纳增值税　　D. 既纳消费税又纳增值税

3. 根据消费税法律制度的规定，下列各项中，应纳消费税的是(　　)。

A. 自产高档化妆品赠送给客户　　B. 用委托加工收回的烟丝生产卷烟

C. 自产酒精对外销售　　D. 外购小轿车供领导使用

4. 根据消费税法律制度的规定，我国消费税中适用复合税率的产品是(　　)。

A. 卷烟和黄酒　　B. 卷烟和啤酒

C. 卷烟和白酒　　D. 卷烟和烟丝

5. 用自产应税消费品换取生产资料，计征消费税的计税依据是(　　)。

A. 组成计税价格　　B. 算术平均价格

C. 加权平均价格　　D. 最高销售价格

6. 根据消费税法律制度的规定，以下应税消费品中适用比例税率的有(　　)。

A. 粮食白酒　　B. 啤酒

C. 黄酒　　D. 其他酒

7. 自产自用从价计征应税消费品，其组成计税价格的公式是(　　)。

A.(成本＋利润)÷(1＋消费税税率)

B.(关税完税价格＋关税)÷(1＋消费税率)

C.(关税完税价格＋关税)×(1－消费税率)

D. 成本×(1＋成本利润率)÷(1－消费税率)

8. 委托加工从价计征的应税消费品，按照受托方同类消费品的销售价格计算纳税，没有同类消费品销售价格的，按组成计税价格计算纳税。其组成计税价格的计算公式为(　　)

A.(材料成本＋加工费)÷(1＋消费税税率)

B.(材料成本＋加工费)÷(1－消费税税率)

C.(材料成本＋加工费)÷(1＋增值税税率或征收率)

D.(材料成本＋加工费)÷(1－增值税税率或征收率)

9. 委托加工的应税消费品，是指(　　)。

A. 由外贸企业向受托方定制的应税消费品

B. 受托方先将原材料卖给委托方，然后再加工的应税消费品

C. 受托方以委托方名义购进原材料生产的应税消费品

D. 委托方提供原材料，受托方收取加工费和代垫部分辅助材料加工的应税消费品

10. 消费税纳税人采取赊销和分期收款结算方式的，其纳税义务的发生时间为(　　)。

A. 发出货物的当天　　B. 收到货款的当天

C. 合同规定的收款日期当天　　D. 合同规定的收款的最后期限

11. 某企业委托酒厂加工药酒10箱，该药酒无同类产品销售价格，已知委托方提供的原料成本2万元，受托方垫付辅料成本0.15万元，另收取的加工费0.4万元，则该酒厂代收的消费税税额为(　　)。

A. 2 550元　　B. 2 833元

C. 4 817元　　D. 8 500元

12. 某酒厂为增值税一般纳税人。4月销售粮食白酒4 000斤，取得销售收入13 560元(含增值税)。已知粮食白酒消费税定额税率为0.5元/斤，比例税率为20%。该酒厂4月应缴纳的消费税税额为(　　)元。

A. 6 229.92　　　B. 5 510

C. 4 400　　　D. 4 000

13. 甲公司是一家化妆品生产企业，属于增值税一般纳税人，11月该厂销售高档化妆品取得不含增值税销售收入100万元，销售护肤护发产品取得不含增值税销售收入80万元，将高档化妆品与护肤护发产品组成礼盒成套销售，取得不含增值税销售额50万元，已知化妆品的消费税税率为15%，则该企业当月应纳消费税税额为(　　)万元。

A. 15　　　B. 19

C. 22.5　　　D. 34.5

14. 根据规定，下列各项中，纳税人不缴纳消费税的是(　　)。

A. 将自产的应税消费品用于职工福利

B. 随同应税消费品销售而取得的包装物作价收入

C. 将自产的应税消费品用于连续生产应税消费品

D. 销售应税消费品而收取的超过一年的包装物押金

15. 甲烟草公司提供烟叶委托乙公司加工一批烟丝。甲公司将已收回烟丝中的一部分用于生产卷烟，另一部分烟丝以不高于受托方的计税价格卖给丙公司。在这项委托加工烟丝业务中，消费税的纳税人是(　　)。

A. 甲公司　　　B. 乙公司

C. 丙公司　　　D. 甲公司和丙公司

二、多项选择题

1. 根据消费税法律制度的规定，下列各项中，属于消费税征税范围的消费品有(　　)。

A. 高档手表　　　B. 木制一次性筷子

C. 销售单价30万元的电动汽车　　　D. 高档服饰

2. 下列应税消费品中，只在生产环节或进口环节征收消费税的是(　　)。

A. 卷烟　　　B. 金银首饰

C. 高档化妆品　　　D. 珠宝玉石

3. 应交消费税的产品的销售数量确定的原则是(　　)。

A. 销售应税消费品的，为应税消费品的销售数量

B. 自产自用应税消费品的，为应税消费品的移送使用数量

C. 出口的应税消费品，为出口报关的数量

D. 委托加工应税消费品的，为纳税人收回的应税消费品数

4. 下列连续生产的应税消费品，在计税时准予按当期生产领用数量计算扣除外购的应税消费品已纳的消费税税款的是(　　)。

A. 外购已税烟丝生产的卷烟

B. 外购已税珠宝玉石生产的改在零售环节征收消费税的金银首饰

C. 外购已税高档化妆品生产的高档化妆品

D. 外购已税珠宝玉石生产的贵重首饰及珠宝玉石

5. 下列情形中，需要缴纳消费税的是(　　)。

A. 卷烟厂生产出用于卷烟生产的烟丝

B. 原油加工厂用生产出的汽油制成溶剂油

C. 石油化工厂把自己生产的柴油用于本厂基建工程的车辆使用

D. 汽车制造厂把自己生产的小汽车提供给本企业管理部门使用

6. 下列情形中，属于委托加工应税消费品收回后直接出售的是（　　）。

A. 纳税人委托加工收回应税消费品，以高于受托方的计税价格直接出售的

B. 纳税人委托加工收回应税消费品，以低于受托方的计税价格直接出售的

C. 纳税人委托加工收回应税消费品，以受托方的计税价格直接出售的

D. 纳税人委托加工收回应税消费品，以任何价格直接出售的

7. 根据消费税法律制度的规定，纳税人自产的应税消费品用于（　　）项目，应按照同类产品的最高销售价格计算缴纳消费税。

A. 换取生产资料　　B. 投资入股

C. 抵偿债务　　D. 换取消费资料

8. 据规定，纳税人自产的用于下列用途的应税消费品中，需要缴纳消费税的有（　　）。

A. 用于赞助的消费品　　B. 用于管理部门自用的消费品

C. 用于广告的消费品　　D. 用于连续生产应税消费品的消费品

9. 下列关于消费税征收范围的表述中，正确的有（　　）。

A. 纳税人自产自用的应税消费品，用于连续生产应税消费品的，不缴纳消费税

B. 纳税人将自产自用的应税消费品用于馈赠、赞助的，缴纳消费税

C. 委托加工的应税消费品，受托方在交货时已代收代缴消费税，委托方收回后直接销售，且销售价格大于受托方计税价格的，需要再缴纳一次消费税

D. 卷烟在生产和批发两个环节均征收消费税

10. 根据消费税法律制度的规定，关于消费税纳税义务发生时间的下列表述中，正确的有（　　）。

A. 纳税人采取预收货款结算方式销售应税消费品的，为收到预收款的当天

B. 纳税人自产自用应税消费品的，为移送使用的当天

C. 纳税人委托加工应税消费品的，为纳税人提货的当天

D. 纳税人进口应税消费品的，为报关进口的当天

三、判断题

1. 生产销售摩托车、委托加工摩托车、进口摩托车都应缴纳消费税。（　　）

2. 应税消费品征收增值税和消费税时，其计税依据中应含有消费税，而不含有增值税。（　　）

3. 在应税消费品15个应税项目中，仅卷烟和白酒采用复合计算方法计算征收消费税。（　　）

4. 某卷烟厂通过自设独立核算门市部销售自产卷烟，应当按照门市部对外销售额或销售数量计算征收消费税。（　　）

5. 委托加工应税消费品的组成计税价格公式中，加工费包括加工费和辅料费等向委托方收取的全部费用，但不含增值税税额。（　　）

6. 外购已税白酒生产的白酒在计征消费税时可按当期生产领用数量计算准予扣除的已纳消费税税款。（　　）

7. 企业把自己生产的应税消费品以福利或奖励的形式发给本单位职工，由于不是对外销售，不必计入销售额，因而无须缴纳增值税和消费税。（　　）

8. 卷烟消费税在生产和批发两个环节征收后，批发企业在计算纳税时可以扣除已含的生

产环节的消费税税款。 (　　)

9. 委托加工的应税消费品是指由委托方提供原料和主要材料，受托方只收取加工费和代垫部分辅助材料加工的应税消费品。 (　　)

10. 委托加工的应税消费品，受托方在交货时已代收代缴消费税，委托方收回后符合直接出售规定的，不再征收消费税。 (　　)

四、综合实训题

1. 某卷烟厂为增值税一般纳税人，5月发生下列经济业务：

（1）外购烟丝200吨，每吨不含税价2万元，取得烟丝厂开具的增值税专用发票，注明价款400万元、增值税52万元，烟丝已验收入库。另支付不含税运费3万元，取得运输公司开具的增值税专用发票。

（2）生产领用上述外购已税烟丝150吨，生产乙类卷烟4 000标准箱，当月销售给卷烟专卖商3 600标准箱，取得不含税销售额3 600万元，送货上门收取运费2.26万元；100标准箱用于职工福利。

实训要求：

（1）计算该企业应缴纳的增值税税额和消费税税额。

（2）编制上述经济业务的会计分录。

（3）编制卷烟厂5月消费税及附加税费申报表。

2. A企业为增值税一般纳税人，5月发生如下经济业务：

（1）1日，将上月购进的粮食一批5万元，运往B企业，委托其加工成粮食白酒。

（2）11日，前往B企业收回全部粮食白酒10吨。支付B企业不含税加工费及辅料费2万元，并取得增值税专用发票。此外，B企业代收代缴消费税（B企业无同类粮食白酒销售价格）。

（3）20日，将收回的粮食白酒60%直接销售，取得不含税销售额10万元，将其余的40%用于继续加工成高度粮食白酒4吨。

（4）30日，将高度粮食白酒全部销售，取得不含税收入12万元。

实训要求：

（1）计算A企业应缴纳的增值税和消费税。

（2）计算B企业应代收代缴的消费税。

（3）编制A企业上述经济业务的会计分录。

（4）编制A企业5月消费税及附加税费申报表。

3. 某化妆品有限公司生产A系列化妆品和B系列护肤护发品的增值税般纳税人。纳税人识别号：330100676756611，主营高档化妆品的加工、批发、零售和进出口业务，5月相关经营业务如下：

（1）用生产成本为1 000元的350盒A系列化妆品换取原材料，约定A系列化妆品按当月平均销售价格250元/盒进行结算，双方互开专用发票。

（2）将A系列化妆品60盒与B系列护肤护发品60盒组成成套化妆品60套，销售给某商场，销售价格每套360元，B系列护肤护发品的成本为35元/盒；货款尚未收到。

（3）从国外进口一批化妆品香粉，关税完税价格为60 000元，缴纳关税35 000元。取得的海关增值税完税凭证当月勾选认证。

（4）本月为一家影视制作公司生产上妆油500盒，销售价格为60元/盒，已收到全部价款。

（5）本月购进酒精1吨，取得增值税专用发票，注明不含税销售价格为70 000元，货款已支付。

（6）将成本为25 000元的材料委托其他厂加工D系列化妆品，支付加工费8 000元并取得增值税专用发票，D系列化妆品已收回，受托方没有同类销售价格。

化妆品的利润率是5%，护肤护发品的利润率是5%，A系列化妆品当期最高价格为295元/盒。

实训要求：

（1）计算该企业应缴纳的增值税和消费税。

（2）编制上述经济业务的会计分录。

（3）编制化妆品公司5月消费税及附加税费申报表。

项目四

企业所得税核算与智能申报

内容导图

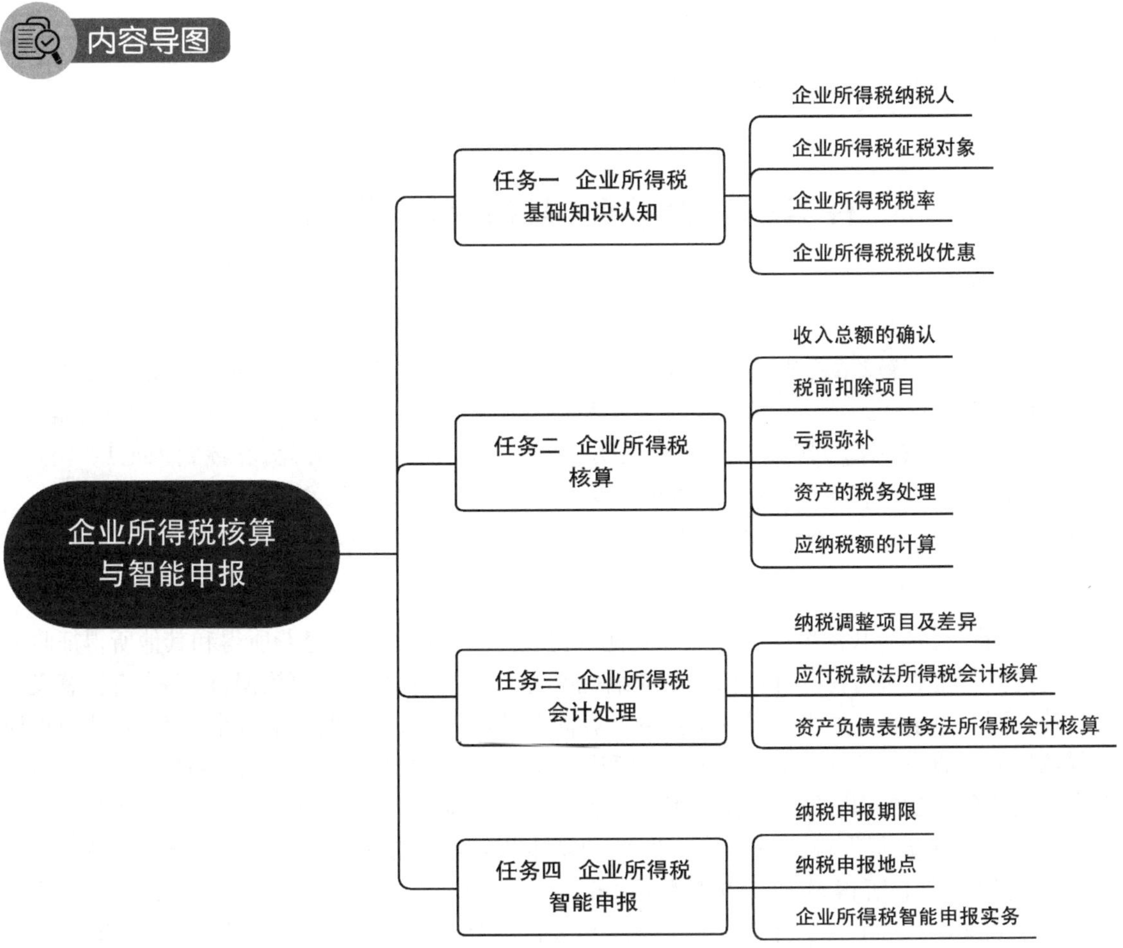

知识目标

（1）了解企业所得税的基本规定。

（2）熟悉企业所得税会计处理的账户设置。
（3）掌握企业所得税纳税申报表的填写方法。

技能目标

（1）会企业所得税应纳税额的准确计算。
（2）懂企业所得税会计分录的编制。
（3）能正确填写企业所得税预缴申报表和汇算清缴申报表。

素养目标

（1）树立诚信纳税意识，增强企业所得税依法合规操作能力。
（2）培养智能化税务管理环境下企业所得税知识的持续学习能力。
（3）关注企业绿色技术创新，认识构建低碳循环发展经济体系的重要性。

任务一　企业所得税基础知识认知

引导案例

北京市东婷服装有限公司为增值税一般纳税人，2024年度利润总额160万元，应纳税所得额200万元，从业人数75人，资产总额800万元。企业发放工资总额300万元，其中含雇佣残障人士支付的工资30万元，另取得技术转让所得80万元，当年购入电脑、打印机等电子设备25万元，取得国债利息收入10万元。你知道该公司的利润总额和应纳税所得额为什么会不一致吗？该公司可以享受哪些税收优惠政策？

企业所得税是对我国境内的企业和其他取得收入的组织的生产经营所得和其他所得征收的一种直接税。企业所得税的计税依据是应纳税所得额，它以利润为主要依据，但不是直接意义上的会计利润。由于企业所得税计税依据的计算涉及纳税人的成本、费用的各个方面，企业所得税计税依据的计算较为复杂。企业所得税是我国财政收入的主要来源之一，在税收收入中的占比仅次于增值税。2024年，我国企业所得税总收入为40 887亿元，占全国税收收入的23.36%。

我国现行企业所得税核算与申报遵循的基本规范包括2018年12月29日修正颁布的《中华人民共和国企业所得税法》（以下简称《企业所得税法》），以及2007年12月6日国务院发布，根据2024年12月6日《国务院关于修改和废止部分行政法规的决定》第二次修订的《中华人民共和国企业所得税法实施条例》等法律法规。

动画视频

企业所得税认知

一、企业所得税纳税人

企业所得税纳税人，是指在中华人民共和国境内的企业和其他取得收入的组织（以下统称企业）。个人独资企业和合伙企业在我国缴纳个人所得税，不缴纳企业所得税。

企业所得税采用收入来源地管辖权和居民管辖权相结合的双重管辖权。企业分为居民企业和非居民企业,不同企业的纳税义务不同。

(一)居民企业

居民企业,是指依法在中国境内成立,或者依照外国(地区)法律成立但实际管理机构在中国境内的企业。这里的企业包括国有企业、集体企业、私营企业、联营企业、股份制企业、外商投资企业、外国企业以及有生产、经营所得和其他所得的其他组织。实际管理机构,是指对企业的生产经营、人员、账务、财产等实施实质性全面管理和控制的机构。

(二)非居民企业

非居民企业,是指依照外国(地区)法律成立且实际管理机构不在中国境内,但在中国境内设立机构、场所,或者在中国境内未设立机构、场所,但有来源于中国境内所得的企业。非居民企业委托营业代理人在中国境内从事生产经营活动的,包括委托单位或者个人经常代其签订合同,或者储存、交付货物等,该营业代理人视为非居民企业在中国境内设立的机构、场所。

选择题 4-1

根据企业所得税法律制度的规定,下列各项中不属于企业所得税纳税人的是(　　)。

A. 在中国境内成立的个人独资企业

B. 在中国境内成立的外商独资企业

C. 在中国境内成立的合伙企业

D. 有经营所得的非营利组织

答案解析:个人独资企业、合伙企业不属于企业所得税纳税人,不缴纳企业所得税。正确选项为A、C。

二、企业所得税征税对象

企业所得税的征税对象,是指企业的生产经营所得、其他所得和清算所得。

(一)居民企业的征税对象

居民企业应当就其来源于中国境内、境外的所得缴纳企业所得税。这里的所得包括销售货物所得、提供劳务所得、转让财产所得、股息红利等权益性投资所得、利息所得、租金所得、特许权使用费所得、接受捐赠所得和其他所得。

(二)非居民企业的征税对象

非居民企业在中国境内设立机构、场所的,应当就其所设机构、场所取得的来源于中国境内的所得,以及发生在中国境外但与其所设机构、场所有实际联系的所得,缴纳企业所得税。非居民企业在中国境内未设立机构、场所的,或者虽设立机构、场所但取得的所得与其所设机构、场所没有实际联系的,应当就其来源于中国境内的所得缴纳企业所得税。

实际联系,是指非居民企业在中国境内设立的机构、场所拥有的据以取得所得的股权、债权,以及拥有、管理、控制据以取得所得的财产等。

(三)所得来源地的确定原则

(1)销售货物所得:按照交易活动发生地确定。

(2)提供劳务所得:按照劳务发生地确定。

（3）转让财产所得：① 不动产转让所得，按照不动产所在地确定；② 动产转让所得，按照转让动产的企业或者机构、场所所在地确定；③ 权益性投资资产转让所得，按照被投资企业所在地确定。

（4）股息、红利等权益性投资所得：按照分配所得的企业所在地确定。

（5）利息所得、租金所得、特许权使用费所得：按照负担、支付所得的企业或者机构、场所所在地确定，或者按照负担、支付所得的个人的住所地确定。

（6）其他所得：由国务院财政、税务主管部门确定。

选择题 4-2

根据企业所得税法律制度的规定，下列各项中属于来源于中国境内所得的有（　　）。

A. 甲国企业在中国境内提供翻译服务取得的收入

B. 乙国企业收到中国境内企业支付的利息所得

C. 丙国企业在中国境外为中国公司技术人员提供培训服务取得的收入

D. 丁国企业通过其代理商在中国境内销售货物取得的收入

答案解析：选项A和选项C均属于提供劳务所得，应按劳务发生地确定来源所得，因此选项A属于来源于中国境内的所得，选项C属于在境外取得的所得；选项B，利息所得应按负担、支付所得的企业或者机构、场所所在地确定；选项D，销售货物所得，按照交易活动发生地确定。正确选项为A、B、D。

课堂讨论

国家为什么要征收企业所得税？企业所得税会影响企业的发展吗？

三、企业所得税税率

我国企业所得税实行比例税率，如表4-1所示。现行规定如下。

（一）基本税率

基本税率为25%，适用于居民企业和在中国境内设有机构、场所且所得与机构、场所有关联的非居民企业。

（二）低税率

低税率为20%，适用于在中国境内未设立机构、场所的，或者虽设立机构、场所但取得的所得与其所设机构、场所没有实际联系的非居民企业。但实际征税时这类企业适用10%的税率。

（三）优惠税率

优惠税率为20%和15%，分别适用于符合条件的小型微利企业、国家需要重点扶持的高新技术企业等符合条件的企业。

表4-1　企业所得税纳税人、征税对象和税率

纳税人	分　类	征 税 对 象	税　率
居民企业	依法在境内注册成立（注册地标准）	境内所得＋境外所得	25%

（续表）

<table>
<tr><th>纳税人</th><th>分　类</th><th>征 税 对 象</th><th>税　率</th></tr>
<tr><td>居民企业</td><td>在境外成立，但实际管理机构在境内（实际管理机构所在地标准）</td><td>境内所得＋境外所得</td><td rowspan="2">25%</td></tr>
<tr><td rowspan="3">非居民企业</td><td rowspan="2">在境外成立且实际管理机构不在境内，但在境内设立机构、场所</td><td>与所设机构、场所有关的境内所得＋境外所得</td></tr>
<tr><td>与所设机构、场所无关的境内所得</td><td rowspan="2">20%
（实际10%）</td></tr>
<tr><td>在境内未设立机构、场所</td><td>境内所得</td></tr>
</table>

选择题 4-3

根据企业所得税法律制度的规定，下列各项中，适用25%所得税基本税率的是（　　）。

A. 在中国境内未设立机构、场所的非居民企业

B. 在中国境内虽设立机构、场所但取得所得与其机构、场所没有实际联系的非居民企业

C. 在中国境内设立机构、场所且取得所得与其机构、场所有实际联系的非居民企业

D. 居民企业

答案解析： 居民企业和在中国境内设立机构、场所且取得所得与其机构、场所有实际联系的非居民企业适用25%基本税率；在中国境内虽设立机构、场所但取得所得与其机构、场所没有实际联系的非居民企业适用20%低税率。正确选项为C、D。

课堂讨论

我国企业所得税的基本税率为25%，在全球范围内这是高税率还是低税率？对我国企业竞争力有何影响？

四、企业所得税税收优惠

企业所得税税收优惠方式包括免税收入、所得减免、优惠税率、加计扣除、加速折旧、减计收入、所得额抵免、税额抵免等。企业同时从事适用不同企业所得税优惠政策的项目，应当分别计算各项目所得，并合理分摊企业的期间费用；没有单独计算的，不得享受企业所得税优惠。

（一）免税收入

（1）国债利息收入。

（2）符合条件的居民企业之间的股息、红利等权益性投资收益，是指居民企业直接投资于其他居民企业取得的投资收益。

（3）在中国境内设立机构、场所的非居民企业从居民企业取得与该机构、场所有实际联系

的股息、红利等权益性投资收益。该收益不包括连续持有居民企业公开发行并上市流通的股票不足12个月取得的投资收益。

（4）符合条件的非营利组织的收入。

（5）基础研究资金收入。自2022年1月1日起，对非营利性科研机构、高等学校接收企业、个人和其他组织机构的基础研究资金收入，免征企业所得税。

（6）中国保险保障基金有限责任公司取得的收入。在2027年12月31日前，中国保险保障基金有限责任公司根据《保险保障基金管理办法》取得的以下六类收入免征企业所得税：

① 境内保险公司依法缴纳的保险保障基金；

② 依法从撤销或破产保险公司清算财产中获得的受偿收入和向有关责任方追偿所得，以及依法从保险公司风险处置中获得的财产转让所得；

③ 接受捐赠收入；

④ 银行存款利息收入；

⑤ 购买政府债券、中央银行、中央企业和中央级金融机构发行债券的利息收入；

⑥ 国务院批准的其他资金运用取得的收入。

（二）所得减免

1. 免征企业所得税的项目

企业从事下列项目的所得，免征企业所得税。

（1）蔬菜、谷物、薯类、油料、豆类、棉花、麻类、糖料、水果、坚果的种植。

（2）农作物新品种的选育。

（3）中药材的种植。

（4）林木的培育和种植。

（5）牲畜、家禽的饲养。

（6）林产品的采集。

（7）灌溉、农产品初加工、兽医、农技推广、农机作业和维修等农、林、牧、渔服务业项目。

（8）远洋捕捞。

2. 减半征收企业所得税的项目

企业从事下列项目的所得，减半征收企业所得税。

（1）花卉、茶以及其他饮料作物和香料作物的种植。

（2）海水养殖、内陆养殖。

企业从事国家限制和禁止发展的项目，不得享受上述规定的企业所得税优惠。

3. 从事国家重点扶持的公共基础设施项目投资经营的所得

企业从事国家重点扶持的公共基础设施项目的投资经营的所得，自项目取得第一笔生产经营收入所属纳税年度起，第1年至第3年免征企业所得税，第4年至第6年减半征收企业所得税。

企业承包经营、承包建设和内部自建自用本条规定的项目，不得享受上述规定的企业所得税优惠。

4. 从事符合条件的环境保护、节能节水项目的所得

企业从事符合条件的环境保护、节能节水项目的所得，自项目取得第一笔生产经营收入所属纳税年度起，第1年至第3年免征企业所得税，第4年至第6年减半征收企业所得税。

特别提示

根据《中华人民共和国企业所得税法实施条例》,依照规定享受减免税优惠的国家重点扶持的公共基础设施项目和符合条件的环境保护、节能节水项目,在减免税期限内转让的,受让方自受让之日起,可以在剩余期限内享受规定的减免税优惠;减免税期限届满后转让的,受让方不得就该项目重复享受减免税优惠。

5. 符合条件的技术转让所得

居民企业在一个纳税年度内,取得的符合条件的技术转让所得不超过500万元的部分,免征企业所得税;超过500万元的部分,减半征收企业所得税。其计算公式为:

技术转让所得 = 技术转让收入 − 技术转让成本 − 相关税费

选择题 4-4

甲公司为境内一家居民企业,下列经济业务中免征企业所得税的是(　　)。

A. 转让技术所有权所得480万元

B. 从事茶叶种植取得收入50万元

C. 国债利息收入10万元

D. 饲养家禽取得收入15万元

答案解析: 茶作物种植收入减半征收企业所得税。正确选项为A、C、D。

6. 集成电路生产企业或项目

(1) 国家鼓励的集成电路线宽小于28纳米(含),且经营期在15年以上的集成电路生产企业或项目,第1年至第10年免征企业所得税。

(2) 国家鼓励的集成电路线宽小于65纳米(含),且经营期在15年以上的集成电路生产企业或项目,第1年至第5年免征企业所得税,第6年至第10年按照25%的法定税率减半征收企业所得税。

(3) 国家鼓励的集成电路线宽小于130纳米(含),且经营期在10年以上的集成电路生产企业或项目,第1年至第2年免征企业所得税,第3年至第5年按照25%的法定税率减半征收企业所得税。

对上述按照集成电路生产企业享受税收优惠政策的,优惠期自获利年度起计算。对于按照集成电路生产项目享受税收优惠政策的,优惠期自项目取得第1笔生产经营收入所属纳税年度起计算。

国家鼓励的线宽小于130纳米(含)的集成电路生产企业,属于国家鼓励的集成电路生产企业清单年度之前5个纳税年度发生的尚未弥补完的亏损,准予向以后年度结转,总结转年限最长不得超过10年。

7. 集成电路相关企业和软件企业

国家鼓励的集成电路设计、装备、材料、封装、测试企业和软件企业,自获利年度起,第1年至第2年免征企业所得税,第3年至第5年按照25%的法定税率减半征收企业所得税。

国家鼓励的重点集成电路设计企业和软件企业，自获利年度起，第1年至第5年免征企业所得税，接续年度减按10%的税率征收企业所得税。

8. 非居民企业所得

在中国境内未设立机构、场所的，或者虽设立机构、场所但取得的所得与其所设机构、场所没有实际联系的非居民企业，其取得的来源于中国境内的所得，减按10%的税率征收企业所得税。

下列所得可免征企业所得税。

（1）外国政府向中国政府提供贷款取得的利息所得。

（2）国际金融组织向中国政府和居民企业提供优惠贷款取得的利息所得。

（3）经国务院批准的其他所得。

（三）优惠税率

1. 高新技术企业的优惠税率

《企业所得税法》规定，国家需要重点扶持的高新技术企业减按15%的税率征收企业所得税。

2. 技术先进型服务企业的优惠税率

自2018年1月1日起，对经认定的技术先进型服务企业（服务贸易类），减按15%的税率征收企业所得税。

3. 小型微利企业的优惠税率

对小型微利企业减按25%计算应纳税所得额，按20%的税率缴纳企业所得税。该政策延续执行至2027年12月31日。小型微利企业无论按查账征收方式还是按核定征收方式缴纳企业所得税，均可享受该优惠政策。

小型微利企业是指从事国家非限制和禁止行业，且同时符合年度应纳税所得额不超过300万元、从业人数不超过300人、资产总额不超过5 000万元的企业。

从业人数，包括与企业建立劳动关系的职工人数和企业接受的劳务派遣用工人数。从业人数和资产总额指标，应按企业全年的季度平均值确定。具体计算公式如下：

$$\text{季度平均值}=(\text{季初值}+\text{季末值})\div 2$$

$$\text{全年季度平均值}=\text{全年各季度平均值之和}\div 4$$

年度中间开业或者终止经营活动的，以其实际经营期作为一个纳税年度确定上述相关指标。

4. 从事污染防治的第三方企业

自2024年1月1日至2027年12月31日，对符合条件的从事污染防治的第三方企业，减按15%的税率征收企业所得税。

选择题 4-5

根据企业所得税法律制度的规定，以下各项中表述正确的有（　　）。

A. 符合条件的小型微利企业，减按20%计算应纳税所得额

B. 国家需要重点扶持的高新技术企业，减按15%的税率征收企业所得税

C. 某生产企业年度应纳税所得额260万元、从业人数100人、资产总额2 800万元，可

直接确认为小型微利企业

D. 小型微利企业在年度中间开业或者终止经营活动的，以其实际经营期作为一个纳税年度确定从业人数和资产总额的指标

答案解析： 选项A中符合条件的小型微利企业，应减按25%计算应纳税所得额，按20%的税率缴纳企业所得税；选项C没有明确说明该生产企业是否为国家非限制和禁止行业。正确选项为B、D。

（四）加计扣除

1. 研发费用加计扣除

根据《中华人民共和国企业所得税法实施条例》，企业为开发新技术、新产品、新工艺发生的研究开发费用，未形成无形资产计入当期损益的，在按照规定据实扣除的基础上，按照研究开发费用的50%加计扣除；形成无形资产的，按照无形资产成本的150%在税前摊销。

不适用税前加计扣除政策的行业有：烟草制造业；住宿和餐饮业；批发和零售业；房地产业；租赁和商务服务业；娱乐业；财政部和国家税务总局规定的其他行业。

为进一步激励企业加大研发投入，支持科技创新，自2023年1月1日起，企业开展研发活动中实际发生的研发费用，未形成无形资产计入当期损益的，在按规定据实扣除的基础上，再按照实际发生额的100%在税前加计扣除；形成无形资产的，按照无形资产成本的200%在税前摊销。

在2023年1月1日至2027年12月31日期间，符合条件的集成电路企业和工业母机企业开展研发活动中实际发生的研发费用，未形成无形资产计入当期损益的，在按规定据实扣除的基础上，再按照实际发生额的120%在税前加计扣除；形成无形资产的，按照无形资产成本的220%在税前摊销。

2. 安置国家鼓励就业人员工资加计扣除

企业安置残疾人员工资加计扣除，是指企业安置残疾人员的，在按照支付给残疾职工工资据实扣除的基础上，按照支付给残疾职工工资的100%加计扣除。企业安置国家鼓励安置的其他就业人员所支付的工资的加计扣除办法，由国务院另行规定。

选择题 4-6

根据企业所得税法律制度的规定，下列项目中，可以加计扣除的是（　　）。

A. 安置残疾人员所支付的工资

B. 从事环境保护项目发生的支出

C. 开发新技术、新产品、新工艺发生的研究开发费用

D. 从事污染防治发生的费用

答案解析： 企业开发新技术、新产品、新工艺发生的研究开发费用、安置残疾人员及国家鼓励安置的其他就业人员所支付的工资，可以在计算应纳税所得额时加计扣除。正确选项为A、C。

（五）加速折旧

由于技术进步，产品更新换代较快的固定资产以及常年处于强震动、高腐蚀状态的固定资产，可以缩短折旧年限或者采取加速折旧的方法。

采取缩短折旧年限方法的，最低折旧年限不得低于规定折旧年限的60%；采取加速折旧方法的，可以采取双倍余额递减法或者年数总和法。

自2019年1月1日起，制造业领域企业购进的固定资产（包括自行建造），允许按不低于企业所得税法规定折旧年限的60%缩短折旧年限，或选择采取双倍余额递减法或年数总和法进行加速折旧。

企业在2018年1月1日至2027年12月31日期间新购进（包括自行建造）的设备、器具（除房屋、建筑物），单位价值不超过500万元的，允许一次性计入当期成本费用，在计算应纳税所得额时扣除，不再分年度计算折旧。

选择题 4-7

甲企业为制药企业，2025年度购进一条价值600万元的生产线，根据企业所得税法律制度的规定，下列表述中正确的有（　　）。

A. 该生产线允许按不低于规定折旧年限的60%缩短折旧年限

B. 该生产线允许一次性计入当期成本费用进行税前扣除

C. 该生产线可采用双倍余额递减法加速折旧

D. 该生产线允许第一年度按40%计提折旧，第二年度按60%计提折旧

答案解析：该生产线单位价值超过500万元，不允许一次性计入当期成本费用在计算应纳税所得额时扣除，应按规定缩短折旧年限或采用加速折旧方法。正确选项为A、C。

（六）减计收入

（1）企业以《资源综合利用企业所得税优惠目录》规定的资源作为主要原材料，生产国家非限制和禁止并符合国家和行业相关标准的产品取得的收入，减按90%计入收入总额。

（2）自2019年6月1日起至2025年12月31日，社区提供养老、托育、家政等服务的机构，提供社区养老、托育、家政服务取得的收入，在计算应纳税所得额时，减按90%计入收入总额。社区包括城市社区和农村社区。

（七）所得额抵免

（1）创业投资企业采取股权投资方式投资于未上市的中小高新技术企业2年以上的，可以按照其投资额的70%，在股权持有满2年的当年抵扣该创业投资企业的应纳税所得额；当年不足抵扣的，可以在以后纳税年度结转抵扣。

（2）有限合伙制创业投资企业采取股权投资方式投资于未上市的中小高新技术企业满2年（24个月）的，其法人合伙人可按照对未上市中小高新技术企业投资额的70%抵扣该法人合伙人从该有限合伙制创业投资企业分得的应纳税所得额；当年不足抵扣的，可以在以后纳税年度结转抵扣。

（3）公司制创业投资企业采取股权投资方式直接投资于种子期、初创期科技型企业满2年（24个月）的，可以按照投资额的70%在股权持有满2年的当年抵扣该公司制创业投资企业的应纳税所得额；当年不足抵扣的，可在以后纳税年度结转抵扣。

（4）有限合伙制创业投资企业采取股权投资方式直接投资于初创科技型企业满2年的，该合伙创投企业的法人合伙人可以按照对初创科技型企业投资额的70%抵扣法人合伙人从合伙创投企业分得的所得；当年不足抵扣的，可以在以后纳税年度结转抵扣。

选择题 4-8

根据企业所得税法律制度的规定，下列税收优惠政策中表述正确的有（　　）。

A. 从事符合条件的节能节水项目，自获利年度起第1年至第3年免征企业所得税，第4年至第6年减半征收企业所得税

B. 国家鼓励的重点集成电路设计企业，自获利年度起，第1年至第5年免征企业所得税，接续年度减按10%的税率征收企业所得税

C. 创投企业采取股权投资方式投资于未上市的中小高新技术企业，可按投资额的70%在投资当年及以后年度应纳税额中抵免

D. 企业综合利用资源生产符合国家和行业标准的产品取得的收入，减按90%计入收入总额

答案解析：选项A，从事符合条件的节能节水项目，应自取得第一笔生产经营收入所属纳税年度起享受“三免三减半”优惠；选项C，创投企业采取股权投资方式投资于未上市的中小高新技术企业2年以上的，可以按照其投资额的70%在股权持有满2年的当年及以后年度抵扣该创投企业的应纳税所得额。正确选项为B、D。

（八）税额抵免

1. 购置并实际使用环境保护、节能节水、安全生产等专用设备税额抵免优惠

符合规定的该专用设备的投资额的10%可以从企业当年的应纳税额中抵免；当年不足抵免的，可以在以后5个纳税年度结转抵免。享受优惠企业应当实际购置并自身实际投入使用符合规定的专用设备。企业购置专用设备在5年内转让、出租的，应当停止享受优惠，并补缴已经抵免的企业所得税税款。购置并实际使用的环境保护、节能节水和安全生产专用设备，包括承租方企业以融资租赁方式租入的，并在融资租赁合同中约定租赁期届满时租赁设备所有权转移给承租方企业，且符合规定条件的专用设备。凡融资租赁期届满后租赁设备所有权未转移至承租方企业的，承租方企业应停止享受抵免优惠，并补缴已经抵免的企业所得税税款。

2. 专用设备数字化智能化改造投入税额抵免优惠

企业在2024年1月1日至2027年12月31日期间发生的专用设备数字化、智能化改造投入，不超过该专用设备购置时原计税基础50%的部分，可按照10%的比例抵免企业当年的应纳税额。如果企业当年的应纳税额不足抵免，可以向以后年度结转，但结转年限最长不得超过五年。享受优惠企业应当自身实际使用改造后的专用设备。企业在专用设备改造完成后5年内转让、出租的，应当停止享受优惠，并补缴已经抵免的企业所得税税款。承租方企业以融资租赁方式租入的，并在融资租赁合同中约定租赁期届满时租赁设备所有权转移给承租方企业的专用设备，承租方企业发生的专用设备数字化、智能化改造投入，可按规定享受抵免优惠。凡融资租赁期届满后租赁设备所有权未转移至承租方企业的，承租方企业应停止享受优惠，并补缴已经抵免的企业所得税税款。

选择题 4-9

甲企业2025年购置并实际使用一套符合规定的安全生产专用设备，根据企业所得税法律制度的规定，下列表述中正确的有（　　）。

A. 甲企业可以按照专用设备投资额的10%抵免当年的企业所得税应纳税额

B. 如果甲企业当年的应纳税额不足抵免，可以向以后年度结转，但结转年限最长不得超过10年

C. 甲企业利用财政拨款资金进行的专用设备购置，不得抵免企业当年的企业所得税应纳税额

D. 甲企业购置的专用设备在投入使用后5年内不得转让或出租

答案解析：选项B，如果甲企业当年的应纳税额不足抵免，可以向以后年度结转，但结转年限最长不得超过5年。正确选项为A、C、D。

（九）债券利息减免税

（1）对企业取得的2012年及以后年度发行的地方政府债券利息收入，免征企业所得税。

（2）自2021年11月7日起至2025年12月31日止，对境外机构投资境内债券市场取得的债券利息收入暂免征收企业所得税。

（3）对企业投资者持有2019年至2027年发行的铁路债券取得的利息收入，减半征收企业所得税。

（十）西部地区减免税

自2021年1月1日至2030年12月31日，对西部地区从事鼓励类产业的企业减按15%的税率征收企业所得税。鼓励类产业企业是指主营业务为《西部地区鼓励类产业目录》中规定的产业项目，且主营业务收入占企业收入总额的比例达到60%以上的企业。

课堂讨论

?

企业所得税优惠政策是否会导致不同行业或企业之间的不公平竞争？例如，高新技术企业享受15%的优惠税率，而传统制造业仍需要按25%的税率缴税，这种差异是否合理？

引例解析

利润总额与应纳税所得额的不一致是会计准则与税法规定存在差异的必然结果。企业在计算应纳税所得额时，须根据税法规定对利润总额进行调整，以确保符合税务要求。

该公司可以享受下列企业所得税优惠政策：

（1）企业安置残疾人员的，可以按照支付给残疾职工工资的100%加计扣除。

（2）一个纳税年度内，居民企业符合条件的技术转让所得不超过500万元的部分，免征企业所得税；超过500万元的部分，减半征收企业所得税。

（3）国债利息收入免税。

(4) 企业在2018年1月1日至2027年12月31日期间新购进(包括自行建造)的设备、器具,单位价值不超过500万元的,允许一次性计入当期成本费用,在计算应纳税所得额时扣除。

(5) 小型微利企业减按25%计算应纳税所得额,按20%的税率缴纳企业所得税。该政策延续执行至2027年12月31日。

· 诚信纳税　为国聚财 ·

西部大开发企业所得税优惠:从困境到崛起

在现代市场经济中,税收优惠政策不仅是国家调控经济的重要手段,更是企业实现转型升级和可持续发展的强大助力。西部大开发战略实施以来,国家出台了一系列企业所得税优惠政策,旨在鼓励企业投资西部地区,推动区域经济协调发展。这些政策不仅为企业带来了实实在在的优惠,也促进了西部地区的经济繁荣和社会进步。

2023年,四川某新能源科技公司(以下简称新能源公司)在成都成立,专注于新能源汽车电池的研发和生产。当时,新能源汽车市场前景广阔,但公司面临着资金短缺、技术人才匮乏等困难。在一次税务政策宣讲会上,公司负责人了解到国家对西部大开发企业的所得税优惠政策,这让他看到了希望。

根据相关政策,西部地区的鼓励类产业企业减按15%的税率征收企业所得税。新能源公司经过评估,确认其主营业务属于《西部地区鼓励类产业目录》中的鼓励类产业项目,且主营业务收入占企业收入总额的60%以上,符合优惠政策的适用条件。公司可向税务部门咨询并申请享受这一优惠政策。税务部门在审核企业的经营项目和财务状况后,确认其符合优惠政策的适用条件,并指导企业完成了相关手续。

享受优惠政策后,新能源公司的资金压力得到了显著缓解。公司将节省下来的资金投入到技术研发和设备更新中,生产效率和产品质量得到了大幅提升。同时,企业还加大了对西部市场的开拓力度,与当地多家企业建立了合作关系,市场占有率逐步提高。

2024年,该新能源公司因诚信纳税和良好的经营业绩,被评为当地纳税信用A级企业。税务部门不仅在办税服务上给予便利,还在项目申报、资金扶持等方面提供了优先支持。企业的发展也得到了当地政府的高度关注,相关部门在土地使用、人才引进等方面给予了多项优惠政策。在优惠政策的扶持下,新能源公司迅速发展壮大。2024年,企业成功入选西部地区纳税百强名单,成为当地经济发展的标杆企业。

公司负责人感慨万千,深刻意识到诚信纳税和用好优惠政策的重要性。他开始向其他企业家宣传西部大开发的税收优惠政策,鼓励更多企业到西部投资。他坚信,在国家政策的支持下,只要诚信经营、合法纳税,企业一定能够在西部这片热土上实现更大的发展。良好的纳税信用不仅是企业的“金名片”,更是企业长远发展的坚实基石。同时,他也感谢税务部门的监管与支持,正是在税务部门的引导和帮助下,企业才能在诚信的道路上稳步前行,实现从困境到崛起的转身。

任务二　企业所得税核算

引导案例

北京市美欣制药有限公司为增值税一般纳税人，2024年度利润总额200万元，从业人数80人，资产总额1 800万元，主营业务收入2 000万元，发放工资总额500万元，其中含对残障职工支付的工资10万元，发生职工福利费80万元，职工教育经费56万元，工会经费8万元，广告业务宣传费650万元，业务招待费20万元。以上费用全部计入管理费用，无其他纳税调整事项。公司2024年度应缴纳多少企业所得税呢？

企业所得税的计税依据是应纳税所得额。按照《企业所得税法》的规定，应纳税所得额为企业每一个纳税年度的收入总额，减除不征税收入、免税收入、各项扣除以及允许弥补的以前年度亏损后的余额。基本计算公式为：

应纳税所得额＝收入总额－不征税收入－免税收入－各项扣除－以前年度亏损

企业应纳税所得额的计算以权责发生制为原则，属于当期的收入和费用，不论款项是否收付，均作为当期的收入和费用；不属于当期的收入和费用，即使款项已经在当期收付，均不作为当期的收入和费用。《企业所得税法》对应纳税所得额计算作了明确规定，主要内容包括收入总额、税前扣除项目、亏损弥补、资产的税务处理、应纳税额的计算等。

一、收入总额的确认

企业的收入总额包括以货币形式和非货币形式从各种来源取得的收入。其中，货币形式包括现金、银行存款、应收账款、应收票据、准备持有至到期的债券投资以及债务的豁免等；非货币形式包括固定资产、生物资产、无形资产、股权投资、存货、不准备持有至到期的债券投资、劳务以及有关权益等，这些非货币资产应当按照公允价值确定收入额，公允价值是指按照市场价格确定的价值。

（一）一般收入的确认

1. 销售货物收入

销售货物收入，是指企业销售商品、产品、原材料、包装物、低值易耗品以及其他存货取得的收入。除法律法规另有规定外，其确认应遵循权责发生制和实质重于形式原则。

符合收入确认条件，采取下列商品销售方式的，应按以下规定确认收入实现时间。

（1）销售商品采用托收承付方式的，在办妥托收手续时确认收入。

（2）销售商品采用预收款方式的，在发出商品时确认收入。

（3）销售商品需要安装和检验的，在购买方接受商品以及安装和检验完毕时确认收入。如果安装程序比较简单，可在发出商品时确认收入。

（4）销售商品采用支付手续费方式委托代销的，在收到代销清单时确认收入。

2. 提供劳务收入

提供劳务收入，是指企业从事建筑安装、修理修配、交通运输、仓储租赁、金融保险、邮电通信、咨询经纪、文化体育、科学研究、技术服务、教育培训、餐饮住宿、中介代理、卫生保健、社区服务、旅游、娱乐、加工以及其他劳务服务活动取得的收入。

企业应按照从接受劳务方已收或应收的合同或协议价款确认劳务收入总额。在各个纳税期末，提供劳务交易的结果能够可靠估计的，应采用完工进度（百分比）法确认提供劳务收入。

3. 转让财产收入

转让财产收入，是指企业转让固定资产、生物资产、无形资产、股权、债权等财产取得的收入。转让财产收入应当按照从财产受让方已收或应收的合同或协议价款确认收入。

4. 股息、红利等权益性投资收益

股息、红利等权益性投资收益，是指企业因权益性投资从被投资方取得的收入。股息、红利等权益性投资收益，除国务院财政、税务主管部门另有规定外，按照被投资方做出利润分配决定的日期确认收入的实现。

5. 利息收入

利息收入，是指企业将资金提供他人使用但不构成权益性投资，或者因他人占用本企业资金取得的收入，包括存款利息、贷款利息、债券利息、欠款利息等。利息收入，按照合同约定的债务人应付利息的日期确认收入的实现。

6. 租金收入

租金收入，是指企业提供固定资产、包装物或者其他有形资产的使用权取得的收入。租金收入，按照合同约定的承租人应付租金的日期确认收入的实现。如果交易合同或协议中规定租赁期限跨年度，且租金提前一次性支付的，出租人可对上述已确认的收入，在租赁期内，分期均匀计入相关年度收入。

7. 特许权使用费收入

特许权使用费收入，是指企业提供专利权、非专利技术、商标权、著作权以及其他特许权的使用权取得的收入。特许权使用费收入，按照合同约定的特许权使用人应付特许权使用费的日期确认收入的实现。

8. 接受捐赠收入

接受捐赠收入，指企业接受的来自其他企业、组织或者个人无偿给予的货币性资产、非货币性资产。接受捐赠收入，按照实际收到捐赠资产的日期确认收入的实现。

9. 其他收入

其他收入，指企业取得的除以上收入外的其他收入，包括企业资产溢余收入、逾期未退包装物押金收入、确实无法偿付的应付款项、已作坏账损失处理后又收回的应收款项、债务重组收入、补贴收入、违约金收入、汇兑收益等。

技能训练 4-1

北京市东辰电器制造有限公司（以下简称“东辰公司”）2024年1月1日至2024年12月31日的一般收入情况如下：

① 全年销售产品，开具增值税专用发票，不含税销售额12 000万元，销项税额1 560万元。

② 提供加工修理修配劳务，开具增值税专用发票，不含税销售额100万元，销项税额13万元。

③ 销售下脚料不含税收入10万元,增值税销项税额1.3万元。

④ 代销电器一批,取得代销手续费含税收入10.6万元。

⑤ 将1幢自用的仓库出租给甲公司,租赁期5年,每年含税租金收入26.16万元。

⑥ 单独核算出租包装物,取得含税租金收入2.26万元。

⑦ 提供技术咨询服务,取得含税服务费收入10.6万元。

⑧ 年末向甲公司出售专利权一项,取得不含税收入20万元。该专利权系年初从乙公司购入,购入时成本20万元,已摊销2万元。

⑨ 因乙公司违反货物销售合同规定,收取违约金7.91万元。

⑩ 接受甲公司捐赠的原材料一批,取得捐赠方开具的增值税专用发票,注明价款10万元,税款1.3万元。

⑪ 向乙公司收取的包装物押金1.13万元,已超过1年。

⑫ 对A公司进行长期股权投资,享有A公司30%有表决权的股份;A公司2024年度实现净利润200万元,2024年12月31日共计发放现金股利100万元。

⑬ 对B公司进行股权投资,享有B公司10%的股权,B公司共计发放现金股利50万元。

⑭ 按面值购买国债100万元,年利率6%,持有期间取得国债利息收入3万元,并以102.12万元的价格(含增值税)将国债全部出售。

⑮ 以存款100万元购入股票10万股,另外支付相关税费0.5万元,作为交易性金融资产核算,持有期间获得现金股利4万元。

⑯ 因积极开展校企合作,成立生产性实训基地,获得所在市经济技术开发区专项财政资金支持20万元。

⑰ 在A、B、C三国进行权益性投资,投资收益分别为:50万美元、105万英镑、−45万欧元。假设当时汇率:1美元=6.7元人民币;1英镑=10元人民币;1欧元=8元人民币。

要求:

(1)分析上述业务对会计利润的影响。

(2)根据税法规定,计算应确认的收入总额。

技能训练4-1解析

东辰公司上述业务对会计利润的影响及根据税法规定应确认的收入总额如表4-2所示。

表4-2 东辰公司一般收入业务税会差异分析表

金额单位:万元

序号	业务摘要	会计应计收入	税法收入总额	账务处理和难点分析
1	销售产品	12 000	12 000	销售货物收入,贷记“主营业务收入”

（续表）

序号	业务摘要	会计应计收入	税法收入总额	账务处理和难点分析
2	提供劳务	100	100	提供劳务收入，贷记“主营业务收入”
3	销售下脚料	10	10	销售材料收入，贷记“其他业务收入”
4	代销手续费	10	10	代销手续费收入，贷记“其他业务收入”
5	仓库出租	24	24	出租固定资产收入，贷记“其他业务收入”，适用9%增值税税率
6	包装物出租	2	2	出租包装物收入，贷记“其他业务收入”，适用13%增值税税率
7	技术咨询	10	10	提供技术咨询收入，贷记“其他业务收入”，适用6%增值税税率
8	出售专利权	2	2	转让无形资产收入，属于非流动资产处置利得，贷记“营业外收入”
9	销售合同违约金	7	7	违约金收入为含税收入，应按13%增值税税率换算为不含税收入，贷记“营业外收入”
10	接受原材料捐赠	11.3	11.3	接受捐赠收入，贷记“营业外收入”
11	包装物押金逾期	1	1	包装物押金逾期1年以上，应计入利润总额，并按13%增值税税率换算为不含税收入，贷记“其他业务收入”
12	长期股权投资，享有30%有表决权的股份	60	30	权益性投资收益，会计分录为： 借：长期股权投资——损益调整 60 贷：投资收益 60 借：银行存款 30 贷：长期股权投资——损益调整 30 税法按照被投资企业做出利润分配决定的日期确认收入的实现，因此对A公司的投资收益，按税法应确认投资收益30万元
13	股权投资，享有10%的股权	5	5	权益性投资收益，会计分录为： 借：银行存款 5 贷：投资收益 5
14	持有国债并出售国债	5	5	(1) 国债利息收入，贷记投资收益3万。 (2) 国债出售属于金融商品转让，按照卖出价扣除买入价后的余额为销售额，按金融服务缴纳增值税，税率为6%。会计分录为： 借：交易性金融资产——成本 100 贷：银行存款 100

（续表）

序号	业务摘要	会计应计收入	税法收入总额	账务处理和难点分析
				借：银行存款 102.12 贷：交易性金融资产——成本 100 应交税费——转让金融商品应交增值税 0.12 投资收益 2
15	购入股票并获得现金股利	3.5	4	权益性投资收益，会计分录为： 借：交易性金融资产——成本 100 投资收益 0.5 贷：银行存款 100.5 借：银行存款 4 贷：投资收益 4 按税法规定，通过支付现金方式取得的投资资产，以购买价款为成本。因此，交易性金融资产的计税基础为100.5万元，会计上记入当期投资收益的相关费用0.5万元，不能冲减投资收益。若该项交易性金融资产的购入与处置均在同一会计年度，则税法与会计不产生差异
16	专项财政资金	20	20	成立校企合作生产性实训基地取得财政补贴收入，贷记“营业外收入”
小计		12 270.8	12 241.3	
17	境外投资收益	1 025	0	按会计准则规定，境外投资收益应折算成人民币计入利润总额；而按税法规定，境外投资所得应单独补税，在计算应纳税所得额时，不计入收入总额
合计		13 295.8	12 241.3	会计上确认的收入13 295.8万元应计入利润总额，其中： 营业收入 = 12 000 + 100 + 10 + 10 + 24 + 2 + 10 + 1 = 12 157（万元） 营业外收入 = 2 + 7 + 11.3 + 20 = 40.3（万元） 投资收益 = 60 + 5 + 3 + 2 − 0.5 + 4 + 1 025 = 1 098.5（万元）

（二）特殊收入的确认

（1）以分期收款方式销售货物的，按照合同约定的收款日期确认收入的实现。

（2）采用售后回购方式销售商品的，销售的商品按销售价格确认收入，回购的商品作为购进商品处理。有证据表明不符合销售收入确认条件的，如以销售商品方式进行融资，收到的款项应确认为负债，回购价格大于原销售价格的，差额应在回购期间确认为利息费用。

（3）销售商品以旧换新的，销售商品应当按照销售商品收入确认条件确认收入，回收的商品作为购进商品处理。

（4）采取商业折扣（折扣销售）条件销售商品的，应当按照扣除商业折扣后的金额确定销售商品收入金额。

（5）采取现金折扣（销售折扣）条件销售商品的，应当按照扣除现金折扣前的金额确定销售商品收入，现金折扣在实际发生时作为财务费用扣除。

（6）采取折让方式销售商品的，企业已经确认销售收入的售出商品发生销售折让和销售退回，应当在发生当期冲减当期销售商品收入。

（7）企业以买一赠一等方式组合销售本企业商品的，不属于捐赠，应将总的销售金额按各项商品的公允价值的比例，分摊确认各项商品的销售收入。

（8）企业受托加工制造大型机械设备、船舶、飞机，以及从事建筑、安装、装配工程业务或者提供其他劳务等，持续时间超过12个月的，按照纳税年度内完工进度或者完成的工作量确认收入的实现。

（9）采取产品分成方式取得收入的，按照企业分得产品的日期确认收入，其收入额按照产品的公允价值确定。

（10）企业发生非货币性资产交换，以及将货物、财产、劳务用于捐赠、偿债、赞助、集资、广告、样品、职工福利或者利润分配等用途的，应视同销售货物、转让财产或者提供劳务，但国务院财政、税务主管部门另有规定的除外。

（三）处置资产收入的确认

（1）企业发生下列情形的处置资产，除将资产转移至境外以外，由于资产所有权属在形式和实质上均不发生改变，可作为内部处置资产，不视同销售确认收入，相关资产的计税基础延续计算：

① 将资产用于生产、制造、加工另一产品；

② 改变资产形状、结构或性能；

③ 改变资产用途（如自建商品房转为自用或经营）；

④ 将资产在总机构及其分支机构之间转移；

⑤ 上述两种或两种以上情形的混合；

⑥ 其他不改变资产所有权属的用途。

（2）企业将资产移送他人的下列情形，因资产所有权属已发生改变而不属于内部处置资产，视同销售，除另有规定外，应按照被移送资产的公允价值确定销售收入：

① 用于市场推广或销售；

② 用于交际应酬；

③ 用于职工奖励或福利；

④ 用于股息分配；

⑤ 用于对外捐赠；

⑥ 其他改变资产所有权属的用途。

技能训练 4-2

东辰公司2024年1月1日至2024年12月31日的视同销售收入情况如下。

① 将一批自产的成本为8万元、不含税市场价格为10万元的电饭锅作为国庆福利发放给本企业职工。

② 向丙公司非公益性捐赠2021年3月购入的机器设备一套。设备原价60万元,已提折旧15万元,捐赠日公允价值为50万元。

③ 用一批自产的成本为80万元、不含税市场价格为100万元的空调换入丁公司生产的不锈钢材料一批,交易双方均不需要补价。因与丁公司存在关联方关系,东辰公司认定该项交易不具备商业实质,没有确认收入。

④ 以一批自产库存冰箱抵偿所欠Z公司的债务140万元,该批库存冰箱的成本为80万元,市场价格100万元。

要求:

(1)分析上述业务对会计利润的影响。

(2)计算按税法规定应确认的收入总额。

技能训练 4-2 解析

经分析,东辰公司视同销售业务带来的税会差异如表4-3所示。

表4-3 东辰公司视同销售收入业务税会差异分析表

单位:万元

序号	业务摘要	会计应计收入	税法收入总额	账务处理和难点分析
1	自产电饭锅(市场价格10万元)作为职工福利	10	10	自产货物作为职工福利,按会计准则贷记主营业务收入,税法也要求按视同销售货物处理,因此不存在税会差异。会计分录为: 借:应付职工薪酬——非货币性福利 11.3 贷:主营业务收入 10 应交税费——应交增值税(销项税额) 1.3
2	使用过的固定资产(公允价值50万元)作为非公益性捐赠	0	50	对外非公益性捐赠的机器设备,按会计准则应通过“固定资产清理”账户进行处理,具体内容见【技能训练4-4】;但按税法规定,因其资产所有权属已发生改变,应当按捐赠日的公允价值50万元确认视同销售收入。

（续表）

序号	业务摘要	会计应计收入	税法收入总额	账务处理和难点分析
3	自产空调（市场价格100万元）交换不锈钢原材料	0	100	非货币性资产交换，因没有商业实质，按会计准则不确认收入，会计分录为： 借：原材料　80 　应交税费——应交增值税（进项税额）　13 　贷：库存商品　80 　　应交税费——应交增值税（销项税额）　13 但按税法规定，应当视同销售货物，按公允价值100万元确认视同销售收入。
4	自产空调（市场价格100万元）抵偿债务140万元	100	100	用自产货物偿还债务，按会计准则贷记主营业务收入，税法也要求按视同销售货物处理，因此不存在税会差异，但要注意区分资产的处置收益与债务重组利得。会计分录为： 借：应付账款　140 　贷：主营业务收入　100 　　应交税费——应交增值税（销项税额）　13 　　营业外收入——债务重组利得　27
		27	27	
	合计	137	287	会计上确认的收入137万元应计入利润总额，其中：营业收入为110万元（10＋100），营业外收入为27万元

课堂讨论

《增值税法》中的“视同应税交易”和《企业所得税法》中的“视同销售”概念是否一样？如果不一样，你知道它们之间的区别在哪里吗？

（四）不征税收入

1. 财政拨款

财政拨款，是指各级人民政府对纳入预算管理的事业单位、社会团体等组织拨付的财政资金，但国务院和国务院财政、税务主管部门另有规定的除外。

2. 依法收取并纳入财政管理的行政事业性收费、政府性基金

行政事业性收费是指依照法律法规等有关规定，按照国务院规定程序批准，在实施社会公

共管理，以及在向公民、法人或者其他组织提供特定公共服务过程中，向特定对象收取并纳入财政管理的费用。政府性基金，是指企业依照法律、行政法规等有关规定，代政府收取的具有专项用途的财政资金。

3. 国务院规定的其他不征税收入

国务院规定的其他不征税收入是指企业取得的，由国务院财政、税务主管部门规定专项用途并经国务院批准的财政性资金。

不征税收入不属于税收优惠，是国家税收部门明确的不予征税的项目收入，一般不需要办理申请手续。

2018年9月20日起，对全国社会保障基金理事会及基本养老保险基金投资管理机构在国务院批准的投资范围内，运用养老基金投资取得的归属于养老基金的投资收入，作为企业所得税不征税收入。

2018年9月10日起，对全国社会保障基金取得的直接股权投资收益、股权投资基金收益，作为企业所得税不征税收入。

特别提示

不征税收入用于支出所形成的费用，不得在计算应纳税所得额时扣除；用于支出所形成的资产，其计算的折旧、摊销不得在计算应纳税所得额时扣除；在5年（60个月）内未发生支出且未缴回财政部门或其他拨付资金的政府部门的部分，应计入取得该资金第六年的应税收入总额；计入应税收入总额的财政性资金发生的支出，允许在计算应纳税所得额时扣除。

技能训练 4-3

东辰公司2024年1月1日至2024年12月31日的收入情况见【技能训练4-1】和【技能训练4-2】。

要求：

（1）分析东辰公司2024年度的收入总额中，哪些属于不征税收入？

（2）分析东辰公司2024年度的收入总额中，哪些属于免税收入？

技能训练 4-3 解析

（1）东辰公司2024年度第⑯项收入20万元，属于不征税收入。

（2）东辰公司2024年度第⑫项对A公司投资收益30万元、第⑬项对B公司投资收益5万元、第⑭项国债利息收入3万元，属于免税收入。

二、税前扣除项目

（一）扣除项目的范围

企业实际发生的与取得收入有关的、合理的支出，包括成本、费用、税金、损失和其他支出，准予在计算应纳税所得额时扣除。

（1）成本，是指企业在生产经营活动中发生的销售成本、销货成本、业务支出以及其他耗费。

（2）费用，是指企业每一个纳税年度为生产、经营商品和提供劳务等所发生的销售（经营）费用、管理费用和财务费用，已经计入成本的有关费用除外。

（3）税金，是指企业发生的除企业所得税和允许抵扣的增值税以外的各项税金及其附加，即企业按规定缴纳的消费税、城市维护建设税、关税、资源税、土地增值税、房产税、车船税、城镇土地使用税、印花税、教育费附加等。

（4）损失，是指企业在生产经营活动中发生的固定资产和存货的盘亏、毁损、报废损失、转让财产损失、呆账损失、坏账损失、自然灾害等不可抗力因素造成的损失以及其他损失。企业发生的损失，减除责任人赔偿和保险赔款后的余额，依照国务院财政、税务主管部门的规定扣除。已经作为损失处理的资产，在以后纳税年度又全部收回或者部分收回时，应当计入当期收入。

（5）其他支出，是指除成本、费用、税金、损失外，企业在生产经营活动中发生的与生产经营活动有关的、合理的支出。

（二）扣除项目的标准

在计算应纳税所得额时，下列项目可按照实际发生额或规定的标准扣除。

1. 工资、薪金支出

企业发生的合理的工资、薪金支出准予据实扣除。工资、薪金支出是企业每一纳税年度支付给本企业任职或与其有雇佣关系的员工的所有现金或非现金形式的劳动报酬，包括基本工资、奖金、津贴、补贴、年终加薪、加班工资，以及与任职或者是受雇有关的其他支出。

2. 职工福利费、工会经费、职工教育经费

企业发生的职工福利费、工会经费、职工教育经费按标准扣除，未超过标准的按实际数扣除，超过标准的只能按标准扣除。

（1）企业发生的职工福利费支出，不超过工资、薪金总额14%的部分准予扣除。

（2）企业拨缴的工会经费，不超过工资、薪金总额2%的部分准予扣除。

（3）除国务院财政、税务主管部门另有规定外，企业发生的职工教育经费支出，不超过工资薪金总额8%的部分准予扣除，超过部分准予在以后纳税年度结转扣除。

特别提示

计算准予扣除的职工福利费、工会经费、职工教育经费金额时，应分别按照规定比例进行计算，不能合并比例后直接计算。

3. 社会保险费

企业依照国务院有关主管部门或者省级人民政府规定的范围和标准为职工缴纳的“五险一金”，即基本养老保险费、基本医疗保险费、失业保险费、工伤保险费、生育保险费和住房公积金，准予扣除。

特别提示

社保缴纳基数一般是指当月的工资，通常以当地社会平均工资的60%～300%为缴纳基数。缴纳比例各地略有不同，以2025年度某市为例：基本养老保险，企业缴纳16%，个人缴纳8%；基本医疗保险（含生育保险），单位缴纳9.5%，个人缴纳2%；失业保险，单位缴纳0.5%，个人缴纳0.5%；工伤保险由企业承担，缴纳比例0.2%。

（2）企业为投资者或者职工支付的补充养老保险费、补充医疗保险费，分别不超过工资、薪金总额5%的部分准予扣除，超过部分不得扣除。

（3）企业为投资者或者职工支付的商业保险费，不得扣除。但是，企业依照国家有关规定为特殊工种职工支付的人身安全保险费和符合国务院财政、税务主管部门规定可以扣除的商业保险费准予扣除。企业职工因公出差乘坐交通工具发生的人身意外保险费支出，准予扣除。企业参加财产保险，以及雇主责任险、公众责任险等责任保险，按照规定缴纳的保险费，准予扣除。

技能训练 4-4

东辰公司2024年1月1日至2024年12月31日与职工薪酬相关的支出情况如下：

① 东辰公司2024年度已经计入相关成本、费用的工资总额1 700万元，其中符合国家税收优惠政策，可以加计扣除的残障员工工资60万元。

② 东辰公司2024年度已经计入相关成本、费用的职工福利费255万元，职工教育经费45万元，工会经费51万元。

③ 东辰公司2024年度已经计入相关成本、费用的基本养老保险费340万元，基本医疗保险费204万元，工伤保险费6.8万元，失业保险费34万元，生育保险费5.1万元。假设当地规定2024年度“社会保险费”企业负担部分的缴存比例分别为工资总额的：基本养老保险费15%；基本医疗保险费11.5%；失业保险费2%；生育保险费0.6%；工伤保险费0.4%。

④ 东辰公司2024年度已经计入相关成本、费用的住房公积金150万元，假设当地规定的缴存比例为工资总额的8%。

要求：分析计算按税法规定准予扣除项目的金额。

技能训练 4-4 解析

业务①，符合国家税收优惠政策的残障员工工资可以加计扣除60万元。

业务②，三项经费扣除分析：

准予扣除的职工福利费＝1 700×14%＝238（万元）

准予扣除的职工教育经费＝45（万元）

准予扣除的工会经费 = 1 700 × 2% = 34（万元）

准予扣除的三项经费合计 = 238 + 45 + 34 = 317（万元）

由于三项经费已经计入相关的成本、费用中，因此在计算准予扣除项目金额时，应调减额 =（255 + 45 + 51）− 317 = 34（万元），其中：职工福利费调减额 = 255 − 238 = 17（万元），职工教育经费不用调整，工会经费调减额 = 51 − 34 = 17（万元）。

业务③，五项保险扣除分析：

准予扣除的基本养老保险费 = 1 700 × 15% = 255（万元）

准予扣除的基本医疗保险费 = 1 700 × 11.5% = 195.5（万元）

准予扣除的工伤保险费 = 1 700 × 0.4% = 6.8（万元）

准予扣除的失业保险费 = 1 700 × 2% = 34（万元）

准予扣除的生育保险费 = 1 700 × 0.6% = 10.2（万元）>5.1（万元）

准予扣除的社会保险费合计 = 255 + 195.5 + 6.8 + 34 + 5.1 = 496.4（万元）

由于社会保险费已经计入相关的成本、费用中，因此在计算准予扣除项目金额时，应调减额 =（340 + 204 + 6.8 + 34 + 5.1）− 496.4 = 93.5（万元）

业务④，住房公积金扣除分析：

准予扣除的住房公积金 = 1 700 × 8% = 136（万元）

由于住房公积金已经计入相关的成本、费用中，因此在计算准予扣除项目金额时，应调减额 = 150 − 136 = 14（万元）

职工薪酬相关项目纳税调整申报详见表4-16“（A105000）纳税调整项目明细表”第14行“（二）职工薪酬（填写A105050）”。

4. 利息费用

企业在生产、经营活动中发生的利息费用，按下列规定扣除。

（1）非金融企业向金融企业借款的利息支出、金融企业的各项存款利息支出和同业拆借利息支出、企业经批准发行债券的利息支出可据实扣除。

（2）非金融企业向非金融企业借款的利息支出，不超过按照金融企业同期同类贷款利率计算的数额的部分，可据实扣除，超过部分不予扣除。金融企业是指各类银行、保险公司及经中国人民银行批准从事金融业务的非银行金融机构。

（3）企业向关联方借款的利息支出，如果能够按照税法及其实施条例的有关规定提供相关资料，并证明相关交易活动符合独立交易原则的，或者该企业的实际税负不高于境内关联方的，其实际支付给境内关联方的利息支出，在计算应纳税所得额时准予扣除。否则，企业实际支付给关联方的利息支出，其接受关联方债权性投资与权益性投资比例为：金融企业为5 ∶ 1，其他企业为2 ∶ 1。超过部分，不得在以后年度结转。

（4）凡企业投资者在规定期限内未缴足其应缴资本额的，该企业对外借款所发生的利息，相当于投资者实缴资本额与在规定期限内应缴资本额的差额应计付的利息，不合理的支出，应由企业投资者负担，不得在计算企业应纳税所得额时扣除。

技能训练 4-5

东辰公司2024年1月1日至2024年12月31日“财务费用”账户列支情况如下。

财务费用账户中列支金额合计271万元,其中:

① 向银行借款1 000万元,年利率6%,利息支出60万元;

② 支付给银行的罚息5万元;

③ 向乙公司借款500万元,年利率12%,利息支出60万元;

④ 向关联企业借款1 500万元(该关联企业对本企业的权益投资500万元),年利率9%,支付利息135万元;

⑤ 全年银行手续费支出6万元;

⑥ 现金折扣5万元。

要求:分析计算按税法规定准予扣除项目的金额。

技能训练 4-5 解析

(1) 向银行借款1 000万元,年利率6%,利息支出60万元准予扣除。

(2) 支付给银行的罚息5万元准予扣除。

(3) 向乙公司借款500万元,年利率12%,利息支出60万元:

准予扣除金额 = 500 × 6% = 30(万元)

(4) 向关联企业借款1 500万元(该关联企业对本企业的权益性投资500万元),年利率9%,支付利息135万元:

准予扣除金额 = 500 × 2 × 6% = 60(万元)

(5) 全年银行手续费支出6万元准予扣除。

(6) 现金折扣5万元准予扣除。

财务费用准予扣除金额合计 =(271 − 60 − 135)+ 30 + 60 = 166(万元)

需要进行纳税调整的利息支出业务为向乙公司、关联企业借款利息,合计账载金额60 + 135 = 195(万元),税收金额30 + 60 = 90(万元),差额195 − 90 = 105(万元),纳税调整申报详见表4-16“(A105000)纳税调整项目明细表”第18行“(六) 利息支出”。

5. 借款费用

(1) 企业在生产经营活动中发生的合理的不需要资本化的借款费用,准予扣除。

(2) 企业为购置、建造固定资产、无形资产和经过12个月以上的建造才能达到预定可销售状态的存货发生借款的,在有关资产购置、建造期间发生的合理的借款费用,应予以资本化,作为资本性支出计入有关资产的成本;有关资产交付使用后发生的借款利息,可在发生当期扣除。

6. 业务招待费

企业发生的与生产经营活动有关的业务招待费支出,按照发生额的60%扣除,但最高不得超过当年销售(营业)收入的5‰。

企业在筹建期间发生的与筹办活动有关的业务招待费支出，可按实际发生额的60%计入筹办费，并按有关规定在税前扣除。

特别提示

主营业务收入和其他业务收入与会计口径相同；视同销售收入是指会计上不作销售核算，但在税收上应作为应税收入缴纳企业所得税的收入。会计核算中的营业外收入和投资收益不包含在企业当年销售（营业）收入内。企业当年销售（营业）收入的计算公式为：

企业当年销售（营业）收入＝主营业务收入＋其他业务收入＋视同销售收入

技能训练 4-6

东辰公司2024年1月1日至2024年12月31日收入情况如【技能训练4-1】【技能训练4-2】所示，“管理费用”账户列支情况如下。

管理费用账户中列支金额合计799.8万元，除工资外，还包括：

① 业务招待费60万元；

② 符合加计扣除条件的费用化研发支出30万元。

要求：分析计算按税法规定准予扣除项目的金额。

技能训练 4-6 解析

税法规定，业务招待费的扣除限额按实际发生额的60%与销售（营业）收入合计的5‰两者孰低扣除。

业务招待费实际发生额的60%＝60×60%＝36（万元）

2024年销售（营业）收入合计＝主营业务收入＋其他业务收入＋视同销售收入

＝12 000＋100＋10＋10＋24＋2＋10＋1＋10＋50＋100＋100＝12 417（万元）

销售（营业）收入合计的5‰＝12 417×5‰＝62.085（万元）

所以，准予扣除的业务招待费为36万元。

业务招待费纳税调整申报详见表4-16“（A105000）纳税调整项目明细表”第15行“（三）业务招待费支出。”

加计扣除费用化研发支出＝30×100%＝30（万元）

管理费用准予扣除金额＝799.8－60＋36＋30＝805.8（万元）

7. 广告费和业务宣传费

企业发生的符合条件的广告费和业务宣传费支出，除国务院财政、税务主管部门另有规定外，不超过当年销售（营业）收入15%的部分，准予扣除；超过部分，准予结转以后纳税年度扣除。企业在筹建期间发生的广告费和业务宣传费，可按实际发生额计入企业筹办费，并按在税前扣除。

自2021年1月1日起至2025年12月31日止，对化妆品制造或销售、医药制造和饮料制造（不含酒类制造）企业发生的广告费和业务宣传费支出，不超过当年销售（营业）收入30%的部分，准予扣除；超过部分，准予在以后纳税年度结转扣除。烟草企业的烟草广告费和业务宣传费支出，一律不得在计算应纳税所得额时扣除。

特别提示

企业申报扣除的广告费支出应与赞助支出严格区分。企业申报扣除的广告费支出，必须符合下列条件：广告是通过工商部门批准的专门机构制作的；已实际支付费用，并已取得相应发票；通过一定的媒体传播。

技能训练 4-7

东辰公司2024年1月1日至2024年12月31日收入情况如【技能训练4-1】【技能训练4-2】所示，“销售费用”账户列支情况如下。

“销售费用”账户中列支的金额合计1 846.4万元，除工资外，还包括：

① 本年度广告费支出共计1 030万元，其中30万元不符合税法规定；

② 业务宣传费482万元。

另外，东辰公司2023年度按税法可以在本年及以后年度结转扣除的广告费200万元。

要求：分析计算按税法规定准予扣除项目的金额。

技能训练 4-7 解析

东辰公司业务①中不符合税法规定的广告费30万元不得扣除，其余广告费和业务宣传费支出，不超过当年销售（营业）收入15%的部分，准予企业所得税前扣除。根据【技能训练4-6】可知，东辰公司2024年销售（营业）收入合计12 417万元。

2024年度广告费和业务宣传费扣除限额 = 12 417 × 15% = 1 862.55（万元）

2024年度准予扣除的广告费和业务宣传费支出 =（1 030 + 482）− 30 = 1 482（万元）

2024年度广告费和业务宣传费扣除限额余额 = 1 862.55− 1 482 = 380.55（万元）> 200（万元）

2024年度允许扣除以前年度结转扣除的广告费200万元。

东辰公司合计应纳税调减广告业务宣传费170万元，纳税调整申报详见表4-16“（A105000）纳税调整项目明细表”第16行“（四）广告费和业务宣传费支出（填写A105060）”。

8. 汇兑损失

企业在货币交易中，以及纳税年度终了时将人民币以外的货币性资产、负债按照期末即期人民币汇率中间价折算为人民币时产生的汇兑损失，除已经计入有关资产成本以及与向所有者进行利润分配相关的部分外，准予扣除。

9. 环境保护专项资金

企业依照法律、行政法规有关规定提取的用于环境保护、生态恢复等方面的专项资金，准予扣除。上述专项资金提取后改变用途的，不得扣除。

10. 租赁费

企业根据生产经营活动的需要租入固定资产支付的租赁费，按照以下方法扣除。

（1）以经营租赁方式租入固定资产发生的租赁费支出，按照租赁期限均匀扣除。经营性租赁是指所有权不转移的租赁。

（2）以融资租赁方式租入固定资产发生的租赁费支出，按照规定构成融资租入固定资产价值的部分应当提取折旧费用，分期扣除。融资租赁是指在实质上转移与一项资产所有权有关的全部风险和报酬的一种租赁。

课堂讨论

你知道经营租赁和融资租赁增值税和企业所得税处理中还存在哪些差异吗？

11. 劳动保护费

企业发生的合理的劳动保护支出，准予扣除。自2011年7月1日起，企业根据其工作性质和特点统一制作并要求员工工作时统一着装所发生的工作服饰费用，可以作为企业合理的支出给予税前扣除。

12. 公益性捐赠支出

企业通过公益性社会组织或者县级（含县级）以上人民政府及其组成部门，用于符合法律规定的慈善活动、公益事业的捐赠支出，在年度利润总额12%以内的部分，准予在计算应纳税所得额时扣除；超过年度利润总额12%的部分，准予结转以后三年内在计算应纳税所得额时扣除。年度利润总额，是指企业依照国家统一会计制度规定计算的年度会计利润。

企业在对公益性捐赠支出计算扣除时，应先扣除以前年度结转的捐赠支出，再扣除当年发生的捐赠支出。企业当年发生及以前年度结转的公益性捐赠支出，准予在当年税前扣除的部分，不能超过企业当年年度利润总额的12%。

自2019年1月1日至2025年12月31日，企业通过公益性社会组织或者县级（含县级）以上人民政府及其组成部门和直属机构，用于目标脱贫地区的扶贫捐赠支出，准予在计算企业所得税应纳税所得额时据实扣除。在政策执行期限内，目标脱贫地区实现脱贫的，可继续适用上述政策。企业同时发生扶贫捐赠支出和其他公益性捐赠支出，在计算公益性捐赠支出年度扣除限额时，符合条件的扶贫捐赠支出不计算在内。

特别提示

公益性捐赠的扣除，必须是通过非营利机构或是政府机构发生的公益性捐赠，且须取得合法有效的扣除凭证，并及时准确地提交税前扣除申报资料。纳税人直接对外捐赠或是通过营利机构发生的捐赠均不得税前扣除。

13. 有关资产的费用

企业转让各类固定资产发生的费用，允许扣除。企业按规定计算的固定资产折旧费、无形资产和递延资产的摊销费，准予扣除。

14. 总机构分摊的费用

非居民企业在中国境内设立的机构、场所，就其中国境外总机构发生的与该机构、场所生产经营有关的费用，能够提供总机构出具的费用汇集范围、定额、分配依据和方法等证明文件，并合理分摊的，准予扣除。

15. 资产损失

企业当期发生的固定资产和流动资产盘亏、毁损净损失，提供清查盘存资料经主管税务机关审核后，准予扣除。

16. 手续费及佣金支出

企业发生的与生产经营有关的手续费及佣金支出，不超过规定计算限额以内的部分，准予扣除；超过部分，不得扣除。

2019年1月1日起，保险企业发生与其经营活动有关的手续费及佣金支出，不超过当年全部保费收入扣除退保金等后余额的18%（含本数）的部分，在计算应纳税所得额时准予扣除；超过部分，允许结转以后年度扣除。

其他企业按与具有合法经营资格的中介服务机构或个人（不含交易双方及其雇员、代理人和代表人等）所签订服务协议或合同确认的收入金额的5%计算限额。

从事代理服务、主营业务收入为手续费、佣金的企业（如证券、期货、保险代理等企业），其为取得该类收入而实际发生的营业成本（包括手续费及佣金支出），准予在企业所得税前据实扣除。

企业应与具有合法经营资格的中介服务企业或个人签订代办协议或合同，并按规定支付手续费及佣金。除委托个人代理外，企业以现金等非转账方式支付的手续费及佣金不得在税前扣除。企业为发行权益性证券支付给有关证券承销机构的手续费及佣金不得在税前扣除。企业不得将手续费及佣金支出计入回扣、业务提成、返利、进场费等费用。企业已计入固定资产、无形资产等相关资产的手续费及佣金支出，应当通过折旧、摊销等方式分期扣除，不得在发生当期直接扣除。企业支付的手续费及佣金不得直接冲减服务协议或合同金额，并如实入账。保险企业应建立健全手续费及佣金的相关管理制度，并加强手续费及佣金结转扣除的台账管理。

17. 党组织工作经费

国有企业（包括国有独资、全资和国有资本绝对控股、相对控股企业）纳入管理费用的党组织工作经费，实际支出不超过职工年度工资、薪金总额1%的部分，可据实在企业所得税前扣除。

非公有制企业党组织工作经费纳入企业管理费列支，不超过职工年度工资、薪金总额1%的部分，可以据实在企业所得税前扣除。

18. 依照有关法律、行政法规和国家有关税法规定准予扣除的其他项目

企业依据财务会计制度规定，并实际在财务会计处理上已确认的支出，凡没有超过《企业所得税法》和有关税收法规规定的税前扣除范围和标准的，可按企业实际会计处理确认的支出，在企业所得税税前扣除，计算其应纳税所得额，如会员费、合理的会议费、差旅费、违约金、诉讼费用。

课堂讨论

?

在企业所得税的扣除规则中，部分扣除项目即便超出规定标准，仍可在后续纳税年度中结转抵扣，你知道是哪些项目吗？这些项目的结转是否有时限要求？

（三）不得扣除的项目

在计算应纳税所得额时，下列支出不得扣除。

（1）向投资者支付的股息、红利等权益性投资收益款项。

（2）企业所得税税款。

（3）税收滞纳金，是指纳税人违反税收法规，被税务机关处以的滞纳金。

（4）罚金、罚款和被没收财物的损失，是指纳税人违反国家有关法律、法规规定，被有关部门处以的罚款，以及被司法机关处以的罚金和被没收财物。

（5）超过规定标准的捐赠支出。

（6）非广告性质的赞助支出。

（7）未经核定的准备金支出，是指不符合国务院财政、税务主管部门规定的各项资产减值准备、风险准备等准备金支出。

（8）企业之间支付的管理费、企业内营业机构之间支付的租金和特许权使用费，以及非银行企业内营业机构之间支付的利息。

（9）与取得收入无关的其他支出。

特别提示

企业按照经济合同规定支付的违约金（包括银行罚息），因诉讼活动支付的诉讼费，属于经营性罚款，与企业生产经营相关，且不违反国家法律法规，可以在税前扣除。如企业受到的罚款是因违反相关法律法规产生的，属于行政性罚款，则不得在税前扣除。

技能训练 4-8

东辰公司2024年1月1日至2024年12月31日其他扣除项目情况如下：

① 产品销售成本6 000万元。

② 提供加工修理修配劳务，成本70万元。

③ 销售下脚料，发生清理费用1万元。

④ 计入“税金及附加”账户的金额120万元。

⑤ 摊销出租包装物成本1万元。

⑥ 提供技术咨询服务，发生费用5万元。

⑦ 用于职工福利的自产电饭锅的成本8万元。

⑧ 对外非公益性捐赠的机器设备，捐赠日该批设备的账面价值与计税基础相同，均为45万元。

⑨ 用于换取钢材的自产空调的成本为80万元。

⑩ 用于抵债的自产冰箱成本80万元。

⑪ “营业外支出”账户中列支金额合计82.35万元，具体情况为：因违反合同，支付给乙公司违约金2万元；因无故延期纳税，支付税收滞纳金1万元；因违法经营接受处罚支付罚金10万元；向丙公司非公益性捐赠机器设备的账面价值45万元，应交增值税6.5万元，应交城市维护建设税及教育费附加0.65万元，清理费3.2万元；通过公益性社会组织向地震灾区捐款10万元；盘亏设备一台，账面原值10万元，已提折旧6万元。

⑫ 东辰公司2024年度已经计入相关成本、费用的资产折旧费合计为130万元，具体情况如下：电子设备从第一年开始折旧，账载金额（原值）与计税基础均为100万元，但折旧方法不同，会计年折旧额28万元，税法年折旧额20万元；房屋建筑物账载金额1 500万元（原值），计税基础1 240万元，会计年折旧额75万元，累计折旧375万元，税法年折旧额65万元，累计折旧325万元；机器设备账载金额140万元（原值），计税基础115万元，两者计提折旧的基础不同，会计年折旧额27万元，累计折旧54万元，税法年折旧额25万元，累计折旧50万元。

⑬ 东辰公司2024年度计提坏账准备35万元。

要求：分析计算按税法规定准予扣除项目的金额。

技能训练 4-8 解析

（1）产品销售成本6 000万元准予扣除。

（2）提供加工修理修配劳务，成本70万元准予扣除。

（3）销售下脚料，发生清理费用1万元准予扣除。

（4）计入“税金及附加”账户的金额120万元准予扣除。

（5）摊销出租包装物成本1万元准予扣除。

（6）提供技术咨询服务，发生费用5万元准予扣除。

（7）用于职工福利的自产电饭锅的成本8万元准予扣除。

（8）对外非公益性捐赠的机器设备，该业务会计上未确认成本，但按税法规定视同销售成本45万元准予扣除。

（9）用于换取钢材的自产空调的成本为80万元，该业务会计上未确认成本，但按税法规定视同销售成本准予扣除。

（10）用于抵债的自产冰箱成本80万元准予扣除。

（11）“营业外支出”账户中列支的税收滞纳金、违法经营罚金、非公益性捐赠不得扣除；违反合同违约金、向地震灾区捐款、设备盘亏损失准予扣除，营业外支出准予扣除合计 = 2 + 10 + 4 = 16（万元）。

（12）按税法规定计入相关成本、费用的资产折旧费 = 20 + 65 + 25 = 110（万元）。

由于资产折旧费已经计入相关的成本、费用中，因此在计算准予扣除项目金额时，应调减额 = 130 − 110 = 20（万元）。

（13）东辰公司2024年计提的坏账准备35万元不得扣除。

业务①至业务⑬准予扣除项目金额合计为：

6 000 + 70 + 1 + 120 + 1 + 5 + 8 + 45 + 80 + 80 + 16 − 20 = 6 406（万元）

三、亏损弥补

亏损是指企业将每一纳税年度的收入总额减除不征税收入、免税收入和各项扣除后小于零的数额。这里的亏损不是企业财务报表中反映的亏损额，而是经税务机关按照税法规定核实调整后的亏损额。

税法规定，企业某一纳税年度发生的亏损可以用下一年度的所得弥补，下一年度的所得不足以弥补的，可以逐年延续弥补，但最长不得超过5年。企业在汇总计算缴纳企业所得税时，其境外营业机构的亏损不得抵减境内营业机构的盈利。

自2018年1月1日起，当年具备高新技术企业或科技型中小企业资格的企业，其具备资格年度之前5个年度发生的尚未弥补完的亏损，准予结转以后年度弥补，最长结转年限由5年延长至10年。

特别提示

亏损弥补期限应连续计算，5年（或10年）内不论企业是盈利还是亏损，都作为弥补年限计算。企业如果连续发生亏损，其亏损弥补期应按每个年度分别计算，先亏先补。

技能训练 4-9

东辰公司2024年度弥补亏损前应纳税所得额3 157.6万元，2019年至2023年盈亏情况如表4-4所示。

表4-4　东辰公司2019年至2023年盈亏情况

单位：万元

年份	2019	2020	2021	2022	2023
盈亏金额	− 300	200	− 400	300	− 100

要求：计算东辰公司2024年度允许弥补的以前年度亏损额。

技能训练 4-9 解析

东辰公司2019年至2023年度按税法规定，可以用2024年度盈利弥补的累计亏损额 =（− 300 + 200 + 100）+（− 400 + 300 − 100）− 100 = − 300（万元）。

东辰公司2024年度允许弥补的以前年度亏损额 = 300（万元）。

四、资产的税务处理

企业的各项资产，包括固定资产、生物资产、无形资产、长期待摊费用、投资性房地产、存货等，均以历史成本为计税基础。历史成本是指企业取得该项资产时实际发生的支出。企业持有各项资产期间资产增值或者减值，除国务院财政、税务主管部门规定可以确认损益外，不得调整该资产的计税基础。

对于资本性支出以及无形资产受让、开办、开发费用，除有特殊规定外，不允许作为成本、费用从纳税人的收入总额中作一次性扣除，只能采取分次计提折旧或分次摊销的方式予以扣除。

（一）固定资产的税务处理

固定资产，是指企业为生产产品、提供劳务、出租或者经营管理而持有的、使用时间超过12个月的非货币性资产，包括房屋、建筑物、机器、机械、运输工具以及其他与生产经营活动有关的设备、器具、工具等。

1. 固定资产计税基础

（1）外购的固定资产，以购买价款和支付的相关税费以及直接归属于使该资产达到预定用途发生的其他支出为计税基础。

（2）自行建造的固定资产，以竣工结算前发生的支出为计税基础。

（3）融资租入的固定资产，以租赁合同约定的付款总额和承租人在签订租赁合同过程中发生的相关费用为计税基础，租赁合同未约定付款总额的，以该资产的公允价值和承租人在签订租赁合同过程中发生的相关费用为计税基础。

（4）盘盈的固定资产，以同类固定资产的重置完全价值为计税基础。

（5）通过捐赠、投资、非货币性资产交换、债务重组等方式取得的固定资产，以该资产的公允价值和支付的相关税费为计税基础。

（6）改建的固定资产，除已足额提取折旧的固定资产和租入的固定资产以外的其他固定资产，以改建过程中发生的改建支出增加计税基础。

2. 固定资产折旧的范围

在计算应纳税所得额时，企业按照规定计算的固定资产折旧，准予扣除。下列固定资产不得计算折旧扣除：

（1）房屋、建筑物以外未投入使用的固定资产。

（2）以经营租赁方式租入的固定资产。

（3）以融资租赁方式租出的固定资产。

（4）已足额提取折旧仍继续使用的固定资产。

（5）与经营活动无关的固定资产。

（6）单独估价作为固定资产入账的土地。

（7）其他不得计算折旧扣除的固定资产。

3. 固定资产折旧的计提方法

（1）企业应当自固定资产投入使用月份的次月起计算折旧；停止使用的固定资产，应当自停止使用月份的次月起停止计算折旧。

（2）企业应当根据固定资产的性质和使用情况，合理确定固定资产的预计净残值。固定资产的预计净残值一经确定，不得变更。

（3）固定资产按照直线法计算的折旧，准予扣除。

4. 固定资产折旧的计提年限

除国务院财政、税务主管部门另有规定外，固定资产计算折旧的最低年限如下。

（1）房屋、建筑物，为20年。

（2）飞机、火车、轮船、机器、机械和其他生产设备，为10年。

（3）与生产经营活动有关的器具、工具、家具等，为5年。

（4）飞机、火车、轮船以外的运输工具，为4年。

（5）电子设备，为3年。

（二）生产性生物资产的税务处理

生产性生物资产，是指为产出农产品、提供劳务或出租等目的而持有的生物资产，包括经济林、薪炭林、产畜和役畜等。

1. 生产性生物资产的计税基础

（1）外购的生产性生物资产，以购买价款和支付的相关税费为计税基础。

（2）通过捐赠、投资、非货币性资产交换、债务重组等方式取得的生产性生物资产，以该资产的公允价值和支付的相关税费为计税基础。

2. 生产性生物资产的折旧方法和折旧年限

生产性生物资产按照直线法计算的折旧，准予扣除。企业应当自生产性生物资产投入使用月份的次月起计算折旧；停止使用的生产性生物资产，应当自停止使用月份的次月起停止计算折旧。

企业应当根据生产性生物资产的性质和使用情况，合理确定生产性生物资产的预计净残值，预计净残值一经确定，不得变更。

生产性生物资产计算折旧的最低年限如下。

（1）林木类生产性生物资产，为10年。

（2）畜类生产性生物资产，为3年。

（三）无形资产的税务处理

无形资产，是指企业长期使用，但没有实物形态的资产，包括专利权，商标权、著作权、土地使用权、非专利技术、商誉等。

1. 无形资产的计税基础

（1）外购的无形资产，以购买价款和支付的相关税费以及直接归属于使该资产达到预定用途发生的其他支出为计税基础。

（2）自行开发的无形资产，以开发过程中该资产符合资本化条件后至达到预定用途前发生的支出为计税基础。

（3）通过捐赠、投资、非货币性资产交换、债务重组等方式取得的无形资产，以该资产的公允价值和支付的相关税费为计税基础。

2. 无形资产摊销的范围

在计算应纳税所得额时，企业按照规定计算的无形资产摊销费用，准予扣除。

下列无形资产不得计算摊销费用扣除。

（1）自行开发的支出已在计算应纳税所得额时扣除的无形资产。

（2）自创商誉。

（3）与经营活动无关的无形资产。

（4）其他不得计算摊销费用扣除的无形资产。

3. 无形资产的摊销方法及年限

无形资产的摊销，采取直线法计算。无形资产的摊销年限不得低于10年。作为投资或者受让的无形资产，有关法律规定或者合同约定了使用年限的，可以按照规定或者约定的使用年限分期摊销。并购产生的商誉，在企业整体转让或者清算时，准予扣除。

（四）长期待摊费用的税务处理

长期待摊费用，是指企业发生的应在1个年度以上或几个年度进行摊销的费用。在计算应纳税所得额时，企业发生的下列支出作为长期待摊费用，按照规定摊销的，准予扣除。

（1）已足额提取折旧的固定资产的改建支出，按照固定资产预计尚可使用年限分期摊销。

（2）租入固定资产的改建支出，按照合同约定的剩余租赁期限分期摊销。

（3）固定资产的大修理支出，按照固定资产尚可使用年限分期摊销。

固定资产的大修理支出，是指同时符合下列条件的支出：

① 修理支出达到取得固定资产时的计税基础50%以上。

② 修理后固定资产的使用年限延长2年以上。

（4）其他应当作为长期待摊费用的支出，自支出发生月份的次月起，分期摊销，摊销年限不得低于3年。

（五）存货的税务处理

存货，是指企业持有以备出售的产品或者商品、处于生产过程中的在产品、在生产或者提供劳务过程中耗用的材料和物料等。

1. 存货的计税基础

（1）通过支付现金方式取得的存货，以购买价款和支付的相关税费为成本。

（2）通过支付现金以外的方式取得的存货，以该存货的公允价值和支付的相关税费为成本。

（3）生产性生物资产收获的农产品，以产出或者采收过程中发生的材料费、人工费和分摊的间接费用等必要支出为成本。

2. 存货的成本计算方法

企业使用或者销售的存货的成本计算方法，可以在先进先出法、加权平均法、个别计价法中选用一种。计价方法一经选用，不得随意变更。

（六）投资资产的税务处理

投资资产，是指企业对外进行权益性投资和债权性投资而形成的资产。

1. 投资资产的成本

（1）通过支付现金方式取得的投资资产，以购买价款为成本。

（2）通过支付现金以外的方式取得的投资资产，以该资产的公允价值和支付的相关税费为成本。

2. 投资资产成本的扣除方法

企业对外投资期间，投资资产的成本在计算应纳税所得额时不得扣除，企业在转让或者处置投资资产时，投资资产的成本准予扣除。

课堂讨论

当企业处于减免税期的时候，加速折旧是否仍然是最优选择？为什么？加速折旧对企业的应纳税所得额有何影响？

五、应纳税额的计算

（一）应纳税所得额的计算

企业所得税的计税依据是应纳税所得额，在实际过程中，应纳税所得额的计算一般有以下两种方法。

1. 直接计算法

以企业每一纳税年度的收入总额减除不征税收入、免税收入、各项扣除以及允许弥补的以前年度亏损后的余额为应纳税所得额。计算公式为：

应纳税所得额＝收入总额－不征税收入－免税收入－各项扣除－以前年度亏损

企业应纳税所得额的计算以权责发生制为原则，属于当期的收入和费用，不论款项是否收付，均作为当期的收入和费用；不属于当期的收入和费用，即使款项已经在当期收付，均不作为当期的收入和费用。

技能训练 4-10

东辰公司2024年1月1日至2024年12月31日的收入情况如【技能训练4-1】至【技能训练4-3】所示，扣除项目和补亏情况如表4-5所示。

表4-5　东辰公司准予扣除项目汇总表

单位：万元

序　　号	业　务　摘　要	准予扣除项目金额
【技能训练4-4】	残障员工工资加计扣除	60.0
	三项经费调减额	－34.0
	五险调减额	－93.5
	住房公积金调减额	－14.0
【技能训练4-5】	财务费用	166.0
【技能训练4-6】	管理费用	805.8
【技能训练4-7】	销售费用	1 816.4
	以前年度结转扣除的广告费	200.0
【技能训练4-8】	主营业务成本等	6 406.0
合计		9 312.7

要求：运用直接计算法分析计算东辰公司2024年应纳税所得额。

技能训练4-10解析

（1）根据【技能训练4-1】和【技能训练4-2】：

按税法规定确认的收入总额＝12 241.3＋287＝125 828.3（万元）

（2）根据【技能训练4-3】：

不征税收入＝20（万元）

免税收入＝30＋5＋3＝38（万元）

（3）根据【技能训练4-4】至【技能训练4-8】：

准予扣除的项目金额＝60－34－93.5－14＋166＋805.8＋1 816.4＋200＋6 406＝9 312.7（万元）

（4）根据【技能训练4-9】：

2024年允许弥补的以前年度亏损＝300（万元）

（5）东辰公司2024年应纳税所得额＝收入总额－不征税收入－免税收入－准予扣除项目金额－弥补以前年度亏损＝12 528.3－20－38－9 312.7－300＝2 857.6（万元）

2. 间接计算法

在会计利润总额的基础上按照税法规定的项目调整后得到的金额为应纳税所得额。计算公式为：

应纳税所得额＝会计利润总额 ± 纳税调整项目金额

应纳税所得额是一个税收概念，是根据企业所得税法规定确定的计算所得税的依据；会计利润是一个会计核算概念，反映的是企业在一定时期内生产经营的财务成果。在计算应纳税所得额时，企业财务、会计处理办法与税收法律法规的规定不一致的，应当依照税收法律法规的规定计算调整。

技能训练4-11

东辰公司2024年度有关收入情况、扣除项目情况、弥补以前年度亏损情况见【技能训练4-1】至【技能训练4-9】。其他有关资料如下。

（1）计入“公允价值变动损益”账户情况：

① 2024年年末，东辰公司将处于行权期的以现金结算的股份支付公允价值变动10万元，借记“公允价值变动损益”账户，贷记“应付职工薪酬——股份支付”账户。

② 2024年年末，将一项以公允价值模式进行后续计量的投资性房地产的公允价值变动3万元，借记“投资性房地产——公允价值变动”账户，贷记“公允价值变动损益”账户。

③ 2024年年末，将一项交易性金融资产公允价值的变动10万元，借记“交易性金融资产——公允价值变动”账户，贷记“公允价值变动损益”账户。

（2）东辰公司2024年度对A公司进行长期股权投资，初始投资成本280万元，享有A公司有表决权股份的30%，采用权益法核算。这项投资的公允价值300万元，后续计量时调整初始投资成本20万元，借记“长期股权投资——成本”账户，贷记“营业外收入账户”。

要求：运用间接计算法分析计算东辰公司2024年应纳税所得额。

技能训练 4-11 解析

（1）根据税法规定，企业持有资产期间的公允价值变动不计入应纳税所得额。只有在资产实际处置或结算时，处置所得的价款扣除其历史成本后的差额才计入应纳税所得额。东辰公司“公允价值变动损益”账户余额为 −10 + 3 + 10 = 3（万元）。

（2）在权益法核算的长期股权投资中，初始投资成本小于被投资单位可辨认净资产公允价值份额的部分，会计上会调整长期股权投资的账面价值，并将差额计入营业外收入。但是，根据税法规定，这部分营业外收入并不计入应纳税所得额，需要在年度纳税申报时进行纳税调减。

（3）东辰公司2024年度利润总额的计算：

利润总额 = 营业收入 − 营业成本 − 税金及附加 − 销售费用 − 管理费用 − 财务费用 − 资产减值损失 + 公允价值变动收益 + 投资收益 + 营业外收入 − 营业外支出 = 4 136.25（万元）

计算过程详如表4–6所示。

表4–6　东辰公司利润计算表

单位：万元

序　　号	业 务 摘 要	会计账载金额	小　　计
【技能训练4–1】	营业收入	12 157.00	13 295.80
	营业外收入	40.30	
	投资收益	1 098.50	
【技能训练4–2】	营业收入	110.00	137.00
	营业外收入	27.00	
【技能训练4–5】	减：财务费用	271.00	− 271.00
【技能训练4–6】	减：财务费用	799.80	− 799.80
【技能训练4–7】	减：财务费用	1 846.40	− 1 846.40

（续表）

序　号	业 务 摘 要	会计账载金额	小　计
【技能训练4-8】	减：主营业务成本（6 000 + 70 + 8 + 80 ）	6 158.00	－6 402.35
	减：其他业务成本（1 + 1 + 5）	7.00	
	减：税金及附加	120.00	
	减：营业外支出	82.35	
	减：资产减值损失	35.00	
【技能训练4-11】	加：公允价值变动损益	3.00	23.00
	加：营业外收入	20.00	
合计（利润总额）			4 136.25

（4）东辰公司2024年度应纳税所得额的计算：

应纳税所得额 = 会计利润总额 ± 纳税调整项目金额 － 弥补以前年度亏损 = 4 136.25 + 542.35 － 1 521 － 300 = 2 857.6（万元）

详细计算过程如表4-7所示。

表4-7　东辰公司纳税调整项目汇总表

单位：万元

序　号	业 务 摘 要	纳税调增额	纳税调减额
【技能训练4-1】	业务⑫按权益法核算的长期股权投资持有期间的投资损益		30.00
	业务⑮交易性金融资产初始投资调整	0.50	
	业务⑰境外应税所得		1 025.00
【技能训练4-2】	业务②非公益性捐赠视同销售收入	50.00	
	业务③非货币性资产交换视同销售收入	100.00	
【技能训练4-3】	不征税收入		20.00
	免税收入		38.00
【技能训练4-4】	残障员工工资加计扣除		60.00
	三项经费调整	34.00	
	五项保险调整	93.50	
	住房公积金调整	14.00	

（续表）

序　　号	业务摘要	纳税调增额	纳税调减额
【技能训练4-5】	利息支出调整	105.00	
【技能训练4-6】	业务招待费调整	24.00	
	费用化研发支出加计扣除		30.00
【技能训练4-7】	广告费和业务宣传费支出调整（含以前年度结转扣除的广告费）		170.00
【技能训练4-8】	业务⑧非公益性捐赠视同销售成本		45.00
	业务⑨非货币性资产交换视同销售成本		80.00
	业务⑪违法经营罚金	10.00	
	业务⑪税收滞纳金	1.00	
	业务⑪非公益性捐赠营业外支出	55.35	
	业务⑫固定资产折旧	20.00	
	业务⑬计提坏账准备金	35.00	
【技能训练4-11】	公允价值变动净损益		3.00
	按权益法核算长期股权投资对初始投资成本调整确认收益		20.00
小计		542.35	1 521.00
【技能训练4-11】	利润总额	4 136.25	
【技能训练4-9】	弥补以前年度亏损	300.00	
应纳税所得额（4 136.25 + 542.35 − 1 521 − 300 ）		2 857.60	

（二）居民企业应纳税额的计算

居民企业应缴纳所得税额等于应纳税所得额乘以适用税率，基本计算公式为：

应纳税额 = 应纳税所得额 × 适用税率 − 减免税额 − 抵免税额

根据计算公式，应纳税额的大小取决于应纳税所得额和适用税率两个因素。

技能训练 4-12

东辰公司2024年度有关收入情况、扣除项目情况、弥补以前年度亏损情况、应纳税所得额计算见【技能训练4-1】至【技能训练4-11】，适用企业所得税税率25%。

要求：计算东辰公司2024年应纳所得税额。

技能训练 4-12 解析

从【技能训练4-10】和【技能训练4-11】的计算结果可以看出，无论采用直接法还是间接法，应纳税所得额是一致的。

东辰公司2024年应纳所得税额 = 2 857.6 × 25% = 714.4（万元）

（三）境外所得抵扣税额的计算

企业取得的下列所得中已在境外缴纳的所得税税额，可以从其当期应纳税额中抵免，抵免限额为该项所得依照本法规定计算的应纳税额；超过抵免限额的部分，可以在以后5个年度内，用每年度抵免限额抵免当年应抵税额后的余额进行抵补。

境外所得包括的范围如下。

（1）居民企业来源于中国境外的应税所得。

（2）非居民企业在中国境内设立机构、场所，取得发生在中国境外但与该机构、场所有实际联系的应税所得。

已在境外缴纳的所得税税额，是指企业来源于中国境外的所得依照中国境外税收法律以及相关规定应当缴纳并已经实际缴纳的企业所得税性质的税款。

抵免限额，是指企业来源于中国境外的所得，依照《企业所得税法》及其实施条例的规定计算的应纳税额。除国务院财政、税务主管部门另有规定外，抵免限额可以选择分国（地区）不分项或者是不分国（地区）不分项计算，上述办法一经选择，5年内不得改变。计算公式为：

抵免限额 = 中国境内、境外所得依照企业所得税法和条例规定计算的应纳税总额 × 来源于某国（地区）的应纳税所得额 ÷ 中国境内、境外应纳税所得总额

企业从境外取得的所得符合简易计税规定的，可按境外应纳税所得额的12.5%作为抵免限额，其不超过抵免限额的部分，准予抵免；超过的部分不得抵免。

技能训练 4-13

东辰公司2024年度境内应纳税所得额为2 857.6万元，适用25%的企业所得税税率。另外，东辰公司在A国股权投资的应纳税所得额为418.75万元，A国税率为20%；在B国股权投资的应纳税所得额为1 500万元，B国税率为30%；在C国股权投资发生亏损360万元，C国税率为25%。假设东辰公司在A、B、C三国所得按我国税法计算的应纳税所得额和按A、B、C三国税法计算的应纳税所得额一致，在A、B两国分别缴纳了83.75万元和450万元的企业所得税。我国与A、B、C三国已经缔结避免双重征税协定。

要求：计算东辰公司在我国应缴纳的企业所得税税额。

技能训练 4-13 解析

（1）该企业按我国税法计算的境内、境外所得的应纳税额：

应纳税额 =（2 857.6 + 418.75 + 1 500）× 25% = 1 194.087 5（万元）

（2）A、B两国所得的扣除限额：

A国所得扣除限额 = 1 194.087 5 ×［418.75 ÷（2 857.6 + 418.75 + 1 500）］= 104.687 5（万元）

B国所得扣除限额 = 1 194.087 5 ×［1 500 ÷（2 854 + 418.75 + 1 500）］= 375（万元）

在A国缴纳的所得税为83.75万元，低于扣除限额104.687 5万元，可全额扣除。

在B国缴纳的所得税为450万元，高于扣除限额375万元，其超过扣除限额的部分75万元当年不能扣除。

（3）汇总时在我国应缴纳的所得税 = 1 194.087 5 − 83.75 − 375 = 735.337 5（万元）

在C国的分支机构亏损，只能用以后年度来源于C国的盈利弥补，不得冲减境内所得。

（四）居民企业核定征收应纳税额的计算

为了加强企业所得税征收管理，对部分纳税人采取核定征收的办法计算其应纳税额。核定征收企业所得税的有关规定如下：

1. 核定征收企业所得税的范围

（1）依照法律、行政法规的规定可以不设置账簿的。

（2）依照法律、行政法规的规定应当设置但未设置账簿的。

（3）擅自销毁账簿或者拒不提供纳税资料的。

（4）虽设置账簿，但账目混乱或者成本资料、租入凭证、费用凭证残缺不全，难以查账的。

（5）发生纳税义务，未按照规定的期限办理纳税申报，经税务机关责令限期申报，逾期仍不申报的。

（6）申报的计税依据明显偏低，又无正当理由的。

2. 核定征收的办法

税务机关应根据纳税人具体情况，对核定征收企业所得税的纳税人，核定应税所得率或者核定应纳所得税额。

（1）核定应税所得率。具有下列情形之一的，核定其应税所得率。

① 能正确核算（查实）收入总额，但不能正确核算（查实）成本费用总额的。

② 能正确核算（查实）成本费用总额，但不能正确核算（查实）收入总额的。

③ 通过合理方法，能计算和推定纳税人收入总额或成本费用总额的。

采用应税所得率方式核定征收企业所得税的，应纳所得税额计算公式如下：

应纳所得税额 = 应纳税所得额 × 适用税率

应纳税所得额 = 应税收入额 × 应税所得率

或：

应纳税所得额 = 成本（费用）支出额 ÷（1 − 应税所得率）× 应税所得率

应税所得率的幅度标准如表4-8所示。

表4-8 应税所得率的幅度标准

行 业	应税所得率/%
农、林、牧、渔业	3～10
制造业	5～15
批发和零售贸易业	4～15
交通运输业	7～15
建筑业	8～20
饮食业	8～25
娱乐业	15～30
其他行业	10～30

技能训练 4-14

明发服装厂为小型微利企业，自行申报2024年度的收入总额200万元，发生应扣除的成本费用合计255万元，全年亏损55万元。经税务机关核查，其发生的成本费用较真实，但收入总额无法核准。假定对该企业实行核定征收，应税所得率为15%。

要求：计算该企业应缴纳的企业所得税。

技能训练 4-14 解析

应纳税所得额＝成本（费用）支出额÷（1－应税所得率）×应税所得率

该企业应纳税所得额＝255÷（1－15%）×15%＝45（万元），可享受小微企业所得税优惠政策，其应缴纳的企业所得税＝45×25%×20%＝2.25（万元）。

（2）核定应纳所得税额。纳税人不属于以上核定其应税所得率情形的，采用下列方法核定其应纳所得税额。

① 参照当地同类行业或者类似行业中经营规模和收入水平相近的纳税人的税负水平核定。

② 按照应税收入额或成本费用支出额定率核定。

③ 按照耗用的原材料、燃料、动力等推算或测算核定。

④ 按照其他合理方法核定。

采用上述所列一种方法不足以正确核定应纳税所得额或应纳税额的，可以同时采用两种以上的方法核定。采用两种以上方法测算的应纳税额不一致时，可按测算的应纳税额从高核定。

（五）非居民企业应纳税额的计算

对于在中国境内未设立机构、场所的，或者虽设立机构、场所但取得的所得与其所设机构、场所没有实际联系的非居民企业的所得，按照下列方法计算应纳税所得额。

（1）股息、红利等权益性投资收益和利息、租金、特许权使用费所得，以收入全额为应纳税所得额。

（2）转让财产所得，以收入全额减除财产净值后的余额为应纳税所得额。财产净值是指财产的计税基础减除已经按照规定扣除的折旧、折耗、摊销、准备金等后的余额。

（3）其他所得，参照前两项规定的方法计算应纳税所得额。

扣缴义务人在每次支付或者到期应支付所得时，应从支付或者到期应支付的款项中扣缴企业所得税。计算公式为：

扣缴企业应纳企业所得税额＝年应纳税所得额 × 优惠税率20%（实际减按10%）

技能训练 4-15

2025年3月，甲公司向境外乙公司分配股息折合人民币600万元，购买境外乙公司持有的债券980万元，乙公司购入该债券时的购买价款为900万元。乙公司在中国境内未设立机构场所。

要求：计算甲公司应代扣代缴的企业所得税税额。

技能训练 4-15 解析

甲公司应代扣代缴的企业所得税税款为（600＋980－900）×10%＝68（万元）。

课堂讨论

为什么在直接法下计算准予扣除项目时，超出标准的业务招待费需要调减准予扣除项目，而在间接法下，超出标准的业务招待费是作为应纳税所得额的调增项目？

引例解析

（1）公司广告费和业务宣传费扣除限额＝销售（营业）收入 ×30%＝2 000×30%＝600（万元），实际发生额650万元，所以税前可以扣除600万元，超出部分结转以后年度扣除。

（2）业务招待费扣除限额＝2 000×5‰＝10（万元），实际发生额的60%＝20×60%＝12（万元），应按10万元税前扣除。

（3）三项经费扣除限额分别是：500×14%＝70（万元）；500×8%＝40（万元）；500×2%＝10（万元）；实际发生额分别是80万元、56万元和8万元，税前可以扣除的金额分别是70万元、40万元和8万元。

(4) 雇佣残障职工支付的工资加计扣除10万元。

(5) 应纳税所得额 = 200 + (650 − 600) + (20 − 10) + (80 − 70) + (56 − 40) − 10 = 276(万元),2024年公司应纳税额 = 276 × 25% × 20% = 13.8(万元)。

• 诚信纳税　为国聚财 •

智能制造高质量发展：创新驱动与税务合规的双重奏

在现代经济中，智能制造已成为推动产业升级和经济高质量发展的关键力量。智能制造是指利用新一代信息技术与先进制造技术深度融合，贯穿于设计、生产、管理、服务等制造活动的各个环节，是具有自感知、自学习、自决策、自执行、自适应等功能的新型生产方式。为了鼓励企业向智能化、数字化转型，国家和地方政府出台了一系列企业所得税优惠政策，旨在减轻企业税负，促进技术创新和产业升级，从而推动关键领域和核心技术的突破，提升我国智能制造产业的整体水平。

智能制造企业可以通过加强研发投入、积累核心自主知识产权、提升科技成果转化能力、优化人员结构和规范财务管理等方式，提升自身条件，争取被认定为高新技术企业，从而更充分地利用各项企业所得税优惠政策。同时，企业应注重税务合规，诚信纳税，履行好纳税义务。税务合规不仅有助于企业享受政策优惠，还能提升企业的社会形象和市场竞争力，为企业的长远发展奠定坚实基础。通过税务合规和诚信纳税，智能制造企业可以在国家政策的支持下，实现高质量发展，为国家经济建设和社会发展做出更大贡献。

任务三　企业所得税会计处理

引导案例

北京市顺锦科技服务公司(以下简称顺锦公司)2024年度因无故延期纳税，支付税收滞纳金1万元；另以存款100万元购入股票10万股，支付相关税费0.5万元，作为交易性金融资产核算。根据税法规定，税收滞纳金不得在企业所得税税前列支，购买交易性金融资产时发生的相关税费不得冲减投资收益。假设顺锦公司2024年度的会计利润为100万元，不存在其他需要纳税调整的事项，企业应如何进行纳税调整，2024年度的应纳税所得额是多少？这两项差异对未来的应纳税所得额具有何种影响？

在纳税实务中，通常采用间接法将税前会计利润调整成为应纳税所得额，据此计算当期应交所得税，再根据调整项目差异的性质处理：永久性差异按应付税款法进行所得税会计核算，直接确认为当期利润表中的所得税费用；暂时性差异按资产负债表债务法进行所得税会计核算，确认相关的递延所得税资产(负债)，并在此基础上确定当期会计利润表中的所得税费用。

一、纳税调整项目及差异

税前会计利润与应纳税所得额之间的差异，主要通过《企业所得税年度申报表附表（纳税调整项目明细表）》调整，两者的差异涉及收入类、扣除类、资产类、特殊事项、特别纳税调整应税所得、其他六个方面的调整项目。在对纳税调整结果进行所得税会计处理时，需要区分差异的性质。

（一）永久性差异

永久性差异是指在某一会计期间，税前会计利润与纳税所得之间由于计算口径不同而形成的差异。这种差异在本期产生，不能在以后各期转回，即永久存在，故被称为永久性差异或非暂时性差异。永久性差异主要有以下四种类型。

1. 会计收益非应税收益

按会计准则或制度核算时作为收入计入利润总额，但按税法规定在计算应纳税所得额时不确认为收益。例如：财政拨款、行政事业性收费、政府性基金、财政性资金等不征税收入；国债利息收入、符合条件的居民企业之间的股息、红利等权益性收益、符合条件的非营利组织的收入等免税收入。

2. 应税收益非会计收益

按会计标准规定核算时不作为收益计入利润总额，但按税法规定在计算应纳税所得额时确认为收益，需要缴纳所得税。例如：企业发生销售退回与折让，但未取得合法凭证，税法上不予认定，仍按销售收入征税；企业与关联企业以不合理定价手段减少应纳税所得额；企业收到的价外费用、部分视同销售等，会计上可能不作为收入，但在税法上要求作为应税收入。

3. 会计费用非应税费用

按会计标准规定核算时确认为费用或损失，在计算利润总额时可以扣除，但按税法规定在计算应纳税所得额时不允许扣除。这些项目主要有两种情况：

（1）范围不同。即会计上作为费用或损失的项目，在税法上不作为扣除项目处理。范围不同的项目主要有：

① 违法经营的罚款和被没收财物的损失。会计上作为营业外支出处理，但税法上不允许扣减应税利润。

② 各项税收的滞纳金和罚款。会计上可列作营业外支出，但税法规定不得抵扣应税利润。

③ 各种非救济公益性捐赠和赞助支出。会计上可列为营业外支出，但税法规定不得抵扣应税利润。

（2）标准不同。即有些在会计上作为费用或损失的项目，税法上可作为扣除项目，但规定了计税开支的标准限额，超限额部分在会计上仍列为费用或损失，但税法不允许抵扣应税利润。标准不同的项目主要有：

① 利息支出。会计上可在费用中据实列支，但税法规定向非金融机构借款的利息支出，高于按照金融机构同类、同期贷款利率计算的数额的部分，不准扣减应税利润。

② 工资、薪金支出。会计上可将工资、薪金全部列为成本费用，但税法上只有规定合理的工资、薪金准予扣除。属于国有性质的企业，其工资、薪金，不得超过政府有关部门给予的限定数额；超过部分，不得计入企业工资、薪金总额，也不得在计算企业应纳税所得额时扣除。

③ “三项经费”中的职工福利费和工会经费。会计上列入相关的成本费用。税法规定企业发生的职工福利费、工会经费、职工教育经费按标准扣除，未超过标准的按实际数扣除，超过标准的只能按标准扣除。除职工教育经费可以结转扣除属于暂时性差异外，其他两项经费不

得结转扣除，属于永久性差异。

④ 业务招待费。会计上列为管理费用，但税法规定按实际发生额的60%扣除，并且最高不得超过企业全年销售（营业）收入的5‰，超过部分不得扣除。

⑤ 社会保险费。会计上列为相关的成本费用，但税法规定，企业依照国务院有关主管部门或者省级人民政府规定的范围和标准为职工缴纳的"五险一金"准予扣除，超过部分不得扣除。

⑥ 广告费和业务宣传费。会计上列入相关的成本费用，但税法规定，不符合条件的广告费不得扣除。

4. 应税费用非会计费用

按会计标准规定核算时不确认为费用或损失，在计算利润总额时不可以扣除，但按税法规定在计算应纳税所得额时允许扣除，主要包括：

（1）研究开发费。企业为开发新技术、新产品、新工艺发生的研究开发费用，未形成无形资产计入当期损益的，在按照规定据实扣除的基础上，按照研究开发费用的100%加计扣除；形成无形资产的，按照无形资产成本的200%摊销。

（2）企业安置残障人员所支付的工资。企业安置残障人员所支付工资费用的加计扣除，是指企业安置残障人员的，在按照支付给残障职工工资据实扣除的基础上，按照支付给残障职工工资的100%加计扣除。企业安置国家鼓励安置的其他就业人员所支付的工资的加计扣除办法，由国务院另行规定。

（二）暂时性差异

暂时性差异是指资产、负债的账面价值与其计税基础不同产生的差额。产生了在未来收回资产或清偿负债的期间内，应纳税所得额增加或减少并导致未来期间应交所得税增加或减少的情况，形成企业的资产和负债，在有关暂时性差异发生当期，符合确认条件的情况下，应当确认相关的递延所得税负债或递延所得税资产。

根据暂时性差异对未来期间应纳税所得额的影响，分为应纳税暂时性差异和可抵扣暂时性差异。

除因资产、负债的账面价值与其计税基础不同产生的暂时性差异以外，按照税法规定可以结转以后年度的未弥补亏损和税款抵减，也视同可抵扣暂时性差异处理。

1. 应纳税暂时性差异

应纳税暂时性差异，是指在确定未来收回资产或清偿负债期间的应纳税所得额时，导致应税金额的暂时性差异，即在未来期间不考虑该事项影响的应纳税所得额的基础上，由于该暂时性差异的转回，会进一步增加转回期间的应纳税所得额和应交所得税税额，在其产生当期应当确认相关的递延所得税负债。

应纳税暂时性差异通常产生于以下情况：

（1）资产的账面价值大于其计税基础。资产的账面价值代表的是企业在持续使用或最终出售该项资产时将取得的经济利益的总额，而计税基础代表的是资产在未来期间可予税前扣除的总金额。资产的账面价值大于其计税基础，该项资产未来期间产生的经济利益不能全部税前抵扣，两者之间的差额需要交税，产生应纳税暂时性差异。例如，一项资产的账面价值为300万元，计税基础如为280万元，两者之间的差额会造成未来期间应纳税所得额和应交所得税的增加，在其产生当期，应确认相关的递延所得税负债。

（2）负债的账面价值小于其计税基础。负债的账面价值为企业预计在未来期间清偿该项负债时的经济利益流出，而其计税基础代表的是账面价值在扣除税法规定未来期间允许税前扣除的金额之后的差额。负债的账面价值与其计税基础不同产生的暂时性差异，实质上是税法规定就该项负债在未来期间可以税前扣除的金额（即与该项负债相关的费用支出在未来期间可予税前扣除的金额）。负债的账面价值小于其计税基础，则意味着就该项负债在未来期间可以税前抵扣的金额为负数，即应在未来期间应纳税所得额的基础上调增，增加未来期间的应纳税所得额和应交所得税金额。产生应纳税暂时性差异，应确认相关的递延所得税负债。

2. 可抵扣暂时性差异

可抵扣暂时性差异是指在确定未来收回资产或清偿负债期间的应纳税所得额时，将导致产生可抵扣金额的暂时性差异。该差异在未来期间转回时会减少转回期间的应纳税所得额，减少未来期间的应交所得税。在可抵扣暂时性差异产生当期，符合确认条件时，应当确认相关的递延所得税资产。

可抵扣暂时性差异一般产生于以下情况。

（1）资产的账面价值小于其计税基础，意味着资产在未来期间产生的经济利益少，按照税法规定允许税前扣除的金额多，两者之间的差额可以减少企业在未来期间的应纳税所得额并减少应交所得税，符合有关条件时，应当确认相关的递延所得税资产。例如，一项资产的账面价值为300万元，计税基础为350万元，则企业在未来期间就该项资产可以在其自身取得经济利益的基础上多扣除50万元，未来期间应纳税所得额会减少，应交所得税也会减少，形成可抵扣暂时性差异。

（2）负债的账面价值大于其计税基础，负债产生的暂时性差异实质上是税法规定就该项负债可以在未来期间税前扣除的金额。即：

负债产生的暂时性差异＝账面价值－计税基础＝账面价值－（账面价值－未来期间计税时按照税法规定可予税前扣除的金额）＝未来期间计税时按照税法规定可予税前扣除的金额

负债的账面价值大于其计税基础，意味着未来期间按照税法规定与负债相关的全部或部分支出可以在未来应税经济利益中扣除，减少未来期间的应纳税所得额和应交所得税。符合有关确认条件时，应确认相关的递延所得税资产。

技能训练 4–16

根据任务二中【技能训练4–1】至【技能训练4–8】的资料，分析说明哪些属于永久性差异、哪些属于暂时性差异。

技能训练 4–16 解析

【技能训练4–1】中：

（1）第⑫项，对A公司进行长期股权投资，会计收益60万元，应税收益30万元，这项差异若A公司将来进行利润分配，因为免税而成为永久性差异。

（2）第⑭项，持有期间取得国债利息收入3万元是免税收入，属于永久性差异。

（3）第⑮项，以存款100万元购入股票10万股，另外支付相关税费0.5万元，作为交易性金融资产核算，持有期间获得现金股利4万元，属于暂时性差异。会计在当期确认收益3.5万元，应税收益4万元。但这项资产的账面价值为100万元，计税基础100.5万元，当交易性金融资产处置时，暂时性差异转回。

（4）第⑯项，属于永久性差异。企业取得的专项财政资金支持款20万元属于不征税收入。

【技能训练4-2】中：

（1）第②项视同销售，属于永久性差异。对外非公益性捐赠设备，按税法规定，既要确认应税收入50万元和应税成本45万元，从而确认资产的处置收益5万元缴纳企业所得税，又要将企业计入营业外支出账户的金额55.35万元剔除，增加应纳税所得额，缴纳所得税。

（2）第③项视同销售，属于暂时性差异。换入材料的账面价值为80万元，计税基础为100万元，尽管在当期调增应税所得20万元，多交了所得税，但产生了20万元可抵扣暂时性差异，可以随材料生产成产品出售后转回。

【技能训练4-4】中：

（1）第①项，符合国家税收优惠政策可以加计扣除的残障职工工资60万元，属于永久性差异。

（2）第②项，职工福利费超过限额17万元，工会经费超过限额17万元，属于永久性差异。

（3）第③项，社会保险费超过限额93.5万元，属于永久性差异。

（4）第④项，住房公积金超过限额14万元，属于永久性差异。

【技能训练4-5】中：

“财务费用”账户中利息调增应税所得105万元，属于永久性差异。

【技能训练4-6】中：

“管理费用”账户中业务招待费支出调增应税所得额24万元、可以加计扣除30万元的费用化研发支出，属于永久性差异。

【技能训练4-7】中：

（1）“销售费用”账户中列支的不符合税法规定的广告费30万元，属于永久性差异。

（2）本年度扣除以前年度的广告费200万元，属于可抵扣暂时性差异的转回。

【技能训练4-8】中：

（1）第⑪项，“营业外支出”账户中列支的税收滞纳金1万元，违法经营支付罚金10万元，非公益性捐赠机器设备55.35万元，属于永久性差异。

（2）第⑫项，资产折旧费调整应税所得20万元，属于暂时性差异。

（3）第⑬项，不得扣除的坏账准备35万元，属于暂时性差异，当资产处置或实际报损时转回。

3. 特殊项目产生的暂时性差异

（1）未作为资产、负债确认的项目产生的暂时性差异。某些交易或事项发生以后，因为不符合资产、负债确认条件而未体现为资产负债表中的资产或负债，但按照税法规定能够确定其计税基础的，其账面价值零与计税基础之间的差异也构成暂时性差异。如企业发生的符合条件的广告费和业务宣传费支出，除另有规定外，不超过当年销售收入15%的部分准予扣除，超过部分准予在以后纳税年度结转扣除。该类费用在发生时按照会计准则规定即计入当期损益，不形成资产负债表中的资产，但按照税法规定可以确定其计税基础的，两者之间的差异也形成暂时性差异。

技能训练 4-17

东辰公司2023年发生了1 700万元广告费支出，发生时已作为销售费用计入当期损益。税法规定，该类支出不超过当年销售收入15%的部分允许当期税前扣除，超过部分允许在以后年度结转税前扣除。东辰公司2023年实现销售收入10 000万元。分析该广告费引起的差异性质。

技能训练 4-17 解析

该广告费支出因为按照会计准则规定在发生时已计入当期损益，不体现为期末资产负债表中的资产，如果将其视为资产，其账面价值为0。

因按照税法规定，该类支出税前列支有一定的标准限制，根据当期东辰公司销售收入15%计算，当期可予税前扣除1 500万元，当期未予税前扣除的200万元可以在以后年度结转，其计税基础为200万元。

该项资产的账面价值0与其计税基础200万元之间产生了200万元的暂时性差异，该暂时性差异在未来期间可减少企业的应纳税所得额，为可抵扣暂时性差异，符合确认条件时，应确认相关的递延所得税资产。

（2）可抵扣亏损及税款抵减产生的暂时性差异。按照税法规定可以结转以后年度的未弥补亏损及税款抵减，虽不是因资产、负债的账面价值与计税基础不同产生的，但与可抵扣暂时性差异具有同样的作用，均能够减少未来期间的应纳税所得额，进而减少未来期间的应交所得税，会计处理上视同可抵扣暂时性差异，符合条件的情况下，应确认与其相关的递延所得税资产。

技能训练 4-18

东辰公司2023年累计未弥补亏损300万元，按照税法规定，该亏损可用于抵减以后5个年度的应纳税所得额。该公司预计其于未来5年期间能够产生足够的应纳税所得额弥补该亏损。分析该未弥补亏损的差异性质。

技能训练 4-18 解析

该经营亏损不是因资产、负债的账面价值与其计税基础不同产生的，但从性质上可以减少未来期间企业的应纳税所得额和应交所得税，属于可抵扣暂时性差异。企业预计未来期间能够产生足够的应纳税所得额可抵扣亏损时，应确认相关的递延所得税资产。

课堂讨论

你觉得企业是否可以通过暂时性差异和永久性差异优化税收负担？有哪些优化方式可以采用？请举例说明。

二、应付税款法所得税会计核算

应付税款法是指将税前会计利润与应纳税所得额之间的差异对所得税的影响额，直接计入当期损益，不递延到以后各期的方法。

（一）应付税款法核算程序

（1）按会计准则、制度计算本期会计利润。

（2）确定需要纳税调整的项目与金额。

（3）按间接法计算应纳税所得额。

（4）按应纳税所得额计算当期应交所得税额。

（5）按照计算的应交所得税额确定当期的所得税费用。

（二）应付税款法的账务处理

在应付税款法下，企业需要设置“所得税费用”和“应交税费——应交所得税”账户进行核算。

技能训练 4-19

根据【技能训练4-12】【技能训练4-13】资料，采用应付税款法核算东辰公司2024年度的企业所得税。

技能训练 4-19 解析

东辰公司2024年度汇总时在我国应缴纳的所得税 = 735 337 5（元）

所得税会计分录为：

借：所得税费用　　7 353 375

　贷：应交税费——应交所得税　　7 353 375

三、资产负债表债务法所得税会计核算

（一）资产负债表债务法核算程序

（1）按照相关会计准则规定确定资产负债表中除递延所得税资产和递延所得税负债以外的其他资产和负债项目的账面价值。

（2）按照会计准则中对于资产和负债计税基础的确定方法，以适用的税收法规为基础，确定资产负债表中有关资产、负债项目的计税基础。

（3）比较资产、负债的账面价值与其计税基础，对于两者之间存在差异的，分析其性质，除

准则中规定的特殊情况外，分别就应纳税暂时性差异与可抵扣暂时性差异，确定资产负债表日递延所得税负债和递延所得税资产的应有余额，并与期初递延所得税资产和递延所得税负债的余额相比，确定当期应予进一步确认的递延所得税资产和递延所得税负债金额或应予转销的金额，作为递延所得税。

（4）就企业当期发生的交易或事项，按照适用的税法规定计算确定当期应纳税所得额，将应纳税所得额与适用的所得税税率计算的结果确认为当期应交所得税，作为当期所得税。

（5）确定利润表中的所得税费用。利润表中的所得税费用包括当期所得税（当期应交所得税）和递延所得税两个组成部分，企业在计算确定当期所得税和递延所得税后，两者之和（或之差），即是利润表中的所得税费用。

（二）递延所得税负债和递延所得税资产的确认计量

1. 递延所得税负债的确认和计量

递延所得税负债的确认和计量示例如【技能训练4-20】所示。

技能训练 4-20

东辰公司2024年度发生的应纳税暂时性差异情况如下：

（1）2024年购入股票10万股，每股股票价格10元，按交易性金融资产进行会计核算。该股票的计税基础为100万元，年末，因股票价格上涨到每股11元，公司确认了10万元公允价值变动损益，账面价值调整为110万元。

（2）2024年用于出租的投资性房地产，采用公允价值模式进行后续计量，年末该投资性房地产的计税基础为400万元，账面价值为403万元。

（3）对A公司进行长期股权投资，初始投资成本280万元。因采用权益法核算，调整初始投资成本确认收益20万元。会计确认投资收益60万元，应税收益30万元。年末该项投资的账面价值330万元，计税基础280万元。

东辰公司适用的所得税税率为25%，年初递延所得税负债余额为零。

要求：计算东辰公司2024年度应当确认的递延所得税负债金额。

技能训练 4-20 解析

（1）东辰公司2024年应纳税暂时性差异 =（110 − 100）+（403 − 400）+（330 − 280）= 63（万元）。

（2）东辰公司2024年应确认的递延所得税负债 = 63 × 25% = 15.75（万元）。

2. 递延所得税资产的确认和计量

递延所得税资产的确认和计量如【技能训练4-21】所示。

技能训练 4-21

东辰公司2024年度发生和转回的可抵扣暂时性差异如下：

（1）企业用成本为80万元，市场价格为100万元的自产货物换入材料，因没有商业实质，会计不确认收入。换入材料的账面价值80万元，计税基础100万元。

（2）以存款100万元购入股票10万股，另外支付相关税费0.5万元，作为交易性金融资产核算。这项资产的账面价值100万元，计税基础100.5万元。

（3）固定资产入账价值和计税基础一致：房屋建筑物1 500万元、机器设备200万元、电子设备85万元，会计折旧年限分别为20年、10年、3年，税法折旧年限分别为20年、10年、5年。2024年度会计折旧额分别为75万元、27万元、28万元，税法折旧分别为65万元、25万元、20万元。2024年年末，固定资产账面价值950万元，计税基础1 000万元。

（4）坏账准备年初贷方余额65万元，本年度计提坏账准备金35万元，年末余额100万元。年末应收项目账面价值1 000万元，计税基础1 100万元。

（5）本年度扣除以前年度的广告费200万元。

（6）本年度弥补以前年度亏损300万元。

（7）处于行权期的用现金结算的股份支付，本期借记公允价值变动损益10万元，贷记应付职工薪酬10万元。年末，该项负债的账面价值40万元，计税基础30万元。

东辰公司适用的所得税税率为25%，除上述情况外没有其他可抵扣暂时性差异，年初递延所得税资产借方余额148.75万元。

要求：

（1）计算东辰公司2024年年末递延所得税资产余额。

（2）计算东辰公司2024年度应确认的递延所得税资产。

技能训练 4-21 解析

（1）东辰公司2024年年末递延所得税资产余额 =（20 + 0.5 + 50 + 100 + 10）× 25% = 45.125（万元）。

（2）东辰公司2024年度应确认的递延所得税资产 = 45.125 − 148.75 = − 103.625（万元）。

3. 适用税率变化对已确认递延所得税资产和递延所得税负债的影响

因税收法规的变化，导致企业在某一会计期间适用的所得税税率发生变化的，企业应对已确认的递延所得税资产和递延所得税负债按照新的税率进行重新计量。递延所得税资产和递延所得税负债的金额代表的是有关可抵扣暂时性差异或应纳税暂时性差异于未来期间转回时，导致企业应交所得税税额的减少或增加的情况。适用税率变动的情况下，应对原已确认的递延所得税资产及递延所得税负债的金额进行调整，反映税率变化带来的影响。

除直接计入所有者权益的交易或事项产生的递延所得税资产及递延所得税负债，相关的调整金额应计入所有者权益以外，其他情况下因税率变化产生的调整金额应确认为税率变化当期的所得税费用（或收益）。

（三）所得税费用的确认和计量

所得税会计的主要目的之一是为了确定当期应交所得税以及利润表中的所得税费用。在按照资产负债表债务法核算所得税的情况下，利润表中的所得税费用包括当期所得税和递延所得税两个部分。

1. 当期所得税

当期所得税是指企业按照税法规定计算确定的针对当期发生的交易和事项，应交纳给税务部门的所得税金额，即当期应交所得税。

企业在确定当期应交所得税时，对于当期发生的交易或事项，会计处理与税法处理不同的，应在会计利润的基础上，按照适用税收法规的规定进行调整，计算出当期应纳税所得额，按照应纳税所得额与适用所得税税率计算确定当期应交所得税。

2. 递延所得税

递延所得税是指按照所得税准则规定当期应予确认的递延所得税资产和递延所得税负债金额，即递延所得税资产及递延所得税负债当期发生额的综合结果，但不包括计入所有者权益的交易或事项的所得税影响。用公式表示为：

递延所得税＝递延所得税负债的期末余额－递延所得税负债的期初余额－（递延所得税资产的期末余额－递延所得税资产的期初余额）

技能训练 4-22

根据【技能训练4-20】【技能训练4-21】资料，计算东辰公司2024年度的递延所得税。

技能训练 4-22 解析

东辰公司2024年度的递延所得税＝15.75－0－(45.125－148.75)＝119.375（万元）

企业因确认递延所得税资产和递延所得税负债产生的递延所得税，一般应当计入所得税费用。

3. 所得税费用

计算确定了当期所得税及递延所得税以后，利润表中应予确认的所得税费用为两者之和，用公式表示为：

所得税费用＝当期所得税＋递延所得税

技能训练 4-23

根据【技能训练4-13】【技能训练4-18】【技能训练4-19】【技能训练4-22】资料，东辰公司2024年度在我国实际应缴纳的所得税735.337 5万元，递延所得税119.375万元。

要求：计算东辰公司当期的所得税费用，并作相应的账务处理。

技能训练 4-23 解析

（1）东辰公司2024年度应确认的所得税费用＝7353375＋119375＝8547125（元）

（2）会计处理如下：

借：所得税费用　　8 547 125

　贷：应交税费——应交所得税　　7 353 375

　　递延所得税负债　　157 500

　　递延所得税资产　　1 036 250

课堂讨论

所得税费用、递延所得税资产、递延所得税负债如何在财务报表中列示？

引例解析

税收滞纳金不得在企业所得税税前扣除。因此，顺锦公司支付的1万元税收滞纳金需要在计算应纳税所得额时进行调增。

企业购入交易性金融资产时支付的相关税费不得冲减投资收益，而应计入资产的计税基础。因此，顺锦公司支付的0.5万元相关税费在会计上计入投资收益，但在税务处理中应计入交易性金融资产的计税基础，在计算应纳税所得额时进行调增。

2024年度应纳税所得额＝100＋1＋0.5＝101.5（万元）

对未来应纳税所得额的影响：

税收滞纳金是永久性差异，不会对未来应纳税所得额产生持续影响。

交易性金融资产购入费用计入交易性金融资产的计税基础后，未来处置该资产时，其计税基础会增加0.5万元。因此，在处置时会减少应纳税所得额。

所以，税收滞纳金和交易性金融资产购入费用的调整仅影响当期应纳税所得额，对未来应纳税所得额的影响主要体现在交易性金融资产的处置环节。

• 诚信纳税　为国聚财 •

合规经营支持企业高质量发展

A新材料有限公司（以下简称A公司）是一家成立于2023年6月的科技创新型企业，专注于光伏用超细银粉的研发与生产。光伏用超细银粉是光伏发电板的核心材料，该公司自成立以来已投入300余万元用于技术攻关，成功破解了多项制备工艺的“卡脖子”难题。然而，由于公司成立时间较短，对研发费用政策的理解和申报环节存在一些盲区，在享受政策红利时面临一定的涉税风险。

近年来，国家出台了一系列支持研发创新的政策，如研发费用加计扣除比例由75%提高到100%。这些政策为企业提供了更多优惠，但由于研发费用加计扣除政策较为复杂，研发活动的判断难度较大，许多企业在享受政策过程中面临政策适用不当、申报不准确等问题。

为帮助创新企业合规、安心、省心地享受政策红利，当地税务部门聚焦企业研发费用税前加计扣除的各个环节，针对研发费用归集范围模糊、辅助账目设置不规范等常见问题，开展“手把手”上门辅导。通过这种精准服务，税务部门引导企业实现合规经营，尽享政策红利。2024年，A公司合规享受研发费用加计扣除约300万元，政策红利的“安心”落袋，让企业坚定了合规经营的信心，并计划将年产200万吨的银粉生产线全线投产，进一步推动“卡脖子”高端材料的国产化进程。

当地税务部门还围绕企业享受政策的难点和堵点，推出了“优惠政策红利账单”，并组建了“科创企业服务团队”，为企业及时解答涉税疑问，规避可能产生的涉税风险。当地一家液压件制造有限公司作为一家国家级高新技术企业和专精特新企业，主要从事液压配件的生产研发。在税务部门的辅导下，该公司通过合规经营享受政策红利，2024年享受研发费用加计扣除优惠300多万元，有效防范了法律风险。公司销售额已超过7 000万元，较去年同比增长约30%，其最新技术成果填补了国内农机专用液压控制阀的空白。

通过税务部门的精准服务和政策辅导，该地创新型企业不仅实现了税务合规和依法纳税，还提升了企业的市场竞争力，为企业的高质量发展提供了有力支持。

任务四　企业所得税智能申报

引导案例

北京市芳华服装有限公司为增值税一般纳税人，2024年度利润总额200万元，从业人数100人，资产总额800万元，主营业务收入3 000万元，主营业务成本1 800万元，发放工资总额700万元，发生职工福利费100万元，职工教育经费60万元，工会经费10万元，非广告性质的赞助支出15万元，以上费用全部计入管理费用。该企业应如何进行企业所得税纳税申报？

一、纳税申报期限

企业所得税按年计征，分月或者分季预缴，年终汇算清缴，多退少补。企业所得税的纳税年度，自公历1月1日起至12月31日止。企业在一个纳税年度的中间开业，或者由于合并、关闭等原因终止经营活动，使该纳税年度的实际经营期不足12个月的，应当以其实际经营期为1个纳税年度。企业依法清算时，应当以清算期间作为1个纳税年度。

按月或按季预缴的，应当自月份或者季度终了之日起15日内，向税务机关报送预缴企业所得税纳税申报表，预缴税款。

企业所得税年度汇算清缴，应当自年度终了之日起5个月内，向税务机关报送年度企业所得税纳税申报表，并汇算清缴，结清应缴应退税款。

企业在年度中间终止经营活动的，应当自实际经营终止之日起60日内，向税务机关办理当期企业所得税汇算清缴。

二、纳税申报地点

（一）居民企业纳税地点

（1）除税收法律、行政法规另有规定外，居民企业以企业登记注册地为纳税地点；登记注册地在境外的，以实际管理机构所在地为纳税地点。

（2）居民企业在中国境内设立不具有法人资格的营业机构的，应当汇总计算并缴纳企业所得税。企业汇总计算并缴纳企业所得税时，应当统一核算应纳税所得额，具体办法见国务院财政、税务主管部门的有关规定。

（二）非居民企业纳税地点

（1）非居民企业在中国境内设立机构、场所的，应当就其所设机构、场所取得的来源于中国境内的所得，以及发生在中国境外但与其所设机构、场所有实际联系的所得，以机构、场所所在地为纳税地点。非居民企业在中国境内设立两个或者两个以上机构、场所的，经税务机关审核批准，可以选择由其主要机构、场所汇总缴纳企业所得税。

（2）非居民企业在中国境内未设立机构、场所的，或者虽设立机构、场所但取得的所得与其所设机构、场所没有实际联系的所得，以扣缴义务人所在地为纳税地点。

三、企业所得税智能申报实务

企业财务人员需要登录当地税务部门的电子税务局平台，通过【我要办税】—【税费申报及缴纳】—【企业所得税申报】模块进入申报界面，如图4–1所示。

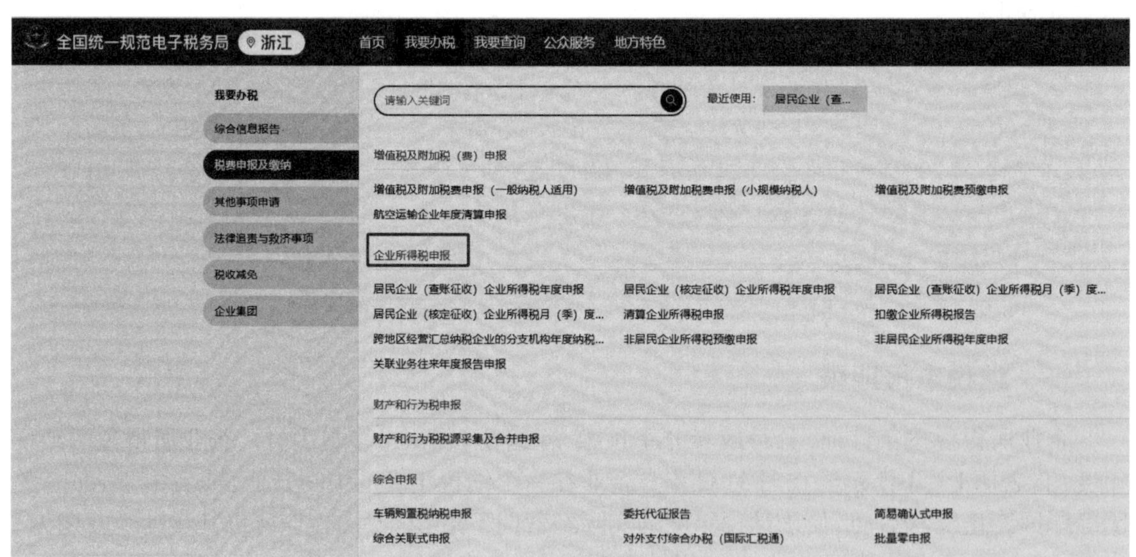

图4–1　企业所得税申报界面

企业所得税申报分为月（季）度预缴申报和年度汇算清缴申报，系统会根据企业的纳税身份和历史涉税行为自动匹配申报模式。

（一）预缴申报

分月或分季预缴所得税时，应当按月度或季度的实际利润额预缴；按月度或季度的实际利润额预缴有困难的，可以按上一年度应纳税所得额的1/12或1/4预缴；或按照经税务机关认可的其他方法预缴。预缴方式一经确定，当年度不得变更。

操作演示 企业所得税季度预缴纳税申报（A类）

按月（季）度预缴申报的居民企业，电子税务局系统会根据企业情况自动预填部分数据，企业需要核对并补充相关信息。

企业所得税月（季）度预缴纳税申报使用全国统一的纳税申报表，其中《中华人民共和国企业所得税月（季）度预缴纳税申报表（A类）》适用于实行查账征收企业所得税的居民企业；《中华人民共和国企业所得税月（季）度预缴和年度纳税申报表（B类）》适用于实行核定征收企业所得税的居民企业。

操作演示 企业所得税年度纳税申报（小型微利企业）

跨地区经营汇总纳税企业的分支机构，使用《中华人民共和国企业所得税月（季）度预缴纳税申报表（A类）》进行年度企业所得税汇算清缴申报。

（二）汇算清缴

年度汇算清缴申报分为填写基本信息、选择表单、填写报表和提交申报四个步骤。系统会根据企业财务报表和前期申报数据自动预填，企业需要确认或修改数据。

基本信息填写是指系统会自动预填企业基本信息，如经营情况、涉税事项，企业需要核对并根据实际情况修改。表单选择与填写是指系统会根据企业类型和申报需求自动勾选所需要的表单，企业可补充或调整表单内容。数据预填与修改是指若企业已报送年度财务报表，系统会自动预填数据，企业需要对数据进行核对和修改。企业确认数据无误后点击“提交申报”，系统会提示是否进行风险扫描。企业可根据提示进行风险排查或直接提交申报。申报成功后，企业可选择“立即缴款”完成税款缴纳。

年度汇算清缴申报时，实行查账征收的纳税人应填报《中华人民共和国企业所得税年度纳税申报表（A类，2017年版）》（国家税务总局公告2025年第1号《国家税务总局关于优化企业所得税年度纳税申报表的公告》修订）。该申报表以会计核算生成的利润表为基础，运用间接法对税会差异进行纳税调整和相关数据报送。新公布的《企业所得税年度纳税申报表填报表单》共由35张相互联系的表格构成，包括1张基础信息表、1张主表、6张收入费用明细表、13张纳税调整表、1张亏损弥补表、7张税收优惠表、4张境外所得抵免表和2张汇总纳税表，取消了《免税、减计收入及加计扣除优惠明细表》和《减免所得税优惠明细表》。其中《企业所得税年度纳税申报基础信息表》和《企业所得税年度纳税申报主表》为必填表，其余表单由企业根据实际情况填写。

操作演示 企业所得税年度纳税申报（一般企业）

特别提示

企业在纳税年度内无论盈利或者亏损，都应当向税务机关报送预缴企业所得税纳税申报表、年度企业所得税纳税申报表、财务会计报告和税务机关规定应当报送的其他有关资料。

企业应当在办理注销登记前，就其清算所得向税务机关申报并依法缴纳企业所得税。

文本

《中华人民共和国企业所得税年度纳税申报表（A类,2017年版）》部分表单及填报说明（2024年修订）

（三）企业所得税年度汇算清缴实例

企业所得税年度汇算清缴实例如【技能训练4–24】所示。

技能训练 4-24

东辰公司2024年度的基本情况如下：

（一）纳税人基本信息

（1）统一社会信用代码：913301006998310551。

（2）纳税人名称：东辰公司。

（3）法人代表：杨一。

（4）注册资金：5 000万元。

（5）主要股东：

① 杨一，身份证号码：330106197206050011，投资比例：40%。

② 张三，身份证号码：330106197508223300，投资比例：15%。

③ 李四，身份证号码：330106197805080321，投资比例：15%。

④ 王五，身份证号码：330106197209120028，投资比例：15%。

⑤ 赵六，身份证号码：330106198011080033，投资比例：15%。

以上股东均为自然人，中国籍。

（6）主营业务：家用电器的生产、销售、加工、修理修配。

（7）职工人数：300人。

（8）税款征收方式：查账征收。

（9）会计核算：适用企业会计准则，采用用友ERP软件，会计档案存放公司财务处。

（10）纳税人类型及税种税率：增值税一般纳税人，2024年度增值税税率13%，城市维护建设税税率7%，教育费附加3%，企业所得税税率25%。不考虑地方教育附加及水利建设专项基金。

（11）2024年度资产总额（季度平均）31 245.52万元。

（12）所得税会计处理：资产负债表债务法。

（13）行业代码：3851。

（14）企业所得税汇算清缴：2025年3月15日。

文本

东辰公司企业所得税汇算清缴业务汇总

（二）企业生产经营情况

（1）收入情况：见【技能训练4–1】至【技能训练4–2】。

（2）成本费用等扣除项目情况：见【技能训练4–4】至【技能训练4–8】。

（3）亏损弥补情况：见【技能训练4–9】。

（4）境外投资情况：见【技能训练4–13】。

（5）固定资产折旧情况：见【技能训练4–21】。

（6）所得税会计处理：见【技能训练4–23】。

（7）其他资料：见【技能训练4–11】。

（8）东辰公司2024年1—4季度共预缴企业所得税700万元。

要求：

（1）按会计准则，编制东辰公司2024年度利润表。

（2）根据上述资料，编制东辰公司2024年度企业所得税汇算清缴相关附表。

（3）根据年度利润表、附表及其他相关资料，编制东辰公司2024年度企业所得税年度申报表。

技能训练 4-24 解析

东辰公司2024年度企业所得税汇算清缴年度利润表、年度申报表、申报表附表填写结果如表4-9至表4-28所示。

表4-9 利润表

会企02表

编制单位：北京市东辰电器制造有限公司　　2024年　　单位：元

项目	本期金额	上期金额
一、营业收入	122 670 000	
减：营业成本	61 650 000	
税金及附加	1 200 000	
销售费用	18 464 000	
管理费用	7 698 000	
研发费用	300 000	
财务费用	2 710 000	
加：其他收益		
投资收益（损失以“－”号填列）	10 985 000	
净敞口套期收益（损失以“－”号填列）		
公允价值变动收益（损失以“－”号填列）	30 000	
信用减值损失（损失以“－”号填列）	－350 000	
资产减值损失（损失以“－”号填列）		
资产处置收益（损失以“－”号填列）		
二、营业利润（亏损以“－”号填列）	41 313 000	
加：营业外收入	873 000	
减：营业外支出	823 500	

（续表）

项目	本期金额	上期金额
三、利润总额（亏损总额以“－”号填列）	41 362 500	
减：所得税费用	8 547 125	
四、净利润（净亏损以“－”号填列）	32 785 375	
（一）持续经营净利润（净亏损以“－”号填列）	32 785 375	
（二）终止经营净利润（净亏损以“－”号填列）		
五、其他综合收益的税后净额		
（一）不能重分类进损益的其他综合收益		
1. 重新计量设定受益计划变动额		
2. 权益法下不能转损益的其他综合收益		
3. 其他权益工具投资公允价值变动		
4. 企业自身信用风险公允价值变动		
……		
（二）将重分类进损益的其他综合收益		
1. 权益法下可转损益的其他综合收益		
2. 其他债权投资公允价值变动		
3. 金融资产重分类计入其他综合收益的金额		
4. 其他债权投资信用减值准备		
5. 现金流量套期储备		
6. 外币财务报表折算差额		
……		
六、综合收益总额		
七、每股收益		
（一）基本每股收益		
（二）稀释每股收益		

表4-10　申报表封面

中华人民共和国企业所得税年度纳税申报表（A类，2017版，2024年适用）

税款所属期间：2024年1月1日至2024年12月31日

纳税人识别号（统一社会信用代码）：913301006998310551

纳税人名称：北京市东辰电器制造有限公司

金额单位：人民币元（列至角分）

谨声明：本纳税申报表是根据国家税收法律法规及相关规定填报的，是真实的、可靠的、完整的。

纳税人（签章）：北京市东辰电器制造有限公司（章）

2025年3月15日

经办人： 经办人身份证号： 代理机构签章：	受理人： 受理税务机关（章）： 受理日期：　年　月　日

表4-11 企业所得税年度纳税申报表填报表单

表单编号	表单名称	是否填报
A000000	企业所得税年度纳税申报基础信息表	√
A100000	企业所得税年度纳税申报主表	√
A101010	一般企业收入明细表	☑
A101020	金融企业收入明细表	□
A102010	一般企业成本支出明细表	☑
A102020	金融企业支出明细表	□
A103000	事业单位、民间非营利组织收入、支出明细表	□
A104000	期间费用明细表	☑
A105000	纳税调整项目明细表	☑
A105010	视同销售和房地产开发企业特定业务纳税调整明细表	☑
A105020	未按权责发生制确认收入纳税调整明细表	□
A105030	投资收益纳税调整明细表	☑
A105040	专项用途财政性资金纳税调整明细表	☑
A105050	职工薪酬支出及纳税调整明细表	☑
A105060	广告费和业务宣传费等跨年度纳税调整明细表	☑
A105070	捐赠支出及纳税调整明细表	☑
A105080	资产折旧、摊销及纳税调整明细表	☑
A105090	资产损失税前扣除及纳税调整明细表	☑
A105100	企业重组及递延纳税事项纳税调整明细表	□
A105110	政策性搬迁纳税调整明细表	□
A105120	贷款损失准备金及纳税调整明细表	□
A106000	企业所得税弥补亏损明细表	☑
A107011	符合条件的居民企业之间的股息、红利等权益性投资收益优惠明细表	☑
A107012	研发费用加计扣除优惠明细表	☑
A107020	所得减免优惠明细表	□
A107030	抵扣应纳税所得额明细表	□
A107041	高新技术企业优惠情况及明细表	□
A107042	软件、集成电路企业优惠情况及明细表	□

（续表）

表单编号	表单名称	是否填报
A107050	税额抵免优惠明细表	□
A108000	境外所得税收抵免明细表	☑
A108010	境外所得纳税调整后所得明细表	☑
A108020	境外分支机构弥补亏损明细表	□
A108030	跨年度结转抵免境外所得税明细表	□
A109000	跨地区经营汇总纳税企业年度分摊企业所得税明细表	□
A109010	企业所得税汇总纳税分支机构所得税分配表	□
说明：企业应当根据实际情况选择需要填报的表单。		

表4-12 （A000000）企业所得税年度纳税申报基础信息表

基本经营情况（必填项目）			
101纳税申报企业类型（填写代码）	100	102分支机构就地纳税比例（%）	
103资产总额（填写平均值，单位：万元）	31 245.52	104从业人数（填写平均值，单位：人）	300
105所属国民经济行业（填写代码）	3851	106从事国家限制或禁止行业	□是 ☑否
107适用会计准则或会计制度（填写代码）	110	108采用一般企业财务报表格式（2019年版）	☑是 □否
109小型微利企业	□是 ☑否	110上市公司	是（□境内□境外） ☑否
有关涉税事项情况（存在或者发生下列事项时必填）			
201从事股权投资业务	☑是	202存在境外关联交易	□是
203境外所得信息	203-1选择采用的境外所得抵免方式	☑分国（地区）不分项 □不分国（地区）不分项	
	203-2新增境外直接投资信息	是（产业类别：□旅游业□现代服务业□高新技术产业）	
204有限合伙制创业投资企业的法人合伙人	□是	205创业投资企业	□是
206技术先进型服务企业类型（填写代码）		207非营利组织	□是
208软件、集成电路企业类型（填写代码）		209集成电路生产项目类型	□130纳米 □65纳米
210科技型中小企业	210-1____年（申报所属期年度）入库编号1		210-2入库时间1	
	210-3____年（所属期下一年度）入库编号2		210-4入库时间2	
211高新技术企业申报所属期年度有效的高新技术企业证书	211-1 证书编号1		211-2发证时间1	
	211-3 证书编号2		211-4发证时间2	
212重组事项税务处理方式	□一般性□特殊性	213重组交易类型（填写代码）	
214重组当事方类型（填写代码）		215政策性搬迁开始时间	__年__月
216发生政策性搬迁且停止生产经营无所得年度	□是	217政策性搬迁损失分期扣除年度	□是
218发生非货币性资产对外投资递延纳税事项	□是	219非货币性资产对外投资转让所得递延纳税年度	□是

（续表）

<table>
<tr><td colspan="3">220发生技术成果投资入股递延纳税事项</td><td>□是</td><td colspan="2">221技术成果投资入股递延纳税年度</td><td>□是</td></tr>
<tr><td colspan="3">222发生资产（股权）划转特殊性税务处理事项</td><td>□是</td><td colspan="2">223债务重组所得递延纳税年度</td><td>□是</td></tr>
<tr><td colspan="3">224研发支出辅助账样式</td><td colspan="4">□2015版　□2021版　□自行设计</td></tr>
<tr><td colspan="7">主要股东及分红情况（必填项目）</td></tr>
<tr><td>股东名称</td><td>证件种类</td><td colspan="2">证件号码</td><td>投资比例（%）</td><td>当年（决议日）分配的股息、红利等权益性投资收益金额</td><td>国籍（注册地址）</td></tr>
<tr><td>杨一</td><td>身份证</td><td colspan="2">330106197206050011</td><td>40%</td><td></td><td>中国</td></tr>
<tr><td>张三</td><td>身份证</td><td colspan="2">330106197508223300</td><td>15%</td><td></td><td>中国</td></tr>
<tr><td>李四</td><td>身份证</td><td colspan="2">330106197805080321</td><td>15%</td><td></td><td>中国</td></tr>
<tr><td>王五</td><td>身份证</td><td colspan="2">330106197209120028</td><td>15%</td><td></td><td>中国</td></tr>
<tr><td>赵六</td><td>身份证</td><td colspan="2">330106198011080033</td><td>15%</td><td></td><td>中国</td></tr>
<tr><td></td><td></td><td colspan="2"></td><td></td><td></td><td></td></tr>
<tr><td></td><td></td><td colspan="2"></td><td></td><td></td><td></td></tr>
<tr><td>其余股东合计</td><td>——</td><td colspan="2">——</td><td></td><td></td><td>——</td></tr>
</table>

表4-13 （A101010）一般企业收入明细表

填报时间：2025年3月15日　　　　金额单位：元[①]

行次	项目	金额
1	一、营业收入（2+9）	122 670 000
2	（一）主营业务收入（3+5+6+7+8）	122 100 000
3	1. 销售商品收入	121 100 000
4	其中：非货币性资产交换收入	
5	2. 提供劳务收入	1 000 000
6	3. 建造合同收入	
7	4. 让渡资产使用权收入	
8	5. 其他	
9	（二）其他业务收入（10+12+13+14+15）	570 000
10	1. 销售材料收入	100 000
11	其中：非货币性资产交换收入	
12	2. 出租固定资产收入	240 000
13	3. 出租无形资产收入	
14	4. 出租包装物和商品收入	20 000
15	5. 其他	210 000
16	二、营业外收入（17+18+19+20+21+22+23+24+25+26）	873 000
17	（一）非流动资产处置利得	40 000
18	（二）非货币性资产交换利得	
19	（三）债务重组利得	270 000
20	（四）政府补助利得	200 000
21	（五）盘盈利得	
22	（六）捐赠利得	113 000
23	（七）罚没利得	50 000
24	（八）确实无法偿付的应付款项	
25	（九）汇兑收益	
26	（十）其他	200 000

① 由于国家税务总局给出的企业所得税纳税申报表未设计“金额单位：元”，下文若无特殊说明均默认表格单位与表4-13相同。

表 4-14 （A102010）一般企业成本支出明细表

行次	项目	金额
1	一、营业成本（2＋9）	
2	（一）主营业务成本（3＋5＋6＋7＋8）	61 580 000
3	1. 销售商品成本	60 880 000
4	其中：非货币性资产交换成本	
5	2. 提供劳务成本	700 000
6	3. 建造合同成本	
7	4. 让渡资产使用权成本	
8	5. 其他	
9	（二）其他业务成本（10＋12＋13＋14＋15）	70 000
10	1. 材料销售成本	10 000
11	其中：非货币性资产交换成本	
12	2. 出租固定资产成本	
13	3. 出租无形资产成本	
14	4. 包装物出租成本	10 000
15	5. 其他	50 000
16	二、营业外支出（17＋18＋19＋20＋21＋22＋23＋24＋25＋26）	823 500
17	（一）非流动资产处置损失	40 000
18	（二）非货币性资产交换损失	
19	（三）债务重组损失	
20	（四）非常损失	
21	（五）捐赠支出	653 500
22	（六）赞助支出	
23	（七）罚没支出	100 000
24	（八）坏账损失	
25	（九）无法收回的债券股权投资损失	
26	（十）其他	30 000

表4-15 （A104000）期间费用明细表

行次	项目	销售费用	其中：境外支付	管理费用	其中：境外支付	财务费用	其中：境外支付
		1	2	3	4	5	6
1	一、职工薪酬	3 344 000	*	7 098 000	*	*	*
2	二、劳务费					*	*
3	三、咨询顾问费					*	*
4	四、业务招待费		*	600 000	*	*	*
5	五、广告费和业务宣传费	15 120 000	*		*	*	*
6	六、佣金和手续费					60 000	
7	七、资产折旧摊销费		*		*	*	*
8	八、财产损耗、盘亏及毁损损失		*		*	*	*
9	九、办公费		*		*	*	*
10	十、董事会费		*		*	*	*
11	十一、租赁费					*	*
12	十二、诉讼费		*		*	*	*
13	十三、差旅费		*		*	*	*
14	十四、保险费		*		*	*	*
15	十五、运输、仓储费					*	*
16	十六、修理费					*	*
17	十七、包装费		*		*	*	*
18	十八、技术转让费					*	*
19	十九、研究费用			300 000		*	*
20	二十、各项税费		*		*	*	*
21	二十一、利息收支	*	*	*	*	2 550 000	
22	二十二、汇兑差额	*	*	*	*		
23	二十三、现金折扣	*	*	*	*	50 000	*
24	二十四、党组织工作经费	*	*		*	*	*
25	二十四、其他					50 000	
26	合计（1+2+3+…24）	18 464 000		7 998 000		2 710 000	

表4-16 （A105000）纳税调整项目明细表

行次	项目	账载金额	税收金额	调增金额	调减金额
		1	2	3	4
1	一、收入类调整项目（2＋3＋4＋5＋6＋7＋8＋10＋11）	*	*	1 505 000	730 000
2	（一）视同销售收入（填写A105010）	*	1 500 000	1500 000	*
3	（二）未按权责发生制原则确认的收入（填写A105020）				
4	（三）投资收益（填写A105030）	740 000	440 000		300 000
5	（四）按权益法核算长期股权投资对初始投资成本调整确认收益	*	*	*	200 000
6	（五）交易性金融资产初始投资调整	*	*	5 000	*
7	（六）公允价值变动净损益	30 000	*		30 000
8	（七）不征税收入	*	*		200 000
9	其中：专项用途财政性资金（填写A105040）	*	*		
10	（八）销售折扣、折让和退回				
11	（九）其他				
12	二、扣除类调整项目（13＋14＋15＋16＋17＋18＋19＋20＋21＋22＋23＋24＋26＋27＋28＋29＋30）	*	*	3 368 500	2 950 000
13	（一）视同销售成本（填写A105010）	*	1 250 000	*	1 250 000
14	（二）职工薪酬（填写A105050）	27 909 000	26 494 000	1 415 000	
15	（三）业务招待费支出	600 000	360 000	240 000	*
16	（四）广告费和业务宣传费支出（填写A105060）	*	*		1 700 000
17	（五）捐赠支出（填写A105070）	653 500	100 000	553 500	*
18	（六）利息支出	1 950 000	900 000	1 050 000	
19	（七）罚金、罚款和被没收财物的损失	100 000	*	100 000	*
20	（八）税收滞纳金、加收利息	10 000	*	10 000	*
21	（九）赞助支出	553 500	*	553 500	*
22	（十）与未实现融资收益相关在当期确认的财务费用				

（续表）

行次	项目	账载金额	税收金额	调增金额	调减金额
		1	2	3	4
23	（十一）佣金和手续费支出（保险企业填写A105060）				*
24	（十二）不征税收入用于支出所形成的费用	*	*	0	*
25	其中：专项用途财政性资金用于支出所形成的费用（填写A105040）	*	*	0	*
26	（十三）跨期扣除项目				
27	（十四）与取得收入无关的支出		*		*
28	（十五）境外所得分摊的共同支出	*	*		*
29	（十六）党组织工作经费				
30	（十七）其他				
31	三、资产类调整项目（32＋33＋34＋35）	*	*	550 000	
32	（一）资产折旧、摊销（填写A105080）	1 300 000	1 100 000	200 000	
33	（二）资产减值准备金	350 000	*	350 000	
34	（三）资产损失（填写A105090）				
35	（四）其他				
36	四、特殊事项调整项目（37＋38＋39＋40＋41＋42＋43）	*	*		
37	（一）企业重组及递延纳税事项（填写A105100）				
38	（二）政策性搬迁（填写A105110）	*	*		
39	（三）特殊行业准备金（填写A105120）				
40	（四）房地产开发企业特定业务计算的纳税调整额（填写A105010）	*			
41	（五）合伙企业法人合伙人应分得的应纳税所得额				
42	（六）发行永续债利息支出				
43	（七）其他	*	*		
44	五、特别纳税调整应税所得	*	*		
45	六、其他	*	*		
46	合计（1＋12＋31＋36＋44＋45）	*	*	5 423 500	3 680 000

表4-17 （A105010）视同销售和房地产开发企业特定业务纳税调整明细表

行次	项目	税收金额	纳税调整金额
		1	2
1	一、视同销售（营业）收入（2＋3＋4＋5＋6＋7＋8＋9＋10）	1 500 000	1 500 000
2	（一）非货币性资产交换视同销售收入	1 000 000	1 000 000
3	（二）用于市场推广或销售视同销售收入		
4	（三）用于交际应酬视同销售收入		
5	（四）用于职工奖励或福利视同销售收入		
6	（五）用于股息分配视同销售收入		
7	（六）用于对外捐赠视同销售收入	500 000	500 000
8	（七）用于对外投资项目视同销售收入		
9	（八）提供劳务视同销售收入		
10	（九）其他		
11	二、视同销售（营业）成本（12＋13＋14＋15＋16＋17＋18＋19＋20）	1 250 000	−1 250 000
12	（一）非货币性资产交换视同销售成本	800 000	−800 000
13	（二）用于市场推广或销售视同销售成本		
14	（三）用于交际应酬视同销售成本		
15	（四）用于职工奖励或福利视同销售成本		
16	（五）用于股息分配视同销售成本		
17	（六）用于对外捐赠视同销售成本	450 000	−450 000
18	（七）用于对外投资项目视同销售成本		
19	（八）提供劳务视同销售成本		
20	（九）其他		
21	三、房地产开发企业特定业务计算的纳税调整额（22－26）		
22	（一）房地产企业销售未完工开发产品特定业务计算的纳税调整额（24－25）		
23	1. 销售未完工产品的收入		*
24	2. 销售未完工产品预计毛利额		
25	3. 实际发生的税金及附加、土地增值税		
26	（二）房地产企业销售的未完工产品转完工产品特定业务计算的纳税调整额（28－29）		
27	1. 销售未完工产品转完工产品确认的销售收入		*
28	2. 转回的销售未完工产品预计毛利额		
29	3. 转回实际发生的税金及附加、土地增值税		

表4-18 （A105030）投资收益纳税调整明细表

行次	项目	持有收益			处置收益							纳税调整金额
		账载金额	税收金额	纳税调整金额	会计确认的处置收入	税收计算的处置收入	处置投资的账面价值	处置投资的计税基础	会计确认的处置所得或损失	税收计算的处置所得	纳税调整金额	
		1	2	3（2−1）	4	5	6	7	8（4−6）	9（5−7）	10（9−8）	11（3＋10）
1	一、交易性金融资产	70 000	70 000	0	1 020 000	1 020 000	1 000 000	1 000 000	20000	20 000	0	0
2	二、可供出售金融资产	50 000	50 000	0								0
3	三、持有至到期投资											
4	四、衍生工具											
5	五、交易性金融负债											
6	六、长期股权投资	600 000	300 000	−300 000								−300 000
7	七、短期投资											
8	八、长期债券投资											
9	九、其他											
10	合计（1＋2＋3＋4＋5＋6＋7＋8＋9）	720 000	420 000	−300 000	1 020 000	1 020 000	1 000 000	1 000 000	20 000	20 000	0	−300 000

表4-19 （A105040）专项用途财政性资金纳税调整明细表

行次	项目	取得年度	财政性资金	其中：符合不征税收入条件的财政性资金		以前年度支出情况					本年支出情况		本年结余情况		
				金额	其中：计入本年损益的金额	前五年度	前四年度	前三年度	前二年度	前一年度	支出金额	其中：费用化支出金额	结余金额	其中：上缴财政金额	应计入本年应税收入金额
		1	2	3	4	5	6	7	8	9	10	11	12	13	14
1	前五年度	2019年	0	0									0.00		0.00
2	前四年度	2020年	0	0		*							0.00		
3	前三年度	2021年	0	0		*	*						0.00		
4	前二年度	2022年	0	0		*	*	*					0.00		
5	前一年度	2023年	0	0		*	*	*	*				0.00		
6	本年	2024年	200 000	200 000		*	*	*	*	*			0.00		
7	合计（1+2+3+4+5+6）	*	20 000	20 000	0.00	*	*	*	*	*	0.00	0.00	0.00	0.00	0.00

表4－20 （A105050）职工薪酬支出及纳税调整明细表

行次	项目	账载金额	实际发生额	税收规定扣除率	以前年度累计结转扣除额	税收金额	纳税调整金额	累计结转以后年度扣除额
		1	2	3	4	5	6（1－5）	7（2＋4－5）
1	一、工资薪金支出	17 000 000	17 000 000	*	*	17 000 000		*
2	其中：股权激励			*	*			*
3	二、职工福利费支出	2 550 000	2 550 000	14%	*	2 380 000	170 000	*
4	三、职工教育经费支出	450 000	450 000	*		450 000		
5	其中：按税收规定比例扣除的职工教育经费	450 000	450 000	8%		450 000		
6	按税收规定全额扣除的职工培训费用				*			*
7	四、工会经费支出	510 000	510 000	2%	*	340 000	170 000	*
8	五、各类基本社会保障性缴款	5 899 000	5 899 000	*	*	4 964 000	935 000	*
9	六、住房公积金	1 500 000	1 500 000	*	*	1 360 000	140 000	*
10	七、补充养老保险				*			*
11	八、补充医疗保险				*			*
12	九、其他			*				
13	合计（1＋3＋4＋7＋8＋9＋10＋11＋12）	27 909 000	27 909 000	*		26 469 000	1 415 000	

表4-21 （A105060）广告费和业务宣传费等跨年度纳税调整明细表

行次	项目	广告费和业务宣传费	保险企业手续费及佣金支出
		1	2
1	一、本年支出	15 120 000	
2	减：不允许扣除的支出	300 000	
3	二、本年符合条件的支出（1－2）	14 820 000	
4	三、本年计算扣除限额的基数	124 170 000	
5	乘：税收规定扣除率	15%	
6	四、本企业计算的扣除限额（4×5）	18 625 500	
7	五、本年结转以后年度扣除额（3＞6，本行＝3－6；3≤6，本行＝0）	0	
8	加：以前年度累计结转扣除额	2 000 000	
9	减：本年扣除的以前年度结转额［3＞6，本行＝0；3≤6，本行＝8与（6－3）孰小值］	2 000 000	
10	六、按照分摊协议归集至其他关联方的金额（10≤3与6孰小值）	0	*
11	按照分摊协议从其他关联方归集至本企业的金额	0	*
12	七、本年支出纳税调整金额（3＞6，本行＝2＋3－6＋10－11；3≤6，本行＝2＋10－11－9）	－1 700 000	
13	八、累计结转以后年度扣除额（7＋8－9）		

表 4-22 （A105070）捐赠支出及纳税调整明细表

行次	项目	账载金额	以前年度结转可扣除的捐赠额	按税收规定计算的扣除限额	税收金额	纳税调增金额	纳税调减金额	可结转以后年度扣除的捐赠额
		1	2	3	4	5	6	7
1	一、非公益性捐赠	553 500	*	*	*	553 500	*	*
2	二、限额扣除的公益性捐赠（3+4+5+6）	100 000		4 959 180	100 000			
3	前三年度（　　年）	*		*	*	*		*
4	前二年度（　　年）	*		*	*	*		
5	前一年度（　　年）	*		*	*	*		
6	本　年（2024年）	100 000	*	4 959 180	100 000		*	
7	三、全额扣除的公益性捐赠		*	*		*	*	*
8	1.		*	*		*	*	*
9	2.		*	*		*	*	*
10	3.		*	*		*	*	*
11	合计（1+2+7）	653 500		4 959 180	100 000	553 500		0
附列资料	2015年度至本年发生的公益性扶贫捐赠合计金额		*	*		*	*	*

表4-23　（A105080）资产折旧、摊销及纳税调整明细表

行次	项目	账载金额			税收金额					纳税调整金额
		资产原值	本年折旧、摊销额	累计折旧、摊销额	资产计税基础	税收折旧、摊销额	享受加速折旧政策的资产按税收一般规定计算的折旧、摊销额	加速折旧、摊销统计额	累计折旧、摊销额	
		1	2	3	4	5	6	7(5−6)	8	9(2−5)
1	一、固定资产(2+3+4+5+6+7)	17 400 000	1 300 000	4 570 000	14 550 000	1 100 000	*	*	3 950 000	200 000
2	（一）房屋、建筑物	15 000 000	750 000	3 750 000	12 400 000	650 000	*	*	3 250 000	100 000
3	（二）飞机、火车、轮船、机器、机械和其他生产设备	1 400 000	270 000	540 000	1 150 000	250 000	*	*	500 000	20 000
4	（三）与生产经营活动有关的器具、工具、家具等						*	*		
5	（四）飞机、火车、轮船以外的运输工具						*	*		
6	（五）电子设备	1 000 000	280 000	280 000	1 000 000	200 000	*	*	200 000	80 000
7	（六）其他						*	*		
8	二、生产性生物资产(9+10)						*	*		
9	（一）林木类						*	*		
10	（二）畜类						*	*		
11	三、无形资产(12+13+14+15+16+17+18+19)						*	*		
12	（一）专利权						*	*		

（续表）

行次	项目	账载金额			税收金额					纳税调整金额
		资产原值	本年折旧、摊销额	累计折旧、摊销额	资产计税基础	税收折旧、摊销额	享受加速折旧政策的资产按税收一般规定计算的折旧、摊销额	加速折旧、摊销统计额	累计折旧、摊销额	
		1	2	3	4	5	6	7(5－6)	8	9(2－5)
13	（二）商标权						*	*		
14	（三）著作权						*	*		
15	（四）土地使用权						*	*		
16	（五）非专利技术						*	*		
17	（六）特许权使用费						*	*		
18	（七）软件						*	*		
19	（八）其他						*	*		
20	四、长期待摊费用(21＋22＋23＋24＋25)						*	*		
21	（一）已足额提取折旧的固定资产的改建支出						*	*		
22	（二）租入固定资产的改建支出						*	*		
23	（三）固定资产的大修理支出						*	*		
24	（四）开办费						*	*		
25	（五）其他						*	*		

（续表）

行次	项目		账载金额			税收金额					纳税调整金额
			资产原值	本年折旧、摊销额	累计折旧、摊销额	资产计税基础	税收折旧、摊销额	享受加速折旧政策的资产按税收一般规定计算的折旧、摊销额	加速折旧、摊销统计额	累计折旧、摊销额	
			1	2	3	4	5	6	7(5－6)	8	9(2－5)
26	五、油气勘探投资							*	*		
27	六、油气开发投资							*	*		
28	享受资产加速折旧(摊销)及一次性扣除(摊销)政策的资产加速折旧(摊销)额大于一般折旧(摊销)额的部分	(一)加速折旧(摊销)									*
28.1		(填写优惠事项名称)									*
28.2		(填写优惠事项名称)									*
29		(二)一次性扣除(摊销)									*
29.1		(填写优惠事项名称)									*
29.2		(填写优惠事项名称)									*
30	合计		17 400 000	1 300 000	4 750 000	14 550 000	1 100 000			3 950 000	200 000
附列资料		全民所有制企业公司制改制资产评估增值政策资产						*	*		

表4-24 （A106000）企业所得税弥补亏损明细表

行次	项目	年度	当年境内所得额	分立转出的亏损额	合并、分立转入的亏损额			弥补亏损企业类型	当年亏损额	当年待弥补的亏损额	用本年度所得额弥补的以前年度亏损额		当年可结转以后年度弥补的亏损额
					可弥补年限5年	可弥补年限8年	可弥补年限10年				使用境内所得弥补	使用境外所得弥补	
		1	2	3	4	5	6	7	8	9	10	11	12
1	前十年度												
2	前九年度												
3	前八年度												
4	前七年度												
5	前六年度												
6	前五年度	2019	−3 000 000					100	3 000 000	0			
7	前四年度	2020	2 000 000					100					
8	前三年度	2021	−4 000 000					100	4 000 000	2 000 000	2 000 000		
9	前二年度	2022	3 000 000					100					
10	前一年度	2023	−1 000 000					100	1 000 000	1 000 000	1 000 000		
11	本年度	2024	28 540 000					100			3 000 000		
12	可结转以后年度弥补的亏损额合计												0

表4-25 （A107011）符合条件的居民企业之间的股息、红利等权益性投资收益优惠明细表

行次	被投资企业	被投资企业统一社会信用代码（纳税人识别号）	投资性质	投资成本	投资比例	被投资企业利润分配确认金额		被投资企业清算确认金额			撤回或减少投资确认金额						合计
						被投资企业做出利润分配或转股决定时间	依决定归属于本公司的股息、红利等权益性投资收益金额	分得的被投资企业清算剩余资产	被清算企业累计未分配利润和累计盈余公积应享有部分	应确认的股息所得	从被投资企业撤回或减少投资取得的资产	减少投资比例	收回初始投资成本	取得资产中超过收回初始投资成本部分	撤回或减少投资应享有被投资企业累计未分配利润和累计盈余公积	应确认的股息所得	
	1	2	3	4	5	6	7	8	9	10（8与9孰小）	11	12	13（4×12）	14（11－13）	15	16（14与15孰小）	17（7＋10＋16）
1	A公司		直接投资	2 800 000	30%		300 000										300 000
2	B公司		直接投资	1 000 000	10%		50 000										50 000
3																	
4																	
5																	
6																	
7																	
8	合计																350 000
9	其中：直接投资或非H股票投资																
10	股票投资—沪港通H股																
11	股票投资—深港通H股																
12	创新企业CDR																
13	永续债																

表4-26 （A107012）研发费用加计扣除优惠明细表

行次	项目	金额（数量）
1	本年可享受研发费用加计扣除项目数量	1
2	一、自主研发、合作研发、集中研发（3+7+16+19+23+34）	300 000
3	（一）人员人工费用（4+5+6）	
4	1. 直接从事研发活动人员工资薪金	
5	2. 直接从事研发活动人员五险一金	
6	3. 外聘研发人员的劳务费用	
7	（二）直接投入费用（8+9+10+11+12+13+14+15）	
8	1. 研发活动直接消耗材料费用	
9	2. 研发活动直接消耗燃料费用	
10	3. 研发活动直接消耗动力费用	
11	4. 用于中间试验和产品试制的模具、工艺装备开发及制造费	
12	5. 用于不构成固定资产的样品、样机及一般测试手段购置费	
13	6. 用于试制产品的检验费	
14	7. 用于研发活动的仪器、设备的运行维护、调整、检验、维修等费用	
15	8. 通过经营租赁方式租入的用于研发活动的仪器、设备租赁费	
16	（三）折旧费用（17+18）	
17	1. 用于研发活动的仪器的折旧费	
18	2. 用于研发活动的设备的折旧费	
19	（四）无形资产摊销（20+21+22）	
20	1. 用于研发活动的软件的摊销费用	
21	2. 用于研发活动的专利权的摊销费用	
22	3. 用于研发活动的非专利技术（包括许可证、专有技术、设计和计算方法等）的摊销费用	
23	（五）新产品设计费等（24+25+26+27）	300 000
24	1. 新产品设计费	300 000
25	2. 新工艺规程制定费	
26	3. 新药研制的临床试验费	
27	4. 勘探开发技术的现场试验费	
28	（六）其他相关费用（29+30+31+32+33）	

（续表）

行次	项目	金额（数量）
29	1. 技术图书资料费、资料翻译费、专家咨询费、高新科技研发保险费	
30	2. 研发成果的检索、分析、评议、论证、鉴定、评审、评估、验收费用	
31	3. 知识产权的申请费、注册费、代理费	
32	4. 职工福利费、补充养老保险费、补充医疗保险费	
33	5. 差旅费、会议费	
34	（七）经限额调整后的其他相关费用	
35	二、委托研发（36 + 37 + 39）	
36	（一）委托境内机构或个人进行研发活动所发生的费用	
37	（二）委托境外机构进行研发活动发生的费用	
38	其中：允许加计扣除的委托境外机构进行研发活动发生的费用	
39	（三）委托境外个人进行研发活动发生的费用	
40	三、年度研发费用小计（2 + 36 × 80% + 38）	300 000
41	（一）本年费用化金额	300 000
42	（二）本年资本化金额	
43	四、本年形成无形资产摊销额	
44	五、以前年度形成无形资产本年摊销额	
45	六、允许扣除的研发费用合计（41 + 43 + 44）	300 000
46	减：特殊收入部分	
47	七、允许扣除的研发费用抵减特殊收入后的金额（45 − 46）	
48	减：当年销售研发活动直接形成产品（包括组成部分）对应的材料部分	
49	减：以前年度销售研发活动直接形成产品（包括组成部分）对应材料部分结转金额	
50	八、加计扣除比例（%）	100%
51	九、本年研发费用加计扣除总额（47 − 48 − 49）× 50	300 000
52	十、销售研发活动直接形成产品（包括组成部分）对应材料部分结转以后年度扣减金额（当 47 − 48 − 49 ≥ 0，本行 = 0；当 47 − 48 − 49 < 0，本行 = 47 − 48 − 49 的绝对值）	

表4-27 （A108000）境外所得税收抵免明细表

行次	国家（地区）	境外税前所得	境外所得纳税调整后所得	弥补境外以前年度亏损	境外应纳税所得额	抵减境内亏损	抵减境内亏损后的境外应纳税所得额	税率	境外所得应纳税额	境外所得可抵免税额	境外所得抵免限额	本年可抵免境外所得税额	未超过境外所得税抵免限额的余额	本年可抵免以前年度未抵免境外所得税额	按简易办法计算				境外所得抵免所得税额合计
															按低于12.5%的实际税率计算的抵免额	按12.5%计算的抵免额	按25%计算的抵免额	小计	
	1	2	3	4	5(3－4)	6	7(5－6)	8	9(7×8)	10	11	12	13(11－12)	14	15	16	17	18(15+16+17)	19(12+14+18)
1	A国	4 187 500	4 187 500		4 187 500		4 187 500	25%	1 046 875	837 500	1 046 875	837 500	209 375	0					837 500
2	B国	15 000 000	15 000 000		15 000 000		15 000 000	25%	3 750 000	4 500 000	3 750 000	3 750 000	0	0					3 750 000
3	C国	－3 600 000	－3 600 000		－3 600 000		－3 600 000												
4																			
5																			
6																			
7																			
8																			
9																			
10	合计	15 587 500	15 587 500		15 587 500		15 587 500		4 796 875	5 337 500	4 796 875	4 587 500	209 375						4 587 500

表4-28 （A108010）境外所得纳税调整后所得明细表

行次	国家（地区）	境外税后所得								境外所得可抵免的所得税额				境外税前所得	境外分支机构收入与支出纳税调整额	境外分支机构调整分摊扣除的有关成本费用	境外所得对应调整的相关成本费用支出	境外所得纳税调整后所得	其中：新增境外直接投资所得							
																			新设境外分支机构所得					新增境外直接投资相对应的股息所得		境外享受免税政策的所得小计
		分支机构营业利润所得	股息、红利等权益性投资所得	利息所得	租金所得	特许权使用费所得	财产转让所得	其他所得	小计	直接缴纳的所得税额	间接负担的所得税额	享受税收饶让抵免税额	小计						营业利润	调整分摊扣除的有关成本费用	纳税调整额	纳税调整后所得	境外所得税额	对应的股息所得	对应的股息境外所得税额	
	1	2	3	4	5	6	7	8	9（2+3+4+5+6+7+8）	10	11	12	13（10+11+12）	14（9+10+11）	15	16	17	18（14+15−16−17）	19	20	21	22（19−20+21）	23	24	25	26（22+24）
1	A国		3 350 000						3 350 000		837 500		837 500	4 187 500				4 187 500								
2	B国		10 500 000						10 500 000		4 500 000		4 500 000	15 000 000				15 000 000								
3	C国		−3 600 000						−3 600 000					−3 600 000				−3 600 000								
4																										
…																										
9																										
10	合计		10 250 000						10 250 000		5 337 500		5 337 500	15 587 500				15 587 500								

表4-29 （A100000）企业所得税年度纳税申报主表

行次	类别	项目	金额
1	利润总额计算	一、营业收入（填写A101010/101020/103000）	122 670 000
2		减：营业成本（填写A102010/102020/103000）	61 650 000
3		减：税金及附加	1 200 000
4		减：销售费用（填写A104000）	18 464 000
5		减：管理费用（填写A104000）	7 698 000
6		减：研发费用（填写A104000）	300 000
7		减：财务费用（填写A104000）	2 710 000
8		加：其他收益	
9		加：投资收益（损失以‘－’号填列）	10 985 000
10		加：净敞口套期收益（损失以‘－’号填列）	
11		加：公允价值变动收益（损失以‘－’号填列）	30 000
12		加：信用减值损失（损失以‘－’号填列）	－350 000
13		加：资产减值损失（损失以‘－’号填列）	
14		加：资产处置收益（损失以‘－’号填列）	
15		二、营业利润（亏损以‘－’号填列）	41 313 000
16		加：营业外收入（填写A101010/101020/103000）	873 000
17		减：营业外支出（填写A102010/102020/103000）	823 500
18		三、利润总额（15＋16－17）	41 362 500
19	应纳税所得额计算	减：境外所得（填写A108010）	10 250 000
20		加：纳税调整增加额（填写A105000）	5 423 500
21		减：纳税调整减少额（填写A105000）	3 680 000
22		减：免税、减计收入及加计扣除（22.1＋22.2＋…）	1 280 000
22.1		取得国债利息收入免征企业所得税	30 000
22.2		符合条件的居民企业之间的股息、红利等权益性投资收益免征企业所得税	350 000
22.3		企业开发新技术、新产品、新工艺发生的研究开发费用加计扣除（按100%加计扣除）	300 000
22.4		安置残疾人员所支付的工资加计扣除	600 000
23		加：境外应税所得抵减境内亏损（填写A108000）	

（续表）

行次	类别	项目	金额
24	应纳税所得额计算	四、纳税调整后所得（18－19＋20－21－22＋23）	315 760 000
25		减：所得减免（填写A107020）	0
26		减：弥补以前年度亏损（填写A106000）	3 000 000
27		减：抵扣应纳税所得额（填写A107030）	0
28		五、应纳税所得额（24－25－26－27）	28 576 000
29	应纳税额计算	税率（25%）	25%
30		六、应纳所得税额（28×29）	7 144 000
31		减：减免所得税额（31.1＋31.2＋…）	
31.1		（填写优惠事项名称）	
31.2		（填写优惠事项名称）	
32		减：抵免所得税额（填写A107050）	
33		七、应纳税额（30－31－32）	7 144 000
34		加：境外所得应纳所得税额（填写A108000）	4 796 875
35		减：境外所得抵免所得税额（填写A108000）	4 587 500
36		八、实际应纳所得税额（33＋34－35）	7 353 375
37	实际应补（退）税额计算	减：本年累计预缴所得税额	7 000 000
38		九、本年应补（退）所得税额（36－37）	353 375
39		其中：总机构分摊本年应补（退）所得税额（填写A109000）	
40		财政集中分配本年应补（退）所得税额（填写A109000）	
41		总机构主体生产经营部门分摊本年应补（退）所得税额（填写A109000）	
42		减：民族自治地区企业所得税地方分享部分：（□ 免征 □ 减征：减征幅度__%）	
43		减：稽查查补（退）所得税额	
44		减：特别纳税调整补（退）所得税额	
45		十、本年实际应补（退）所得税额（38－42－43－44）	353 375

课堂讨论

在企业所得税汇算清缴中，费用扣除是影响企业应纳税所得额的重要因素。企业可以扣除哪些费用？费用扣除的标准是什么？你觉得应如何确保费用扣除的合法性和合理性？

（四）企业所得税预缴申报实例

企业所得税预缴申报实例如【技能训练4–25】所示。

文本

《中华人民共和国企业所得税月（季）度预缴纳税申报表（A类）》（2021版）

技能训练 4–25

东辰公司基本信息如【技能训练4–24】所示，企业所得税按季度预缴纳，并于每季季末的次月12日申报。东辰公司2025年第二季度有关生产经营情况如下。

（1）第2季度末累计销售商品取得不含税收入6 000万元；取得不动产不含税租金收入12万元；包装物不含税租金收入2万元；取得地方政府债券利息收入20万元；取得按成本法核算的对B公司直接股权投资现金股利10万元。

（2）第2季度末累计商品销售成本4 000万元；出租包装物摊销1万元。

（3）第2季度末累计利润总额1 600万元。

（4）第1季度末购入，本季度开始投入使用检测设备一批（共10台）。该设备单价6 000元，共计60 000元，东辰公司一次性计入了管理费用。按照税收一般规定计算的折旧年限5年，月折旧额1 000元；

（5）2025年第一季度已预缴企业所得税200万元。

要求：根据上述资料，填写东辰公司2025年第二季度企业所得税预缴纳申报表及附表。

技能训练 4–25 解析

东辰公司2025年第二季度企业所得税预缴纳申报表及附表填写结果如表4–29和表4–30所示。

表4-29 （A200000）中华人民共和国企业所得税月（季）度预缴纳税申报表（A类）

税款所属期间：2025年4月1日至2025年6月30日

纳税人识别号（统一社会信用代码）：913301006998310551

纳税人名称：北京市东辰电器制造有限公司　　　　金额单位：人民币元（列至角分）

<table>
<tr><td colspan="10">优惠及附报事项有关信息</td></tr>
<tr><td rowspan="2">项目</td><td colspan="2">一季度</td><td colspan="2">二季度</td><td colspan="2">三季度</td><td colspan="2">四季度</td><td rowspan="2">季度平均值</td></tr>
<tr><td>季初</td><td>季末</td><td>季初</td><td>季末</td><td>季初</td><td>季末</td><td>季初</td><td>季末</td></tr>
<tr><td>从业人数</td><td></td><td></td><td></td><td></td><td></td><td></td><td></td><td></td><td></td></tr>
<tr><td>资产总额（万元）</td><td></td><td></td><td></td><td></td><td></td><td></td><td></td><td></td><td></td></tr>
<tr><td>国家限制或禁止行业</td><td colspan="4">□是　☑否</td><td colspan="4">小型微利企业</td><td>□是　☑否</td></tr>
<tr><td>行次</td><td colspan="8">附报事项名称</td><td>金额或选项</td></tr>
<tr><td>事项1</td><td colspan="8">（填写特定事项名称）</td><td></td></tr>
<tr><td>事项2</td><td colspan="8">（填写特定事项名称）</td><td></td></tr>
</table>

	预缴税款计算	本年累计
1	营业收入	60 140 000
2	营业成本	40 010 000
3	利润总额	16 000 000
4	加：特定业务计算的应纳税所得额	
5	减：不征税收入	
6	减：固定资产加速折旧、摊销（扣除）调减额（填写A201020）	
7	减：免税收入、减计收入、加计扣除（7.1＋7.2＋…）	300 000
7.1	取得的地方政府债券利息收入免征企业所得税	200 000
7.2	一般企业股息红利权益性投资收益免征企业所得税	100 000
8	减：所得减免（8.1＋8.2＋…）	
8.1	（填写优惠事项名称）	
8.2	（填写优惠事项名称）	
9	减：弥补以前年度亏损	
10	实际利润额（3＋4－5－6－7－8－9）\按照上一纳税年度应纳税所得额平均额确定的应纳税所得额	15 700 000
11	税率（25%）	25%
12	应纳所得税额（10×11）	3 925 000

（续表）

<table>
<tr><td></td><td colspan="3">预缴税款计算</td><td>本年累计</td></tr>
<tr><td>13</td><td colspan="3">减：减免所得税额（13.1 + 13.2 + …）</td><td></td></tr>
<tr><td>13.1</td><td colspan="3">（填写优惠事项名称）</td><td></td></tr>
<tr><td>13.2</td><td colspan="3">（填写优惠事项名称）</td><td></td></tr>
<tr><td>14</td><td colspan="3">减：本年实际已缴纳所得税额</td><td>2 000 000</td></tr>
<tr><td>15</td><td colspan="3">减：特定业务预缴（征）所得税额</td><td></td></tr>
<tr><td>16</td><td colspan="3">本期应补（退）所得税额（12 − 13 − 14 − 15）\税务机关确定的本期应纳所得税额</td><td>1 925 000</td></tr>
<tr><td colspan="5">汇总纳税企业总分机构税款计算</td></tr>
<tr><td>17</td><td rowspan="4">总机构</td><td colspan="2">总机构本期分摊应补（退）所得税额（18 + 19 + 20）</td><td></td></tr>
<tr><td>18</td><td colspan="2">其中：总机构分摊应补（退）所得税额（16 × 总机构分摊比例____%）</td><td></td></tr>
<tr><td>19</td><td colspan="2">财政集中分配应补（退）所得税额（16 × 财政集中分配比例____%）</td><td></td></tr>
<tr><td>20</td><td colspan="2">总机构具有主体生产经营职能的部门分摊所得税额（16 × 全部分支机构分摊比例____% × 总机构具有主体生产经营职能部门分摊比例____%）</td><td></td></tr>
<tr><td>21</td><td rowspan="2">分支机构</td><td colspan="2">分支机构本期分摊比例</td><td></td></tr>
<tr><td>22</td><td colspan="2">分支机构本期分摊应补（退）所得税额</td><td></td></tr>
<tr><td colspan="5">实际缴纳企业所得税计算</td></tr>
<tr><td>23</td><td colspan="2">减：民族自治地区企业所得税地方分享部分：□免征　□减征：减征幅度____%</td><td>本年累计应减免金额
［（12 − 13 − 15）× 40% × 减征幅度］</td><td></td></tr>
<tr><td>24</td><td colspan="3">实际应补（退）所得税额</td><td></td></tr>
<tr><td colspan="5">谨声明：本纳税申报表是根据国家税收法律法规及相关规定填报的，是真实的、可靠的、完整的。
纳税人（签章）：北京市东辰电器制造有限公司　　2025年7月12日</td></tr>
<tr><td colspan="3">经办人：
经办人身份证号：
代理机构签章：
代理机构统一社会信用代码：</td><td colspan="2">受理人：
受理税务机关（章）：
受理日期：　年　月　日</td></tr>
</table>

国家税务总局监制

表4-30 （A201020）资产加速折旧、摊销（扣除）优惠明细表

行次	项目	本年享受优惠的资产原值	本年累计折旧\摊销（扣除）金额				
			账载折旧\摊销金额	按照税收一般规定计算的折旧\摊销金额	享受加速政策计算的折旧\摊销金额	纳税调减金额	享受加速政策优惠金额
		1	2	3	4	5	6（4－3）
1	一、加速折旧、摊销（不含一次性扣除，1.1＋1.2＋…）						
1.1	（填写优惠事项名称）						
1.2	（填写优惠事项名称）						
2	二、一次性扣除（2.1＋2.2＋…）						
2.1	500万元以下设备器具一次性扣除	60 000	60 000	3 000	60 000	0	57 000
2.2	（填写优惠事项名称）						
3	合计（1＋2）						

课堂讨论

小型微利企业在进行企业所得税预缴时需要注意哪些问题？如果企业预缴后发现不符合小型微利企业条件，需要补缴税款吗？

引例解析

企业应自年度终了之日起5个月内，向当地税务机关报送《中华人民共和国企业所得税年度纳税申报表（A类，2017年版）》（2024年修订）。其中基础信息表和主表为必填表，其余表单由企业根据实际情况选择需要填写。企业无论盈利或者亏损，都应当向税务机关报送预缴企业所得税纳税申报表、年度企业所得税纳税申报表、财务会计报告和税务机关规定应当报送的其他有关资料。

公司应纳企业所得税计算如下：

（1）三项经费扣除限额分别是：$700\times14\%=98$（万元）；$700\times8\%=56$（万元）；$700\times2\%=14$（万元）；实际发生额分别是100万元、60万元和10万元，所以税前可以扣除的金额分别是98万元、56万元和10万元。

（2）非广告性质的赞助支出不得税前扣除。

（3）应纳税所得额 $=200+(100-98)+(60-56)+15=221$（万元）

2024年公司应纳税额 $=221\times25\%\times20\%=11.05$（万元）。

• 诚信纳税　为国聚财 •

新电子税务局：开启“一键办税”新时代

国家税务总局于2024年12月宣布，全国统一规范的新电子税务局正式建成并推广上线。新系统以税收大数据为驱动，实现了税费服务的数字化、智能化、场景化升级，大幅提升办税缴费的便利度和效率。

新电子税务局上线后，97%的税费事项和99%的纳税申报事项可实现线上全流程办理。纳税人通过网站或客户端即可办理发票业务、税务登记、税费申报和税款缴纳等多项业务。目前，线上业务办理量占全部业务的89%，90%的高频业务可在3分钟内完成。

企业注销流程也得到优化。依托新系统的征纳互动功能，税务部门构建“远程虚拟窗口”和“跨区域通办窗口”，通过远程身份核验、音视频互动等技术，实现异地注销“跨域办”“云端办”。当年第三季度，全国享受“即办”“容缺办”服务的纳税人占比超过96%，企业办税成本大幅降低。社保缴费方面，各地税务部门优化线上“一网通办”举措，基本实现企业社保缴费网上办、个人缴费掌上办。

新电子税务局的“自动算税”功能，让企业办税人员的申报工作量减少了近70%。税务部门运用税收大数据，实现多个税费种申报的自动数据提取、计算税额和预填报表，86项预填税费业务可直接确认或补录少量数据完成申报，大幅减轻了办税负担。

此外，税务部门推行"关联申报"服务模式，实现增值税、企业所得税等15个税费种的关联申报和一键缴税，申报时间缩短至分钟级，90%的纳税人可在3分钟内完成申报。大型企业集团的部分税种还可实现"集团统办"，进一步提升服务便利化水平。

新电子税务局为税费优惠政策的精准落地提供了有力支持。税务总局优化"政策找人"机制，依托大数据智能匹配优惠政策与适用对象，精准推送税费优惠政策。2024年前11个月，已累计向近4亿户（人）次纳税人推送优惠政策。

下一步，税务总局将继续优化新电子税务局功能，推出更多便捷、高效、智能的服务举措，持续提升办税缴费便利度，助力经济高质量发展。

思考训练题

一、单项选择题

1. 根据《企业所得税法》的规定，下列是企业所得税纳税人的是（　　）。

A. 个体工商户　　B. 个人独资企业

C. 合伙企业　　D. 社会团体非居民企业

2. 企业应当自月份或季度终了之日起（　　）日内，向税务机关报送预缴企业所得税申报表预缴税款。

A. 10　　B. 15　　C. 7　　D. 5

3. 下列项目中，应计入应纳税所得额征收企业所得税的是（　　）。

A. 债务重组时债务人取得的重组收益

B. 依法纳入财政管理的行政事业性收费

C. 企业购买国债取得的利息收入

D. 居民企业直接投资于其他居民企业取得的投资收益

4. 下列各项中，关于企业所得税所得来源地确定的表述中，正确的是（　　）。

A. 权益性投资资产转让所得按照投资企业所在地确定

B. 销售货物所得，按照交易活动发生地确定

C. 提供劳务所得，按照所得支付地确定

D. 转让不动产，按照转让不动产的企业或机构、场所所在地确定

5. 下列关于居民企业和非居民企业的说法中，不符合企业所得税法规定的是（　　）。

A. 企业分为居民企业和非居民企业

B. 居民企业应当就其来源于中国境内、境外所得缴纳企业所得税

C. 非居民企业在中国境内设立机构、场所，应当就其来源于中国境内外的且与该机构、场所有实际联系的所得缴纳企业所得税

D. 非居民企业在中国境内未设立机构、场所的，只就其来源于中国境内的所得缴纳企业所得税

6. 根据企业所得税法法律制度规定，下列各项中不正确的是（　　）。

A. 居民企业适用税率为25%

B. 国家重点扶持的高新技术企业减按15%的税率征税

C. 符合条件的小型微利企业适用税率为20%

D. 未在中国境内设立机构、场所的非居民企业，取得中国境内的所得适用税率为15%

7. 根据企业所得税相关法律制度的规定，在计算企业应纳税所得额时，除国务院财政、税务主管部门另有规定外，有关费用支出不超过规定比例的准予扣除，超过部分，准予在以后纳税年度结转扣除。下列各项中，属于该有关费用的是（　　）。

A. 工会经费　　B. 社会保险费

C. 职工福利费　　D. 职工教育经费

8. 根据企业所得税法律制度的规定，企业的下列资产或支出项目中，按规定可以计提折旧税前扣除的是（　　）。

A. 未投入使用的机器设备　　B. 单独估价作为固定资产入账的土地

C. 以经营租赁方式租入的固定资产　　D. 自行建造投入使用的固定资产

9. 根据企业所得税法律制度的规定，下列各项中应以同类固定资产的重置完全价值为计税基础的是（　　）。

A. 盘盈的固定资产　　B. 自行建造的固定资产

C. 外购的固定资产　　D. 通过捐赠取得的固定资产

10. 下列收入属于企业所得税不征税收入的是（　　）。

A. 转让财产收入　　B. 财政拨款收入

C. 国债利息收入　　D. 居民企业之间的股息收入

11. 某居民企业2024年度利润总额为50万元，未调整捐赠前的应纳税所得额为55万元。当年“营业外支出”账户中列支了通过当地教育部门向农村义务教育的捐赠6.5万元。该企业享受小微企业企业所得税优惠政策。2024年应缴纳的企业所得税是（　　）。

A. 2.750万元　　B. 2.775万元

C. 2.500万元　　D. 11.100万元

12. 境外某公司在中国境内未设立机构、场所，2024年取得境内甲公司支付的股息600万元，发生相关支出1万元，取得境内乙公司支付的特许权使用费250万元，发生相关支出2万元。2024年度该境外公司在我国的应纳税所得额是（　　）。

A. 248万元　　B. 599万元

C. 847万元　　D. 850万元

13. 某居民企业2024年将自行开发的一项专利技术所有权进行转让，当年取得转让收入900万元，与技术所有权转让有关的成本和费用200万元。已知企业所得税税率为25%，该项财产转让所得应纳企业所得税是（　　）。

A. 20万元　　B. 25万元

C. 50万元　　D. 175万元

14. 某服装销售企业2024年销售货物收入3 000万元。当年实际发生业务招待费30万元，该企业在计算2024年度企业所得税应纳税所得额时，准予扣除的业务招待费金额为（　　）。

A. 10万元　　B. 12万元

C. 15万元　　D. 18万元

15. 某居民企业2024年度支出合理的工资、薪金总额1 000万元，按规定标准为职工缴纳基本社会保险费250万元，为受雇的全体员工支付补充养老保险费80万元，补充医疗保险费45万元，为公司高管缴纳商业保险费30万元。该公司2024年度发生的上述保险费在计算应纳税所得额时准予扣除的数额是（　　）。

A. 405万元
B. 375万元
C. 380万元
D. 345万元

二、多项选择题

1. 依据《企业所得税法》的规定，判定居民企业的标准有（　　）。

A. 登记注册地标准
B. 经营行为实际发生地标准
C. 所得来源地标准
D. 实际管理机构所在地标准

2. 根据企业所得税法律制度的规定，下列关于企业所得来源地确定的说法中，正确的有（　　）。

A. 销售货物所得，按照交易活动发生地确定
B. 提供劳务所得，按照提供劳务的企业或者机构、场所所在地确定
C. 股息、红利等权益性投资所得，按照分配所得的企业所在地确定
D. 权益性投资资产转让所得，按照被投资企业所在地确定

3. 根据企业所得税法律制度的规定，下列各项关于收入确认的表述中，正确的有（　　）。

A. 企业以非货币形式取得的收入，应当按照公允价值确定收入额
B. 以分期收款方式销售货物的，按照合同约定的收款日期确认收入的实现
C. 采取产品分成方式取得收入的，按照企业分得产品的日期确认收入的实现，其收入额按照产品的公允价值确定
D. 接受捐赠收入，按照承诺捐赠资产的日期确定收入

4. 下列（　　）税金在计算应纳税所得额时，不得扣除。

A. 企业所得税
B. 允许抵扣的增值税
C. 消费税
D. 印花税

5. 企业发生下列情形的处置资产，按规定视同销售确定收入的有（　　）。

A. 用于非货币性资产交换
B. 用于职工奖励或福利
C. 用于股息分配
D. 用于对外捐赠

6. 在计算应纳税所得额时，下列支出不得扣除（　　）。

A. 向投资者支付的股息、红利等权益性投资收益款项
B. 税收滞纳金
C. 企业所得税税款
D. 经核定的准备金支出

7. 根据企业所得税法律制度的规定，企业使用或者销售的存货，可以选择的成本计算方法有（　　）。

A. 先进先出法
B. 加权平均法
C. 后进先出法
D. 个别计价法

8. 根据企业所得税法律制度的规定，下列固定资产项目中，在计算应纳税所得额时，准予扣除折旧的有（　　）。

A. 房屋、建筑物
B. 以经营租赁方式租出的固定资产
C. 以融资租赁方式租入的固定资产
D. 与经营活动无关的固定资产

9.《企业所得税法》中所称的应纳税所得额，是指企业每一纳税年度的收入总额，减除下列(　　)后的余额。

A. 不征税收入　　B. 免税收入

C. 各项扣除项目　　D. 允许弥补的以前年度亏损

10. 根据企业所得税相关法律制度的规定，在计算所得税时，准予扣除的有(　　)。

A. 向客户支付的合同违约金　　B. 向税务机关支付的税收滞纳金

C. 向银行支付的逾期利息　　D. 向公安部门缴纳的交通违章罚款

三、判断题

1. 企业的不征税收入用于支出所形成的费用或者财产，不得扣除或者计算对应的折旧、摊销扣除。(　　)

2. 由于个人独资企业不适用企业所得税法，所以一人有限公司也不适用企业所得税法。(　　)

3. 企业以经营租赁方式租入固定资产发生的租赁费支出，按照固定资产使用年限均匀扣除。(　　)

4. 企业所得税法中的转让财产收入是指企业转让固定资产、无形资产、流动资产、股权、股票、债券、债权等所取得的收入。(　　)

5. 居民企业在汇总计算缴纳企业所得税时，其境外营业机构的亏损可以抵减境内营业机构的盈利。(　　)

6. 企业应当自年度终了之日起5个月内，向税务机关报送年度企业所得税纳税申报表，并汇算清缴，结清应缴应退税款。(　　)

7. 企业受托加工制造大型机械设备、船舶、飞机等，以及从事建筑、安装、装配工程业务或者提供劳务等，持续时间超过12个月的，按照纳税年度内的完工进度或者完成的工作量确认收入的实现。(　　)

8. 企业发生的支出应当区分收益性支出和资本性支出。收益性支出在发生当期直接扣除；资本性支出则不得扣除。(　　)

9. 企业以买一赠一等方式组合销售本企业商品的，不属于捐赠，应将总销售金额按各项商品公允价值的比例来分摊确认各项销售收入。(　　)

10. 纳税人按财务制度规定提取的存货减值准备在计算应纳税所得额时准予扣除。(　　)

四、综合实训题

(一) 纳税人基本信息

1. 统一社会信用代码：913301006998310661

2. 纳税人名称：HZ市大发厨具有限公司

3. 生产经营地址：HZ市经济技术开发区1号大街88号

4. 税务主管机关：国家税务总局HZ市经济技术开发区税务局税源管理三科

5. 注册登记类型：股份有限公司

6. 所属行业：制造业

7. 联系电话：0571-86988888

8. 法人代表：张三

（二）企业概况

1. 注册资金：2 000万元

2. 主营业务：不锈钢厨具的生产销售、加工、修理修配

3. 职工人数：200人

4. 基本存款账户：上海浦东发展银行HZ市保俶支行账号：9503 0154 8000 02034

5. 税款征收方式：查账征收

6. 会计核算：企业会计准则

7. 纳税人类型及税种税率：增值税一般纳税人，2024年度增值税税率13%，城市维护建设税税率7%，教育费附加3%，企业所得税税率25%，不考虑地方教育附加及水利建设专项基金

8. 企业所得税汇算清缴：2025年5月11日

9. 企业所得税会计处理方法：资产负债表债务法

（三）大发厨具厂2024年度生产经营情况

1. 收入情况

（1）全年销售产品，开具增值税专用发票，不含税销售额10 000万元，款项已收。

（2）2024年1月1日，将1幢自用的仓库转作投资性房地产，出租给M公司，租赁期5年，每年的不含税租金收入为24万元，本年的租金收入已收存银行。该仓库原值与计税原值相同，均为500万元，年折旧额会计与税法均为25万元，已提折旧100万元；租赁开始日，仓库的账面价值、计税基础、公允价值均为400万元。大发厨具厂对该项投资性房地产采用公允价值模式进行后续计量。2024年12月31日，其公允价值仍为400万元。

（3）单独核算出租包装物，收取租金收入2万元（不含税）。

（4）将一批自产的市场价格（不含增值税）为10万元的不锈钢厨具作为非货币性福利发放给本企业职工。

（5）用一批自产的成本为80万元，市场价格（不含增值税）为100万元的厨具换入乙公司生产的不锈钢材料一批，交易双方均不需要补价，互开增值税专用发票。该项交易不具备商业实质，企业没有确认收入。

（6）以一批自产库存厨具抵偿所欠乙公司的债务140万元，该批库存厨具的市场价格（不含增值税）为100万元。

（7）因丙公司违反合同规定，收取违约金5万元。

（8）2024年1月1日，用银行存款对A公司进行股权投资，初始投资成本280万元，享有A公司30%有表决权的股份（A公司所有者权益1 000万元），采用权益法核算；A公司2024年度实现净利润100万元，2024年12月31日共计发放现金股利50万元。

（9）2024年1月10日，用存款100万元对B公司进行股权投资，享有B公司10%的股权。2024年12月20日，B公司共计发放现金股利50万元。

（10）2024年7月1日，按面值购买国债100万元，年利率6%，持有期间取得国债利息收入3万元，年末以102万元的价格将国债全部出售。

（11）2024年7月1日，以存款100万元购入股票10万股，另外支付相关税费0.5万元，作为交易性金融资产，持有期间获得现金股利4万元；年末，股票价格11元/股，确认公允价值变动损益。

（12）大发C厨具厂在A、B、C三国各设有一个控股子公司，本年境外投资收益账户发生额分别为：50万美元、105万英镑、−40万欧元。汇率：美元1 ∶ 6.7；英镑1 ∶ 10；欧元1 ∶ 9。

2. 成本费用等扣除项目情况

（1）结转产品销售成本5 000万元。

（2）本年度发生税金及附加100万元，其中城市维护建设税70万元，教育费附加30万元。

（3）摊销出租包装物成本1万元。

（4）结转用于职工福利的自产不锈钢厨具的成本8万元。

（5）结转用于抵债的自产货物成本80万元。

（6）发生营业外支出13万元，用存款支付。具体情况为：

① 因违反合同，支付给乙公司违约金2万元。

② 因无故延期纳税，支付税收滞纳金1万元。

③ 因违法经营接受处罚支付罚金10万元。

（7）发生销售费用合计1 346.4万元，其中：

① 本年度广告费支出共计1 000万元，其中30万元不符合税法规定，款项用存款支付。

② 业务宣传费12万元，用存款支付。

③ 工资等职工薪酬334.4万元，用存款支付。

（8）“管理费用”账户中列支金额合计799.8万元，其中：

① 业务招待费60万元。

② 符合加计扣除条件的费用化研发支出30万元。

③ 工资等职工薪酬709.8万元，已用存款支付。

（9）“财务费用”账户中列支金额合计260万元，其中：

① 向工商银行借款1 000万元，年利率6%，利息支出60万元。

② 支付给银行的罚息5万元。

③ 从乙公司借款500万元，年利率12%，利息支出60万元。

④ 从关联企业借款1 500万元（该关联企业对本企业的权益性投资500万元），年利率9%，支付利息135万元。

（10）大发厨具厂本年计提坏账准备金15万元，计入“资产减值损失”账户。

（11）企业于2021年1月1日对30名企业管理人员作出承诺，若在未来3年内不离开本企业，每人可获得1 000份股票的增值权，企业将在2024年年初以现金结算。2023年年末，企业“应付职工薪酬——股份支付”账户贷方余额30万元。2024年，享受股票增值权的企业管理人员无人行权，因股票增值，2024年年末，该负债的公允价值为40万元。

（12）本年度已列入相关成本费用的工资总额1 700万元，其中符合国家税收优惠政策可以加计扣除的残障员工工资40万元。

（13）已列入相关成本费用的实际发生职工福利费250万元，职工教育经费45万元，工会经费45万元。

（14）已列入相关成本费用的由企业负担交纳养老保险费320万元，医疗保险费200万元，工伤保险费6.8万元，失业保险费34万元，生育保险费5.1万元。工资总额1 700万元；当地规定2017年度“社会保险费”中企业负担部分的缴存比例分别为工资总额的：养老保险费15%；医疗保险费11.5%；失业保险费2%；生育保险费0.6%；工伤保险费0.4%。

（15）已列入相关成本费用的住房公积金140万元，当地规定缴存比例为工资总额的8%。

（16）已列入相关成本费用的资产折旧费合计125万元，具体情况如下：

① 电子设备原值103万元，计税原值103万元，预计净残值3万元，会计按4年直线法折旧，年折旧额25万元，期初已提折旧累计50万元；税法按5年直线法折旧，年折旧额20万元，期初

计税基础63万元。

② 大发厨具厂房屋建筑物原值1 550万元，预计净残值50万元，会计与税法均按20年直线法折旧，年初已提折旧500万元，账面价值和计税基础相同，均为1 050万元。本年因将厂房转作按公允价值模式进行后续计量投资性房地产，会计计提折旧额50万元，按税法年折旧额75万元。

③ 大发厨具厂机器设备原值310万元，预计净残值10万元，会计按6年直线法折旧，年折旧额50万元，年初累计已提折旧100万元；税法按10年直线法折旧，年折旧额30万元，年初计税基础为250万元。

（17）本年扣除以前年度结转的广告费200万元。

3. 历年盈亏情况：2019—2023年纳税调整后所得分别为：–300万元、200万元、–300万元、300万元、–100万元

4. 境外投资情况：在A国投资的应纳税所得额为418.75万元，A国企业所得税税率为20%；在B国投资的应纳税所得额为1 500万元，B国企业所得税税率为30%；在C国投资发生亏损360万元，C国企业所得税税率为25%。在境外计算的应纳税所得额与我国一致，在A、B两国分别缴纳了83.75万元和450万元的企业所得税

5. 年初应收项目账面价值1 000万元，“坏账准备”账户贷方余额85万元；年末应收项目账面价值1 100万元，“坏账准备”账户贷方余额100万元；应收项目计税基础年初和年末分别为1 085万元和1 200万元

6. 2024年年末，交易性金融资产公允价值变动10万元，借记“交易性金融资产——公允价值变动”账户，贷记“公允价值变动损益”账户

7. 2024年1—4季度共预缴企业所得税200万元

8. 大发厨具厂年初递延所得税资产借方余额83.75万元（包括未扣除的广告费所确认的递延所得税资产），递延所得税负债余额0万元

要求：

（1）根据收入情况和成本费用等扣除项目情况，编制会计分录。

（2）按税法口径，计算收入总额、免税收入。

（3）按税法规定，计算准予扣除项目的成本、费用、税金、损失。

（4）用直接法计算应纳税所得额。

（5）用直接法计算应纳所得税额（根据境内所得）。

（6）计算境外所得应补税额和实际应纳所得税额（根据境内境外所得，并考虑已纳税额扣除）。

（7）根据会计准则，计算2024年度利润总额。

（8）根据税法与会计的差异，逐项计算纳税调整增加额和纳税调整减少额。

（9）用间接法计算应纳税所得额和应纳所得税额（根据境内所得）。

（10）分析各项纳税调整项目的性质，计算本期发生的非暂时性差异、本期发生的应纳税暂时性差异、本期发生和转回的可抵扣暂时性差异。

（11）计算2024年度资产负债表日可抵扣暂时性差异、应纳税暂时性差异余额。

（12）根据资产负债表债务法，计算在2024年度资产负债表中反映的递延所得税资产及递延所得税负债金额。

（13）计算2024年度确认的递延所得税。

（14）计算在2024年度利润表中确认的所得税费用。

（15）分别按应付税款法和资产负债表债务法编制所得税会计分录。

（16）编制大发厨具厂2024年度企业所得税汇算清缴申报表（主表及附表）。

项目五

个人所得税核算与智能申报

内容导图

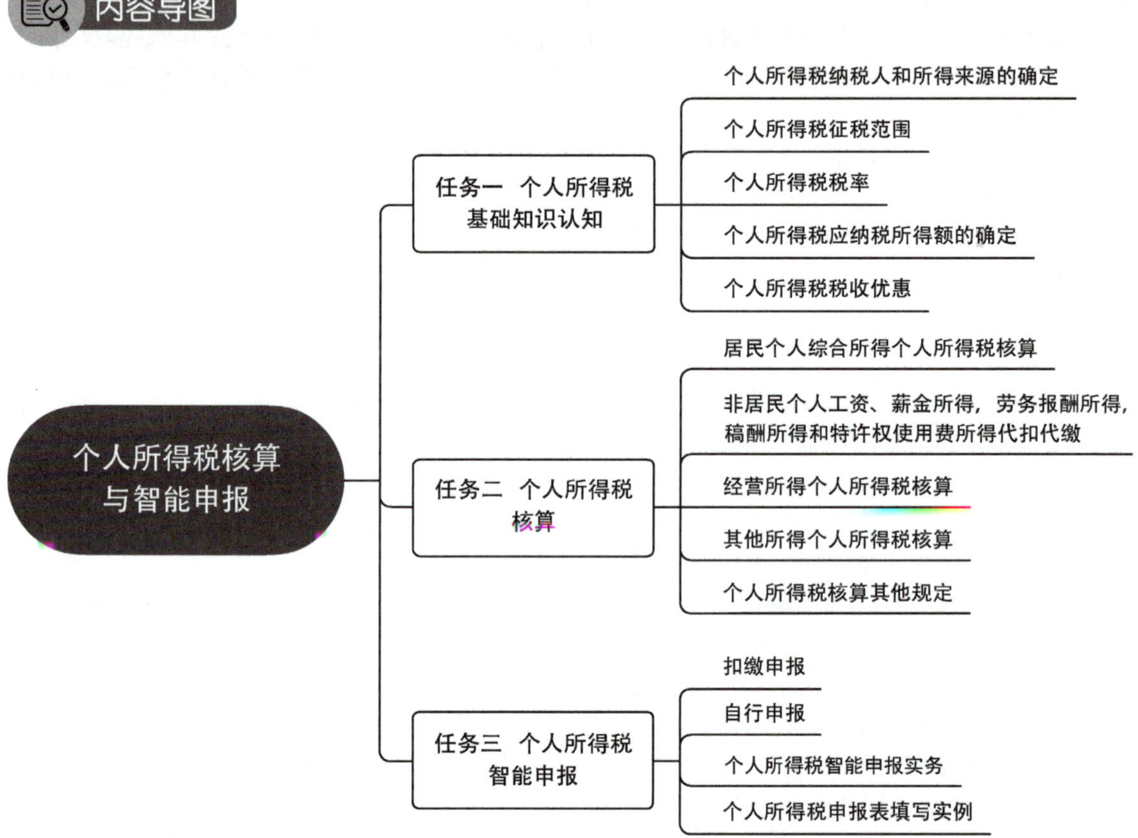

知识目标

（1）了解个人所得税的基本规定。

（2）熟悉个人所得税的源泉扣缴方法。

（3）掌握个人所得税的申报方式。

技能目标

（1）会个人所得税应纳税额的准确计算。

（2）懂个人所得税代扣代缴的账务处理。

（3）能正确使用自然人电子税务局及扣缴端。

素养目标

（1）树立诚信纳税意识，提高个人所得税依法合规操作能力。

（2）培养智能化税务管理环境下个人所得税知识的持续学习能力。

（3）理解个人所得税法实施对调节个人收入分配、促进社会公平正义的重要作用。

任务一　个人所得税基础知识认知

引导案例

每年过年是张明最开心的时候，因为他可以收到来自亲戚长辈的“压岁钱”。随着信息技术的发展，“压岁钱”的形式也发生了变化。今年，他不仅收到了长辈们发的纸质红包，还收到了亲戚们发的微信红包。最重要的是，由于今年参加了财税代理记账机构的实习，他还收到了老板给他发的拜年红包。作为一名财税专业的学生，他突然想到了一个问题，从税收法律法规的角度看，他收到各种红包后要不要缴纳个人所得税呢？

个人所得税最早产生于18世纪的英国，此后世界各国相继效仿开征。个人所得税是以自然人取得的各类应税所得为征税对象而征收的一种税，是政府利用税收对个人收入进行调节的一种手段。2024年我国个人所得税总收入为14 522亿元，占全国税收总收入的8.3%。

我国现行个人所得税法适用的是2018年8月31日修正颁布的《中华人民共和国个人所得税法》（以下简称《个人所得税法》）、同年12月18日修订颁布的《中华人民共和国个人所得税法实施条例》、同年12月22日发布的《国务院关于印发个人所得税专项附加扣除暂行办法的通知》（国发〔2018〕41号），以及《国家税务总局关于修订个人所得税申报表的公告》（国家税务总局公告2019年第46号）、2023年8月28日颁布的《国务院关于提高个人所得税有关专项附加扣除标准的通知》（国发〔2023〕13号）等一系列法律法规。

一、个人所得税纳税人和所得来源的确定

（一）个人所得税纳税人

1. 居民个人

居民个人是指在中国境内有住所，或者无住所而一个纳税年度内在中国境内居住累计满183天的个人。

个人所得税认知

所谓在中国境内有住所的个人，是指因户籍、家庭、经济利益关系，而在中国境内习惯性居住的个

人。这里所说的习惯性居住，是判定纳税人属于居民还是非居民的一个重要依据。它是指个人因学习、工作、探亲等原因消除之后，没有理由在其他地方继续居留时，所要回到的地方，而不是指实际居住或在某一个特定时期内的居住地。例如，一个纳税人因学习、工作、探亲、旅游等原因，在中国境外居住，但是在这些原因消除之后，如果必须回到中国境内居住的，则中国为该人的习惯性居住地。

所谓在境内居住累计满183天，是指在一个纳税年度（即公历1月1日起至12月31日止，下同）内，在中国境内居住满183日。无住所个人一个纳税年度内在中国境内累计居住天数，按照个人在中国境内累计停留的天数计算。在中国境内停留的当天满24小时的，计入中国境内居住天数，不足24小时的，不计入天数。

2. 非居民个人

非居民个人是指在中国境内无住所又不居住，或者无住所且一个纳税年度内在中国境内居住累计不满183天的个人。

选择题 5-1

根据个人所得税法律制度的规定，在中国境内无住所但取得所得的下列外籍个人中，不属于居民纳税人的是（　　）。

A. 怀特，当年3月1日入境，12月31日离境，期间三次临时离境，每次20天

B. 汤姆，当年9月1日入境，次年3月1日离境

C. 哈维，当年6月1日入境，12月31日离境

D. 麦克，当年6月1日入境，12月31日离境，期间临时离境25天

答案解析：选项A、C、D均为居民纳税人。正确选项为B。

（二）个人所得税纳税人的纳税义务

居民个人负有全面纳税义务。其所取得的应纳税所得，无论是来源于中国境内还是中国境外任何地方，都要在中国缴纳个人所得税。

非居民个人负有限纳税义务。其从中国境内取得的所得，要在中国缴纳个人所得税。

在中国境内无住所的个人，在一个纳税年度内在中国境内居住累计不超过90天的，其来源于中国境内的所得，由境外雇主支付且不由该雇主在中国境内的机构、场所负担的部分，免予缴纳个人所得税。在中国境内无住所的个人，在中国境内居住累计满183天的年度连续不满6年的，经向主管税务机关备案，其来源于中国境外且由境外单位或者个人支付的所得，免予缴纳个人所得税；在中国境内居住累计满183天的任一年度中有一次离境超过30天的，其在中国境内居住累计满183天的年度的连续年限重新起算。

居民个人和非居民个人具体承担的税务差异如表5-1所示。

表5-1　居民个人和非居民个人的纳税义务

纳税人类别		居住时间	来源于中国境内所得		来源于中国境外所得	
			境内雇主支付或负担	境外雇主支付非境内雇主负担	境内雇主支付或负担	境外雇主支付
非居民纳税人	临时非居民	居住时间≤90	应税	免税	免税	免税
	长期非居民	90天<居住时间<183天	应税	应税	免税	免税

（续表）

<table>
<tr><th colspan="3" rowspan="2">纳税人类别</th><th rowspan="2">居住时间</th><th colspan="2">来源于中国境内所得</th><th colspan="2">来源于中国境外所得</th></tr>
<tr><th>境内雇主支付或负担</th><th>境外雇主支付非境内雇主负担</th><th>境内雇主支付或负担</th><th>境外雇主支付</th></tr>
<tr><td rowspan="3">居民纳税人</td><td colspan="2">有住所</td><td>无规定</td><td>应税</td><td>应税</td><td>应税</td><td>应税</td></tr>
<tr><td rowspan="2">无住所</td><td>临时居民</td><td>183天≤居住时间<6年</td><td>应税</td><td>应税</td><td>应税</td><td>免税</td></tr>
<tr><td>长期居民</td><td>居住时间≥183天且连续满6年</td><td>应税</td><td>应税</td><td>应税</td><td>应税</td></tr>
</table>

（三）所得来源地确定

除国务院财政、税务主管部门另有规定外，下列所得，不论支付地点是否在中国境内，均为来源于中国境内的所得。

（1）因任职、受雇、履约等在中国境内提供劳务取得的所得。

（2）将财产出租给承租人在中国境内使用而取得的所得。

（3）许可各种特许权在中国境内使用而取得的所得。

（4）转让中国境内的不动产等财产或者在中国境内转让其他财产取得的所得。

（5）从中国境内企业、事业单位、其他组织以及居民个人取得的利息、股息、红利所得。

选择题 5-2

韩国居民崔先生当年受其供职的境外公司委派，来华从事设备安装调试工作，在华停留60天，期间取得的下列收入中需要在中国缴纳个人所得税的是（　　）。

A. 韩国公司支付的工资40 000元

B. 购买中国体育彩票取得的中奖收入20 000元

C. 韩国公司支付的差旅补贴12 000元

D. 中方企业支付的技术培训收入5 000元

答案解析：境内无住所的个人在我国境内连续或累计居住不超过90日，境内所得境外支付部分免税，因此工资和差旅补贴免税；境内所得境内支付不免税，因此技术培训收入和中奖收入需要纳税。正确选项为B、D。

二、个人所得税征税范围

（一）工资、薪金所得

工资、薪金所得是指个人因任职或者受雇取得的工资、薪金、奖金、年终加薪、劳动分红、津贴、补贴以及与任职或者受雇有关的其他所得。根据我国目前个人收入的构成情况，对于一些不属于工资、薪金性质的补贴、津贴或者不属于纳税人本人工资、薪金所得项目的收入，不予征税，包括：

（1）独生子女补贴。

（2）执行公务员工资制度未纳入基本工资总额的补贴、津贴差额和家属成员的副食品补贴。

（3）托儿补助费。

（4）差旅费津贴、误餐补助。其中，误餐补助是指按照财政部规定，个人因公在城区、郊区工作，不能在工作单位或返回就餐的，根据实际误餐顿数，按规定的标准领取的误餐费。单位以误餐补助名义发给职工的补助、津贴不包括在内。

（二）劳务报酬所得

劳务报酬所得是指个人从事劳务取得的所得，包括从事设计、装潢、安装、制图、化验、测试、医疗、法律、会计、咨询、讲学、翻译、审稿、书画、雕刻、影视、录音、录像、演出、表演、广告、展览、技术服务、介绍服务、经纪服务、代办服务以及其他劳务取得的所得。

劳务报酬所得与工资、薪金所得的区别为：劳务报酬所得是个人独立从事自由职业或独立提供某种劳务取得的所得，不存在雇佣与被雇佣关系；工资、薪金所得则是个人从事非独立劳动，从所在单位领取的报酬，存在雇佣与被雇佣的关系。例如，个人在非任职单位担任董事、监事职务取得的报酬属于“劳务报酬所得”，在任职单位担任董事、监事职务取得的报酬则属于“工资、薪金所得”。

下列个人所得中，应按“劳务报酬所得”项目征收个人所得税的有（　　）。

A. 某大学教授从甲企业取得咨询费

B. 某公司高管从乙大学取得的讲课费

C. 从非任职公司取得的董事费收入

D. 从任职公司取得的监事费收入

答案解析：个人在公司任职、受雇，同时兼任董事、监事的，应将董事费、监事费与个人工资收入合并，统一按“工资、薪金所得”项目缴纳个人所得税。正确选项为A、B、C。

（三）稿酬所得

稿酬所得是指个人因其作品以图书、报刊等形式出版、发表而取得的所得。作者去世后，财产继承人取得的遗作稿酬，也应按“稿酬所得”征收个人所得税。

（四）特许权使用费所得

特许权使用费所得是指个人提供专利权、商标权、著作权、非专利技术以及其他特许权的使用权取得的所得；提供著作权的使用权取得的所得，不包括稿酬所得。

对于作者将自己的文字作品手稿原件或复印件公开拍卖（竞价）取得的所得，属于提供著作权的使用所得，按照“特许权使用费所得”征收个人所得税。

（五）经营所得

经营所得是指：

（1）个体工商户从事生产、经营活动取得的所得，个人独资企业投资人、合伙企业的个人合伙人来源于境内注册的个人独资企业、合伙企业生产、经营的所得。

（2）个人依法从事办学、医疗、咨询以及其他有偿服务活动取得的所得。

（3）个人对企业、事业单位承包经营、承租经营以及转包、转租取得的所得。

（4）个人从事其他生产、经营活动取得的所得。

（六）利息、股息、红利所得

利息、股息、红利所是指个人拥有债权、股权等而取得的利息、股息、红利所得。

（七）财产租赁所得

财产租赁所得是指个人出租不动产、机器设备、车船以及其他财产取得的所得。

（八）财产转让所得

财产转让所得是指个人转让有价证券、股权、合伙企业中的财产份额、不动产、机器设备、车船以及其他财产取得的所得。

（九）偶然所得

偶然所得是指个人得奖、中奖、中彩以及其他偶然性质的所得。

个人取得的所得，难以界定应纳税所得项目的，由国务院税务主管部门确定。

居民个人取得前款第一项至第四项所得（以下称综合所得），按纳税年度合并计算个人所得税；非居民个人取得前款第一项至第四项所得，按月或者按次分项计算个人所得税。纳税人取得前款第五项至第九项所得，依照规定分别计算个人所得税。

个人所得的形式，包括现金、实物、有价证券和其他形式的经济利益；所得为实物的，应当按照取得的凭证上所注明的价格计算应纳税所得额，无凭证的实物或者凭证上所注明的价格明显偏低的，参照市场价格核定应纳税所得额；所得为有价证券的，根据票面价格和市场价格核定应纳税所得额；所得为其他形式的经济利益的，参照市场价格核定应纳税所得额。

三、个人所得税税率

（一）综合所得税率

综合所得适用3%～45%的超额累进税率如表5-2、表5-3所示。

表5-2　个人所得税税率表（一）

（综合所得适用）

级　数	全年应纳税所得额	税率/%	速算扣除数
1	不超过36 000元的部分	3	0
2	超过36 000元至144 000元的部分	10	2 520
3	超过144 000元至300 000元的部分	20	16 920
4	超过300 000元至420 000元的部分	25	31 920
5	超过420 000元至660 000元的部分	30	52 920
6	超过660 000元至960 000元的部分	35	85 920
7	超过960 000元的部分	45	181 920

注：本表所称全年应纳税所得额是指依照《个人所得税法》第六条的规定，居民个人取得综合所得以每一纳税年度收入额减除费用60 000元以及专项扣除、专项附加扣除和依法确定的其他扣除后的余额。

表5-3　个人所得税税率表（二）

（非居民个人适用）

级　数	每月应纳税所得额	税率/%	速算扣除数
1	不超过3 000元的部分	3	0
2	超过3 000元至12 000元的部分	10	210

（续表）

级　数	每月应纳税所得额	税率/%	速算扣除数
3	超过12 000元至25 000元的部分	20	1 410
4	超过25 000元至35 000元的部分	25	2 660
5	超过35 000元至55 000元的部分	30	4 410
6	超过55 000元至80 000元的部分	35	7 160
7	超过80 000元的部分	45	15 160

注：非居民个人取得工资、薪金所得，劳务报酬所得，稿酬所得和特许权使用费所得，依照本表按月换算后计算应纳税额。

（二）经营所得税率

经营所得适用5%～35%的超额累进税率如表5–4所示。

表5–4　个人所得税税率表（三）

（经营所得适用）

级　数	全年应纳税所得额	税率/%	速算扣除数
1	不超过30 000元的部分	5	0
2	超过30 000元至90 000元的部分	10	1 500
3	超过90 000元至300 000元的部分	20	10 500
4	超过300 000元至500 000元的部分	30	40 500
5	超过500 000元的部分	35	65 500

（三）其他所得税率

利息、股息、红利所得，财产租赁所得，财产转让所得和偶然所得适用比例税率为20%。

四、个人所得税应纳税所得额的确定

（一）居民个人综合所得应纳税所得额

居民个人的综合所得，以每一纳税年度的收入额减除费用6万元以及专项扣除、专项附加扣除和依法确定的其他扣除后的余额，为年应纳税所得额。

专项扣除是指居民个人按照国家规定的范围和标准缴纳的基本养老保险、基本医疗保险、失业保险等社会保险费和住房公积金等。

专项附加扣除包括子女教育、继续教育、大病医疗、住房贷款利息、住房租金、赡养老人和3岁以下婴幼儿照护支出，具体范围、标准和实施步骤由国务院确定，并报全国人民代表大会常务委员会备案，如表5–5所示。

1. 子女教育

自2023年1月1日起，纳税人的子女接受全日制学历教育的相关支出，按照每个子女每月2 000元的标准定额扣除。学历教育包括义务教育（小学、初中教育）、高中阶段教育（普通高中、中等职业、技工教育）、高等教育（大学专科、大学本科、硕士研究生、博士研究生教育）。

年满3岁至小学入学前处于学前教育阶段的子女，按学历教育扣除。

父母可以选择由其中一方按扣除标准的100%扣除，也可以选择由双方分别按扣除标准的50%扣除，具体扣除方式在一个纳税年度内不能变更。

纳税人子女在中国境外接受教育的，纳税人应当留存境外学校录取通知书、留学签证等相关教育的证明资料备查。

2. 继续教育

纳税人在中国境内接受学历（学位）继续教育的支出，在学历（学位）教育期间按照每月400元定额扣除。同一学历（学位）继续教育的扣除期限不能超过48个月。纳税人接受技能人员职业资格继续教育、专业技术人员职业资格继续教育的支出，在取得相关证书的当年，按照3 600元定额扣除。

个人接受本科及以下学历（学位）继续教育，符合本办法规定扣除条件的，可以选择由其父母按子女教育扣除，也可以选择由本人按继续教育扣除。

纳税人接受技能人员职业资格继续教育、专业技术人员职业资格继续教育的，应当留存相关证书等资料备查。

3. 大病医疗

在一个纳税年度内，纳税人发生的与基本医保相关的医药费用支出，扣除医保报销后个人负担（指医保目录范围内的自付部分）累计超过15 000元的部分，由纳税人在办理年度汇算清缴时，在80 000元限额内据实扣除。

纳税人发生的医药费用支出可以选择由本人或者其配偶扣除；未成年子女发生的医药费用支出可以选择由其父母一方扣除。纳税人及其配偶、未成年子女发生的医药费用支出，按上述规定分别计算扣除额。

纳税人应当留存医药服务收费及医保报销相关票据原件（或者复印件）等资料备查。医疗保障部门应当向患者提供在医疗保障信息系统记录的本人年度医药费用信息查询服务。

4. 住房贷款利息

纳税人本人或者配偶单独或者共同使用商业银行或者住房公积金个人住房贷款为本人或者其配偶购买中国境内住房，发生的首套住房贷款利息支出，在实际发生贷款利息的年度，按照每月1 000元的标准定额扣除，扣除期限最长不超过240个月。纳税人只能享受一次首套住房贷款的利息扣除。首套住房贷款是指购买住房享受首套住房贷款利率的住房贷款。

经夫妻双方约定，可以选择由其中一方扣除其贷款利息支出，具体扣除方式在一个纳税年度内不能变更。夫妻双方婚前分别购买住房发生的首套住房贷款，其贷款利息支出，婚后可以选择其中一套购买的住房，由购买方按扣除标准的100%扣除，也可以由夫妻双方对各自购买的住房分别按扣除标准的50%扣除，具体扣除方式在一个纳税年度内不能变更。纳税人应当留存住房贷款合同、贷款还款支出凭证备查。

5. 住房租金

纳税人在主要工作城市没有自有住房而发生的住房租金支出，可以按照以下标准定额扣除：

（1）直辖市、省会（首府）城市、计划单列市以及国务院确定的其他城市，扣除标准为每月1 500元。

（2）除上述所列城市以外，市辖区户籍人口超过100万的城市，扣除标准为每月1 100元；市辖区户籍人口不超过100万的城市，扣除标准为每月800元。

纳税人的配偶在纳税人的主要工作城市有自有住房的，视同纳税人在主要工作城市有自有住房。市辖区户籍人口，以国家统计局公布的数据为准。主要工作城市是指纳税人任职受雇的直辖市、计划单列市、副省级城市、地级市（地区、州、盟）全部行政区域范围；纳税人无任职受雇单位的，为受理其综合所得汇算清缴的税务机关所在城市。

夫妻双方主要工作城市相同的，只能由一方扣除住房租金。住房租金支出由签订租赁住房合同的承租人扣除。纳税人及其配偶在一个纳税年度内不能同时分别享受住房贷款利息和住房租金专项附加扣除。纳税人应当留存住房租赁合同、协议等有关资料备查。

6. 赡养老人

自2023年1月1日起，纳税人赡养一位及以上被赡养人的赡养支出，统一按照以下标准定额扣除：

（1）纳税人为独生子女的，按照每月3 000元的标准定额扣除。

（2）纳税人为非独生子女的，由其与兄弟姐妹分摊每月3 000元的扣除额度，每人分摊的额度不能超过每月1 500元。可以由赡养人均摊或者约定分摊，也可以由被赡养人指定分摊。约定或者指定分摊的须签订书面分摊协议，指定分摊优先于约定分摊。具体分摊方式和额度在一个纳税年度内不能变更。

被赡养人是指年满60岁的父母，以及子女均已去世的年满60岁的祖父母、外祖父母。上述所称父母，是指生父母、继父母、养父母。所称子女，是指婚生子女、非婚生子女、继子女、养子女。父母之外的其他人担任未成年人的监护人的，比照上述规定执行。

7. 三岁以下婴幼儿照护

自2023年1月1日起，纳税人照护三岁以下婴幼儿子女的相关支出，按照每个婴幼儿每月2 000元的标准定额扣除。从婴幼儿出生的当月至满3周岁的前一个月，纳税人可以享受这项专项附加扣除。

父母可选择由其中一方按扣除标准的100%扣除，即一人按照每月2 000元标准扣除；也可以选择由双方分别按扣除标准的50%扣除，即两人各按照每月1 000元扣除。这两种分配方式，父母可根据情况自行选择。纳税人应当留存婴幼儿《出生医学证明》或居民身份证等可证明身份的证件为有关资料备查。

表5-5　个人所得税专项附加扣除

<table>
<tr><th>项目</th><th colspan="2">扣　除　条　件</th><th>扣除标准</th><th>扣除方式</th></tr>
<tr><td rowspan="4">子女教育</td><td rowspan="3">子女接受全日制学历（学位）教育</td><td>义务教育（小学、初中）</td><td rowspan="4">每个子女2 000元/月</td><td rowspan="4">父母各扣除50%或指定一方扣除100%</td></tr>
<tr><td>高中（普通高中、中等职工、技工教育）</td></tr>
<tr><td>高等教育（大专、本科、硕士、博士）</td></tr>
<tr><td>子女接受学前教育阶段</td><td>年满3岁至小学前</td></tr>
<tr><td rowspan="2">继续教育</td><td colspan="2">在中国境内接受学历（学位）继续教育</td><td>400元/月</td><td>本科及以下的，由本人或父母扣除</td></tr>
<tr><td colspan="2">接受技能人员职业资格继续教育、专业技术人员职业资格继续教育的</td><td>3 600元定额扣除</td><td>取得相关证书的当年定额扣除</td></tr>
<tr><td>大病医疗</td><td colspan="2">在一个纳税年度内，纳税人发生的与基本医保相关的医药费用支出，扣除医保报销后个人负担（指医保目录范围内的自付部分）累计超过15 000元的部分</td><td>在80 000元限额内据实扣除</td><td>本人或者其配偶扣除，未成年子女费用由其父母一方扣除</td></tr>
</table>

（续表）

<table>
<tr><th>项目</th><th colspan="2">扣除条件</th><th>扣除标准</th><th>扣除方式</th></tr>
<tr><td>住房贷款利息</td><td colspan="2">购买中国境内住房，发生的首套住房贷款利息支出</td><td>1 000元/月</td><td>本人扣除；夫妻双方可选择一人扣除</td></tr>
<tr><td rowspan="3">住房租金</td><td rowspan="3">在主要工作城市没有自有住房而发生的住房租金支出</td><td>直辖市、省会（首府）城市、计划单列市以及国务院确定的其他城市</td><td>1 500元/月</td><td rowspan="3">承租人扣除；夫妻工作城市相同，一方扣除</td></tr>
<tr><td>市辖区户籍人口超过100万的城市</td><td>1 100元/月</td></tr>
<tr><td>市辖区户籍人口不超过100万的城市</td><td>800元/月</td></tr>
<tr><td rowspan="2">赡养老人</td><td rowspan="2">赡养一位及以上被赡养人的赡养支出（赡养人是指年满60岁的父母，以及子女均已去世的年满60岁的祖父母、外祖父母）</td><td>独生子女</td><td>3 000元/月</td><td>本人扣除</td></tr>
<tr><td>非独生子女</td><td>分摊不超过1 500元/月</td><td>均摊、约定分摊或指定分摊</td></tr>
<tr><td>3岁以下婴幼儿照护</td><td colspan="2">从婴幼儿出生的当月至满3周岁的前一个月</td><td>每个子女2 000元/月</td><td>父母各扣除50%或指定一方扣除100%</td></tr>
</table>

依法确定的其他扣除，包括个人缴付符合国家规定的企业年金、职业年金，个人购买符合国家规定的商业健康保险、税收递延型商业养老保险的支出，以及国务院规定可以扣除的其他项目。对个人购买符合规定的商业健康保险产品的支出，允许在当年（月）计算应纳税所得额时予以税前扣除，扣除限额为2 400元/年（200元/月）。

特别提示

专项扣除、专项附加扣除和依法确定的其他扣除，以居民个人一个纳税年度的应纳税所得额为限额；一个纳税年度扣除不完的，不结转以后年度。

（二）非居民个人应纳税所得额

非居民个人的工资、薪金所得以每月收入额减除费用5 000元后的余额为应纳税所得额；劳务报酬所得、稿酬所得、特许权使用费所得，以每次收入额为应纳税所得额。

（三）经营所得应纳税所得额

1. 查账征收

经营所得以每一纳税年度的收入总额减除成本、费用以及损失后的余额，为应纳税所得额。成本、费用，是指生产、经营活动中发生的各项直接支出和分配计入成本的间接费用以及销售费用、管理费用、财务费用；损失，是指生产、经营活动中发生的固定资产和存货的盘亏、毁损、报废损失，转让财产损失，坏账损失，自然灾害等不可抗力因素造成的损失以及其他损失。

取得经营所得的个人，没有综合所得的，计算其每一纳税年度的应纳税所得额时，应当减除费用6万元、专项扣除、专项附加扣除以及依法确定的其他扣除。专项附加扣除在办理汇算清缴时减除。

（1）个体工商户的不得扣除的支出如下。

个人所得税税款；税收滞纳金；罚金、罚款和被没收财物的损失；不符合扣除规定的捐赠支出；赞助支出；用于个人和家庭的支出；与取得生产经营收入无关的其他支出；个体工商户代其从业人员或者他人负担的税款；国家税务总局规定不准扣除的支出。

（2）个体工商户与人员薪酬直接相关的具体扣除项目如下。

① 个体工商户实际支付给从业人员的、合理的工资、薪金支出，准予扣除。个体工商户业主的工资、薪金支出不得税前扣除。

② 个体工商户按照国务院有关主管部门或者省级人民政府规定的范围和标准为其业主和从业人员缴纳的基本养老保险费、基本医疗保险费、失业保险费、工伤保险费和住房公积金，准予扣除。个体工商户为从业人员缴纳的补充养老保险费、补充医疗保险费，分别在不超过从业人员工资总额5%标准内的部分据实扣除，超过部分，不得扣除。个体工商户业主本人缴纳的补充养老保险费、补充医疗保险费，以当地（地级市）上年度社会平均工资的3倍为计算基数，分别在不超过该计算基数5%标准内的部分据实扣除，超过部分，不得扣除。

③ 除个体工商户依照国家有关规定为特殊工种从业人员支付的人身安全保险费和财政部、国家税务总局规定可以扣除的其他商业保险费外，个体工商户业主本人或者为从业人员支付的商业保险费，不得扣除。

④ 个体工商户向当地工会组织拨缴的工会经费、实际发生的职工福利费支出、职工教育经费支出分别在工资、薪金总额的2%、14%、2.5%的标准内据实扣除。工资、薪金总额是指允许在当期税前扣除的工资、薪金支出数额。职工教育经费的实际发生数额超出规定比例当期不能扣除的数额，准予在以后纳税年度结转扣除。个体工商户业主本人向当地工会组织缴纳的工会经费、实际发生的职工福利费支出、职工教育经费支出，以当地（地级市）上年度社会平均工资的3倍为计算基数，在规定比例内据实扣除。

⑤ 个体工商户发生的合理的劳动保护支出，准予扣除。

（3）个体工商户与生产经营直接相关的具体扣除规定如下。

① 个体工商户生产经营活动中，应当分别核算生产经营费用和个人、家庭费用。对于生产经营与个人、家庭生活难以分清的费用，其40%可视为与生产经营有关费用，准予扣除。

② 个体工商户在生产经营活动中发生的合理的不需要资本化的借款费用，准予扣除。个体工商户在生产经营活动中发生的向金融企业借款的利息支出，准予扣除；向非金融企业和个人借款的利息支出，不超过按照金融企业同期同类贷款利率计算的数额部分，准予扣除。

③ 个体工商户发生的与生产经营活动有关的业务招待费，按照实际发生额的60%扣除，但最高不得超过当年销售（营业）收入的5‰。业主自申请营业执照之日起至开始生产经营之日止所发生的业务招待费，按照实际发生额的60%计入个体工商户的开办费。

④ 个体工商户每一纳税年度发生的与其生产经营活动直接相关的广告费和业务宣传费不超过当年销售（营业）收入15%的部分，可以据实扣除；超过部分，准予在以后纳税年度结转扣除。

⑤ 个体工商户自申请营业执照之日起至开始生产经营之日止所发生符合规定的费用，除为取得固定资产、无形资产的支出，以及应计入资产价值的汇兑损益、利息支出外作为开办费，个体工商户可以选择在开始生产经营的当年一次性扣除，也可以自生产经营月份起在不短于3年期限内摊销扣除，但一经选定，不得改变。开始生产经营之日为个体工商户取得第1笔销售

（营业）收入的日期。

⑥ 个体工商户研究开发新产品、新技术、新工艺所发生的开发费用，以及研究开发新产品、新技术而购置单台价值在10万元以下的测试仪器和试验性装置的购置费准予直接扣除；单台价值在10万元以上（含10万元）的测试仪器和试验性装置，按固定资产管理，不得在当期直接扣除。

⑦ 个体工商户通过公益性社会团体或者县级以上人民政府及其部门，用于《中华人民共和国公益事业捐赠法》规定的公益事业的捐赠，捐赠额不超过其应纳税所得额30%的部分可以据实扣除。直接对受益人的捐赠不得扣除。财政部、国家税务总局规定可以全额在税前扣除的捐赠支出项目，按有关规定执行。

⑧ 个体工商户纳税年度发生的亏损，准予向以后年度结转，用以后年度的生产经营所得弥补，但结转年限最长不得超过五年。

⑨ 个体工商户按照规定缴纳的摊位费、行政性收费、协会会费等，按实际发生数额扣除。

⑩ 个体工商户参加财产保险，按照规定缴纳的保险费，准予扣除。

查账征收的个人独资企业和合伙企业的扣除项目比照个体工商户经营所得应纳税所得额计算的具体规定确定。

从事生产、经营活动，未提供完整、准确的纳税资料，不能正确计算应纳税所得额的，由主管税务机关核定应纳税所得额或者应纳税额。

2. 核定征收

国家对下列情形的个人独资企业和合伙企业实行核定征收个人所得税：依照国家有关规定应当设置但未设置账簿的；虽设置账簿，但账目混乱或者成本资料、收入凭证、费用凭证残缺不全，难以查账的；纳税人发生纳税义务，未按照规定的期限办理纳税申报，经税务机关责令限期申报，逾期仍不申报的。

核定征收方式包括定额征收、核定应税所得率征收以及其他合理的征收方式。

特别提示

根据《财政部 税务总局关于权益性投资经营所得个人所得税征收管理的公告》（财政部 税务总局公告2021年第41号）规定，自2022年1月1日起，持有股权、股票、合伙企业财产份额等权益性投资的个人独资企业、合伙企业，一律适用查账征收方式计征个人所得税。

（四）财产租赁所得应纳税所得额

财产租赁所得，每次收入不超过4 000元的，减除费用800元；4 000元以上的，减除20%的费用，其余额为应纳税所得额。

（五）财产转让所得应纳税所得额

财产转让所得，以转让财产的收入额减除财产原值和合理费用后的余额，为应纳税所得额。财产原值，按照下列方法确定：

（1）有价证券，为买入价以及买入时按照规定交纳的有关费用。

（2）建筑物，为建造费或者购进价格以及其他有关费用。

（3）土地使用权，为取得土地使用权所支付的金额、开发土地的费用以及其他有关费用。

（4）机器设备、车船，为购进价格、运输费、安装费以及其他有关费用。

其他财产，参照上述规定的方法确定财产原值。

纳税人未提供完整、准确的财产原值凭证，不能按照规定的方法确定财产原值的，由主管税务机关核定财产原值。

合理费用，是指卖出财产时按照规定支付的有关税费。

（六）其他所得应纳税所得额

利息、股息、红利所得和偶然所得，以每次收入额为应纳税所得额。

（1）劳务报酬所得、稿酬所得、特许权使用费所得，属于一次性收入的，以取得该项收入为一次；属于同一项目连续性收入的，以一个月内取得的收入为一次；财产租赁所得，以一个月内取得的收入为一次；利息、股息、红利所得，以支付利息、股息、红利时取得的收入为一次；偶然所得，以每次取得该项收入为一次。

（2）劳务报酬所得、稿酬所得、特许权使用费所得以收入减除20%的费用后的余额为收入额。稿酬所得的收入额减按70%计算。

（3）个人将其所得对教育、扶贫、济困等公益慈善事业进行捐赠，捐赠额未超过纳税人申报的应纳税所得额30%的部分，可以从其应纳税所得额中扣除；个人通过非营利的社会团体和国家机关向红十字事业、农村义务教育、公益性青少年活动场所和非营利性老年服务机构的公益性捐赠，准予在缴纳个人所得税前的所得额中全额扣除。

（4）居民个人从中国境内和境外取得的综合所得、经营所得，应当分别合并计算应纳税额；从中国境内和境外取得的其他所得，应当分别单独计算应纳税额。居民个人从中国境外取得的所得，可以从其应纳税额中抵免已在境外缴纳的个人所得税税额，但抵免额不得超过该纳税人境外所得依照税法规定计算的应纳税额。

（5）纳税人境外所得依照税法规定计算的应纳税额，是居民个人抵免已在境外缴纳的综合所得、经营所得以及其他所得的所得税税额的限额（以下简称抵免限额）。除国务院财政、税务主管部门另有规定外，来源于中国境外一个国家（地区）的综合所得抵免限额、经营所得抵免限额以及其他所得抵免限额之和，为来源于该国家（地区）所得的抵免限额。

（6）居民个人在中国境外一个国家（地区）实际已经缴纳的个人所得税税额，低于依照前款规定计算出的来源于该国家（地区）所得的抵免限额的，应当在中国缴纳差额部分的税款；超过来源于该国家（地区）所得的抵免限额的，其超过部分不得在本纳税年度的应纳税额中抵免，但是可以在以后纳税年度来源于该国家（地区）所得的抵免限额的余额中补扣。补扣期限最长不得超过五年。

（7）有下列情形之一的，税务机关有权按照合理方法进行纳税调整：

① 个人与其关联方之间的业务往来不符合独立交易原则而减少本人或者其关联方应纳税额，且无正当理由。

② 居民个人控制的，或者居民个人和居民企业共同控制的设立在实际税负明显偏低的国家（地区）的企业，无合理经营需要，对应当归属于居民个人的利润不作分配或者减少分配。

③ 个人实施其他不具有合理商业目的的安排而获取不当税收利益。

税务机关依照前款规定作出纳税调整，需要补征税款的，应当补征税款，并依法加收利息。

五、个人所得税税收优惠

（一）免征个人所得税的优惠

（1）省级人民政府、国务院部委和中国人民解放军军以上单位，以及外国组织、国际组织颁发的科学、教育、技术、文化、卫生、体育、环境保护等方面的奖金。

（2）国债和国家发行的金融债券利息。

（3）按照国家统一规定发给的补贴、津贴。

（4）福利费、抚恤金、救济金。

（5）保险赔款。

（6）军人的转业费、复员费、退役金。

（7）按照国家统一规定发给干部、职工的安家费、退职费、基本养老金或者退休费、离休费、离休生活补助费。

（8）依照有关法律规定应予免税的各国驻华使馆、领事馆的外交代表、领事官员和其他人员的所得。

（9）中国政府参加的国际公约、签订的协议中规定免税的所得。

（10）国务院规定的其他免税所得如下。

① 符合税法规定条件的发给见义勇为者的奖金。

② 企业和个人按照省级以上人民政府规定的比例提取并缴付的住房公积金、医疗保险金、基本养老保险金、失业保险金，不计入个人当期的工资、薪金收入，免予征收个人所得税。超过规定的比例缴付的部分，计征个人所得税。个人领取原提存的住房公积金、医疗保险金、基本养老保险金时，免予征收个人所得税。

③ 对个人取得的教育储蓄存款利息所得以及国务院财政部门确定的其他专项储蓄存款或者储蓄性专项基金存款的利息所得，免征个人所得税。

④ 储蓄机构内从事代扣代缴工作的办税人员取得的扣缴利息税手续费所得，免征个人所得税。

⑤ 生育妇女按照县级以上人民政府根据国家有关规定制定的生育保险办法，取得的生育津贴、生育医疗费或其他属于生育保险性质的津贴、补贴，免征个人所得税。

⑥ 对延长离休退休年龄的高级专家从其劳动人事关系所在单位取得的，单位按国家有关规定向职工统一发放的工资、薪金、奖金、津贴、补贴等收入，视同离休、退休工资，免征个人所得税。从其劳动人事关系所在单位之外的其他地方取得的培训费、讲课费、顾问费、稿酬等各种收入，依法计征个人所得税。

⑦ 个人举报、协查各种违法、犯罪行为而获得的资金。

⑧ 个人办理代扣代缴税款手续，按规定取得的扣缴手续费。

⑨ 个人转让自用达5年以上并且是唯一的家庭居住用房取得的所得。

⑩ 外籍个人从外商投资企业取得的股息、红利所得。

⑪ 符合税法规定条件的外籍专家取得的工资、薪金所得可免征个人所得税。

⑫ 对被拆迁人按照国家有关城镇房屋拆迁管理办法规定的标准取得的拆迁补偿款，免征个人所得税。

⑬ 个人取得单张有奖发票奖金所得不超过800元（含800元）的，暂免征收个人所得税；个人取得单张有奖发票资金所得超过800元的，应全额按照个人所得税法规定的“偶然所得”

项目征收个人所得税。单注彩票奖金不超过10 000元的，暂免征税个人所得税，超过10 000元的，应全额按照个人所得税法规定的“偶然所得”项目征收个人所得税。

（二）减征个人所得税的优惠

（1）残疾、孤老人员和烈属的所得。

（2）因严重自然灾害造成重大损失的。

（3）其他经国务院财政部门批准减税的。

引例解析

《国家税务总局关于加强网络红包个人所得税征收管理的通知》(税总函〔2015〕409号)明确：对个人取得的企业派发的现金网络红包，应按照偶尔所得项目计算缴纳个人所得税，税款由派发红包的企业代扣代缴。个人之间派发的现金网络红包，不属于个人所得税法规定的应税所得，不征收个人所得税。所以，张明取得的压岁钱不需要缴纳个人所得税。

老板给张明的拜年红包，如果是由老板使用个人资金发放，则不需要交税。如果是由老板通过企业发放，则需要按照偶然所得项目缴纳个人所得税，并由代账公司代扣代缴。

• 诚信纳税　为国聚财 •

从网络主播偷逃税款事件看诚信纳税的重要性

2021年12月，浙江省杭州市税务局稽查局经税收大数据分析发现，知名网络主播黄某在2019年至2020年期间，通过隐匿个人收入、虚构业务转换收入性质虚假申报等方式偷逃税款6.43亿元，其他少缴税款0.6亿元。最终，税务机关依法对黄某作出税务行政处理处罚决定，追缴税款、加收滞纳金并处罚款，总计金额高达13.41亿元。该事件曝光后，在社会上掀起了轩然大波。

黄某在偷税事件曝光之前，作为淘宝知名网络主播，2021年“双十一”预售日，她累计直播时长14小时28分钟，直播间累计交易额达85.33亿元。另外，她曾经连续两年获“网络诚信宣传大使”荣誉，很多公众场合都能见到她的宣传海报。但自黄某被通报逃税后，其账号在全网被封，各类商业合作终止，各项荣誉也被一一撤销。

黄某的案例说明了偷税漏税会影响个人信用，严重的税收违法行为将会被列入税收违法“黑名单”，失信者将会处处受限。例如，贷款、信用卡使用、找工作，甚至是办理签证、租车、订房乃至征婚，都可能将个人征信问题考虑在内。

该网络主播偷税事件为我们敲响了警钟：诚信纳税都是每个公民应尽的义务。依法纳税，不仅是对国家的责任，对社会的尊重，更是对自己声誉的守护。让我们以此为鉴，坚守诚信底线，依法守信申报，共建和谐社会。

任务二　个人所得税核算

引导案例

2024年，张明一家收入情况如下：父亲每个月工资22 000元，准予扣除的三险一金为4 500元；为其他公司提供劳务支出，取得税前收入50 000元；母亲每个月工资8 000元，准予扣除的三险一金为1 200元；买卖上市公司股票，取得转让收入20 000元；银行存款利息3 000元。专项附加扣除情况如下：张明为独生子女，今年大二，双方父母均年满60周岁，其中张明父亲为独生子女，张明母亲还有一个弟弟。那么，张明父母的子女教育和赡养老人专项附加扣除金额分别是多少？应交的个人所得税各是多少？

一、居民个人综合所得个人所得税核算

（一）预扣预缴综合所得个人所得税

1. 工资、薪金所得预扣预缴

扣缴义务人向居民个人支付工资、薪金所得时，应当按照累计预扣法计算预扣税款，并按月办理扣缴申报。

累计预扣法，是指扣缴义务人在一个纳税年度内预扣预缴税款时，以纳税人在本单位截至当前月份工资、薪金所得累计收入减除累计免税收入、累计减除费用、累计专项扣除、累计专项附加扣除和累计依法确定的其他扣除后的余额为累计预扣预缴应纳税所得额，适用个人所得税预扣率如表5–6所示。计算累计应预扣预缴税额，再减除累计减免税额和累计已预扣预缴税额，其余额为本期应预扣预缴税额。余额为负值时，暂不退税。纳税年度终了后余额仍为负值时，由纳税人通过办理综合所得年度汇算清缴，税款多退少补。

具体计算公式如下：

$$\text{本期应预扣预缴税额}=\left(\text{累计预扣预缴应纳税所得额}\times\text{预扣率}-\text{期末库存的外购应税消费品的买价}-\text{速算扣除数}\right)-\text{累计减免税额}-\text{累计已预扣预缴税额}$$

$$\text{累计预扣预缴应纳税所得额}=\text{累计收入}-\text{累计免税收入}-\text{累计减除费用}-\text{累计专项扣除}-\text{累计专项附加扣除}-\text{累计依法确定的其他扣除}$$

其中，累计减除费用按照5 000元/月乘以纳税人当年截至本月在本单位的任职受雇月份数计算。

表5–6　个人所得税预扣率表（一）

（居民个人工资、薪金预扣预缴适用）

级　数	累计预扣预缴应纳税所得额	预扣率/%	速算扣除数/元
1	不超过36 000元的部分	3	0
2	超过36 000元至144 000元的部分	10	2 520

（续表）

级数	累计预扣预缴应纳税所得额	预扣率/%	速算扣除数/元
3	超过144 000元至300 000元的部分	20	16 920
4	超过300 000元至420 000元的部分	25	31 920
5	超过420 000元至660 000元的部分	30	52 920
6	超过660 000元至960 000元的部分	35	85 920
7	超过960 000元的部分	45	181 920

技能训练 5-1

杭州喜来临科技有限公司（简称：喜来临科技公司，下同）会计彭越2025年1月工资收入额10 000元，“三险一金”等专项扣除1 500元，当月享受住房租赁费用扣除1 500元，没有减免收入及减免税额等情况。

要求：计算彭越当月预扣预缴个人所得税额，并作会计处理。

技能训练 5-1 解析

当月预扣预缴个人所得税额 =（10 000 − 5 000 − 1 500 − 1 500）× 3% = 60（元）

（1）企业实际发放工资（实务中，会计分录是按发放总额编制分录，每位员工的信息在明细表中）。

借：应付职工薪酬——工资薪金　　10 000

　贷：银行存款　　8 440

　　其他应付款　　1 500

　　应交税费——应交个人所得税　　60

（2）企业缴纳个人所得税。

借：应交税费——应交个人所得税　　60

　贷：银行存款　　60

课堂讨论

如果彭越2月、3月的收入及扣除项目与1月完全相同，那他在2月、3月应如何缴纳个人所得税？

技能训练 5-2

喜来临科技公司工程师沈辰2025年1—3月每月应发工资均为30 000元，“三险一金”等专项扣除为4 500元，享受子女教育专项附加扣除共计2 000元，没有减免收入及减免税额等情况。

要求：计算沈辰1—3月每月应当预扣预缴个人所得税额。

技能训练 5-2 解析

（1）1月预扣预缴个人所得税额 =（30 000 − 5 000 − 4 500 − 2 000）× 3% = 555（元）

（2）2月预扣预缴个人所得税额 =（30 000 × 2 − 5 000 × 2 − 4 500 × 2 − 2 000 × 2）× 10% − 2 520 − 555 = 625（元）

（3）3月预扣预缴个人所得税额 =（30 000 × 3 − 5 000 × 3 − 4 500 × 3 − 2 000 × 3）× 10% − 2 520 − 555 − 625 = 1 850（元）

上述计算结果表明，由于2月累计预扣预缴应纳税所得额为37 000元，已适用10%的税率，因此2月和3月应预扣预缴税额有所增加。

2. 劳务报酬所得、稿酬所得、特许权使用费所得预扣预缴

扣缴义务人向居民个人支付劳务报酬所得、稿酬所得、特许权使用费所得时，应当按次或者按月预扣预缴税款。

（1）收入额：劳务报酬所得、稿酬所得、特许权使用费所得以收入减除费用后的余额为收入额；其中，稿酬所得的收入额减按70%计算。

（2）减除费用：预扣预缴税款时，劳务报酬所得、稿酬所得、特许权使用费所得每次收入不超过4 000元的，减除费用按800元计算；每次收入4 000元以上的，减除费用按收入的20%计算。

（3）应纳税所得额：劳务报酬所得、稿酬所得、特许权使用费所得，以每次收入额为预扣预缴应纳税所得额，计算应预扣预缴税额。劳务报酬所得适用个人所得税预扣率如表5-7所示。稿酬所得、特许权使用费所得适用20%的比例预扣率。

居民个人办理年度综合所得汇算清缴时，应当依法计算劳务报酬所得、稿酬所得、特许权使用费所得的收入额，并入年度综合所得计算应纳税款，税款多退少补。

表5-7 个人所得税预扣率表（二）
（居民个人劳务报酬所得预扣预缴适用）

级 数	预扣预缴应纳税所得额	预扣率/%	速算扣除数/元
1	不超过20 000元的部分	20	
2	超过20 000元至50 000元的部分	30	2 000
3	超过50 000元的部分	40	7 000

技能训练 5-3

喜来临科技公司2025年1月支付其他非雇佣人员如下费用。

（1）叶芳提供翻译服务，支付费用10 000元。

（2）周董提供设计服务，支付设计费用3 000元。

（3）向余天购买专利，支付特许权使用费50 000元。

要求：计算2025年1月喜来临科技公司应预扣预缴的个人所得税。

技能训练 5-3 解析

（1）叶芳劳务报酬应预扣预缴的个人所得税 = 10 000 ×（1 − 20%）× 20% = 1 600（元）

（2）周董劳务报酬应预扣预缴的个人所得税 =（3 000 − 800）× 20% = 440（元）

（3）支付余天特许权使用费时应预扣预缴的个人所得税 = 50 000 ×（1 − 20%）× 20% = 8 000（元）

（二）汇算清缴综合所得个人所得税

首先，工资、薪金所得全额计入收入额；劳务报酬所得、特许权使用费所得的收入额为实际取得劳务报酬、特许权使用费收入的 80%；稿酬所得的收入额在扣除 20% 费用的基础上，再减按 70% 计算，即稿酬所得的收入额为实际取得稿酬收入的 56%。

其次，居民个人的综合所得，以每一纳税年度的收入额减除费用 6 万元以及专项扣除、专项附加扣除和依法确定的其他扣除后的余额为应纳税所得额。

居民个人综合所得应纳税额的计算公式为：

$$\text{应纳税额} = \text{全年应纳税所得额} \times \text{适用税率} - \text{速算扣除数}$$

$$= \left(\begin{matrix}\text{全年}\\\text{收入额}\end{matrix} - 60\,000 - \begin{matrix}\text{社保、住房}\\\text{公积金费用}\end{matrix} - \begin{matrix}\text{专项附加}\\\text{扣除}\end{matrix} - \begin{matrix}\text{其他}\\\text{扣除}\end{matrix}\right) \times \begin{matrix}\text{适用}\\\text{税率}\end{matrix} - \begin{matrix}\text{速算}\\\text{扣除数}\end{matrix}$$

技能训练 5-4

喜来临科技公司工程师沈辰 2024 年全年收入情况如下：

（1）2024 年 1—12 月每月应发工资均为 30 000 元，每月减除费用 5 000 元，“三险一金”等专项扣除为 4 500 元，享受子女教育专项附加扣除 2 000 元。

（2）3 月提供设计服务，取得收入 10 000 元。

（3）5 月发表文章，取得稿酬收入 3 000 元。

（4）6 月转让专利，支付特许权使用费 50 000 元。

2024 年各项收入均已预扣预缴个人所得税，共计 35 788 元。

要求：计算 2024 年沈辰汇算清缴需要缴纳或退还的个人所得。

技能训练 5-4 解析

沈辰 2024 年应纳个人所得税 =［30 000 × 12 + 10 000 ×（1 − 20%）+ 3 000 ×（1 − 20%）× 70% + 50 000 ×（1 − 20%）− 5 000 × 12 − 4 500 × 12 − 2 000 × 12］× 20% − 16 920 = 37 416（元）

沈辰 2024 年应补缴个人所得税 1 628 元（37 416 − 35 788）。

二、非居民个人工资、薪金所得，劳务报酬所得，稿酬所得和特许权使用费所得代扣代缴

扣缴义务人向非居民个人支付工资、薪金所得，劳务报酬所得，稿酬所得和特许权使用费所得时，应当按照以下方法按月或者按次代扣代缴税款：

① 非居民个人的工资、薪金所得，以每月收入额减除费用5 000元后的余额为应纳税所得额；② 劳务报酬所得、稿酬所得、特许权使用费所得，以每次收入额为应纳税所得额计算应纳税额，适用个人所得税税率如表5-8所示。劳务报酬所得、稿酬所得、特许权使用费所得以收入减除20%的费用后的余额为收入额，其中稿酬所得的收入额减按70%计算。

表5-8 个人所得税税率表（三）

（非居民个人工资、薪金所得，劳务报酬所得，稿酬所得，特许权使用费所得适用）

级 数	每月应纳税所得额	税率/%	速算扣除数/元
1	不超过3 000元的部分	3	0
2	超过3 000元至12 000元的部分	10	210
3	超过12 000元至25 000元的部分	20	1 410
4	超过25 000元至35 000元的部分	25	2 660
5	超过35 000元至55 000元的部分	30	4 410
6	超过55 000元至80 000元的部分	35	7 160
7	超过80 000元的部分	45	15 160

技能训练 5-5

非居民个人约翰2025年3月在华期间，取得以下四项来源于中国的收入。

（1）由境内雇主支付的工资30 000元。

（2）向境内雇主以外的企业提供技术咨询服务，取得收入10 000元。

（3）在境内杂志上发表论文，取得稿酬3 000元。

（4）将个人的专利权转让给境内某公司，取得收入50 000元。

要求：计算约翰上述四项收入应扣缴的个人所得税。

技能训练 5-5 解析

（1）工资应代扣代缴的个人所得税 =（30 000 − 5 000）× 20% − 1 410 = 3 590（元）

（2）劳务报酬应代扣代缴的个人所得税 = 10 000 ×（1 − 20%）× 10% − 210 = 590（元）

（3）稿酬应代扣代缴的个人所得税 = 3 000 ×（1 − 20%）× 70% × 3% = 50.4（元）

（4）特许权使用费应代扣代缴的个人所得税 = 50 000 ×（1 − 20%）× 30% − 4 410 = 7 590（元）

课堂讨论

居民个人与非居民个人取得工资、薪金所得，劳务报酬所得，稿酬所得，特许权使用费所得时，其个人所得税的计税方式、适用税率、扣除项目等存在哪些差异？

三、经营所得个人所得税核算

经营所得个人所得税的核算相关计算公式为：

应纳税额＝应纳税所得额×适用税率－速算扣除数
＝(全年收入总额－准予扣除项目)×适用税率－速算扣除数

自2023年1月1日至2027年12月31日，对个体工商户年应纳税所得额不超过200万元的部分，减半征收个人所得税。

技能训练 5-6

某个体工商户2024年全年应纳税所得额300 000元，1—12月已预缴个人所得税30 000元。已知本例中速算扣除数为10 500元。

要求：计算该个体工商户2024年应补缴的个人所得税。

技能训练 5-6 解析

该个体工商户全年应纳个人所得税＝300 000×20%－10 500＝49 500（元）

该个体工商户2024年度应补缴个人所得税＝49 500－30 000＝9 500（元）

四、其他所得个人所得税核算

（一）利息、股息、红利所得个人所得税核算

利息、股息、红利所得，以每次收入额为应纳税所得额，不作任何费用扣除。该项所得以每次收入额为应纳税所得额，不作任何费用扣除。计算公式为：

应纳税额＝应纳税所得额×适用税率＝每次收入额×20%

为鼓励投资、抑制投机行为，根据《财政部 国家税务总局 证监会关于上市公司股息红利差别化个人所得税政策有关问题的通知》(财税〔2015〕101号)规定，自2015年9月8日起，个人从公开发行和转让市场取得的上市公司股票，持股期限在1个月以内（含1个月）的，其利息红利所得全额计入应纳税所得额；持股期限在1个月以上至1年（含1年）的，暂减按50%计入应纳税所得额；持股期限超过1年的，股息红利所得暂免征收个人所得税。按上述标准计算的应纳税所得额统一适用20%的税率计征个人所得税。持股期限是指个人从公开发行和转让市场取得上市公司股票之日至转让交割该股票之日前一日的持有时间。

上市公司派发股息红利时，对个人持股1年以内（含1年）的，上市公司暂不扣缴个人所得

税；待个人转让股票时，证券登记结算公司根据其持股期限计算应纳税额，由证券公司等股份托管机构从个人资金账户中扣收并划付证券登记结算公司，证券登记结算公司应于次月5个工作日内划付上市公司，上市公司在收到税款当月的法定申报期内，向主管税务机关申报缴纳。

技能训练 5-7

某纳税人2025年3月取得以下收入：

（1）取得企业债券利息10 000元。

（2）国债利息20 000元。

（3）2025年1月1日，通过二级市场购买A公司股票10 000股，A公司于2025年2月1日发放现金股利，每股0.2元（含税）。

要求：计算该个人应缴纳的个人所得税。

技能训练 5-7 解析

（1）企业债券利息应纳的个人所得税 = 10 000 × 20% = 2 000（元）

（2）国债利息免税。

（3）现金股利应纳个人所得税 = 10 000 × 0.2 × 50% × 20% = 200（元）

（二）财产租赁所得个人所得税核算

财产租赁所得，实行按次计征，以1个月内取得的收入为一次。在确定财产租赁应纳税所得额时，纳税人在出租财产过程中缴纳的税金和教育费附加，可持完税（缴款）凭证，从其财产租赁收入中扣除。另外，能够提供有效、准确凭证，证明由纳税人负担的该出租财产实际开支的修缮费用，允许在税前扣除。但允许扣除的修缮费用，以每次800元为限。一次扣除不完的，准予在下一次继续扣除，直到扣完为止。

个人出租财产取得的财产租赁收入，在计算缴纳个人所得税时，应依次扣除以下费用。

（1）财产租赁过程中缴纳的税费。

（2）向出租方支付的租金。为便于管理和堵塞漏洞，要求纳税人必须提交房屋租赁合同和支付租金的合法凭据，否则，不允许扣除租金（若非转租房屋，此项支出为0）。

（3）由纳税人负担的该出租财产实际开支的修缮费用（每次800元为限）。

（4）税法规定的费用扣除标准。财产租赁所得每次收入（该金额为扣除前三项后的余额）不超过4 000元的，定额减除费用800元；每次收入在4 000元以上，定率减除20%的费用。

应纳税所得额的计算公式如下。

① 每次（月）收入不超过4 000元的：

应纳税所得额 = 每次（月）收入额 − 准予扣除项目 − 修缮费用（800元为限）− 800

② 每次（月）收入超过4 000元的：

应纳税所得额 =［每次（月）收入额 − 准予扣除项目 − 修缮费用（800元为限）］×（1 − 20%）

财产租赁所得适用20%的比例税率。但对个人按市场价格出租的居民住房取得的所得，自2001年1月1日起暂减按10%的税率征收个人所得税。其应纳税额的计算公式为：

$$应纳税额 = 应纳税所得额 \times 20\%（或10\%）$$

技能训练 5-8

生活在A市的张先生于2025年1月将其自有的一套普通住宅出租给王某居住，租金按年收取，每月3 000元，租赁期5年。出租当月，张先生按王某的要求对出租房进行修缮，发生费用2 400元，并按税法规定缴纳了房产税。

要求：计算张先生2025年全年租金收入应缴纳的个人所得税。

技能训练 5-8 解析

根据税法有关规定：对个人出租住房取得的所得减按10%的税率征收个人所得税；对个人出租、承租住房签订的租赁合同，免征印花税；对个人出租住房，按4%的税率征收房产税，免征城镇土地使用税。分摊后的月租金收入未超过15万元的，免征增值税。

（1）出租房屋每个月相关税费（房产税）= 3 000 × 4% = 120（元）

（2）1—3月每月应纳的个人所得税 =（3 000 − 120 − 800 − 800）× 10% = 128（元）

（3）4—12月每月应纳的个人所得税 =（3 000 − 120 − 800）× 10% = 208（元）

（4）2025年全年应纳的个人所得税 = 128 × 3 + 208 × 9 = 2 256（元）

（三）财产转让所得个人所得税核算

财产转让所得应纳个人所得税计算公式为：

$$应纳税额 = 应纳税所得额 \times 适用税率 =（收入总额 - 财产原值 - 合理税费）\times 20\%$$

技能训练 5-9

某人2019年建自用住房一幢，造价740 000元，支付其他费用60 000元。2025年该自建自用6年后的住房出售，销售价格1 000 000元，在卖房过程中按规定支付交易费等有关费用20 000元。

要求：计算其应纳个人所得税。

技能训练 5-9 解析

（1）根据二手房交易相关税收政策，个人出售自建自用住房，免征增值税。

（2）应纳税所得额 = 财产转让收入 − 财产原值 − 合理费用

=1 000 000 −(740 000 + 60 000)− 20 000 = 180 000(元)

(3)应纳税额 = 180 000 × 20% = 36 000(元)

(四)偶然所得个人所得税核算

偶然所得个人所得税计算公式为:

应纳税额 = 应纳税所得额 × 适用税率 = 每次收入额 × 20%

技能训练 5-10

张某在参加商场的有奖销售过程中,中奖所得价值共计50 000元。领奖时张某从中奖收入中拿出10 000元通过教育部门向某希望小学捐赠。

要求:计算商场应代扣代缴的个人所得税。

技能训练 5-10 解析

(1)根据税法有关规定,张某的捐赠额小于所得额的30%,可以全部从应纳税所得额中扣除。

(2)应纳税所得额 = 偶然所得 − 捐赠额 = 50 000 − 10 000 = 40 000(元)

(3)商场应代扣代缴的个人所得税 = 应纳税所得额 × 适用税率 = 40 000 × 20% = 8 000(元)

(4)张某实际可得金额 = 50 000 − 10 000 − 8 000 = 32 000(元)

五、个人所得税计算其他规定

(一)个人取得全年一次性奖金等计算征收个人所得税的方法

居民个人取得全年一次性奖金,符合《国家税务总局关于调整个人取得全年一次性奖金等计算征收个人所得税方法问题的通知》(国税发〔2005〕9号)规定的,在2027年12月31日前,可不并入当年综合所得,以全年一次性奖金收入除以12个月得到的数额,按照本通知所附按月换算后的综合所得税率表(以下简称月度税率表),确定适用税率和速算扣除数,单独计算纳税。计算公式为:

应纳税额 = 全年一次性奖金收入 × 适用税率 − 速算扣除数

居民个人取得全年一次性奖金,也可以选择并入当年综合所得计算纳税。

技能训练 5-11

沈辰2025年1月8日一次性领取2024年全年含税奖金60 000元。

要求:计算年终奖金应缴纳的个人所得税。

技能训练 5-11 解析

（1）年终奖金适用的税率和速算扣除数为：

按12个月分摊后，每月的奖金＝60 000 ÷12 ＝5 000（元），根据工资、薪金七级超额累进税率的规定，适用的税率和速算扣除数分别为10%和210元。

（2）年终奖应缴纳个人所得税为：

应纳税额＝年终奖金收入×适用的税率－速算扣除＝60 000×10%－210＝5 790（元）

（二）关于上市公司股权激励的政策

居民个人取得股票期权、股票增值权、限制性股票、股权奖励等股权激励（以下简称股权激励），在2027年12月31日前，不并入当年综合所得，全额单独适用综合所得税率表，计算纳税。计算公式为：

应纳税额＝股权激励收入×适用税率－速算扣除数

居民个人一个纳税年度内取得两次以上（含两次）股权激励的，应合并按以上规定计算纳税。

技能训练 5-12

沈辰2025年1月取得某上市公司授予的股票期权15 000股，授予日股票价格为每股10元，授予期权价格为每股8元，规定可在2025年行权。赵某于2025年3月行权15 000股，行权当天股票市场价格为每股16元。

要求：计算赵某该笔所得应缴纳的个人所得税。

技能训练 5-12 解析

股权激励收入＝（16－8）×15 000＝120 000（元）

应纳税所得额超过36 000元至144 000元的适用税率为10%，速算扣除数为2 520元。

应纳税额＝120 000×10%－2 520＝9 480（元）

（三）关于个人领取企业年金、职业年金的政策

个人达到国家规定的退休年龄，领取的企业年金、职业年金，符合《财政部 人力资源社会保障部 国家税务总局关于企业年金 职业年金个人所得税有关问题的通知》（财税〔2013〕103号）规定的，不并入综合所得，全额单独计算应纳税款。其中按月领取的，适用月度税率表计算纳税；按季领取的，平均分摊计入各月，按每月领取额适用月度税率表计算纳税；按年领取的，适用综合所得税率表计算纳税。

个人因出境定居而一次性领取的年金个人账户资金，或个人死亡后，其指定的受益人或法定继承人一次性领取的年金个人账户余额，适用综合所得税率表计算纳税。对个人除上述特殊原因外一次性领取年金个人账户资金或余额的，适用月度税率表计算纳税。

（四）关于解除劳动关系、提前退休、内部退养的一次性补偿收入的政策

（1）个人与用人单位解除劳动关系取得一次性补偿收入（包括用人单位发放的经济补偿金、生活补助费和其他补助费），在当地上年职工平均工资3倍数额以内的部分，免征个人所得税；超过3倍数额的部分，不并入当年综合所得，单独适用综合所得税率表，计算纳税。

（2）个人办理提前退休手续而取得的一次性补贴收入，应按照办理提前退休手续至法定离退休年龄之间实际年度数平均分摊，确定适用税率和速算扣除数，单独适用综合所得税率表，计算纳税。计算公式：

$$应纳税额=\left\{\left[\left(\text{一次性补贴收入}\div\text{办理提前退休手续至法定退休年龄的实际年度数}\right)-\text{费用扣除标准}\right]\times\text{适用税率}-\text{速算扣除数}\right\}\times\text{办理提前退休手续至法定退休年龄的实际年度数}$$

（3）个人办理内部退养手续而取得的一次性补贴收入，按照《国家税务总局关于个人所得税有关政策问题的通知》（国税发〔1999〕58号）规定计算纳税。

（五）关于保险营销员、证券经纪人佣金收入的政策

保险营销员、证券经纪人取得的佣金收入，属于劳务报酬所得，以不含增值税的收入减除20%的费用后的余额为收入额，收入额减去展业成本以及附加税费后，并入当年综合所得，计算缴纳个人所得税。保险营销员、证券经纪人的展业成本按照收入额的25%计算。

扣缴义务人向保险营销员、证券经纪人支付佣金收入时，应按照《个人所得税扣缴申报管理办法（试行）》（国家税务总局公告2018年第61号）规定的累计预扣法计算预扣税款。

（六）关于单位低价向职工售房的政策

单位按低于购置或建造成本价格出售住房给职工，职工因此而少支出的差价部分，符合《财政部 国家税务总局关于单位低价向职工售房有关个人所得税问题的通知》（财税〔2007〕13号）第二条规定的，不并入当年综合所得，以差价收入除以12个月得到的数额，按照月度税率表确定适用税率和速算扣除数，单独计算纳税。计算公式为：

$$应纳税额=\text{职工实际支付的购房价款低于该房屋的购置或建造成本价格的差额}\times\text{适用税率}-\text{速算扣除数}$$

（七）关于外籍个人有关津补贴的政策

2027年12月31日前，外籍个人符合居民个人条件的，可以选择享受个人所得税专项附加扣除，也可以选择享受住房补贴、语言训练费、子女教育费等津补贴免税优惠政策，但不得同时享受。一经选择，在1个纳税年度内不得变更。

引例解析

张明父母可以扣除2 000元子女教育专项附加扣除，可以选择由父母一方扣除，也可以选择各扣1 000元。由于父亲的工资收入较高，建议由父亲一方全部扣除。父母可以扣除的赡养老人专项附加扣除分别为3 000元和1 500元。张明父母2024年各月取得的工资、薪金和劳务收入应预扣预缴个人所得税金额具体如表5–9所示。张明父母取得的上市公司股票转让收入和银行存款利息免税。

表5–9 张明父母2024年1—12月个人所得税预扣预缴金额

单位：元

收入事项	1月	2月	3月	4月	5月	6月	7月	8月	9月	10月	11月	12月
父亲工资	225	225	225	225	330	750	750	750	750	750	750	750
劳务收入	50 000 ×（1 –20%）× 30% – 2 000 = 10 000											
母亲工资	9	9	9	9	9	9	9	9	9	9	9	9
上市公司股票转让收入免税												
银行存款利息免税												

• 诚信纳税　为国聚财 •

个人所得税：经济责任与社会责任的融合

个人所得税是税收体系中的重要组成部分，不仅承载着经济责任，更蕴含着丰富的社会责任内涵。缴纳个人所得税是公民参与国家治理、推动社会进步的重要方式。

1. 经济责任

缴纳个人所得税是公民对国家经济建设的直接支持。国家通过税收筹集资金，用于基础设施建设、公共服务供给、社会保障体系完善等各个领域。这些投入为经济发展创造了良好的环境，促进了社会的繁荣与稳定。通过个人所得税征收机制，国家能够根据经济发展水平和居民收入状况，科学合理地调节收入分配，有效缩小贫富差距，实现经济的可持续发展。对于高收入群体而言，缴纳更多的个人所得税是其经济能力的一种体现，也是对社会财富分配的一种调节；而对于中低收入群体，合理的税收政策可以减轻其负担，保障其基本生活需求，从而促进消费，推动经济的内循环。

2. 社会责任

个人所得税的缴纳体现了公民对国家和社会的认同感与责任感。税收是国家治理的基础。公民自觉履行纳税义务，是对国家法律的尊重和遵守，是对国家治理能力的支持和信任。这种责任感不仅体现在按时足额缴纳税款上，还体现在对税收政策的理解和宣传上。公民通过学习和了解个人所得税政策，能够更好地认识到税收与自身利益的紧密联系，增强公民意识和社会责任感。同时，个人所得税的征收也促进了社会公平正义的实现。税收政策通过对不同收入群体的调节，使得社会资源得到更加合理的分配，保障了弱势群体的基本权益，促进了社会的和谐稳定。这种公平正义的社会环境，是每一个公民所期望和追求的，也是社会文明进步的重要标志。

总之，个人所得税不仅是一项经济制度，更是一种社会责任的体现。每一位公民都应该认识到个人所得税的重要性，自觉履行纳税义务，为国家的经济发展和社会进步贡献自己的力量。

任务三　个人所得税智能申报

引导案例

2025年2月20日一早，张明接到父亲的微信："明，今天爸爸收到单位提醒：可以进行2024年个人所得税汇算清缴预约了。爸爸不明白，不是每个月单位都已经代扣代缴个人所得税了吗？为什么还需要汇算清缴？汇算清缴是不是意味着我们还要交税呢？另外，个人所得税汇算清缴具体该如何操作呢？"

带着疑问，张明翻开了本教材。

个人所得税包括源泉扣缴和纳税人自行申报两种方式。

一、扣缴申报

个人所得税以取得所得的自然人为纳税人，以支付所得的单位或者个人为扣缴义务人。扣缴义务人应当按照国家规定办理全员全额扣缴申报。扣缴义务人每月或者每次预扣、代扣的税款，应当在次月15日内缴入国库，并向税务机关报送《个人所得税扣缴申报表》。

文本

《个人所得税扣缴申报表》

（一）扣缴申报范围

除经营所得外，扣缴义务人向纳税人支付所得时，应当扣缴个人所得税。

（二）扣缴方法

1. 居民个人工资、薪金所得预扣预缴税款的方法

扣缴义务人向居民个人支付工资、薪金所得时，按照累计预扣法计算预扣税款，并按月办理扣缴申报。

文本

《个人所得税专项附加扣除信息表》

居民个人取得工资、薪金所得时，可向扣缴义务人提供专项附加扣除信息，扣缴义务人应当按照规定在工资、薪金所得按月预扣预缴税款时予以扣除，不得拒绝。扣缴义务人对纳税人提供的《个人所得税专项附加扣除信息表》，应当按照规定妥善留存备查。扣缴义务人应当依法对纳税人报送的专项附加扣除等相关涉税信息和资料保密。

扣缴义务人依法履行代扣代缴义务，纳税人不得拒绝。纳税人拒绝的，扣缴义务人应当及时报告税务机关。

税务机关对扣缴义务人按照规定扣缴的税款，不包括税务机关、司法机关等查补或责令补扣的税款，按年付给2%的手续费；扣缴义务人可将代扣代缴手续费用于提升办税能力、奖励办税人员。

特别提示

居民个人可以向扣缴义务人提供专项附加扣除信息，在预扣预缴税款时予以扣除，也可以不向扣缴义务人提供专项附加扣除信息，在汇算清缴时予以扣除。

2. 居民个人劳务报酬所得、稿酬所得、特许权使用费所得预扣预缴税款的方法

扣缴义务人向居民个人支付劳务报酬所得、稿酬所得和特许权使用费所得的，按次或者按月预扣预缴个人所得税。

3. 非居民个人工资、薪金所得，劳务报酬所得，稿酬所得和特许权使用费所得代扣代缴税款的方法

扣缴义务人向非居民个人支付工资、薪金所得，劳务报酬所得，稿酬所得和特许权使用费所得时，按次代扣代缴税款。

二、自行申报

（一）取得综合所得需要办理汇算清缴的纳税申报

（1）纳税人从两处以上取得综合所得，且综合所得年收入额减除专项扣除后的余额超过6万元的。

（2）纳税人取得劳务报酬所得、稿酬所得、特许权使用费所得中的一项或多项所得，且综合所得的年收入减除年度专项扣除后的余额超过6万元的。

（3）纳税年度内预扣预缴税额，低于依法计算的年度综合所得应纳税额的。

（4）纳税人申请退税的。

文本
《个人所得税年度自行纳税申报表（A表）》

因适用所得项目错误或者扣缴义务人未依法履行扣缴义务，造成纳税年度内少申报或者未申报综合所得的，纳税人应当依法据实办理年度汇算。

纳税人应当于取得综合所得的次年3月1日至6月30日内，向任职、受雇单位所在地主管税务机关办理汇算清缴，并报送《个人所得税年度自行纳税申报表（A表）》。有两处以上任职、受雇单位的，选择向其中一处任职、受雇单位所在地主管税务机关办理纳税申报；纳税人没有任职、受雇单位的，向户籍所在地或经常居住地主管税务机关办理纳税申报。

纳税人也可以委托扣缴义务人或者其他单位和个人办理汇算清缴。

特别提示

2024年1月1日至2027年12月31日，居民个人取得的年度综合所得收入不超过12万元且需要汇算清缴补税的，或者年度汇算清缴补税金额不超过400元的，居民个人可免于办理个人所得税综合所得汇算清缴。居民个人取得综合所得时存在扣缴义务人未依法预扣预缴税款的情形除外。

（二）经营所得的纳税申报

采取查账征收和核定征收方式的个体工商户业主、个人独资企业投资人、合伙企业的个人合伙人、承包承租经营者个人以及其他从事生产、经营活动的个人取得经营所得，按年计算个人所得税，由纳税人在月度或季度终了后15日内，向经营管理所在地主管税务机关办理预缴纳

税申报，并报送《个人所得税经营所得纳税申报表（A表）》。查账征收纳税人在取得所得的次年3月31日前，向经营管理所在地主管税务机关办理汇算清缴，并报送《个人所得税经营所得纳税申报表（B表）》。从两处以上取得经营所得的，办理合并计算个人所得税的年度汇算申报时，选择向其中一处经营管理所在地主管税务机关办理年度汇总申报，并报送《个人所得税经营所得纳税申报表（C表）》。

文本
《个人所得税经营所得纳税申报表（A表）（B表）（C表）》

（三）取得应税所得，扣缴义务人未扣缴税款的纳税申报

（1）居民个人取得综合所得的，按照上述第（一）条办理。

（2）非居民个人取得工资、薪金所得、劳务报酬所得、稿酬所得和特许权使用费所得的，应当在取得所得的次年6月30日前，向扣缴义务人所在地主管税务机关办理纳税申报，并报送《个人所得税自行纳税申报表（A表）》。非居民个人在中国境内有两个以上扣缴义务人且未扣缴税款的，纳税人应当选择向其中一处扣缴义务人所在地主管税务机关办理纳税申报。

文本
《个人所得税自行纳税申报表（A表）》

（3）纳税人取得利息、股息、红利所得，财产租赁所得，财产转让所得和偶然所得的，应当在取得所得的次年6月30日前，按相关规定向主管税务机关办理纳税申报，报送《个人所得税自行纳税申报表（A表）》。

同时，税务机关通知限期缴纳的，纳税人应当按照期限缴纳税款。

（四）取得境外所得的纳税申报

（1）居民个人从中国境外取得所得的，应当在取得所得的次年3月1日至6月30日内，向中国境内任职、受雇单位主管税务机关办理纳税申报，并报送《个人所得税年度自行纳税申报表（B表）》。

文本
《个人所得税年度自行纳税申报表（B表）》

（2）在中国境内没有任职、受雇单位的，向户籍所在地或中国境内经常居住地主管税务机关办理纳税申报。

（3）户籍所在地与中国境内经常居住地不一致的，选择向其中一地主管税务机关办理纳税申报。

（4）在中国境内没有户籍的，向中国境内经常居住地主管税务机关办理纳税申报。

（五）非居民个人在中国境内从两处以上取得工资、薪金所得的纳税申报

非居民个人在中国境内从两处以上取得工资、薪金所得的，应当在取得所得的次月15日内，向其中一处任职、受雇单位所在地主管税务机关办理纳税申报，并报送《个人所得税自行纳税申报表（A表）》。

课堂讨论

居民个人和非居民个人在所得项目、所得来源地、填报人、主管税务机关、申报期限和申报表方面有哪些不同之处？

三、个人所得税智能申报实务

操作演示
自然人电子税务局（扣缴端）实操

（一）自然人电子税务局（扣缴端）

扣缴义务人通过自然人电子税务局（扣缴端）为在本单位取得所得的人员（含雇员和非雇员）办理全员全额扣缴申报及代理经营所得纳税申报。

扣缴申报的主体流程如图5-1所示。

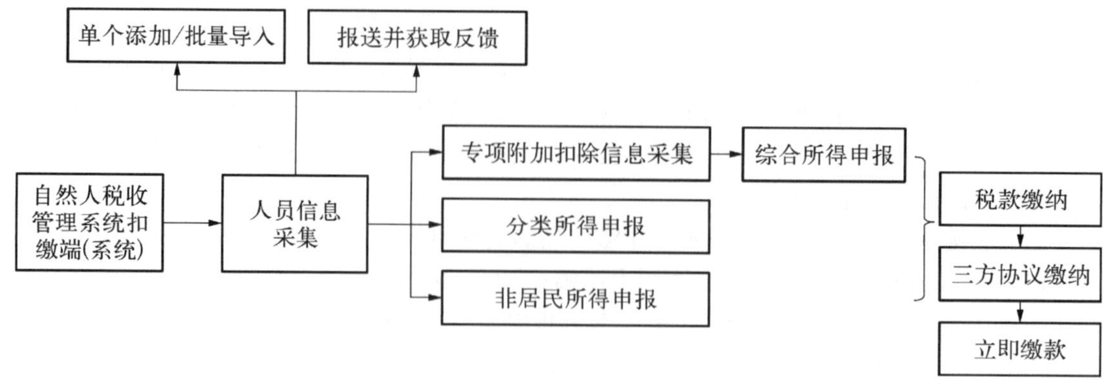

图5-1　扣缴申报主体流程

扣缴义务人纳税申报的基本流程如下。

（1）人员信息采集：根据《个人所得税基础信息表（A表）》的要求采集相关信息，系统采用先报送人员信息再填写报表的方式。

（2）报送及获取反馈：将人员信息报送后，税务局系统对人员身份信息进行验证并反馈验证结果。

（3）报表填写：扣缴申报包括《综合所得预扣预缴申报》《分类所得代扣代缴申报》《非居民代扣代缴申报》《限售股转让所得扣缴申报》四类申报表；经营所得申报有《预缴纳税申报》[个人所得税经营所得纳税申报表（A表）]和《年度汇缴申报》[个人所得税经营所得纳税申报表（B表）]。

（4）申报表报送：通过网络方式将填写完整的申报表发送至税务机关并获取申报反馈结果。

（5）税款缴纳：申报成功后通过网上缴款或其他方式缴纳税款。

下面以综合所得扣缴申报为例介绍个人所得税申报的具体操作步骤。

第一步：登录自然人电子税务局（扣缴端），选择申报密码登录，或实名登录。登录后首页如图5-2所示。

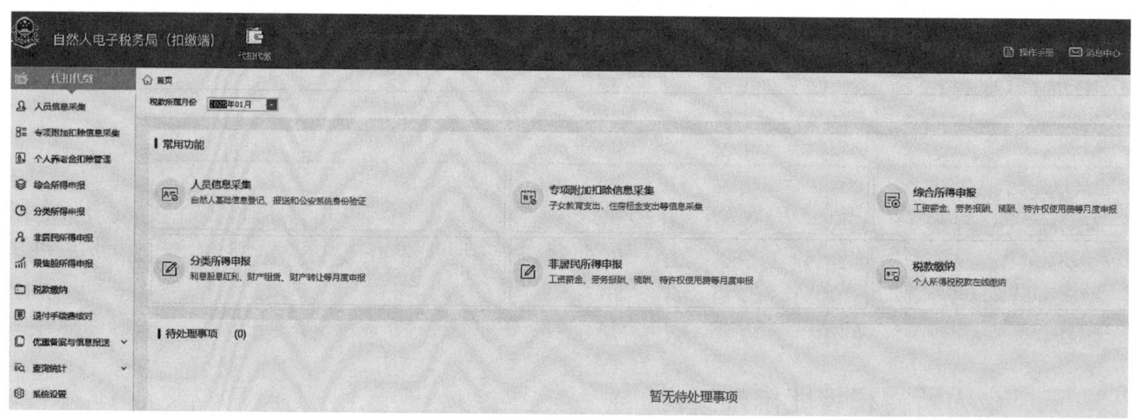

图5-2　自然人电子税务局（扣缴端）

第二步：点击【代扣代缴】模块下的【人员信息采集】。需要增员时点击【添加】，减员则设置非正常和离职日期。确认无误后全选，点击【报送】（无人员变动可忽略）。

第三步：进行【专项附加扣除信息采集】，下载更新并查看所有人员的专项扣除。如有需要，下载报送；若无，则忽略此步（专项扣除由个人在个人所得税APP填写）。

第四步：进入【综合所得申报】，填写并导入数据（根据需要选择，建议复制上月当期数据），填入工资收入、社会保险个人承担、住房公积金等。如有专项扣除，需填写预填专项附加扣除；若无，则忽略，返回上一步。

第五步：进行【税款计算】，点击此项后，系统会自动核算，与工资表核算核对是否一致。

第六步：进行【申报表报送】，发送申报并获得反馈（显示申报成功即可）。

第七步：进行【税款缴纳】，选择三方协议缴税，立即缴款。查询统计中的缴税记录，点击【完税证明开具并打印】。

（二）自然人电子税务局

操作演示 自然人电子税务局（个人版）实操

自然人电子税务局是国家税务总局为自然人纳税人提供的一站式税务服务平台，支持个人所得税的自行申报、查询、缴纳及专项附加扣除填报等功能。纳税人可以通过登录个人所得税APP或自然人电子税务局网页端办理相关业务。自然人电子税务局为纳税人提供了高效、便捷的税务服务，是个人所得税管理的重要工具。其主要功能模块如下。

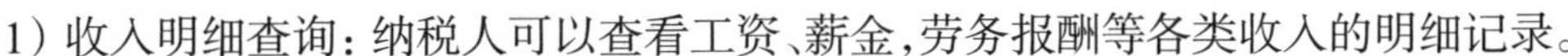

（1）收入明细查询：纳税人可以查看工资、薪金，劳务报酬等各类收入的明细记录。

（2）专项附加扣除填报：支持子女教育、继续教育、住房贷款利息、赡养老人等专项附加扣除的填报和管理。

（3）年度汇算清缴：提供综合所得年度汇算功能，支持简易申报和标准申报两种模式。

（4）股权转让申报：在试点地区，自然人股东可以通过该平台进行股权转让所得的申报。

（5）个人养老金扣除信息采集：支持个人养老金扣除信息的填报。

（6）税款缴纳：提供多种缴款方式，包括三方协议缴税、银行端查询缴款和银联缴款。

纳税人也可以通过邮寄方式或到办税服务厅办理。选择邮寄申报的，纳税人须将申报表寄送至规定的主管税务机关。

四、个人所得税申报表填写实例

下面以喜来临科技公司1月经济业务为例进行个人所得税纳税申报表的填写。

技能训练 5-13

（一）企业基本资料

1. 纳税人名称：杭州喜来临科技有限公司
2. 纳税人识别号：913322036043773457
3. 所属行业：软件和信息技术服务业
4. 纳税人资格：一般纳税人
5. 纳税核定类型：查账征收

（二）业务资料

杭州喜来临科技有限公司2025年1月有2名正式员工，员工基础信息和个人所得相关数据见资料1至资料3（表5-10、表5-11）。

资料1：

表5-10　员工基础信息表

工号	姓名	性别	身份证号	任职日期	联系电话	任职受雇从业类型	国籍（地区）
001	彭越	男	130283199307038031	2017-11-15	15668090034	雇员	中国
002	沈辰	男	230101198005040053	2017-04-05	15254170806	雇员	中国

资料2：

表5-11　2025年1月杭州喜来临科技有限公司工资保险明细表

金额单位：元

工号	姓名	应发工资合计	基本养老保险金	基本医疗保险金	失业保险金	住房公积金	代扣个人所得税	实发工资
001	彭越	10 000	560	420	20	500		
002	沈辰	30 000	1 120	840	40	2 500		

备注：

（1）彭越专项附加扣除信息：单身一人在杭州工作，租房居住（租赁房屋地址：杭州市夕照社区15幢3单元302室；租赁时间：2025年1月至2025年12月；出租房类型：个人）。

（2）沈辰家庭情况：沈辰，已婚（妻子：谢雨，身份证号230201198611220486；女儿：沈雯，身份证号340804201306270826），女儿于2018年9月起进入当地杭州采荷一小就读一年级，子女教育专项附加扣除由父亲沈辰一人全额扣除。

资料3：

工程师沈辰2024年全年收入情况如下：

（1）2024年1—12月每月应发工资均为30 000元，每月减除费用5 000元，“三险一金”等专项扣除为4 500元，享受子女教育专项附加扣除2 000元。

（2）3月提供设计服务，取得收入10 000元。

（3）5月取得稿酬收入3 000元。

（4）6月转让专利，取得特许权使用费50 000元。

要求：

（1）根据资料1和资料2计算工资、薪金所得应预扣预缴税额。

（2）根据资料1和资料2进行个人所得税预扣预缴纳税申报。

（3）根据资料3进行个人所得税汇算清缴纳税申报。

技能训练 5-13 解析

（1）彭越可享受房租专项附加扣除每月1 500元，沈辰可享受子女教育专项附加扣除每月2 000元。

彭越2025年1月工资、薪金所得预扣预缴税额 =（10 000 − 5 000 − 560 − 420 − 20 − 500 − 1 500）× 3% = 2 000 × 3% = 60（元）

沈辰2025年1月工资、薪金所得预扣预缴税额 =（30 000 − 5 000 − 1120 − 840 − 40 − 2 500 − 2 000）× 3% = 18 500 × 3% = 555（元）

（2）2025年1月个人所得税预扣预缴申报表如表5-12所示。

（3）沈辰2024年度综合所得应纳税个人所得额 = 30 000 × 12 − 5 000 × 12 − 4 500 × 12 − 2 000 × 12 + 10 000 × 80% + 3 000 × 80% × 70% + 50 000 × 80% = 271 680（元）

沈辰2024年度应纳个人所得税额 = 271 680 × 20% − 16 920 = 37 416（元）

沈辰2024年度应补缴税款 = 37 416 − 35 788 = 1 628（元）

沈辰2024年度综合纳税申报表如表5-13所示。

引例解析

学习完本项目内容后，张明认真地给父亲进行了解释，说明通过年度汇算清缴可以更好地保障纳税人的合法权益。通过年度汇算可以更准确地计算纳税人综合所得全年应纳的个人所得税。一般而言，对于取得多种综合所得的纳税人，无论采取怎样的预扣预缴方法，都不可能使其平时已预缴税额与年度应纳税额完全一致，此时两者之间就会产生“差额”，需要通过年度汇算进行调整。只要纳税人平时已预缴税额与年度应纳税额不一致，都需要办理年度汇算。如果预缴税额小于应纳税额，应按照规定进行补缴；如果预缴税额高于应纳税额，则可以依法申请退税。纳税人可以选择通过个人所得税APP、自然人电子税务局网站办理年度汇算清缴，也可以进行委托办理。

• 诚信纳税　为国聚财 •

“十四五”规划下的个人所得税改革方向

“十四五”时期是我国全面建成小康社会、实现第一个百年奋斗目标之后，乘势而上开启全面建设社会主义现代化国家新征程、向第二个百年奋斗目标进军的第一个五年。《中华人民共和国国民经济和社会发展第十四个五年规划和2035年远景目标纲要》明确指出，要建立现代财税金融体制，并强调要“优化税制结构，健全直接税体系，适当提高直接税比重”和“完善个人所得税制度，推进扩大综合征收范围，优化税率结构”。“十四五”规划为我国个人所得税下一步改革指明了方向。

第一，完善综合与分类相结合的个人所得税制度。扩大纳税人综合征税的所得范

表5-12 个人所得税扣缴申报表

税款所属期：2025年1月1日至2025年1月31日

扣缴义务人名称：杭州喜来临科技有限公司

扣缴义务人纳税人识别号（统一社会信用代码）：913322036043773457

序号	姓名	身份证件类型	身份证件号码	纳税人识别号	是否为非居民个人	所得项目	本月（次）情况														累计情况										减按计税比例	准予扣除的捐赠额	税款计算							备注
							收入额计算			减除费用	专项扣除				其他扣除						累计收入额	累计减除费用	累计专项扣除	累计专项附加扣除						累计其他扣除			应纳税所得额	税率/预扣率	速算扣除数	应纳税额	减免税额	已缴税额	应补/退税额	
							收入	费用	免税收入		基本养老保险费	基本医疗保险费	失业保险费	住房公积金	年金	商业健康保险	税延养老保险	财产原值	允许扣除的税费	其他				子女教育	继续教育	住房贷款利息	住房租金	赡养老人	3岁以下婴幼儿照护											
1	2	3	4	5	6	7	8	9	10	11	12	13	14	15	16	17	18	19	20	21	22	23	24	25	26	27	28	29	30	31	32	33	34	35	36	37	38	39	40	41
1	彭越	略	略		否	工资	10 000		5 000	560	420	20	500							10 000	5 000	1 500					1 500					2 000	3%	0	60			60		
2	沈辰	略	略		否	工资	30 000		5 000	1 120	840	40	2 500							30 000	5 000	4 500	2 000									18 500	3%	0	555			555		
合计							40 000		10 000	1 680	1 260	60	3 000							40 000	10000	6 000	2 000				1 500					20 500			615			615	0	

谨声明：本表是根据国家税收法律法规及相关规定填报的，是真实的、可靠的、完整的。

扣缴义务人（签章）：　　　　年　　月　　日

经办人签字：
经办人身份证件号码：
代理机构签章：
代理机构统一社会信用代码：

受理人：
受理税务机关（章）：
受理日期：　　年　　月　　日

国家税务总局监制

表5-13　个人所得税年度自行纳税申报表（A表）
（仅取得境内综合所得年度汇算适用）

税款所属期：2024年1月1日至2024年12月31日
纳税人姓名：沈辰
纳税人识别号：230101198005040053　　　　　　　　金额单位：人民币元（列至角分）

<table>
<tr><td colspan="6">基本情况</td></tr>
<tr><td>手机号码</td><td>15254170806</td><td>电子邮箱</td><td></td><td>邮政编码</td><td>□□□□□□</td></tr>
<tr><td>联系地址</td><td colspan="5">____省（区、市）____市____区（县）__________街道（乡、镇）</td></tr>
<tr><td colspan="6">纳税地点（单选）</td></tr>
<tr><td colspan="4">1. 有任职受雇单位的，需选本项并填写“任职受雇单位信息”：</td><td colspan="2">☑任职受雇单位所在地</td></tr>
<tr><td rowspan="2">任职受雇单位信息</td><td colspan="2">名称</td><td colspan="3">杭州喜来临科技有限公司</td></tr>
<tr><td colspan="2">纳税人识别号</td><td colspan="3">913322036043773457</td></tr>
<tr><td colspan="3">2. 没有任职受雇单位的，可以从本栏次选择一地：</td><td colspan="3">□户籍所在地　□经常居住地　□主要收入来源地</td></tr>
<tr><td colspan="2">户籍所在地/经常居住地/主要收入来源地</td><td colspan="4">____省（区、市）_____市_____区（县）_____街道（乡、镇）</td></tr>
<tr><td colspan="6">申报类型（单选）</td></tr>
<tr><td colspan="3">☑首次申报</td><td colspan="3">□更正申报</td></tr>
<tr><td colspan="6">综合所得个人所得税计算</td></tr>
<tr><td colspan="4">项　　目</td><td>行次</td><td>金额</td></tr>
<tr><td colspan="4">一、收入合计（第1行＝第2行＋第3行＋第4行＋第5行）</td><td>1</td><td>423 000</td></tr>
<tr><td colspan="4">（一）工资、薪金</td><td>2</td><td>360 000</td></tr>
<tr><td colspan="4">（二）劳务报酬</td><td>3</td><td>10 000</td></tr>
<tr><td colspan="4">（三）稿酬</td><td>4</td><td>3 000</td></tr>
<tr><td colspan="4">（四）特许权使用费</td><td>5</td><td>50 000</td></tr>
<tr><td colspan="4">二、费用合计［第6行＝（第3行＋第4行＋第5行）×20%］</td><td>6</td><td>12 600</td></tr>
<tr><td colspan="4">三、免税收入合计（第7行＝第8行＋第9行）</td><td>7</td><td>720</td></tr>
<tr><td colspan="4">（一）稿酬所得免税部分［第8行＝第4行×（1－20%）×30%］</td><td>8</td><td>720</td></tr>
<tr><td colspan="4">（二）其他免税收入（附报《个人所得税减免税事项报告表》）</td><td>9</td><td></td></tr>
<tr><td colspan="4">四、减除费用</td><td>10</td><td>60 000</td></tr>
<tr><td colspan="4">五、专项扣除合计（第11行＝第12行＋第13行＋第14行＋第15行）</td><td>11</td><td>54 000</td></tr>
<tr><td colspan="4">（一）基本养老保险费</td><td>12</td><td>13 440</td></tr>
<tr><td colspan="4">（二）基本医疗保险费</td><td>13</td><td>10 080</td></tr>
</table>

（续表）

综合所得个人所得税计算		
项　　目	行次	金额
（三）失业保险费	14	480
（四）住房公积金	15	30 000
六、专项附加扣除合计（附报《个人所得税专项附加扣除信息表》）（第16行＝第17行＋第18行＋第19行＋第20行＋第21行＋第22行＋第23行）	16	24 000
（一）子女教育	17	24 000
（二）继续教育	18	
（三）大病医疗	19	
（四）住房贷款利息	20	
（五）住房租金	21	
（六）赡养老人	22	
（七）3 岁以下婴幼儿照护	23	
七、其他扣除合计（第24行＝第25行＋第26行＋第27行＋第28行＋第29行＋第30行）	24	
（一）年金	25	
（二）商业健康保险（附报《商业健康保险税前扣除情况明细表》）	26	
（三）税延养老保险（附报《个人税收递延型商业养老保险税前扣除情况明细表》）	27	
（四）允许扣除的税费	28	
（五）个人养老金	29	
（六）其他	30	
八、准予扣除的捐赠额（附报《个人所得税公益慈善事业捐赠扣除明细表》）	31	
九、应纳税所得额（第32行＝第1行－第6行－第7行－第10行－第11行－第16行－第24行－第31行）	32	271 680
十、税率（%）	33	20%
十一、速算扣除数	34	16 920
十二、应纳税额（第35行＝第32行×第33行－第34行）	35	37 416

（续表）

<table>
<tr><td colspan="4">综合所得个人所得税计算</td></tr>
<tr><td colspan="2">项　　目</td><td>行次</td><td>金额</td></tr>
<tr><td colspan="4">全年一次性奖金个人所得税计算（无住所居民个人预判为非居民个人取得的数月奖金，选择按全年一次性奖金计税的填写本部分）</td></tr>
<tr><td colspan="2">一、全年一次性奖金收入</td><td>36</td><td></td></tr>
<tr><td colspan="2">二、准予扣除的捐赠额（附报《个人所得税公益慈善事业捐赠扣除明细表》）</td><td>37</td><td></td></tr>
<tr><td colspan="2">三、税率（%）</td><td>38</td><td></td></tr>
<tr><td colspan="2">四、速算扣除数</td><td>39</td><td></td></tr>
<tr><td colspan="2">五、应纳税额［第40行=（第36行—第37行）×第38行－第39行］</td><td>40</td><td></td></tr>
<tr><td colspan="4">税额调整</td></tr>
<tr><td colspan="2">一、综合所得收入调整额（需在“备注”栏说明调整具体原因、计算方式等）</td><td>41</td><td></td></tr>
<tr><td colspan="2">二、应纳税额调整额</td><td>42</td><td></td></tr>
<tr><td colspan="4">应补/退个人所得税计算</td></tr>
<tr><td colspan="2">一、应纳税额合计（第43行＝第35行＋第40行＋第42行）</td><td>43</td><td>37 416</td></tr>
<tr><td colspan="2">二、减免税额（附报《个人所得税减免税事项报告表》）</td><td>44</td><td></td></tr>
<tr><td colspan="2">三、已缴税额</td><td>45</td><td>35 788</td></tr>
<tr><td colspan="2">四、应补/退税额（第46行＝第43行－第44行－第45行）</td><td>46</td><td>1 628</td></tr>
<tr><td colspan="4">无住所个人附报信息</td></tr>
<tr><td>纳税年度内在中国境内居住天数</td><td></td><td>已在中国境内居住年数</td><td></td></tr>
<tr><td colspan="4">退税申请（应补/退税额小于0的填写本部分）</td></tr>
<tr><td colspan="4">☐ 申请退税（需填写“开户银行名称”“开户银行省份”“银行账号”）　☐ 放弃退税</td></tr>
<tr><td>开户银行名称</td><td></td><td>开户银行省份</td><td></td></tr>
<tr><td>银行账号</td><td colspan="3"></td></tr>
<tr><td colspan="4">备注</td></tr>
<tr><td colspan="4"></td></tr>
<tr><td colspan="4">谨声明：本表是根据国家税收法律法规及相关规定填报的，本人对填报内容（附带资料）的真实性、可靠性、完整性负责。
纳税人签字：　　　　年　　月　　日</td></tr>
<tr><td colspan="2">经办人签字：
经办人身份证件类型：
经办人身份证件号码：
代理机构签章：
代理机构统一社会信用代码：</td><td colspan="2">受理人：
受理税务机关（章）：
受理日期：　　　年　　月　　日</td></tr>
</table>

国家税务总局监制

围，适时将个人经营所得、财产资本类所得纳入综合所得范围。完善专项附加扣除项目，优化扣除办法，动态调整扣除范围和标准，进一步减轻中低收入人群税收负担。

第二，加强高收入人群税收征管力度。完成自然人纳税人征管体系，逐步建立和完善个人收入监控体系和财产实名登记制度。建立健全全国统一的信用系统，使隐性收入显性化。研究建立高净值纳税人涉税信息数据库。进一步完善跨部门涉税信息共享制度，推进智慧税务建设，加强高收入人群征管，发挥个税收入分配调节作用。

个人所得税改革的未来规划，不仅是税收制度的优化，更是国家治理体系和治理能力现代化的重要体现。通过完善个人所得税制度，建立信息共享机制，我国能更精准地调节收入分配，维护税收秩序，构建更加和谐、稳定的社会环境，推动全体人民共同富裕的实现。在推进个人所得税改革的过程中，我们应进一步增强法治意识，提高税收征管的透明度和公正性，让税收制度成为促进社会公平正义的重要工具，为实现中华民族伟大复兴的中国梦提供坚实的制度保障。

思考训练题

一、单项选择题

1. 根据个人所得税法律制度的规定，下列收入中，应按“劳务报酬所得”税目缴纳个人所得税的是（　　）。

A. 退休人员再任职取得的收入　　B. 从非任职公司取得的董事费收入

C. 从任职公司取得的监事费收入　　D. 从任职公司关联企业取得的监事费收入

2. 根据个人所得税法律制度的规定，下列从事非雇佣劳动取得的收入中，应按“稿酬所得”税目缴纳个人所得税的是（　　）。

A. 审稿收入　　B. 翻译收入

C. 题字收入　　D. 出版作品收入

3. 根据个人所得税法律制度的规定，下列各项中，属于综合所得计算应纳税额时可以进行专项扣除的是（　　）。

A. 个人缴纳的基本养老保险　　B. 子女教育支出

C. 继续教育支出　　D. 赡养老人支出

4. 根据个人所得税法律制度的规定，下列各项中，属于综合所得计算应纳税额时可以扣除的是（　　）。

A. 赵某2岁儿子小赵的婴幼儿照护费

B. 钱某使用商业银行贷款购买第二套住房发生的贷款利息支出

C. 孙某赡养55岁母亲的支出

D. 李某在上海拥有一套住房，其所任职的公司外派其在成都工作1年，李某在成都租房发生的租金支出（李某上海住房贷款利息支出已享受扣除）

5. 某非居民个人4月工资收入为10 000元人民币，其中含差旅费津贴1 000元，托儿补助费500元，一次回国探亲费2 200元。已知工资、薪金所得减除费用标准为每月5 000元，全月应纳税所得额不超过3 000元的，适用税率为3%，全月应纳税所得额超过3 000元至12 000元的部分，适用税率为10%，速算扣除数210。则单位代扣代缴赵某6月应缴纳个人所得税的下列计算列式中，正确的是(　　)。

A.(10 000−5 000)×10%−210＝290(元)

B.(10 000−1 000−500−5 000)×10%−210＝140(元)

C.(10 000−1 000−500−5 000−2 200)×3%＝39(元)

D.(10 000−1 000−500−2 200)×10%−210＝420(元)

6. 某设计师(非居民)业余时间为一企业做某项产品的设计，前两个月企业先支付了30 000元报酬，第三个月设计完成后，又支付了剩余的50 000元，已知劳务报酬所得每次应纳税所得额超过12 000元至25 000元的，适用税率为20%，速算扣除数1 410，超过25 000元至35 000元的，适用税率为25%，速算扣除数2 660，超过35 000元至55 000元的，适用税率为30%，速算扣除数4 410，超过55 000元至80 000元的部分，适用税率为35%，速算扣除数7 160。代扣代缴该设计师应缴纳的个人所得税的下列计算中，正确的是(　　)。

A.(30 000＋50 000)×(1−20%)×35%−7 160＝15 240(元)

B.(30 000＋50 000)×35%−7 160＝20 840(元)

C. 30 000×(1−20%)×10%−1 410＋50 000×(1−20%)×30%−4 410＝8 580(元)

D. 30 000×25%−2 660＋50 000×30%−4 410＝15 430(元)

7. 4月赵某将自己的一套三居室出租，年租金55 200元，当月发生修缮费用1 200元，已知个人出租住房适用的个人所得税税率为10%，每次收入额不足4 000元的费用扣除标准为800元，4 000元以上的，费用扣除标准为20%。假设不考虑房屋出租过程中的其他相关税金，则赵某本月应缴纳的个人所得税的下列计算中，正确的是(　　)。

A.(55 200÷12−1 200−800)×10%＝260(元)

B.(55 200÷12−1 200)×(1−20%)×10%＝272(元)

C.(55 200÷12−800−800)×10%＝300(元)

D.(55 200÷12−800)×(1−20%)×10%＝304(元)

8. 赵某准备移民海外，将其唯一的一套住房以120万元的价格出售，该住宅系6年前以40万元的价格购买，交易过程中支付相关税费及中介费等各项费用共计8万元(有发票为证)。则赵某应缴纳的个人所得税的下列计算中，正确的是(　　)。

A. 0

B.(120−40−8)×20%＝14.4(万元)

C.(120−40)×20%＝16(万元)

D. 120×20%＝24(万元)

9. 4月，赵某购买彩票中奖60 000元，从中拿出20 000元通过国家机关捐赠给贫困地区。已知偶然所得适用的个人所得税税率为20%，则赵某中奖收入应缴纳的个人所得税税额的下列计算列式中，正确的是(　　)。

A. 60 000×20%＝12 000(元)

B.(60 000−60 000×30%)×20%＝8 400(元)

C.(60 000−20 000)×20%＝8 000(元)

D. 20 000×20%＝4 000(元)

10. 根据个人所得税法律制度的规定，下列各项中，不属于来源于中国境内的所得的是

(　　)。

A. 美国居民A，在中国境内推销商品取得所得

B. 日本居民B，在中国境内投资股票取得所得

C. 韩国居民C，在中国商场购物，获得抽奖机会，取得中奖所得

D. 中国居民D，将位于美国纽约的一栋别墅出售给一家美国公司取得所得

11. 李先生3月购买体育彩票中得奖金15 000元，他应缴纳个人所得税为(　　)元。

A. 免税　　B. 3 000

C. 1 500　　D. 4 500

12. 下列所得不采用五级超额累进税率计算个人所得税的有(　　)。

A. 个体工商户的生产经营所得　　B. 个人独资企业和合伙企业

C. 承包经营者取得的承租、承包所得　　D. 财产租赁所得

13. 个人取得的下列所得中，按“偶然所得”征收个人所得税是(　　)。

A. 境外博彩所得　　B. 为他人提供担保获得报酬

C. 保险赔偿收入　　D. 企业自然人股息

14. 下列所得中，免缴个人所得税的是(　　)。

A. 年终加薪　　B. 拍卖本人文字作品原稿的收入

C. 差旅费津贴　　D. 从投资管理公司取得的派息分红

15. 个人独资、合伙企业每一纳税年度发生的广告和业务宣传费用，不超过当年销售(营业)收入(　　)的部分，可以税前据实扣除。超过部分准予在以后纳税年度内结转扣除。

A. 8.5%　　B. 15%

C. 2.5%　　D. 5%

二、多项选择题

1. 关于个人所得税“工资、薪金所得”，下列说法中，正确的有(　　)。

A. 企业为职工支付的各项保险金，应并入员工当期工资收入，按工资、薪金所得项目征收个人所得税

B. 企业为本单位职工交付的企业年金，超过规定标准的单位缴费部分和超过缴费基数4%的个人缴费部分，按照工资、薪金所得项目征收个人所得税

C. 城镇企事业单位及其职工个人实际缴付的失业保险费，超过规定比例的，应将其超过规定比例缴付的部分计入职工个人当期的工资薪金收入，依法计征个人所得税

D. 兼职律师从律师事务所取得工资、薪金性质的所得，律师事务所代扣代缴其个人所得税时，直接以其收入全额为应纳税所得额

2. 下列各项中，适用超额累进税率计征个人所得税的有(　　)。

A. 经营所得　　B. 工资薪金所得

C. 财产转让所得　　D. 稿酬所得

3. 下列个人所得中，应按“劳务报酬所得”项目征收个人所得税的有(　　)。

A. 某编剧从电视剧制作单位取得的剧本使用费

B. 某公司高管从大学取得的讲课费

C. 某作家拍卖手稿取得的收入

D. 某大学教授从企业取得董事费

4. 下列关于个人所得税征收管理的说法中，错误的有(　　　　)。

A. 居民个人取得工资、薪金所得，应当在取得所得的次年3月1日至6月30日内办理汇算清缴

B. 扣缴义务人每月扣缴的税款，税务机关应根据扣缴义务人所扣缴的税款，付给2%的手续费

C. 纳税人取得应税所得没有扣缴义务人的应当在取得所得的次月15日前向税务机关报送纳税申报表，并缴纳税款

D. 扣缴义务人未扣缴税款的纳税人应当在取得所得的次年3月1日至6月30日前，缴纳税款

5. 下列各项个人所得中，免纳个人所得税的是(　　　　)。

A. 省级人民政府、国务院部委和中国人民解放军军以上单位，以及外国组织、国际组织颁发的科学、教育、技术、文化、卫生、体育、环境保护等方面的奖金

B. 国债和国家发行的金融债券利息

C. 福利费、抚恤金、救济金

D. 保险赔款

6. 下列各项中，属于个人所得税中居民纳税人的有(　　　　)。

A. 在中国境内无住所，但一个纳税年度中在中国境内居住满183天的个人

B. 在中国境内无住所且不居住的个人

C. 在中国境内无住所，而在境内居住超过90天不满183天的个人

D. 在中国境内有住所的个人

7. 某城市公民张先生为自由职业者，3月取得以下收入中，属于劳务报酬的有(　　　　)。

A. 为甲企业兼职促销员，因业绩突出甲企业提供免费丽江游

B. 自己开设酒吧取得的收入

C. 为出版社审稿取得收入

D. 在杂志上发表摄影作品取得收入

8. 以下项目作为一次性收入计缴个人所得税的有(　　　　)。

A. 张某8月在某单位讲课三次，即8月5日，8月15日和8月25日各讲一次课，每次取得讲课收入1 000元

B. 李某出书一本，出版社分两次支付稿酬，每次得稿酬5 000元

C. 吴某将住房出租10个月，共取得房租收入10 000元

D. 杨某1月两次购买体育彩票，分别获得2万元和5万元

9. 下列所得应按特许权使用费所得，征收个人所得税的是(　　　　)。

A. 专利权　　B. 著作权

C. 稿酬　　D. 非专利技术

10. 下列财产转让中，不征收或免征个人所得税的有(　　　　)。

A. 个人转让自用5年以上且是家庭唯一住房的所得

B. 个人因离婚办理房屋产权过户手续

C. 个人转让机器设备的所得

D. 个人转让境内上市公司股票所得

三、判断题

1. 个人独资企业和合伙企业需要先缴纳企业所得税，再计算缴纳个人所得税。（　　）

2. 个人综合所得中专项扣除、专项附加扣除和依法确定的其他扣除一个纳税年度扣除不完的，可以结转以后年度扣除。（　　）

3. 非居民个人歌手，每周去酒吧演唱2次，其应以一个月取得的所得为一次，按照“劳务报酬所得”项目缴纳个人所得税。（　　）

4. 个人出租自有住房适用的个人所得税税率为10%。（　　）

5. 根据个人所得税法律制度的有关规定，退休人员再任职取得的收入，暂免征收个人所得税。（　　）

6. 个人将其应税所得，全部用于公益救济性捐赠，将不承担缴纳所得税义务。（　　）

7. 个人取得的稿酬收入，可减按70%计算个人所得税。（　　）

8. 个人转让房屋所得，应该按照财产转让所得缴纳个人所得税。（　　）

9. 中秋节，公司为员工发放月饼，不应并入“工资、薪金所得”代扣代缴个人所得税。（　　）

10. 纳税人取得所得而没有扣缴义务人的，应当自行申报缴纳个人所得税。（　　）

四、综合实训题

1. 某研究所高级工程师张先生1月的收入情况如下：

（1）工资10 000元，“三险一金”专项扣除合计1 500元，专项附加扣除合计1 000元。

（2）向某家公司转让专有技术一项，获得特许权使用费6 000元。

（3）为某企业设计产品，取得报酬50 000元。

（4）因汽车失窃，获得保险公司赔偿80 000元。

要求：

（1）计算张先生应该缴纳的个人所得税。

（2）编制当月张先生受雇单位工资预扣预缴个人所得税的相关会计分录。

2. 中国公民赵某4月取得以下收入：

（1）购买福利彩票支出2元，取得单注奖金200 000元。

（2）为某企业设计照明线路，取得一次性设计收入15 000元。

（3）将自有的两套住房中的一套出租，出租后仍用于居住，每月取得租金收入2 700元，不考虑其他税费。

要求：根据上述资料，计算赵某应纳的个人所得税。

3. 中国公民李四（身份证号码：330106199006051122）为ABC公司（纳税人识别号：330100699831055）职员，本年全年收入情况如下。

（1）8月出版一本著作，从出版社取得稿酬8 000元。在此之前，部分章节6月至7月被某晚报连载，6月取得稿酬1 000元，7月取得稿酬1 500元，因该书畅销，9月出版社增加印数，又取得追加稿酬4 000元。该书后被电影公司拍成电影，李四取得报酬1万元。

（2）1—12月，每月应付工资30 000元，每月专项扣除合计4 500元，其中养老保险2 400元，医疗保险600元，失业保险150元；每月专项附加扣除合计2 000元，其中子女教育和赡养老人相关专项附加扣除各1 000元。

（3）12月全年一次性奖金25 000元。

要求：

（1）计算下列所得的应纳税额。

① 出版与连载收入及电影公司支付的报酬应预扣预缴的个人所得税。

② 1—12月每月工资、薪金应扣缴的个人所得税。

③ 全年一次性奖金应扣缴的个人所得税。

（2）填写工资、薪金个人所得税扣缴报告表。

（3）填写个人所得税年度自行申报表。

项目六

财产和行为税核算与智能合并申报

内容导图

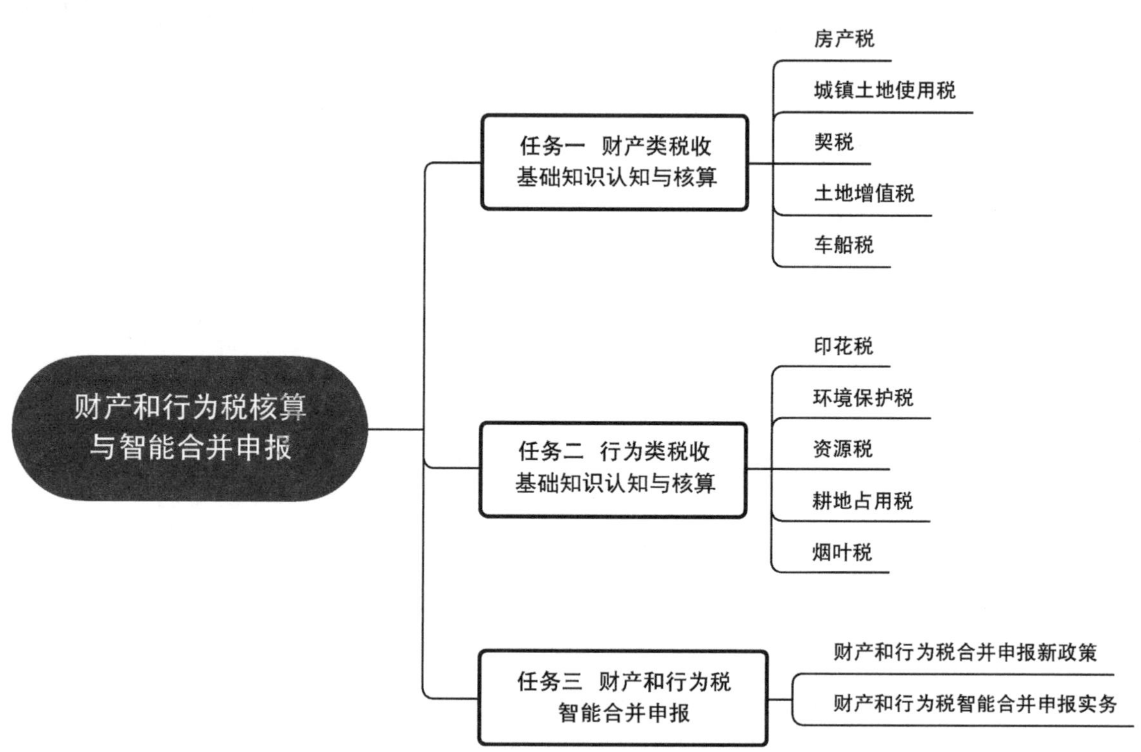

知识目标

(1) 了解房产税、印花税等财产和行为税的基本规定。

(2) 熟悉房产税、印花税等财产和行为税会计处理的账户设置。

(3) 掌握房产税、印花税等财产和行为税合并申报的方法。

技能目标

（1）会房产税、印花税等财产和行为税应纳税额的准确计算。

（2）懂房产税、印花税等财产和行为税会计分录的编制。

（3）能正确填写房产税、印花税等财产和行为税的合并申报表。

素养目标

（1）树立诚信纳税意识，提高财产和行为税依法合规操作能力。

（2）培养智能化税务管理环境下财产和行为税知识的持续学习能力。

（3）树立可持续发展理念，关注生态文明建设，培养社会责任感。

任务一　财产类税收基础知识认知与核算

引导案例

毕业生王亮工作几年后，成立了一家属于自己的小企业，同时也有了一笔不小的积蓄，最近他有买房的打算，不过他也有一个疑惑，不知道该选择个人名义买房呢，还是用企业名义买房，两者都需要缴一定的税费。选择个人名义买房需要交哪些税？而选择用企业名义买房又需要交哪些税呢？

一、房产税

房产税是以房屋为征税对象，按照房屋的计税余值或租金收入，向产权所有人征收的一种财产税。现行房产税法的基本规范，是1986年9月15日国务院颁布的《中华人民共和国房产税暂行条例》，自1986年10月1日起实施。

（一）纳税人

房产税以在征税范围内的房屋产权所有人为纳税人：

（1）产权属全民所有的，由经营管理单位纳税；产权属集体和个人所有的，由集体单位和个人纳税。

（2）产权出典的，由承典人纳税。

（3）产权所有人、承典人不在房屋所在地的，由房产代管人或者使用人纳税。

（4）产权未确定及租典纠纷未解决的，亦由房产代管人或者使用人纳税。

（5）纳税单位和个人无租使用房产管理部门、免税单位及纳税单位的房产，应由使用人代为缴纳房产税。

（6）自2009年1月1日起，外商投资企业、外国企业和组织以及外籍个人，依照《中华人民共和国房产税暂行条例》缴纳房产税。

（二）征税范围

房产税以房产为征税对象。所谓房产，是指有屋面和围护结构（有墙或两边有柱），能够遮风避雨，可供人们在其中生产、学习、工作、娱乐、居住或贮藏物资的场所。房地产开发企业建造的商品房，在出售前，不征收房产税；但对出售前房地产开发企业已使用或出租、出借的商品房应按规定征收房产税。

房产税的征税范围为城市、县城、建制镇和工矿区的房屋，不包括农村的房屋。

（三）税率

房产税采用比例税率。房产税的计税依据分为从价计征和从租计征，分别适用不同税率，具体如下：

（1）按房产原值一次减除10%～30%后的余值计征的，税率为1.2%。

（2）按房产出租的租金收入计征的，税率为12%。

从2001年1月1日起，对个人按市场价格出租的居民住房，用于居住的，可暂减按4%的税率征收房产税。

选择题 6-1

下列房屋及建筑物中，属于房产税征税范围的是（ ）。

A. 农村的居住用房

B. 建在室外的露天游泳池

C. 个人拥有的市区经营性用房

D. 尚未使用或出租而待售的商品房

答案解析：选项A，房产税的征税范围不包括农村；选项B，房产税房产指有屋面和围护结构（有墙或两边有柱），能够遮风避雨，可供人们在其中生产、学习等的场所，建在室外的露天游泳池，不属于房产税的征税范围；选项D，房地产开发企业建造的商品房，在出售前不征收房产税。正确选项为C。

（四）应纳税额的计算及会计处理

房产税的计税依据是房产的计税价值或房产的租金收入。按照房产计税价值征税的，称为从价计征；按照房产租金收入计征的，称为从租计征。

1. 从价计征

从价计征是按房产的原值减除一定比例后的余值计征，其计算公式为：

$$应纳税额 = 应税房产原值 \times (1 - 扣除比例) \times 1.2\%$$

房产原值是“固定资产”账户中记载的房屋原价；减除一定比例是省、自治区、直辖市人民政府规定的10%～30%的减除比例；计征的适用税率为1.2%。

技能训练 6-1

某企业的经营用房原值为5 000万元，按照当地规定允许减除30%后的余值计税，适用税率为1.2%。

要求：计算其应纳房产税税额。

技能训练 6-1 解析

应纳税额 = 5 000 × (1 − 30%) × 1.2% = 42(万元)

2. 从租计征

房产出租的,以房产租金收入为房产税的计税依据。从租计征是按房产的租金收入计征,其计算公式为:

应纳税额 = 租金收入 × 12%(或4%)

如果是以劳务或者其他形式为报酬抵付房租收入的,应根据当地同类房产的租金水平,确定一个标准租金额从租计征。

技能训练 6-2

某公司出租房屋3间,年租金收入为30 000元,适用税率为12%。

要求:计算其应纳房产税税额。

技能训练 6-2 解析

应纳税额 = 30 000 × 12% = 3 600(元)

3. 会计处理

房产税应纳税款,通过"应交税费——应交房产税"科目进行核算。该科目贷方反映应缴纳的房产税;借方反映企业实际已经缴纳的房产税;期末余额在贷方,反映企业应缴而未缴的房产税。

技能训练 6-3

2025年年初,某房地产开发公司(纳税人识别号:913301006767522771)在城区有办公楼1幢,"固定资产——房屋"账面原值为5 800万元;另有写字楼1幢,"固定资产——房屋"账面原值为1 200万元,专门用于出租,每年获得租金收入120万元。当地政府规定,从价计征房产税的,按房产原值扣除30%后作为房产的计税余值。

要求:计算该房地产开发公司应纳的房产税,并作相应的会计处理。

技能训练 6-3 解析

（1）计算房产税：

① 自用房产年应纳房产税额 = 5 800 × (1 − 30%) × 1.2% = 48.72（万元）

② 自用房产月应纳房产税额 = 48.72 ÷ 12 = 4.06（万元）

③ 出租房产年应纳房产税额 = 120 × 12% = 14.4（万元）

④ 出租房产月应纳房产税额 = 14.4 ÷ 12 = 1.2（万元）

⑤ 每月合计应纳房产税额 = 4.06 + 1.2 = 5.26（万元）

（2）账务处理：

借：税金及附加　　52 600

　贷：应交税费——应交房产税　　52 600

（五）税收优惠

（1）国家机关、人民团体、军队自用的房产，免征房产税。

（2）由国家财政部门拨付事业经费的单位，如学校、医疗卫生单位、托儿所、幼儿园、敬老院、文化、体育、艺术等实行全额或差额预算管理的事业单位所有的，本身业务范围内使用的房产，免征房产税。

（3）宗教寺庙、公园、名胜古迹自用的房产，免征房产税。

（4）个人所有非营业用的房产，免征房产税。

（5）经财政部批准免税的其他房产。

（六）征收管理

1. 纳税义务发生时间

（1）纳税人将原有房产用于生产经营，从生产经营之月起缴纳房产税。

（2）纳税人自行新建房屋用于生产经营，从建成之次月起缴纳房产税。

（3）纳税人委托施工企业建设的房屋，从办理验收手续之次月起缴纳房产税。

（4）纳税人购置新建商品房，自房屋交付使用之次月起缴纳房产税。

（5）纳税人购置存量房，自办理房屋权属转移、变更登记手续，房地产权属登记机关签发房屋权属证书之次月起，缴纳房产税。

（6）纳税人出租、出借房产，自交付出租、出借房产之次月起，缴纳房产税。

（7）房地产开发企业自用、出租、出借本企业建造的商品房，自房屋使用或交付之次月起，缴纳房产税。

（8）自2009年1月1日起，纳税人因房产的实物或权利状态发生变化而依法终止房产税纳税义务的，其应纳税额的计算应截止到房产的实物或权利状态发生变化的当月月末。

2. 纳税期限

房产税实行按年计算、分期缴纳的征收方法，具体纳税期限由省、自治区、直辖市人民政府确定。

3. 纳税地点

房产税在房产所在地缴纳。房产不在同一地方的纳税人，应按房产的坐落地点分别向房产所在地的税务机关纳税。

选择题 6-2

下列各项中，符合房产税纳税义务发生时间规定的有(　　)。

A. 将原有房产用于生产经营，从生产经营之次月起缴纳房产税

B. 委托施工企业建设的房屋，从办理验收手续之次月起缴纳房产税

C. 购置存量房，自权属登记机关签发房屋权属证书之次月起缴纳房产税

D. 购置新建商品房，自权属登记机关签发房屋权属证书之次月起缴纳房产税

答案解析：选项A，将原有房产用于生产经营，从生产经营之月起缴纳房产税；选项D，购置新建商品房，自房屋交付使用次月起缴纳房产。正确选项为B、C。

课堂讨论

房产税的计税依据有哪两种？分别是如何征收的？

二、城镇土地使用税

城镇土地使用税是国家在城市、县城、建制镇和工矿区范围内，对使用土地的单位和个人，以其实际占用的土地面积为计税依据，按照规定的税额计算征收的一种税。1988年9月27日国务院颁布《中华人民共和国城镇土地使用税暂行条例》，自1988年11月1日起施行。2006年12月31日、2011年1月8日、2013年12月7日、2019年3月2日，国务院先后对《城镇土地使用税暂行条例》进行了四次修订。之后，财政部、国家税务总局也陆续发布了一些有关城镇土地使用税的规定、办法。这些法律法规共同构成了我国城镇土地使用税法律制度。

(一) 纳税人

在城市、县城、建制镇、工矿区范围内使用土地的单位和个人，为城镇土地使用税的纳税人。城镇土地使用税的纳税人通常包括以下几类：

(1) 拥有土地使用权的单位和个人。

(2) 拥有土地使用权的单位和个人不在土地所在地的，其土地的实际使用人和代管人为纳税人。

(3) 土地使用权未确定或权属纠纷未解决的，其实际使用人为纳税人。

(4) 土地使用权共有的，共有各方都是纳税人，由共有各方分别纳税。

(二) 征税范围

城镇土地使用税的征税范围，包括在城市、县城、建制镇和工矿区内的国家所有和集体所有的土地。城市的土地包括市区和郊区的土地，县城的土地是指县人民政府所在地的城镇的土地，建制镇的土地是指镇人民政府所在地的土地。建立在城市、县城、建制镇和工矿区以外的工矿企业则不需缴纳城镇土地使用税。

自2009年1月1日起，公园、名胜古迹内的索道公司经营用地，应按规定缴纳城镇土地使用税。

（三）税率

城镇土地使用税采用定额税率，即采用有幅度的差别税额，按大、中、小城市和县城、建制镇、工矿区分别规定每平方米城镇土地使用税年应纳税额。具体标准如表6–1所示。

表6–1　城镇土地使用税税率

级　　别	常住人口/人	每平方米税额/元
大城市	50万以上	1.5～30
中等城市	20万～50万	1.2～24
小城市	20万以下	0.9～18
县城、建制镇、工矿区		0.6～12

选择题 6–3

根据城镇土地使用税法律制度的规定，下列各项中，不属于城镇土地使用税征税范围的有（　　）。

A. 城市土地　　B. 县城土地

C. 农村土地　　D. 建制镇土地

答案解析：凡在城市、县城、建制镇、工矿区范围内（不包括农村）的土地，不论是属于国家所有还是集体所有，都属于城镇土地使用税征税范围。正确选项为C。

（四）应纳税额的计算及会计处理

1. 计税依据

城镇土地使用税以纳税人实际占用的土地面积为计税依据，税务机关根据纳税人实际占用的土地面积，按照规定的税额计算应纳税额，向纳税人征收城镇土地使用税。

纳税人实际占用的土地面积按下列办法确定：

（1）由省、自治区、直辖市人民政府确定的单位组织测定土地面积的，以测定的面积为准。

（2）尚未组织测量，但纳税人持有政府部门核发的土地使用证书的，以证书确认的土地面积为准。

（3）尚未核发土地使用证书的，应由纳税人申报土地面积，据以纳税，待核发土地使用证以后再作调整。

2. 应纳税额的计算

城镇土地使用税的应纳税额可以通过纳税人实际占用的土地面积乘以该土地所在地段的适用税额求得。其计算公式为：

全年应纳税额＝实际占用应税土地面积（平方米）×适用税额

3. 会计处理

企业按规定计提的城镇土地使用税，借记“税金及附加”账户，贷记“应交税费——应交城镇土地使用税”账户。

技能训练 6-4

某房地产开发公司，2024年度使用土地面积为10 000平方米，经税务机关核定，该土地为应税土地，每平方米每年税额为4元。

要求：计算该公司应纳城镇土地使用税，并作相应的会计处理。

技能训练 6-4 解析

年应纳城镇土地使用税税额 = 10 000 × 4 = 40 000（元）

会计分录如下：

借：税金及附加　　40 000

　贷：应交税费——应交城镇土地使用税　　40 000

（五）税收优惠

1. 法定免征城镇土地使用税

（1）国家机关、人民团体、军队自用的土地。

（2）由国家财政部门拨付事业经费的单位自用的土地。

（3）宗教寺庙、公园、名胜古迹自用的土地。

（4）市政街道、广场、绿化地带等公共用地。

（5）直接用于农、林、牧、渔业的生产用地。

（6）经批准开山填海整治的土地和改造的废弃土地，从使用的月份起免缴城镇土地使用税5年至10年。

（7）由财政部另行规定免税的能源、交通、水利设施用地和其他用地。

2. 省、自治区、直辖市地方税务局确定减免城镇土地使用税

（1）个人所有的居住房屋及院落用地。

（2）房产管理部门在房租调整改革前经租的居民住房用地。

（3）免税单位职工家属的宿舍用地。

（4）民政部门举办的安置残疾人占一定比例的福利工厂用地。

（5）集体和个人办的各类学校、医院、托儿所、幼儿园用地。

（6）其他按规定可以减免的优惠。

（六）征收管理

1. 纳税期限

城镇土地使用税实行按年计算、分期缴纳的征收方法，具体纳税期限由省、自治区、直辖市人民政府确定。

2. 纳税义务发生时间

（1）纳税人购置新建商品房，自房屋交付使用之次月起，缴纳城镇土地使用税。

（2）纳税人购置存量房，自办理房屋权属转移、变更登记手续，房地产权属登记机关签发房屋权属证书之次月起，缴纳城镇土地使用税。

（3）纳税人出租、出借房产，自交付出租、出借房产之次月起，缴纳城镇土地使用税。

（4）以出让或转让方式有偿取得土地使用权的，应由受让方从合同约定交付土地时间的次月起缴纳城镇土地使用税；合同未约定交付时间的，由受让方从合同签订的次月起，缴纳城镇土地使用税。

（5）纳税人新征用的耕地，自批准征用之日起满1年时，开始缴纳城镇土地使用税。

（6）纳税人新征用的非耕地，自批准征用次月起，缴纳城镇土地使用税。

3. 纳税地点和征收机构

城镇土地使用税在土地所在地缴纳。纳税人使用的土地不属于同一省、自治区、直辖市管辖的，由纳税人分别向土地所在地的税务机关缴纳城镇土地使用税；在同一省、自治区、直辖市管辖范围内，纳税人跨地区使用的土地，其纳税地点由各省、自治区、直辖市地方税务局确定。

选择题 6-4

根据城镇土地使用税法律制度规定，下列用地中免予缴纳城镇土地使用税的是（　　）。

A. 港口的码头用地　　B. 邮政部门坐落在县城内的土地

C. 水电站的发电厂房用地　　D. 火电厂厂区围墙内的用地

答案解析：港口码头用地属于交通设施用地，予以免税。选项B、C、D不属于免税规定。正确选项为A。

课堂讨论

如何确定城镇土地使用税的计税依据？

动画视频

契税认知

三、契税

契税，是指国家在土地、房屋权属转移时，按照当事人双方签订的合同（契约）以及所确定价格的一定比例，向权属承受人征收的一种税。2020年8月11日，第十三届全国人民代表大会常务委员会第二十一次会议通过《中华人民共和国契税法》，自2021年9月1日起施行，契税实现了由规升法。

（一）纳税人

契税的纳税人是境内转移土地、房屋权属，承受的单位和个人。境内是指中华人民共和国实际税收行政管辖范围内。土地、房屋权属是指土地使用权和房屋所有权。个人包括中国公民和外籍人员。

（二）征税范围

契税以在我国境内转移土地、房屋权属的行为作为征税对象。土地、房屋权属未发生转移的，不征收契税。征收契税的土地、房屋权属，具体为土地使用权、房屋所有权。契税的征税范围包括：

1. 土地使用权出让

土地使用权出让，是指土地使用者向国家交付土地使用权出让费用，国家将土地使用权在一定年限内让与土地使用者的行为。出让费用包括出让金等。

2. 土地使用权转让

土地使用权转让，是指土地使用者以出售、赠与、互换或者其他方式将土地使用权转移给其他单位和个人的行为。土地使用权的转让不包括土地承包经营权和土地经营权的转移。

3. 房屋买卖

房屋买卖，是指房屋所有者将其房屋出售，由承受者交付货币、实物、无形资产或其他经济利益的行为。

4. 房屋赠与

房屋赠与，是指房屋所有者将其房屋无偿转让给受赠者的行为。

5. 房屋互换

房屋互换，是指房屋所有者之间相互交换房屋的行为。

6. 以其他方式转移土地、房屋权属的征税规定

以作价投资（入股）、偿还债务、划转、奖励等方式转移土地、房屋权属的，应当依照税法规定征收契税。对于这些转移土地、房屋权属的形式，可以分别视同土地使用权转让、房屋买卖或者房屋赠与征收契税。

7. 不属于契税征税范围的行为

土地与房屋的典当、分拆（分割）、抵押以及出租等行为，不属于契税的征税范围。

（三）税率

契税采用比例税率，税率幅度为3%～5%。具体适用税率由各省、自治区、直辖市人民政府在前款规定的税率幅度范围内，按照本地区的实际情况提出，报同级人民代表大会常务委员会决定，并报全国人民代表大会常务委员会和国务院备案。

省、自治区、直辖市可以依照税法规定的程序对不同主体、不同地区、不同类型的住房的权属转移确定差别税率。

选择题 6-5

根据契税法律制度的规定，下列各项中，属于契税纳税人的是（　　）。

A. 抵押房屋的赵某　　B. 转让土地使用权的甲公司

C. 出租住房的钱某　　D. 受让土地使用权的乙公司

答案解析：选项A和C的财产权属不转移，不属于契税的征税范围；选项B的契税纳税人为承受方，转让方不缴纳契税。正确选项为D。

（四）计税依据和应纳税额的计算

1. 计税依据

（1）国有土地使用权出让、土地使用权出售、房屋买卖，为成交价格。

（2）土地使用权赠与、房屋赠与，由征收机关参照土地使用权出售、房屋买卖的市场价格核定。

（3）土地使用权交换、房屋交换，为所交换的土地使用权、房屋的价格的差额。前款成交价格明显低于市场价格并且无正当理由的，或者所交换土地使用权、房屋的价格的差额明显不合理并且无正当理由的，由征收机关参照市场价格核定。

（4）以划拨方式取得土地使用权，经批准转让房地产时，由房地产转让者补交契税，计税依据为补交的土地使用权出让费或者土地收益。

2. 应纳税额的计算

契税应纳税额的计算比较简单。应纳税额的计算公式为：

$$应纳税额=计税依据\times税率$$

以作价投资（入股）、偿还债务等应交付经济利益的方式转移土地、房屋权属的，参照土地使用权出让、出售或房屋买卖确定契税适用税率、计税依据等。

以划转、奖励等方式转移土地、房屋权属的，参照土地使用权或房屋赠与确定契税适用税率、计税依据等。

技能训练 6-5

王某获得单位奖励房屋一套。王某得到该房屋后又将其与李某拥有的一套房屋进行互换。经房地产评估机构评估，王某获奖房屋价值300万元，李某房屋价值350万元。两人协商后，王某实际向李某支付房屋互换价格差额款50万元。税务机关核定奖励王某的房屋价值280万元。已知当地规定的契税税率为4%。

要求：指出此交易中契税的纳税人并计算应缴纳的契税。

技能训练 6-5 解析

（1）王某获得的单位奖励房屋一套属于以“赠与”的方式取得房屋，应按税务机关核定的市场价格缴纳的契税 = 280 × 4% = 11.2（万元）

（2）王某与李某的房产互换行为，应由“多付钱”的一方按差价缴纳，因此应由王某缴纳的契税 = 50 × 4% = 2（万元）

综上，王某应缴纳的契税共计 = 11.2 + 2 = 13.2（万元）

（五）税收优惠

1. 全国法定免税情形

有下列情形之一的，免征契税：

（1）国家机关、事业单位、社会团体、军事单位承受土地、房屋权属用于办公、教学、医疗、科研、军事设施。

（2）非营利性的学校、医疗机构、社会福利机构承受土地、房屋权属用于办公、教学、医疗、科研、养老、救助。

（3）承受荒山、荒地、荒滩土地使用权用于农、林、牧、渔业生产。

（4）婚姻关系存续期间，夫妻之间变更土地、房屋权属。

（5）法定继承人通过继承承受土地、房屋权属。

（6）依照法律规定应当予以免税的外国驻华使馆、领事馆和国际组织驻华代表机构承受土地、房屋权属。

根据国民经济和社会发展的需要，国务院对居民住房需求保障、企业改制重组、灾后重建等情形可以规定免征或者减征契税，报全国人民代表大会常务委员会备案。

2. 地方酌定减免税情形

省、自治区、直辖市可以决定对下列情形免征或者减征契税：

（1）因土地、房屋被县级以上人民政府征收、征用，重新承受土地、房屋权属。

（2）因不可抗力灭失住房，重新承受住房权属。

上述规定的免征或者减征契税的具体办法，由省、自治区、直辖市人民政府提出，报同级人民代表大会常务委员会决定，并报全国人民代表大会常务委员会和国务院备案。

（六）征收管理

1. 纳税义务发生时间

契税的纳税义务发生时间是纳税人签订土地、房屋权属转移合同的当日，或者纳税人取得其他具有土地、房屋权属转移合同性质凭证的当日。具有土地、房屋权属转移合同性质的凭证包括契约、协议、合约、单据、确认书以及其他凭证。

纳税人应当在依法办理土地、房屋权属登记手续前申报缴纳契税。契税申报以不动产单元为基本单位。

因人民法院、仲裁委员会的生效法律文书或者监察机关出具的监察文书等发生土地、房屋权属转移的，纳税义务发生时间为法律文书等生效当日。

因改变土地、房屋用途等情形应当缴纳已经减征、免征契税的，纳税义务发生时间为改变有关土地、房屋用途等情形的当日。

因改变土地性质、容积率等土地使用条件须补缴土地出让价款，应当缴纳契税的，纳税义务发生时间为改变土地使用条件当日。

发生上述情形，按规定不再需要办理土地、房屋权属登记的，纳税人应自纳税义务发生之日起90日内申报缴纳契税。

2. 纳税地点

契税实行属地征收管理。纳税人发生契税纳税义务时，应向土地、房屋所在地的税务机关申报纳税。

课堂讨论

契税征税范围包括和不包括的内容分别是哪些？

四、土地增值税

土地增值税是对有偿转让国有土地使用权及地上建筑物和其他附着物产权，取得增值收入的单位和个人征收的一种税。现行土地增值税的基本规范是1993年12月13日国务院颁布的《中华人民共和国土地增值税暂行条例》，自1994年1月1日起施行，并根据2011年1月8日《国务院关于废止和修改部分行政法规的决定》修订。

（一）纳税人

土地增值税的纳税人为转让国有土地使用权、地上的建筑及其附着物并取得收入的单位和个人。

（二）征税范围

土地增值税是对转让国有土地使用权及其地上建筑物和附着物征收。

1. 基本征税范围

土地增值税是对转让国有土地使用权及其地上建筑物和附着物的行为征税，不包括国有土地使用权出让所取得的收入。

国有土地使用权的转让是指土地使用者通过出让等形式取得土地使用权后，将土地使用权再转让的行为，包括出售交换和赠与，它属于土地买卖的二级市场。土地使用权转让，其地上的建筑物、其他附着物的所有权随之转让。土地使用权的转让，属于土地增值税的征税范围。

土地增值税的征税范围不包括未转让土地使用权、房产产权的行为，是否发生转让行为主要以房地产权属的变更为标准。凡土地使用权、房产产权未转让的，不征收土地增值税。

2. 具体情况判定

（1）房地产继承、赠与。这两种情形的征税规定分别如下：

① 房地产的继承。这种行为虽然发生了房地产的权属变更，但作为房产产权、土地使用权的原所有人（即被继承人）并没有因为权属的转让而取得任何收入。因此，这种房地产的继承不属于土地增值税的征税范围。

② 房地产的赠与。房地产的赠与是指房产所有人、土地使用权所有人将自己所拥有的房地产无偿交给其他人的民事法律行为。但这里的“赠与”仅指以下情况：一是房产所有人、土地使用权所有人将房屋产权、土地使用权赠与直系亲属或承担直接赡养义务人的；二是房产所有人、土地使用权所有人通过中国境内非营利的社会团体、国家机关将房屋产权、土地使用权赠与教育、民政和其他社会福利、公益事业的。房地产的赠与虽发生了房地产的权属变更，但作为房产所有人、土地使用权的所有人并没有因为权属的转让而取得任何收入。因此，房地产的赠与不属于土地增值税的征税范围。

（2）房地产的出租。房地产的出租，出租人虽取得了收入，但没有发生房产产权、土地使用权的转让。因此，不属于土地增值税的征税范围。

（3）房地产的抵押。房地产在抵押期间不征收土地增值税。待抵押期满后，视该房地产是否转移占有而确定是否征收土地增值税。对于以房地产抵债而发生房地产权属转让的，应列入土地增值税的征税范围。

（4）房地产的交换。由于这种行为既发生了房产产权、土地使用权的转移，交换双方又取得了实物形态的收入，属于土地增值税的征税范围。但对个人之间互换自有居住用房地产的，经当地税务机关核实，可以免征土地增值税。

（5）以房地产进行投资、联营。对于以房地产进行投资、联营的，投资、联营的一方以土地（房地产）作价入股进行投资或作为联营条件，将房地产转让到所投资、联营的企业中时，暂免征收土地增值税。对投资、联营企业将上述房地产再转让的，应征收土地增值税。但投资、联营的企业属于从事房地产开发的，或者房地产开发企业以其建造的商品房进行投资和联营的，应当征收土地增值税。

（6）合作建房。对于一方出地，一方出资金，双方合作建房，建成后按比例分房自用的，暂免征收土地增值税；建成后转让的，应征收土地增值税。

（7）企业兼并转让房地产。在企业兼并中，对被兼并企业将房地产转让到兼并企业中的，暂免征收土地增值税。

（8）房地产的代建房行为。这种情况是指房地产开发公司代客户进行房地产的开发，开发完成后向客户收取代建收入的行为。对于房地产开发公司而言，虽然取得了收入，但没有发生房地产权属的转移，其收入属于劳务收入性质，故不属于土地增值税的征税范围。

（9）房地产的重新评估。这种情况下，房地产虽然有增值，但其既没有发生房地产权属的转移，房产产权、土地使用权人也未取得收入，所以不属于土地增值税的征税范围。

（三）税率

土地增值税实行四级超率累进税率，如表6-2所示。

表6-2　土地增值税四级超率累进税率

单位：%

级　数	增值额与扣除项目金额的比率	税　　率	速算扣除系数
1	不超过50%的部分	30	0
2	超过50%至100%的部分	40	5
3	超过100%至200%的部分	50	15
4	超过200%的部分	60	35

选择题6-6

下列情形中，应当计算缴纳土地增值税的是（　　）。

A. 工业企业向房地产开发企业转让国有土地使用权

B. 房产所有人通过希望工程基金会将房屋产权赠与西部教育事业

C. 甲企业出资金、乙企业出土地，双方合作建房，建成后按比例分房自用

D. 房地产开发企业代客户进行房地产开发，开发完成后向客户收取代建收入

答案解析：选项B不属于土地增值税的征税范围，不缴纳土地增值税；选项C暂免征收土地增值税；选项D没有发生房地产权属的转移，其收入属于劳务收入性质，故不属于土地增值税的征税范围。正确选项为A。

（四）应税收入与扣除项目

1. 应税收入的确定

纳税人转让房地产取得的应税收入，包括转让房地产的全部价款及有关的经济收益。从收入的形式来看，包括货币收入、实物收入和其他收入。

2. 扣除项目的确定

计算土地增值税应纳税额，并不是直接对转让房地产所取得的收入征税，而是要对收入额减除国家规定的各项扣除项目金额后的余额计算征税。税法准予纳税人从转让收入额中减除的扣除项目包括如下几项：

（1）取得土地使用权所支付的金额。取得土地使用权所支付的金额包括纳税人为取得土地使用权所支付的地价款以及纳税人在取得土地使用权时按国家统一规定缴纳的有关费用。

（2）房地产开发成本。房地产开发成本是指纳税人房地产开发项目实际发生的成本，包括土地征用及拆迁补偿费、前期工程费、建筑安装工程费、基础设施费、公共配套设施费、开发间接费用等。

（3）房地产开发费用。房地产开发费用是指与房地产开发项目有关的销售费用、管理费用和财务费用。根据现行财务会计制度的规定，这三项费用作为期间费用，直接计入当期损益，不按成本核算对象进行分摊。故作为土地增值税扣除项目的房地产开发费用，不按纳税人房地产开发项目实际发生的费用进行扣除，而按下列标准进行扣除：

① 纳税人能够按转让房地产项目计算分摊利息支出，并能提供金融机构的贷款证明的，允许扣除的房地产开发费用＝利息＋(取得土地使用权所支付的金额＋房地产开发成本)×5%以内；

② 纳税人不能按转让房地产项目计算分摊利息支出或不能提供金融机构贷款证明的，其允许扣除的房地产开发费用为取得土地使用权所支付的金额与房地产开发成本之和以内。

（4）与转让房地产有关的税金。与转让房地产有关的税金是指在转让房地产时缴纳的城市维护建设税、印花税。因转让房地产缴纳的教育费附加，也可视同税金予以扣除。房地产开发企业按照其在转让时缴纳的印花税因列入管理费用中，故不允许单独再扣除。其他纳税人缴纳的印花税（按产权转移书据所载金额的5‰贴花）允许扣除。

（5）其他扣除项目。对从事房地产开发的纳税人可按取得土地使用权所支付的金额与房地产开发成本的金额之和，加计20%的扣除。

（6）旧房及建筑物的扣除金额。纳税人转让旧房的，应按房屋及建筑物的评估价格，取得土地使用权所支付的地价款或出让金、按国家统一规定缴纳的有关费用和转让环节缴纳的税金作为扣除项目金额计征土地增值税。对取得土地使用权时未支付地价款或不能提供已支付的地价款凭据的，在计征土地增值税时不允许扣除。应注意的是：

① 旧房及建筑物的评估价格是指在转让已使用的房屋及建筑物时，由政府批准设立的房地产评估机构评定的重置成本价乘以成新度折扣率后的价格。

② 纳税人转让旧房及建筑物，凡不能取得评估价格，但能提供购房发票的，经当地税务部门确认，可按发票所载金额并从购买年度起至转让年度止每年加计5%计算扣除。计算扣除项目时，“每年”指按购房发票所载日期起至售房发票开具之日止，每满12个月计1年；超过1年，未满12个月但超过6个月的，可以视同为1年。

③ 对纳税人购房时缴纳的契税，凡能提供契税完税凭证的，准予作为“与转让房地产有关的税金”予以扣除，但不作为加计5%的基数。

④ 对于转让旧房及建筑物，既没有评估价格，又不能提供购房发票的，地方税务机关可以实行核定征收。

（五）应纳税额的计算和会计处理

1. 应纳税额的计算方法

土地增值税按照纳税人转让房地产所取得的增值额和规定的税率计算征收。纳税人转让房地产所取得的收入减除规定的扣除项目金额后的余额，为增值额。

土地增值税的计算公式如下：

$$应纳税额=\sum(每级距的土地增值额\times适用税率)$$

但在实际工作中，分步计算比较烦琐，一般采用速算扣除法计算，即，按增值额乘以适用的税率，再减去扣除项目金额乘以速算扣除系数，即可计算出应纳税额，具体公式如下：

（1）增值额未超过扣除项目金额50%时，计算公式为：

$$土地增值税税额 = 增值额 \times 30\%$$

（2）增值额超过扣除项目金额50%，未超过100%时，计算公式为：

$$土地增值税税额 = 增值额 \times 40\% - 扣除项目金额 \times 5\%$$

（3）增值额超过扣除项目金额100%，未超过200%时，计算公式为：

$$土地增值税税额 = 增值额 \times 50\% - 扣除项目金额 \times 15\%$$

（4）增值额超过扣除项目金额200%时，计算公式为：

$$土地增值税税额 = 增值额 \times 60\% - 扣除项目金额 \times 35\%$$

2. 会计处理

房地产开发企业应当在“应交税费”账户下设“应交土地增值税”明细账户，专门用来核算土地增值税的发生和缴纳情况。该账户的贷方反映企业计算出的应交土地增值税，借方反映企业实际缴纳的土地增值税，期末余额在贷方，反映企业应交未交的土地增值税。房地产开发企业计算出应当缴纳的土地增值税，借记“税金及附加”账户，贷记“应交税费——应交土地增值税”账户。

技能训练 6-6

A市甲房地产开发公司，2025年3月建成一幢普通标准住宅出售，取得不含税销售收入1 000万元，由于是房地产老项目，甲房地产开发公司选择按简易方式5%征收率缴纳增值税50万元。该公司为建造普通标准住宅而支付的地价款为100万元，建造此楼投入了300万元的房地产开发成本（其中：土地征用及拆迁补偿费40万元，前期工程费40万元，建筑安装工程费100万元，基础设施费80万元，开发间接费用40万元）。由于该房地产开发公司同时建造别墅等住宅，对该普通标准住宅所用的银行贷款利息支出无法分摊，按规定房地产开发费用的计提比例为10%。

要求：计算该公司应缴纳的土地增值税，并作相应的会计处理。

技能训练 6-6 解析

（1）计算扣除项目金额。

取得土地使用权所支付的地价款 = 100（万元）

房地产开发成本 = 300（万元）

房地产开发费用 =（100 + 300）× 10% = 40（万元）

与转让房地产有关的税金 = 城市维护建设税 + 教育费附加 = 50 ×（7% + 3%）= 5（万元）

从事房地产开发的加计扣除率 =（100 + 300）× 20% = 80（万元）

转让房地产的扣除项目金额合计 = 100 + 300 + 40 + 5 + 80 = 525(万元)

(2) 计算增值额。

增值额 = 1 000 − 525 = 475(万元)

(3) 计算增值额与扣除项目金额的比率。

增值额与扣除项目金额的比率 = 475 ÷ 525 × 100% = 90.48%

(4) 计算甲房地产开发公司应缴纳的土地增值税。

应缴纳土地增值税 = 475 × 40% − 525 × 5% = 163.75(万元)

会计分录如下:

借: 税金及附加　　1 637 500

　贷: 应交税费——应交土地增值税　　1 637 500

(六) 税收优惠

(1) 纳税人建造普通标准住宅出售,增值额未超过扣除项目金额20%的,免征土地增值税。对于纳税人既建普通标准住宅,又建造其他房地产开发的,应分别核算增值额。不分别核算增值额或不能准确核算增值额的,其建造的普通标准住宅不适用这一免税规定。

(2) 因国家建设需要依法征用、收回的房地产,免征土地增值税。

(3) 企事业单位、社会团体以及其他组织转让旧房作为公共租赁住房房源且增值税额未超过扣除项目金额20%的,免征土地增值税。

(4) 自2008年11月1日起,对个人转让住房,暂免征收土地增值税。

(七) 征收管理

1. 纳税申报期限

纳税人应在转让房地产合同签订后7日内,到房地产所在地主管税务机关办理纳税申报,并向税务机关提交房屋及建筑物产权、土地使用权证书,土地使用权转让、房产买卖合同、房地产评估报告及其他与转让房地产有关的资料,然后在税务机关规定的期限内缴纳土地增值税。

纳税人因经常发生房地产转让而难以在每次转让后申报的,经税务机关审核同意后,可以定期进行纳税申报,具体期限由主管税务机关根据情况确定。

纳税人采取预售方式销售房地产的,对在项目全部竣工结算前转让房地产取得的收入,税务机关可以预征土地增值税。具体办法由各省、自治区、直辖市税务局根据当地情况制定。对于纳税人预售房地产所取得的收入,凡当地税务机关规定预征土地增值税的,纳税人应当到主管税务机关办理纳税申报,并按规定比例预交;待办理完纳税清算后,多退少补。

2. 纳税地点

土地增值税纳税人发生应税行为后,应向房地产所在地主管税务机关缴纳税款。这里所称的房地产所在地,是指房地产的坐落地。纳税人转让的房地产坐落在两个或两个以上地区的,应按房地产所在地分别申报纳税。

课堂讨论

土地增值税的征税范围包括和不包括哪些情形?

五、车船税

车船税，是依照法律规定对在中华人民共和国境内的车辆、船舶，按照规定税目和税额计算征收的一种税。主要法律依据是2011年2月25日第十一届全国人民代表大会常务委员会第十九次会议通过，2019年4月23日，第十三届全国人民代表大会常务委员会第十次会议修订《中华人民共和国车船税法》（以下简称《车船税法》），与2011年12月5日国务院发布，2019年3月2日修订的《中华人民共和国车船税法实施条例》。

（一）纳税人

在中华人民共和国境内，车辆、船舶（以下简称“车船”）的所有人或者管理人为车船税的纳税人。

（二）征税范围

车船税的征税范围是指在中华人民共和国境内属于《车船税法》所附《车船税税目税额表》规定的车辆、船舶。具体包括：

（1）依法应当在车船登记管理部门登记的机动车辆和船舶。

（2）依法不需要在车船管理部门登记，在单位内部场所行驶或者作业的机动车辆和船舶。

（三）税率

车船税采用有幅度的定额税率。具体适用税额由省、自治区、直辖市人民政府依照《车船税法》所附《车船税税目税额表》规定的税额幅度和国务院的规定确定，如表6-3所示。

表6-3　车船税税目税额表

<table>
<tr><th>税　目</th><th>计 税 单 位</th><th colspan="2">年适用税额（元）</th><th>备　　注</th></tr>
<tr><td rowspan="7">乘用车［按发动机气缸容量（排气量）分档］</td><td>1.0升（含）以下的</td><td rowspan="7">每辆</td><td>60～360</td><td rowspan="7">核定载客人数9人（含）以下</td></tr>
<tr><td>1.0升以上至1.6升（含）的</td><td>300～540</td></tr>
<tr><td>1.6升以上至2.0升（含）的</td><td>360～660</td></tr>
<tr><td>2.0升以上至2.5升（含）的</td><td>660～1 200</td></tr>
<tr><td>2.5升以上至3.0升（含）的</td><td>1 200～2 400</td></tr>
<tr><td>3.0升以上至4.0升（含）的</td><td>2 400～3 600</td></tr>
<tr><td>4.0升以上的</td><td>3 600～5 400</td></tr>
<tr><td rowspan="2">商用车</td><td>客车</td><td>每辆</td><td>480～1 440</td><td>核定载客人数9人以上（包括电车）</td></tr>
<tr><td>货车</td><td>整备质量每吨</td><td>16～120</td><td>包括半挂牵引车、三轮汽车和低速载货汽车等</td></tr>
</table>

续　表

税　目	计 税 单 位	年适用税额（元）		备　　注
其他车辆	专用作业车	整备质量每吨	16～120	不包括拖拉机
	轮式专用机械车		16～120	
摩托车		每辆	36～180	
船舶	机动船舶	净吨位每吨	3～6	拖船、非机动驳船分别按照机动船舶税额的50%计算；游艇的税额另行规定
	游艇	艇身长度每米	600～2 000	

选择题 6-7

下列车船中，应以“辆”作为车船税计税单位的有（　　）。

A. 电车　　B. 摩托车

C. 微型客车　　D. 半挂牵引车

答案解析：选项D半挂牵引车按整备质量每吨作为计税单位。正确选项为A、B、C。

（四）应纳税额的计算和会计处理

1. 计税依据

车船税以车船的计税单位数量为计税依据。《车船税法》按车船的种类和性能，分别确定每辆、整备质量每吨、净吨位每吨和艇身长度每米为计税单位。

2. 应纳税额的计算

（1）应纳税额的计算公式。车船税各税目应纳税额的计算公式为：

乘用车、客车和摩托车的应纳税额＝辆数×适用年基准税额

货车、挂车、专用作业车和轮式专用机械车的应纳税额＝整备质量吨位数×适用年基准税额

机动船舶的应纳税额＝净吨位数×适用年基准税额

拖船和非机动驳船的应纳税额＝净吨位数×适用年基准税额×50%

游艇的应纳税额＝艇身长度×适用年基准税额

（2）购置的新车船应纳税额的计算。购置的新车船，购置当年的应纳税额自纳税义务发生的当月起按月计算。计算公式为：

应纳税额＝（年应纳税额÷12）×应纳税月份数

（3）在一个纳税年度内，已完税的车船被盗抢、报废、灭失的，纳税人可以凭有关受理机关出具的证明和完税凭证，向纳税所在地的主管税务机关申请退还自被盗抢、报废、灭失月份起至该纳税年度终了期间的税款。

（4）已办理退税的被盗抢车船失而复得的，纳税人应当从公安机关出具相关证明的当月起

计算缴纳车船税。

（5）已缴纳车船税的车船在同一纳税年度内办理转让过户的，不另纳税，也不退税。

3. 会计处理

企业按规定缴纳的车船税，应当在“应交税费”账户下设“应交车船税”明细账户，专门用来核算车船税的发生和缴纳情况。该账户贷方反映企业计算出的应交车船税，借方反映企业实际缴纳的车船税；企业应当缴纳的车船税，借记“税金及附加”账户，贷记“应交税费——应交车船税”账户。

技能训练 6-7

中兴运输公司拥有商用货车10辆（整备质量20吨），商用客车20辆，乘用车5辆，2025年5月购入一艘净吨位为10 000吨的机动船舶。假设该公司适用的车船税税率为：商用货车每吨60元、商用客车每辆1 000元、乘用车每辆500元、机动船舶每吨6元。

要求：计算公司应缴纳的车船税，并作会计处理。

技能训练 6-7 解析

（1）商用货车应纳税额 = 10 × 20 × 60 = 12 000（元）

（2）商用客车应纳税额 = 20 × 1 000 = 20 000（元）

（3）乘用车应纳税额 = 5 × 500 = 2 500（元）

（4）机动船舶应纳税额 = 10 000 × 6 × 8 ÷ 12 = 40 000（元）

（5）全年应纳税额 = 12 000 + 20 000 + 2 500 + 40 000 = 74 500（元）

会计分录如下：

借：税金及附加	74 500	
贷：应交税费——应交车船税		74 500
借：应交税费——应交车船税	74 500	
贷：银行存款		74 500

（五）税收优惠

1. 免征车船税的车船

（1）捕捞、养殖渔船。

（2）军队、武装警察部队专用的车船。

（3）警用车船。

（4）悬挂应急救援专用号牌的国家综合性消防救援车辆、船舶。

（5）依法应予以免税的外国驻华使领馆、国际组织驻华代表机构及其有关人员的车船。

2. 其他税收优惠

（1）对使用新能源车船，免征车船税。

（2）对节约能源的车辆减半征收。

（3）经批准临时入境的外国车船和香港特别行政区、澳门特别行政区、台湾地区的车船，不征。

（4）按照规定缴纳船舶吨税的机动船舶，自《车船税法》实施之日起5年内免征。

（5）依法不需要在车船登记管理部门登记的机场、港口、铁路站场内部行驶或者作业的车船，5年内免征。

（6）其他按规定可以减免的优惠。

（六）征收管理

1. 纳税义务发生时间

车船税纳税义务发生时间为取得车船所有权或者管理权的当月，以购买车船的发票或其他证明文件所载日期为准。

2. 纳税期限

车船税按年申报，分月计算，一次性缴纳。纳税年度为公历1月1日至12月31日。具体申报纳税期限由省、自治区、直辖市人民政府规定。

3. 纳税地点

车船税的纳税地点为车船的登记地或者车船税扣缴义务人所在地。扣缴义务人代收代缴车船税的纳税地点为扣缴义务人所在地。纳税人自行申报缴纳车船税的，纳税地点为车船登记地的主管税务机关所在地。依法不需要办理登记的车船，其车船税的纳税地点为车船的所有人或者管理人所在地。

课堂讨论

12月与1月购买车或船，车船税有区别吗？

引例解析

如果是个人买房，新房要交的税费主要是契税，买二手房则需要缴纳契税、增值税（由卖方承担，2年以下全额征收，税率5%，2年以上免征），以及个人所得税（由卖方承担，交易总额的1%或两次交易差的20%。如果是卖方家庭的唯一生活用房且房屋使用5年以上，免征）。

如果是单位买房，需要交契税、印花税。买房后，每年要交房产税、城镇土地使用税。

（1）购买环节：企业需要缴纳高额契税，而个人税率较低，且无须承担印花税。

（2）交易环节：企业需要缴纳增值税、土地增值税、所得税，而个人持有房产超过一定时间，均无需缴纳。

（3）持有环节：企业需要按年缴纳房产税，而个人基本无须缴纳。

• 诚信纳税　为国聚财 •

税收领域"放管服"改革：全面推行财产和行为税合并申报

税收领域"放管服"改革是国家深化行政管理体制改革的重要组成部分，旨在优化税收营商环境，提升纳税人的满意度和税法遵从度。近年来，随着经济的快速发展和市场主体的不断壮大，传统的税收征管方式已难以满足企业和纳税人的需求。为了更好地服务市场主体，激发市场活力，税务部门积极推进"放管服"改革。

"放管服"改革的核心在于简政放权、放管结合、优化服务。首先，通过减少和优化税务行政审批，取消不必要的前置性审核事项，精简纳税人资料报送，降低制度性交易成本。其次，加强事中事后监管，构建"信用＋风险"新型动态监管机制，实现对纳税人"无风险不打扰、低风险预提醒、中高风险严监控"。最后，充分利用大数据、云计算等现代信息技术，推动税收征管和服务流程的创新变革，推进"非接触式"办税缴费，优化电子税务局功能，提升税收治理的智能化水平。

"放管服"改革不仅是税务部门内部管理的优化，更是国家治理体系和治理能力现代化的重要体现。例如，电子税务局的推广让纳税人可以足不出户地完成纳税申报，极大地减少了纳税人的办税时间和成本，提升了纳税人的获得感和满意度，可见税收改革并非孤立的技术性调整，而是国家治理理念在税收领域的生动体现，是政府服务民生、优化营商环境的积极作为。

今后，国家将进一步推进智慧税务建设，实现税收征管的数字化、智能化，提升税收治理效能；加强区域间税务执法标准的统一，推动区域间执法信息互通、执法结果互认，服务国家区域协调发展战略；进一步提升服务效能，优化税收营商环境，为市场主体创造更加公平、便捷、高效的发展环境。

任务二　行为类税收基础知识认知与核算

引导案例

毕业生小王积极响应"大众创业、万众创新"号召，于2024年11月成立了一家公司，注册资本200万元，成立时实际未出资。截止到2025年3月仍未实际出资，公司某个人股东将其持有公司的60%股权（认缴出资额120万元）以"0"元的价格转让给其他人。该公司应该如何缴纳印花税呢？

一、印花税

印花税是对经济活动和经济交往中书立、领受、使用的应税经济凭证征收的一种税。因纳税人主要是通过在应税凭证上粘贴印花税票以示完成纳税义务，故名印花税。2021年6月10日，第十三届全国人民代表大会常务委员会第二十九次会议通过了《中华人民共和国印花税法》(以下简称《印花税法》),自2022年7月1日起施行。

(一)纳税人

按照规定,凡是在中国境内书立、领受税法列举凭证的单位和个人,都是印花税的纳税人,具体包括:

(1)立合同人,指合同的当事人,即对凭证有直接权利义务关系的单位和个人,但不包括合同的担保人、证人、鉴定人。

(2)立据人,指书立产权转移书据的单位和个人。

(3)立账簿人,指设立并使用营业账簿的单位和个人。例如,企业单位因生产、经营需要,设立了营业账簿,该企业即为印花税纳税人。

(4)使用人,指在国外书立、领受,但在国内使用的应税凭证的单位和个人。

值得注意的是,凡由两方或两方以上当事人共同书立的应税凭证,其当事人各方都是印花税的纳税人,应各就其所持凭证的计税金额履行纳税义务。

(二)征税范围

我国经济活动中发生的经济凭证种类繁多、数量巨大。现行印花税采取正列举形式,只对法律规定中列举的凭证征收,没有列举的凭证不征税。列举的凭证分为四类,即合同类、产权转移书据类、营业账簿类和证券交易类。

1. 合同

合同是指平等主体的自然人、法人、其他组织之间设立、变更、终止民事权利义务关系的协议。印花税税目中的合同按照《中华人民共和国民法典》的规定进行分类,在税目税率表中列举了11大类合同,包括买卖合同、借款合同、融资租赁合同、租赁合同、承揽合同、建设工程合同、运输合同、技术合同、保管合同、仓储合同、财产保险合同。

2. 产权转移书据

产权转移书据是在产权的买卖、交换、继承、赠与、分割等产权主体变更过程中,由产权出让人与受让人之间所订立的民事法律文书。

印花税税目中的产权转移书据包括土地使用权出让书据,土地使用权、房屋等建筑物和构筑物所有权转让书据(不包括土地承包经营权和土地经营权转移),股权转让书据(不包括应缴纳证券交易印花税的)以及商标专用权、著作权、专利权、专有技术使用权转让书据。

3. 营业账簿

按照营业账簿反映的内容不同,在税目中分为记载资金的账簿和其他营业账簿两类。记载资金的账簿,是指反映生产经营单位"实收资本(股本)"和"资本公积"金额增减变化的账簿。其他营业账簿,是指反映除资金资产以外的其他生产经营活动内容的账簿,即除资金账簿以外的,归属于财务会计体系的其他生产经营用账册。对记载资金的营业账簿征收印花税,对其他营业账簿不征收印花税。

4. 证券交易

证券交易,是指转让在依法设立的证券交易所或国务院批准的其他全国性证券交易场所交易的股票和以股票为基础的存托凭证。证券交易印花税对证券交易的出让方征收,不对受让方征收。

(三)税率

印花税实行比例税率。按照凭证所标明的金额按比例计算应纳税额,既能保证财政收入,又能体现合理负担的原则。

印花税的税目、税率，依照《印花税法》所附《印花税税目税率表》执行，如表6-4所示。

表6-4　印花税税目税率表

<table>
<tr><th colspan="2">税　　目</th><th>税　率</th><th>备　注</th></tr>
<tr><td rowspan="11">合同（指书面合同）</td><td>借款合同</td><td>借款金额的0.05‰</td><td>指银行业金融机构、经国务院银行业监督管理机构批准设立的其他金融机构与借款人（不包括同业拆借）的借款合同</td></tr>
<tr><td>融资租赁合同</td><td>租金的0.05‰</td><td></td></tr>
<tr><td>买卖合同</td><td>价款的0.3‰</td><td>指动产买卖合同（不包括个人书立的动产买卖合同）</td></tr>
<tr><td>承揽合同</td><td>报酬的0.3‰</td><td></td></tr>
<tr><td>建设工程合同</td><td>报酬的0.3‰</td><td></td></tr>
<tr><td>运输合同</td><td>运输费用的0.3‰</td><td></td></tr>
<tr><td>技术合同</td><td>价款、报酬或者使用费的0.3‰</td><td>不包括专利权、专有技术使用权的转让书据</td></tr>
<tr><td>租赁合同</td><td>租金的1‰</td><td></td></tr>
<tr><td>保管合同</td><td>保管费的1‰</td><td></td></tr>
<tr><td>仓储合同</td><td>仓储费的1‰</td><td></td></tr>
<tr><td>财产保险合同</td><td>保险费的1‰</td><td>不包括再保险合同</td></tr>
<tr><td rowspan="4">产权转移书据</td><td>土地使用权出让书据</td><td>价款的0.5‰</td><td rowspan="4">转让包括买卖（出售）、继承、赠与、互换、分割</td></tr>
<tr><td>土地使用权、房屋等建筑物和构筑物所有权转让书据（不包括土地承包经营权和土地经营权转移）</td><td>价款的0.5‰</td></tr>
<tr><td>股权转让书据（不包括应缴纳证券交易印花税的）</td><td>价款的0.5‰</td></tr>
<tr><td>商标专用权、著作权、专利权、专有技术使用权转让书据</td><td>价款的0.3‰</td></tr>
<tr><td colspan="2">营业账簿</td><td>实收资本（股本）、资本公积合计金额的0.25‰</td><td></td></tr>
<tr><td colspan="2">证券交易</td><td>成交金额的1‰</td><td>自2023年8月28日起减半征收</td></tr>
</table>

选择题 6-8

根据印花税法律制度的规定，下列各项中属于印花税征税范围的有（　　）。

A. 土地使用权出让合同　　B. 土地使用权转让合同

C. 商品房销售合同　　D. 资金账簿

答案解析：

正确选项为A、B、C、D。

（四）应纳税额的计算及会计处理

1. 计税依据

（1）应税合同的计税依据。应税合同的计税依据，为合同所列的金额，不包括列明的增值税税款；合同中价款或者报酬与增值税税款未分开列明的，按照合计金额确定，具体包括买卖合同和建设工程合同中的支付价款、承揽合同中的支付报酬、租赁合同和融资租赁合同中的租金、运输合同中的运输费用、保管合同中的保管费、仓储合同中的仓储费、借款合同中的借款金额、财产保险合同中的保险费以及技术合同中的支付价款、报酬或者使用费等。

（2）应税产权转移书据的计税依据。应税产权转移书据的计税依据，为产权转移书据所列的金额，不包括列明的增值税税款；产权转移书据中价款与增值税税款未分开列明的，按照合计金额确定。应税合同、产权转移书据未列明价款或者报酬的，按照下列方法确定计税依据：

① 按照订立合同、产权转移书据时的市场价格确定；依法应当执行政府定价的，按照其规定确定。

② 不能按照上述规定方法确定的，按照实际结算的价款或者报酬确定。

（3）应税营业账簿的计税依据。应税营业账簿的计税依据，为账簿记载的实收资本（股本）、资本公积合计金额。

（4）证券交易的计税依据。证券交易的计税依据，为成交金额。

（5）未列明金额时的计税依据。应税合同、产权转移书据未列明金额的，印花税的计税依据按照实际结算的金额确定。计税依据按照上述规定仍不能确定的，按照书立合同、产权转移书据时的市场价格确定；依法应当执行政府定价或者政府指导价的，按照国家有关规定确定。

2. 应纳税（费）额的计算

印花税的应纳税额按照计税依据乘以适用税率计算，具体计算公式如下。

（1）应税合同的应纳税额计算公式为：

应纳税额 = 价款或者报酬 × 适用税率

（2）应税产权转移书据的应纳税额计算公式为：

应纳税额 = 价款 × 适用税率

（3）应税营业账簿的应纳税额计算公式为：

应纳税额 = 实收资本（股本）、资本公积合计金额 × 适用税率

（4）证券交易的应纳税额计算公式为：

$$应纳税额=成交金额或者依法确定的计税依据\times适用税率$$

同一应税凭证载有两个以上税目事项并分别列明金额的，按照各自适用的税目税率分别计算应纳税额；未分别列明金额的，从高适用税率。

已缴纳印花税的营业账簿，以后年度记载的实收资本（股本）、资本公积合计金额比已缴纳印花税的实收资本（股本）、资本公积合计金额增加的，按照增加部分计算应纳税额。

3. 会计处理

企业缴纳的印花税不通过"应交税费"科目核算，直接计入企业的"税金及附加"科目。企业购买印花税票时，借记"税金及附加"账户，贷记"银行存款"或"库存现金"账户。

技能训练 6-8

M公司为增值税一般纳税人，2025年3月开业，当月发生以下有关业务事项：与其他企业订立转移专用技术使用权书据1份，所载金额100万元；订立产品购销合同1份，所载金额为200万元；订立借款合同1份，所载金额为400万元；企业记载资金的账簿，"实收资本""资本公积"为800万元；其他营业账簿10本。

要求：计算公司应缴纳的印花税，并作会计处理。

技能训练 6-8 解析

（1）企业订立产权转移书据应纳税额＝1 000 000×0.3‰＝300（元）

（2）企业订立购销合同应纳税额＝2 000 000×0.3‰＝600（元）

（3）企业订立借款合同应纳税额＝4 000 000×0.05‰＝200（元）

（4）企业记载资金的账簿应纳税额＝8 000 000×0.25‰＝2 000（元）

（5）当年企业应纳印花税税额＝300＋600＋200＋2 000＝3 100（元）

会计分录如下：

借：税金及附加　　3 100

　贷：银行存款　　3 100

（五）税收优惠

下列凭证为印花税法定免税凭证：

（1）应税凭证的副本或者抄本。

（2）农民、家庭农场、农民专业合作社、农村集体经济组织、村民委员会购买农业生产资料或者销售农产品书立的买卖合同和农业保险合同。

（3）无息或者贴息借款合同、国际金融组织向中国提供优惠贷款书立的借款合同。

（4）财产所有权人将财产赠与政府、学校、社会福利机构、慈善组织书立的产权转移书据。

（5）非营利性医疗卫生机构采购药品或者卫生材料书立的买卖合同。

（6）个人与电子商务经营者订立的电子订单。

（7）依照法律规定应当予以免税的外国驻华使馆、领事馆和国际组织驻华代表机构为获得馆舍书立的应税凭证。

（8）中国人民解放军、中国人民武装警察部队书立的应税凭证。

（六）征收管理

1. 纳税义务发生时间

印花税的纳税义务发生时间为纳税人书立应税凭证或者完成证券交易的当日。证券交易印花税扣缴义务发生时间为证券交易完成的当日。

2. 纳税地点

纳税人为单位的，应当向其机构所在地的主管税务机关申报缴纳印花税；纳税人为个人的，应当向应税凭证书立地或者纳税人居住地的主管税务机关申报缴纳印花税。

不动产产权发生转移的，纳税人应当向不动产所在地的主管税务机关申报缴纳印花税。纳税人为境外单位或者个人，在境内有代理人的，以其境内代理人为扣缴义务人；在境内没有代理人的，由纳税人自行申报缴纳印花税，具体办法由国务院税务主管部门规定。

证券登记结算机构为证券交易印花税的扣缴义务人，应当向其机构所在地的主管税务机关申报解缴税款以及银行结算的利息。

3. 纳税期限

印花税按季、按年或者按次计征。实行按季、按年计征的，纳税人应当自季度、年度终了之日起15日内申报缴纳税款；实行按次计征的，纳税人应当自纳税义务发生之日起15日内申报缴纳税款。

证券交易印花税按周解缴。证券交易印花税扣缴义务人应当自每周终了之日起5日内申报解缴税款以及银行结算的利息。

4. 缴纳方式

印花税可以采用购买印花税票或者由税务机关依法开具其他完税凭证的方式缴纳。印花税票粘贴在应税凭证上的，由纳税人在每枚税票的骑缝处盖戳注销或者画销。印花税票由国务院税务主管部门监制。

课堂讨论

简述印花税的征税范围。

二、环境保护税

动画视频 环境保护税认知

环境保护税是为了保护和改善环境，减少污染物排放，推进生态文明建设而征收的一种税。环境保护税的法律规范是2016年12月25日第十二届全国人民代表大会常务委员会第二十五次会议通过、2018年10月26日修正的《中华人民共和国环境保护税法》（以下简称《环境保护税法》），2018年1月1日起施行。

（一）纳税人

环境保护税的纳税人为在中华人民共和国领域和中华人民共和国管辖的其他海域，直接向环境排放应税污染物的企业事业单位和其他生产经营者，按照规定征收环境保护税，不再征收排污费。

（二）征税范围

环境保护税的征税范围是《环境保护税法》所附《环境保护税税目税额表》《应税污染物

和当量值表》规定的大气污染物、水污染物、固体废物和噪声等应税污染物。

有下列情形之一的，不属于直接向环境排放污染物，不缴纳相应污染物的环境保护税：

（1）企业事业单位和其他生产经营者向依法设立的污水集中处理、生活垃圾集中处理场所排放应税污染物的。

（2）企业事业单位和其他生产经营者在符合国家和地方环境保护标准的设施、场所储存或者处置固体废物的。

依法设立的城乡污水集中处理、生活垃圾集中处理场所超过国家和地方规定的排放标准向环境排放应税污染物的，应当缴纳环境保护税。

企业事业单位和其他生产经营者储存或者处置固体废物不符合国家和地方环境保护标准的，应当缴纳环境保护税。

（三）税率

环境保护税实行定额税率。税目、税额依照《环境保护税目税额表》执行，如表6-5所示。

表6-5　环境保护税目税额表

<table>
<tr><th colspan="2">税　　目</th><th>计税单位</th><th>税　额</th></tr>
<tr><td colspan="2">大气污染物</td><td>每污染当量</td><td>1.2～12元</td></tr>
<tr><td colspan="2">水污染物</td><td>每污染当量</td><td>1.4～14元</td></tr>
<tr><td rowspan="4">固体废物</td><td>煤矸石</td><td>每吨</td><td>5元</td></tr>
<tr><td>尾矿</td><td>每吨</td><td>15元</td></tr>
<tr><td>危险废物</td><td>每吨</td><td>1 000元</td></tr>
<tr><td>冶炼渣、粉煤灰、炉渣、其他固体废物（含半固态、液态废物）</td><td>每吨</td><td>25元</td></tr>
<tr><td rowspan="6">噪声</td><td rowspan="6">工业噪声</td><td>超标1～3分贝</td><td>每月350元</td></tr>
<tr><td>超标4～6分贝</td><td>每月700元</td></tr>
<tr><td>超标7～9分贝</td><td>每月1 400元</td></tr>
<tr><td>超标10～12分贝</td><td>每月2 800元</td></tr>
<tr><td>超标13～15分贝</td><td>每月5 600元</td></tr>
<tr><td>超标16分贝以上</td><td>每月11 200元</td></tr>
</table>

（四）应纳税额的计算及会计处理

1. 计税依据

应税污染物的计税依据，按照下列方法确定：

（1）应税大气污染物，按照污染物排放量折合的污染当量数确定。

（2）应税水污染物，按照污染物排放量折合的污染当量数确定。

（3）应税固体废物，按照固体废物的排放量确定。

（4）应税噪声，按照超过国家规定标准的分贝数确定。

2. 应纳税额的计算

环境保护税应纳税额按照下列方法计算：

应税大气污染物的应纳税额 = 污染当量数 × 具体适用税额

应税水污染物的应纳税额 = 污染当量数 × 具体适用税额

应税固体废物的应纳税额 = 固体废物排放量 × 具体适用税额

应税噪声的应纳税额 = 超过国家规定标准的分贝数对应的具体适用税额

3. 会计处理

环境保护税纳税企业应当在“应交税费”账户下设“应交环境保护税”明细账户，专门用于核算环境保护税的发生和缴纳情况。该账户贷方反映企业计算出的应交环境保护税，借方反映企业实际缴纳的环境保护税，期末余额在贷方，反映企业应交未交的环境保护税；环境保护税纳税企业应当缴纳的环境保护税，借记“税金及附加”账户。

技能训练 6-9

某工业生产企业常年向大气排放污染物，1月企业安装使用的符合规定的污染物自动监测仪显示，本月企业排放的大气污染物折合1 000污染当量。已知当地大气污染物适用税额为3.2元/污染当量。

要求：计算公司应缴纳的环境保护税并作会计处理。

技能训练 6-9 解析

企业1月应纳环境保护税 = 1 000 × 3.2 = 3 200（元）

会计分录如下：

（1）计提环境保护税。

借：税金及附加	3 200	
贷：应交税费——应交环境保护税		3 200

（2）申报缴纳时。

借：应交税费——应交环境保护税	3 200	
贷：银行存款		3 200

（五）税收优惠

1. 暂予免征环境保护税的情形

下列情形中，暂予免征环境保护税：

（1）农业生产（不包括规模化养殖）排放应税污染物的。

（2）机动车、铁路机车、非道路移动机械、船舶和航空器等流动污染物排放应税污染物的。

（3）依法设立的城乡污水集中处理、生活垃圾集中处理场所排放相应应税污染物，不超过国家和地方规定的排放标准的。

（4）纳税人综合利用的固体废物，符合国家和地方环境保护标准的。

（5）国务院批准免税的其他情形。

2. 减征环境保护税的情形

纳税人排放应税大气污染物或者水污染物的浓度值低于国家和地方规定的污染物排放标准30%的，或按75%征收环境保护税。

纳税人排放应税大气污染物或者水污染物的浓度值低于国家和地方规定的污染物排放标准50%的，或按50%征收环境保护税。

（六）征收管理

1. 征收机关

环境保护税由税务机关依照《中华人民共和国税收征收管理法》和《中华人民共和国环境保护税法》的有关规定征收管理。

县级以上地方人民政府应建立税务机关、生态环境主管部门与其他相关单位协同工作机制。

生态环境主管部门应当将排污单位的排污许可、污染物排放数据、环境违法和受行政处罚情况等环境保护相关信息，定期交送税务机关。税务机关应当将纳税人的纳税申报、税款入库、减免税额、欠缴税款以及风险疑点等环境保护税涉税信息，定期交送环境保护主管部门。

2. 纳税义务发生时间与纳税地点

环境保护税纳税义务发生时间为纳税人排放应税污染物的当日。纳税人应当向应税污染物排放地的税务机关申报缴纳环境保护税。

3. 纳税申报

环境保护税按月计算，按季申报缴纳。不能按固定期限计算缴纳的，可以按次申报缴纳。纳税人按季申报缴纳的，应当自季度终了之日起15日内，向税务机关办理纳税申报并缴纳税款。纳税人按次申报缴纳的，应当自纳税义务发生之日起15日内，向税务机关办理纳税申报并缴纳税款。

课堂讨论

对征收环境环保税的污染物，如何确定计税依据？

三、资源税

资源税是对在中华人民共和国领域和中华人民共和国管辖的其他海域开发应税资源的单位和个人征收的一种税。资源税法依据的是2019年8月26日第十三届全国人民代表大会常务委员会第十二次会议通过的《中华人民共和国资源税法》，自2020年9月1日起施行。

（一）纳税人

在中华人民共和国领域和中华人民共和国管辖的其他海域开发应税资源的单位和个人，为资源税的纳税人，应当依照规定缴纳资源税。

（二）税目和税率

资源税的税率形式分为比例税率和定额税率两种。大部分应税资源采用从价计征的比例税率，如原油、天然气、金属矿等；部分资源采用从量计征的定额税率，如黏土、砂石等，具体计征方式由省、自治区、直辖市人民政府提出，报同级人民代表大会常务委员会决定，并报全国人民代表大会常务委员会和国务院备案。应税资源的具体范围，由税法所附《资源税税目税率表》确定。

文本

《资源税税目税率表》

（1）能源矿产。应税能源矿产包括原油、天然气、页岩气、天然气水合物、煤、煤成（层）气、铀、钍、油页岩、油砂、天然沥青、石煤、地热。

（2）金属矿产。应税金属矿产包括黑色金属和有色金属。黑色金属指铁、锰、铬、钒、钛，有色金属如铜、铅、锌、锡、镍等。

（3）非金属矿产。应税非金属矿产包括矿物类、岩石类、宝玉石类。矿物类指高岭土、石灰岩、磷、石墨、萤石、硫铁矿、自然硫、天然石英砂、水晶、工业用金刚石、叶蜡石、硅灰石、珍珠岩等。岩石类指大理岩、花岗岩、白云岩、砂岩等。宝玉石类指宝石、玉石、宝石级金刚石、玛瑙、黄玉、碧玺。

（4）水气矿产。应税水气矿产指二氧化碳气、硫化氢气、氦气、氡气、矿泉水。

（5）盐。应税盐指钠盐、钾盐、镁盐、锂盐、天然卤水、海盐。

（三）应纳税额的计算和会计处理

1. 资源税应纳税额的计算公式

（1）实行从价定率计征办法的应税产品，资源税应纳税额按销售额和比例税率计算，公式如下。

$$应纳税额=应税产品的销售额\times 适用的比例税率$$

（2）实行从量定额计征办法的应税产品，资源税应纳税额按销售数量和纳税人具体适用的定额税率计算，公式如下。

$$应纳税额=应税产品的销售数量\times 适用的定额税率$$

纳税人的免税、减税项目，应当单独核算销售额或者销售数量；未单独核算或者不能准确提供销售额或者销售数量的，不予免税或者减税。

2. 会计处理

资源税纳税企业应当在“应交税费”账户下设“应交资源税”明细账户，专门用来核算资源税的发生和缴纳情况，该账户贷方反映企业计算出的应交资源税，借方反映企业实际缴纳的资源税，期末余额在贷方，反映企业应交未交的资源税；资源税纳税企业应当缴纳的资源税，借记“税金及附加”账户。

技能训练 6-10

某铜矿公司为增值税一般纳税人，以精矿为征税对象，3月销售当月产铜矿石原矿取得销售收入200万元，销售精矿收入500万元。已知该矿山铜矿精矿换算比为30%，适用的资源税税率为6%。计算该铜矿3月应缴纳的资源税。

技能训练 6-10 解析

（1）当月精矿销售额 = 200 × 30% + 500 = 560（万元）

（2）资源税税额 = 560 × 6% = 33.6（万元）

会计分录如下：

（1）计提资源税时。

借：税金及附加　　336 000

　贷：应交税费——应交资源税　　336 000

（2）缴纳资源税时。

借：应交税费——应交资源税　　336 000

　贷：银行存款　　336 000

（四）税收优惠

（1）有下列情形之一的，免征资源税：

① 开采原油以及在油田范围内运输原油过程中用于加热的原油、天然气。

② 煤炭开采企业因安全生产需要抽采的煤成（层）气。

（2）有下列情形之一的，减征资源税：

① 从低丰度油气田开采的原油、天然气，减征20%资源税。

② 高含硫天然气、三次采油和从深水油气田开采的原油、天然气，减征30%资源税。

③ 稠油、高凝油减征40%资源税。

④ 从衰竭期矿山开采的矿产品，减征30%资源税。

根据国民经济和社会发展需要，国务院对有利于促进资源节约集约利用、保护环境等情形可以规定免征或者减征资源税，报全国人民代表大会常务委员会备案。

（3）有下列情形之一的，省、自治区、直辖市可以决定免征或者减征资源税：

① 纳税人开采或者生产应税产品过程中，因意外事故或者自然灾害等原因遭受重大损失。

② 纳税人开采共伴生矿、低品位矿、尾矿。

前款规定的免征或者减征资源税的具体办法，由省、自治区、直辖市人民政府提出，报同级人民代表大会常务委员会决定，并报全国人民代表大会常务委员会和国务院备案。

选择题 6-9

根据资源税法律制度的规定，下列各项中，按照比例税率从价征收资源税的有（　　）。

A. 液体盐　　B. 原油

C. 天然气　　D. 煤炭

答案解析：A、B、C、D。

（五）征收管理

1. 纳税义务发生时间

纳税人销售应税产品，纳税义务发生时间为收讫销售款或者取得索取销售款凭据的当日；自用应税产品的，纳税义务发生时间为移送应税产品的当日。

2. 纳税地点

纳税人应当向应税产品开采地或者生产地的税务机关申报缴纳资源税。

3. 纳税期限

资源税按月或者按季申报缴纳；不能按固定期限计算缴纳的，可以按次申报缴纳。

纳税人按月或者按季申报缴纳的，应当自月度或者季度终了之日起15日内，向税务机关办理纳税申报并缴纳税款；按次申报缴纳的，应当自纳税义务发生之日起15日内，向税务机关办理纳税申报并缴纳税款。

课堂讨论

特殊情形下如何确定资源税的销售额？

四、耕地占用税

耕地占用税是为了合理利用土地资源，加强土地管理，保护耕地，对占用耕地建设建筑物、构筑物或者从事非农业建设的单位和个人征收的一种税。1987年4月1日，国务院颁布《中华人民共和国耕地占用税暂行条例》。2018年12月29日，第十三届全国人民代表大会常务委员会第七次会议通过了《中华人民共和国耕地占用税法》，自2019年9月1日起施行。

（一）纳税人

耕地占用税的纳税人为在我国境内占用耕地建设建筑物、构筑物或者从事非农业建设的单位和个人。

经申请批准占用耕地的，纳税人为农用地转用审批文件中标明的建设用地人；农用地转用审批文件中未标明建设用地人的，纳税人为用地申请人，其中用地申请人为各级人民政府的，由同级土地储备中心、自然资源主管部门或政府委托的其他部门、单位履行耕地占用税申报纳税义务。未经批准占用耕地的，纳税人为实际用地人。

（二）征税范围

耕地占用税的征税范围包括纳税人为建设建筑物、构筑物或从事其他非农业建设而占用的国家所有和集体所有的耕地。耕地，是指用于种植农作物的土地。占用园地、林地、草地、农田水利用地、养殖水面、温业水域滩涂以及其他农用地建设建筑物、构筑物或者从事非农业建设的，按规定缴纳耕地占用税。

建设直接为农业生产服务的生产设施占用上述农用地的，不缴纳耕地占用税。

（三）税率

耕地占用税实行定额税率。根据不同地区的人均耕地面积和经济发展情况实行有地区差别的幅度税额标准，具体规定如下：

（1）人均耕地不超过1亩的地区（以县、自治县、不设区的市、市辖区为单位，下同），每平方米为10～50元；

（2）人均耕地超过1亩但不超过2亩的地区，每平方米为8～40元；

（3）人均耕地超过2亩但不超过3亩的地区，每平方米为6～30元；

（4）人均耕地超过3亩的地区，每平方米为5～25元。

各地区耕地占用税的适用税额，由省、自治区、直辖市人民政府根据人均耕地面积和经济发展等情况，在规定的税额幅度内提出，报同级人民代表大会常务委员会决定，并报全国人民代表大会常务委员会和国务院备案。

（四）应纳税额的计算及会计处理

1. 计税依据

耕地占用税以纳税人实际占用的耕地面积为计税依据，按照规定的适用税额计算应纳税额，一次性缴纳。实际占用的耕地面积，包括经批准占用的耕地面积和未经批准占用的耕地面积。纳税人实际占用耕地面积的核定以农用地转用审批文件为主要依据，必要时应当实地勘测。

2. 应纳税额的计算

耕地占用税应纳税额的计算公式为：

应纳税额＝实际占用耕地面积（平方米）× 适用税率

3. 会计处理

企业按规定计提的耕地占用税，根据占用耕地的具体用途，借记“开发成本”“在建工程”等账户，贷记“应交税费——应交耕地占用税”账户。

技能训练 6-11

某房地产开发公司购买土地用于商品房开发，支付耕地占用税20万元。

要求：编制该项业务相关的会计分录。

技能训练 6-11 解析

房地产开发企业购买土地用于开发商品房时，耕地占用税应计入“开发成本”科目。

会计分录如下：

借：开发成本　　200 000

　贷：应交税费——应交耕地占用税　　200 000

（五）税收优惠

（1）军事设施、学校、幼儿园、社会福利机构、医疗机构占用耕地，符合规定条件的免征耕地占用税。

（2）农村居民在规定用地标准内占用耕地新建自用住宅的，按照当地适用税额减半征收耕地占用税。其中，农村居民经批准搬迁，新建自用住宅占用耕地不超过原宅基地面积的部分，免征耕地占用税。

（3）农村烈士遗属、因公牺牲军人遗属、残疾军人以及符合农村最低生活保障条件的农村居民，在规定用地标准以内新建自用住宅，免征耕地占用税。

（4）铁路线路、公路线路、飞机场跑道、停机坪、港口、航道、水利工程占用耕地，符合规定条件的，减按每平方米2元的税额征收耕地占用税。

(5) 根据国民经济和社会发展的需要，国务院可以规定免征或者减征耕地占用税的其他情形，报全国人民代表大会常务委员会备案。

按规定免征或者减征耕地占用税后，纳税人改变原占地用途，不再属于免征或者减征耕地占用税情形的，应当按照当地适用税额补缴耕地占用税。

选择题 6-10

下列各项中，免征耕地占用税的有（ ）。

A. 公立学校教学楼占用耕地　　B. 城区内机动车道占用耕地

C. 军事设施占用耕地　　D. 医院内职工住房占用耕地

答案解析： 选项B专用公路和城区内机动车道占用应税土地的，减按每平方米2元的税额征收耕地占用税，选项D医院内职工住房占用耕地的，按照当地适用税额缴纳耕地占用税。正确选项为A、C。

（六）征收管理

1. 纳税义务发生时间

耕地占用税的纳税义务发生时间为纳税人收到自然资源主管部门办理占用耕地手续的书面通知的当日。自然资源主管部门凭耕地占用税完税凭证或者免税凭证和其他有关文件发放建设用地批准书。未经批准占用耕地的，耕地占用税纳税义务发生时间为自然资源主管部门认定的纳税人实际占用耕地的当日。

因挖损、采矿塌陷、压占、污染等损毁耕地的纳税义务发生时间为自然资源、农业农村等相关部门认定损毁耕地的当日。

纳税人占地类型、占地面积和占地时间等纳税申报数据材料以自然资源等相关部门提供的相关材料为准；未提供相关材料或者材料信息不完整的，经主管税务机关提出申请，由自然资源等相关部门自收到申请之日起30日内出具认定意见。

2. 纳税期限

纳税人应当自纳税义务发生之日起30日内申报缴纳耕地占用税。

3. 纳税地点

纳税人占用耕地或其他农用地，应当在耕地或其他农用地所在地申报纳税。

课堂讨论

耕地占用税的纳税人根据是否经批准占用，可分为哪些类型？

五、烟叶税

烟叶税是向收购烟叶的单位征收的一种税。2017年12月27日，第十二届全国人民代表大会常务委员会第三十一次会议通过了《中华人民共和国烟叶税法》，自2018年7月1日起施行。

（一）纳税人

烟叶税的纳税人为在中华人民共和国境内收购烟叶的单位。我国实行烟草专卖制度，因此烟叶税的纳税人具有特定性，一般是有权收购烟叶的烟草公司或者受其委托收购烟叶的单位。

（二）征税范围

烟叶税的征税范围包括晾晒烟叶、烤烟叶。

（三）税率

烟叶税实行比例税率，税率为20%。

（四）应纳税额的计算及会计处理

1. 计税依据

烟叶税的计税依据是纳税人收购烟叶实际支付的价款总额，包括纳税人支付给烟叶生产销售单位和个人的烟叶收购价款和价外补贴。其中，价外补贴统一按烟叶收购价款的10%计算。

价款总额的计算公式为：

$$价款总额=收购价款\times(1+10\%)$$

2. 应纳税额的计算

烟叶税应纳税额的计算公式为：

$$应纳税额=价款总额\times税率=收购价款\times(1+10\%)\times税率$$

3. 会计处理

烟叶税纳税企业应当在“应交税费”账户下设“应交烟叶税”明细账户，专门用来核算烟叶税的发生和缴纳情况，其贷方反映企业计算的应交烟叶税，其借方反映企业实际缴纳的烟叶税，余额在贷方反映企业应交未交的烟叶税；烟叶税纳税企业应当缴纳的烟叶税，借记“在途物资”或“库存商品”账户。

（五）征收管理

烟叶税的纳税义务发生时间为纳税人收购烟叶的当日。烟叶税在烟叶收购环节征收。纳税人收购烟叶即发生纳税义务。

烟叶税按月计征，纳税人应当于纳税义务发生月终了之日起15日内申报并缴纳税款。纳税人收购烟叶，应当向烟叶收购地的主管税务机关申报纳税。

选择题 6-11

根据烟叶税的有关规定，下列说法中不正确的有（　　）。

A. 收购烟叶的单位和个人为烟叶税的纳税人

B. 烟叶税的征税对象是指生烟叶和熟烟叶

C. 烟叶税实行比例税率，税率为10%

D. 烟叶税应当自纳税义务发生之日起15日内申报纳税

答案解析： 选项A烟叶税的纳税人仅限于单位，不包括个人；选项B烟叶税的征税对象是指晾晒烟叶和烤烟叶；选项C烟叶税税率为20%；选项D烟叶税应当自纳税义务发生之日起15日内申报纳税。正确选项为A、B、C、D。

课堂讨论

烟叶税是否属于增值税进项税计算依据的组成部分？

引例解析

（1）成立时的印花税。《中华人民共和国印花税法》所附《印花税税目税率表》中营业账簿税目的税率为：实收资本（股本）、资本公积合计金额的0.25‰。公司注册资本200万元，但成立时实际未出资，实收资本为0元，营业账簿的计算缴纳的印花税为0元。

（2）股权转让时的印花税。根据政策规定，股东将其持有公司的60%股权以0元价转让给他人，应按产权转移书据税目缴纳印花税，计税依据不包括未实缴的“认缴出资120万元”，当股权转让合同所载金额为零时，若有正当理由（如企业成立至今未经营），则印花税为零；若无正当理由，税务机关有权对计税依据进行核定。注意，即使税务机关有权对计税依据进行核定，也和未实缴的“认缴出资120万元”没有关系。

• 诚信纳税　为国聚财 •

绿色税制：守护绿水青山，助力高质量发展

自2018年环境保护税开征以来，我国绿色税制体系不断完善，在推动绿色发展、促进生态文明建设方面发挥了显著的政策效应，同时也有力地提高了社会保护环境的意识。

环境保护税的实施，通过“多排多缴、少排少缴、不排不缴”的税收机制，有效激励企业减少污染物排放。例如，某家公司通过技术改造，应税污染物排放量大幅降低，环境保护税缴纳额也减少了42%，同时企业因资源综合利用享受税收优惠，实现了经济效益与环境效益的双赢。可见，环境保护税不仅促使企业履行环保责任，还引导企业在绿色转型中发现新的经济增长点，推动企业可持续发展。

绿色税制的实施还对社会公众产生了深远影响。通过税收政策的引导，公众的环保意识和绿色消费观念不断增强。例如，新能源汽车购置税优惠政策的实施，推动了绿色消费模式的形成。同时，绿色税制的广泛宣传也促使企业更加重视环保责任，形成了全社会共同参与绿色发展的良好氛围。

随着绿色税制的推进，企业减排技术的提升不仅改善了自身的环境表现，还为周边生态环境带来了积极变化。蓝天白云、青山绿水越来越常见，环境逐年改善，为相关产业的发展提供了新的机遇。一些地区在环境改善后，顺势开发旅游业等绿色产业，吸引了大量游客，增加了当地居民收入，提升了地区经济活力，生动诠释了“绿水青山就是金山银山”的理念，也表明了征税不仅是增加财政收入的重要手段，更是服务企业自身、促进地方经济发展的有力举措。

任务三　财产和行为税智能合并申报

引导案例

为了进一步提高自己的实践技能，小王利用暑假到一家公司进行暑期实习，专门从事报税工作。小王知道，自2021年6月1日起，财产和行为税可以合并申报，但他在进行相关申报时仍有一些疑问。比如，某公司6月应申报城镇土地使用税、房产税、印花税和资源税4个税种，那么所涉及的税种是否必须一次申报完毕呢？若是公司一次申报了以上4个税种，随后发现资源税申报错误，是否可以仅就资源税进行更正申报呢？

为贯彻落实中共中央办公厅、国务院办公厅印发的《关于进一步深化税收征管改革的意见》，《国家税务总局关于简并税费申报有关事项的公告》（国家税务总局公告2021年第9号）明确，自2021年6月1日起，在全国范围内全面推行财产和行为税合并申报。这一改革不仅优化了税收营商环境，还推动了税务服务的升级，为纳税人提供了更加便捷、高效的办税体验。

一、财产和行为税合并申报新政策

文本《财产和行为税纳税申报表》

财产和行为税是现有税种中财产类和行为类税种的统称。财产和行为税合并申报，通俗讲就是"简并申报表，一表报多税"，纳税人在申报多个税种时，不再单独使用分税种申报表，而是在一张纳税申报表上同时申报多个税种。合并申报的税种范围包括城镇土地使用税、房产税、车船税、印花税、耕地占用税、资源税（不包括水资源税）、土地增值税、契税、环境保护税、烟叶税。纳税人申报缴纳其中一个或多个税种时，使用《财产和行为税纳税申报表》进行合并申报。

二、财产和行为税智能合并申报实务

（一）财产和行为税申报步骤

财产和行为税合并申报对申报流程进行了优化改造，将十个税种申报统一到一个入口，将税源信息从申报环节分离至税源基础数据采集环节，因此纳税人在税种申报时，需要先根据要求维护税源管理信息，再进行合并申报。申报步骤如图6-1所示。

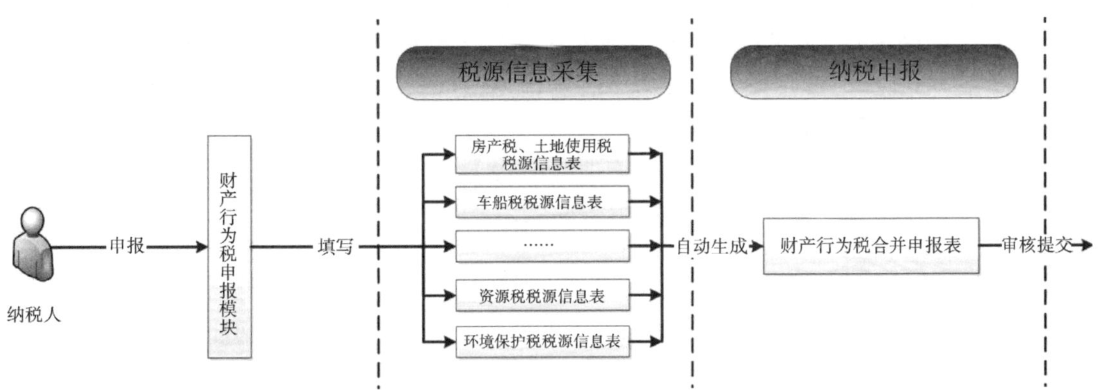

图6-1　财产和行为税申报步骤

操作演示

财产税和行为税申报（房产税）

（二）新电子税务局财产和行为税申报流程

纳税人在进行首次申报时，系统会自动填写已采集的信息，纳税人需要对税源信息进行确认或修改，确认无误后可提交申报。纳税人可以自由选择维护税源信息的时间，可以在申报期之前，也可以在申报期内。

1. 登录电子税务局

打开纳税人申报地电子税务局，输入纳税人登录信息，进入电子税务局页面。

2. 进入申报模块

点击【我要办税】—【税费申报及缴纳】—【财产和行为税申报】—【财产和行为税税源采集及合并申报】，如图6–2所示。或在搜索栏输入“财产和行为税”等关键字，通过模糊查询进入操作界面。

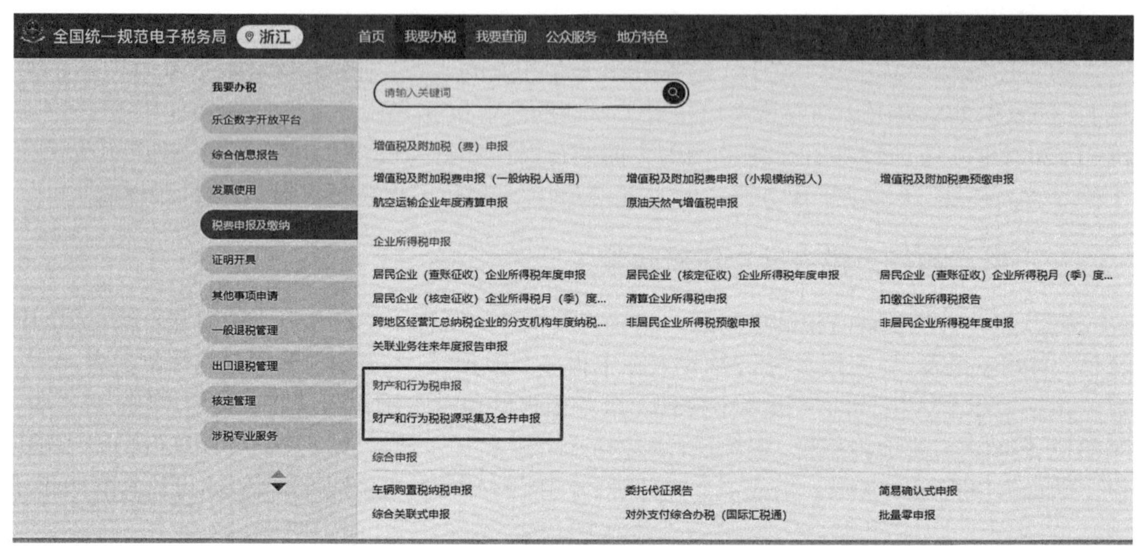

图6–2　财产和行为税申报模块界面

3. 税源信息采集

进入功能界面后，点击【新增税种】，勾选本期需要申报的税种（如城镇土地使用税、房产税、印花税），点击【确定】。对于每个新增的税种，点击对应的【税源采集】按钮，进入税源明细表界面。例如，印花税需点击【新增税源】录入具体信息，如图6–3所示。填写完毕后点击【保存】。对于合同量较大的印花税，可点击【导入】，下载模板填写后上传，系统将自动导入数据。税源采集完成后，可在税源明细表中查看信息，点击【修改】或【删除】进行调整。

（三）财产和行为税申报表填写实例

财产和行为税申报表填写实例见【技能训练6–12】。

技能训练 6–12

南山服装厂为增值税一般纳税人，2025年第1季度签订的购销合同注明的不含税金额200万元，厂房租赁合同上注明的不含税出租价3万元。该纳税人是小型微利企业，可以享受“六税两费”减半优惠政策。

要求：请指出南山服装厂应如何申报上述业务应缴的印花税和房产税。

技能训练 6-12 解析

印花税和房产税可以选择按照季度申报合并申报。

自2023年1月1日至2027年12月31日，对增值税小规模纳税人、小型微利企业和个体工商户减半征收以下税费，其中，六税：资源税（不含水资源税）、城市维护建设税、房产税、城镇土地使用税、印花税（不含证券交易印花税）、耕地占用税；两费：教育费附加、地方教育附加。

南山服装厂的财产和行为税纳税申报表如表6-6、表6-7所示。

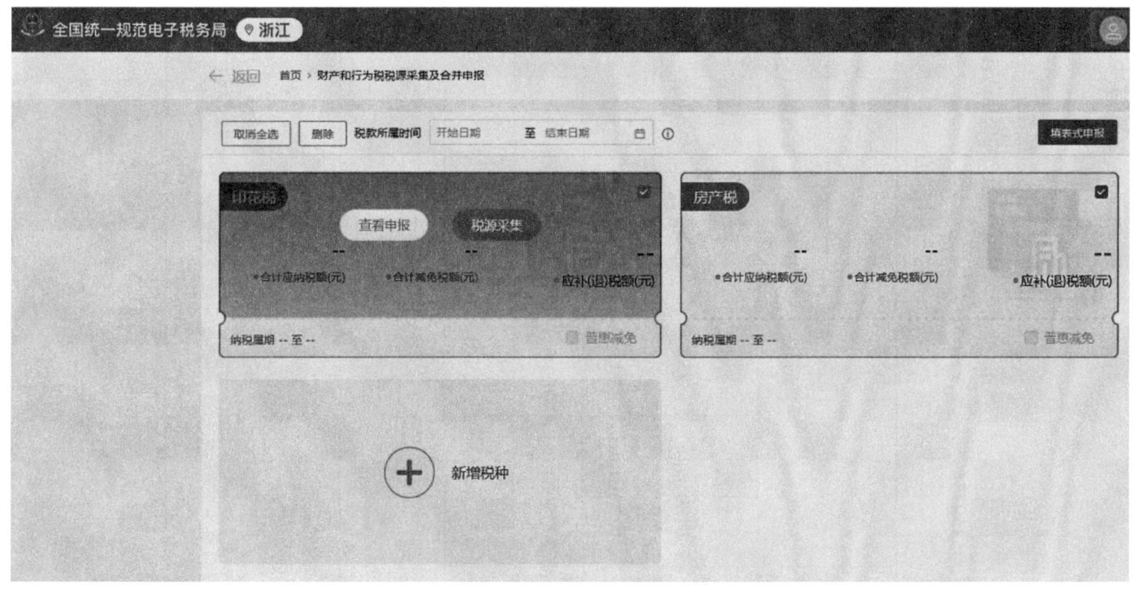

图6-3　财产和行为税税源采集及合并申报

引例解析

合并申报不强制要求一次性申报全部税种，纳税人可以自由选择一次性或分别申报当期税种。例如，纳税人可以6月5日申报城镇土地使用税、房产税、印花税等3个税种，在申报期结束前再单独申报资源税，不用更正此前的申报。申报完成后，可以单独对资源税进行更正申报。

表6-6 财产和行为税纳税申报表

2025-01-01至2025-03-31

纳税人识别号（统一社会信用代码）：91330109535073875

纳税人名称：杭州市南山服装厂　　填报日期：2025-04-05　　金额单位：人民币元（列至角分）

本期是否适用小微企业“六税两费”减征政策			☑是　☐否		减征政策适用主体			小型微利企业（增值税一般纳税人）		
					适用减征政策起止时间			2025-01-01至2025-03-31		
序号	税种	税目	税款所属期起	税款所属期止	计税依据	税率	应纳税额	减免税额	已缴税额	应补（退）税额
1	房产税	从价计征	2025-01-01	2025-03-31	30 000	0.12	3 600	1 800		1 800
2	印花税	买卖合同	2025-01-01	2025-03-31	2 000 000	0.000 3	600	300		300
3	合计	—			—	—	4 200	2 100		2 100

声明：此表是根据国家税收法律法规及相关规定填写的，本人（单位）对填报内容（及附带资料）的真实性、可靠性、完整性负责。

纳税人（签章）：　　　　年　月　日

经办人： 经办人身份证号： 代理机构签章： 代理机构统一社会信用代码：	受理人： 受理税务机关（章）： 受理日期：　年　月　日

表6-7　财产和行为税减免税明细申报附表

税款所属期间：2025-01-01 至 2025-03-31

纳税人识别号（统一社会信用代码）：91330109535073875

纳税人名称：杭州市南山服装厂　　填报日期：2025-04-05　　金额单位：人民币元（列至角分）

本期是否适用小微企业“六税两费”减征政策	☑是　□否	减征政策适用主体	小型微利企业（增值税一般纳税人）
		适用减征政策起止时间	2025-01-01 至 2025-03-31
合计减免税额		2 100	

房产税

序号	税目	税款所属期起	税款所属期止	减免性质代码和项目名称	减免税额
1	房产税	2025-01-01	2025-03-31		1 800
小计	—	—	—	—	1 800

印花税

序号	税目	税款所属期起	税款所属期止	减免性质代码和项目名称	减免税额
1	买卖合同	2025-01-01	2025-03-31		300
小计	—	—	—	—	300

声明：此表是根据国家税收法律法规及相关规定填写的，本人（单位）对填报内容（及附带资料）的真实性、可靠性、完整性负责。

纳税人（签章）：　　年　月　日

经办人： 经办人身份证号： 代理机构签章： 代理机构统一社会信用代码：		受理人： 受理税务机关（章）： 受理日期：　年　月　日

• 诚信纳税　为国聚财 •

智慧税务助推政策红利直达快享

为护航新的组合式税费支持政策落实落细，浙江省税务局聚焦“智慧税务”建设，运用数据共享、流程再造、业务协同构建“税务大脑”，推动政策红利快速、精准落地，有效提振市场主体发展信心。

浙江税务部门依托征纳沟通平台，全面梳理符合条件的纳税人行业认定和大中小微划型，以“定向投递”形式将各类政策精准推送至符合条件的纳税人，实现税收优惠政策主动找企，有效提升惠企政策宣传辅导精准度。

浙江省财政厅、国家税务总局浙江省税务局联合下发文件，明确对增值税小规模纳税人、小型微利企业和个体工商户按50%幅度减征“六税两费”。“政策出台后，我们第一时间收到了税务部门的政策解读‘礼包’”，湖州某纺织企业财务负责人高兴地说：“现在我们已经享受到了2万余元的优惠，为我们增加了一笔流动资金，有效缓解了资金压力。”

思考训练题

一、单项选择题

1. 某汽车企业9月进口一辆小轿车自用，海关审定的关税计税价格为25万元/辆，已知：小轿车关税税率25%，消费税税率为9%，车辆购置税税率为10%。计算该企业应纳车辆购置税税额的下列算式中，正确的是（　　）。

A. 25×（1＋25%）÷（1－9%）×10%＝3.43（万元）

B. 25÷（1－9%）×10%＝2.75（万元）

C. 25×（1＋25%）×10%＝3.13（万元）

D. 25×10%＝2.5（万元）

2. 根据土地增值税法律制度的规定，下列各项中，属于土地增值税纳税人的是（　　）。

A. 转让厂房的甲公司

B. 将开发的商品房转为自用的乙房地产公司

C. 出租自有住房的张某

D. 抵押商铺的侯某

3. 某企业本年度自有生产用房原值5 000万元，账面已提折旧1 000万元。已知房产税税率为1.2%，当地政府规定计算房产余值的扣除比例为30%。计算该企业本年度应缴纳房产税税额的下列算式中，正确的是（　　）。

A. 5 000×1.2%＝60（万元）

B.（5 000－1 000）×1.2%＝48（万元）

C. 5 000×（1－30%）×1.2%＝42（万元）

D.（5 000－1 000）×（1－30%）×1.2%＝33.6（万元）

4. 根据契税法律制度的规定，下列各项中属于契税纳税人的是（　　）。

A. 向养老院捐赠房产的李某　　　　B. 承租住房的刘某

C. 购买商品房的张某　　　　D. 出售商铺的林某

5. 某公司本年发生两笔互换房产业务，并已办理了相关手续。第一笔业务换出的房产价值500万元，换进的房产价值800万元，并向对方支付差额300万元；第二笔业务换出的房产价值600万元，换进的房产价值200万元，并收取差额400万元。已知当地人民政府规定的契税税率为3%。计算该公司应缴纳契税税额的下列算式中，正确的是（　　）。

A.（500＋600）×3%＝33（万元）　　　　B. 300×3%＝9（万元）

C. 400×3%＝12（万元）　　　　D.（300＋400）×3%＝21（万元）

6. 某中外合资化工企业7月转让一幢新建办公楼，取得收入6 000万元，已知该单位为取得土地使用权而支付的金额为1 000万元，投入的房地产建造成本3 000万元，房地产开发费用中的利息支出200万元，其利息支出不能取得金融机构的合法证明；转让办公楼相关的税金333万元；已知该企业所在地政府规定的其他房地产开发费用的计算扣除比例为10%。该化工企业在缴纳土地增值税时计算的增值额为（　　）。

A. 6 000－1 000－3 000－（1 000＋3 000）×10%－333＝1 267（万元）

B. 6 000－1 000－3 000－200＝1 800（万元）

C. 6 000－1 000－3 000－200－333＝1 467（万元）

D. 6 000－1 000－3 000－（1 000＋3 000）×10%＝1 600（万元）

7. 根据土地增值税法律制度的规定，下列各项中可以免征土地增值税的是（　　）。

A. 事业单位转让自用房产

B. 房地产交换

C. 一方出土地，一方出资金，双方合作建房，建成后转让

D. 某商场因城市实施规划、国家建设的需要而自行转让原房产

8. 某水电站占地面积为40 000平方米，其中：发电厂房用地10 000平方米，生产厂房用地20 000平方米，生活区用地3 000平方米，办公用地5 000平方米，其他用地2 000平方米。已知当地规定的城镇土地使用税每平方米年税额为0.6元。水电站当年应缴纳城镇土地使用税税额的下列计算中，正确的是（　　）。

A.（10 000＋20 000＋3 000＋5 000）×0.6＝22 800（元）

B.（10 000＋20 000＋3 000）×0.6＝19 800（元）

C.（10 000＋20 000）×0.6＝18 000（元）

D. 40 000×0.6＝24 000（元）

9. 根据城镇土地使用税法律制度的规定，下列土地中，不征收城镇土地使用税的是（　　）。

A. 位于农村的集体所有土地

B. 位于工矿区的集体所有土地

C. 位于县城的国家所有土地

D. 位于城市的公园内索道公司经营用地

10. 根据车船税法律制度的规定，下列各项中，属于车船税的扣缴义务人的是（　　）。

A. 机动车制造厂

B. 车辆船舶的所有人

C. 车辆船舶的管理人

D. 从事机动车交通事故责任强制保险业务的保险机构

11. 某小型运输公司拥有并使用以下车辆：整备质量5吨的载货汽车10辆；整备质量4吨的挂车5辆。当地政府规定，载货汽车的基准税额为60元/吨，该公司当年应纳车船税为(　　)。

A. 3 600元　　B. 4 020元

C. 4 200元　　D. 4 260元

12. 甲向乙购买一批货物，合同约定丙为鉴定人，丁为担保人，关于该合同印花税纳税人的下列表述中正确的是(　　)。

A. 甲和乙为纳税人　　B. 甲和丙为纳税人

C. 乙和丁为纳税人　　D. 甲和丁为纳税人

13. 某公司于11月注册成立，营业账簿中记载的实收资本(股本)和资本公积共计为100万元；12月该公司以自有财产50万元作抵押，取得某银行抵押贷款100万元，签订合同，合同规定年底归还，但年底因资金周转困难，无力偿还，按照合同规定将抵押财产产权转移给该银行，并依法签订了产权转移书据。已知营业账簿印花税按照实收资本(股本)、资本公积合计金额的0.25‰计算；借款合同税率为0.05‰；产权转移书据税率为0.5‰。则该公司应缴纳的印花税为(　　)。

A. 300元　　B. 500元

C. 550元　　D. 800元

14. 甲公司与乙公司签订购销合同，合同约定丙为担保人，丁为鉴定人。下列关于该合同印花税纳税人的表述中，正确的是(　　)。

A. 甲、乙、丙和丁为纳税人　　B. 甲、乙和丁为纳税人

C. 甲、乙为纳税人　　D. 甲、乙和丙为纳税人

15. 下列各项中，不征收环境保护税的是(　　)。

A. 光源污染　　B. 噪声污染

C. 水污染　　D. 大气污染

二、多项选择题

1. 根据车辆购置税相关法律制度的规定，下列各项中，属于车辆购置税纳税人的有(　　)。

A. 购买私家车并自用的个人

B. 进口车辆并对外出售的单位

C. 将自产汽车自用的单位

D. 获奖取得汽车并自用的个人

2. 根据房产税法律制度的规定，下列各项中，不符合房产税纳税义务发生时间规定的有(　　)。

A. 纳税人将原有房产用于生产经营，从生产经营之次月起，缴纳房产税

B. 纳税人自行新建房屋用于生产经营，从建成之次月起，缴纳房产税

C. 纳税人委托施工企业建设的房屋，从办理验收手续之月起，缴纳房产税

D. 纳税人购置新建商品房，自房屋交付使用之次月起，缴纳房产税

3. 张某于2024年以每套80万元的价格购入两套房产作为投资。2025年将其中一套以100万元的价格转让给谢某，从中获利20万元，根据我国税收法律制度的有关规定，张某出售房产应缴纳的税种有(　　)。

A. 个人所得税

B. 增值税

C. 契税

D. 土地增值税

4. 根据土地增值税法律制度的规定，转让旧房及建筑物，在计算土地增值额时，允许扣除的项目有（　　）。

A. 转让环节的税金

B. 取得土地的地价款

C. 评估价格

D. 重置成本

5. 下列关于城镇土地使用税的说法中，正确的有（　　）。

A. 城镇土地使用税以建筑面积为计税依据，而不以使用面积为计税依据

B. 国家机关自用的土地免征城镇土地使用税

C. 公园、名胜古迹内的索道公司经营用地，免征城镇土地使用税

D. 纳税人占用耕地，已缴纳了耕地占用税的，从批准征用之日起满1年后征收城镇土地使用税

6. 根据耕地占用税法律制度的规定，下列事项中需要缴纳耕地占用税的有（　　）。

A. 占用茶园建设旅游度假村

B. 占用耕地建设灌溉用水渠

C. 占用花圃建设商品房

D. 占用林地建设铁路

7. 根据契税法律制度的规定，下列各项中，属于契税征税范围的有（　　）。

A. 房屋赠与

B. 土地使用权转让

C. 土地使用权出让

D. 房屋抵押

8. 下列合同中，不征收印花税的有（　　）。

A. 企业与主管部门签订的租赁承包合同

B. 人民法院的生效法律文书

C. 软件公司与用户之间签订的技术培训合同

D. 研究所与企业之间签订的技术转让合同

9. 下列关于印花税的表述中，正确的有（　　）。

A. 具有合同性质的凭证视同合同贴花

B. 银行同业拆借不征收印花税

C. 运输合同以运输费用为计税依据

D. 未履行的应税合同，已缴纳的印花税应予退还

10. 根据环境保护税法律制度的规定，下列各项中，暂免征收环境保护税的有（　　）。

A. 纳税人综合利用的固体废物，符合国家和地方环境保护标准的

B. 规模化养殖所排放的污染物

C. 机动车排放的应税污染物

D. 依法设立的城乡污水集中处理场所排放的应税污染物

三、判断题

1. 纳税人购买或者进口自用应税车辆，申报的计税价格明显偏低，又无正当理由的，计税价格为国家税务总局核定的最低计税价格。（　　）

2. 法定继承人通过继承承受土地、房屋权属的，免征契税。（　　）

3. 外商投资企业不属于土地增值税的纳税人。（　　）

4. 土地增值税纳税人转让房地产而取得的实物收入，如钢材、水泥等建材，房屋、土地等不动产，一般要按照公允价值确认应税收入。（　　）

5. 根据城镇土地使用税法律制度的规定，经济落后地区，城镇土地使用税的适用税额标准可适当降低，但降低幅度不得超过上述规定最低税额的20%。经济发达地区，城镇土地使用税的适用税额可以适当提高，但须报经省级人民政府批准。（　　）

6. 在城市、县城、建制镇以外工矿区内的油气生产、生活用地，应照章征收城镇土地使用税。（　　）

7. 购置的新车船，购置当年的应纳税额自纳税义务发生的当月起按月计算。应纳税额为年应纳税额除以12再乘以应纳月份数。（　　）

8. 免征或者减征耕地占用税后，纳税人改变原占地用途，不再属于免征或者减征耕地占用税情形的，应当按照当地适用税额补缴耕地占用税。（　　）

9. 根据书立、使用应税凭证的不同，印花税纳税人可分为立合同人、立账簿人、立据人和使用人等。（　　）

10. 甲公司委托施工企业建设办公楼，则甲公司自该办公楼建成之次月起，缴纳房产税。（　　）

四、综合实训题

1. 某企业年初拥有一处房产，房产原值1 000万元，当地规定房产余值扣除比例为20%，7月1日，将其中价值300万元的房产出租，每月收取不含税租金4万元。该企业还拥有一块土地，土地面积6 000平方米，城镇土地使用税年税额为每平方米8元。同时，企业签订了一份财产保险合同，保险金额500万元，保险费5万元（不含税），适用印花税税率1‰。

实训要求：

（1）计算该企业应缴纳的房产税、城镇土地使用税和印花税。

（2）编制上述经济业务的会计分录。

（3）编制财产行为税合并申报表。

2. 甲公司签订一份加工承揽合同，合同注明加工费80万元（不含税），受托方提供主要材料价值50万元（不含税）；签订一份产权转移书据，将一项专利技术以120万元（不含税）的价格转让给乙公司；还购置了一辆载货汽车，整备质量10吨，当地载货汽车车船税年税额为每吨80元。此外，公司新购一处房产用于办公，房产成交价格700万元，当地契税税率为3%。

实训要求：

（1）计算甲公司应缴纳的印花税、车船税和契税。

（2）编制甲公司印花税、车船税和契税的相关会计分录。

（3）编制甲公司财产行为税合并申报表。

3. 某企业占用耕地3 000平方米用于建设仓库，当地耕地占用税适用税额为每平方米30元。同时，企业拥有一辆乘用车，发动机气缸容量2.0升，当地规定该排量乘用车车船税年税额为660元。另外，企业当年签订了一份货物运输合同，合同注明运输费用60万元（不含税），装卸费用6万元；签订一份财产租赁合同，租赁期限1年，每月租金4万元（不含税）。

实训要求：

（1）计算该企业应缴纳的耕地占用税、车船税和印花税。

（2）编制上述经济业务的会计分录。

（3）编制该企业财产行为税申报表。

项目七

其他税费核算与智能申报

内容导图

- 其他税费核算与智能申报
  - 任务一 城市维护建设税及教育费附加核算与智能申报
    - 城市维护建设税及教育费附加基本规定
    - 城市维护建设税及教育费附加应纳税（费）额计算
    - 城市维护建设税及教育费附加会计处理
    - 城市维护建设税及教育费附加征收管理与智能申报实务
  - 任务二 车辆购置税核算与智能申报
    - 车辆购置税基本规定
    - 车辆购置税应纳税额计算
    - 车辆购置税会计处理
    - 车辆购置税征收管理与智能申报实务
  - 任务三 关税核算与智能申报
    - 关税基本规定
    - 关税应纳税额计算
    - 关税会计处理
    - 关税征收管理与智能申报实务
  - 任务四 船舶吨税核算与智能申报
    - 船舶吨税基本规定
    - 船舶吨税应纳税额计算
    - 船舶吨税会计处理
    - 船舶吨税征收管理与智能申报实务
  - 任务五 社会保险费核算与智能申报
    - 社会保险费基本规定
    - 社会保险费计算
    - 社会保险费会计处理
    - 社会保险费智能申报实务

知识目标

（1）了解城市维护建设税、关税、社会保险费等税费的基本规定。
（2）熟悉城市维护建设税、关税、社会保险费等税费会计处理的账户设置。
（3）掌握城市维护建设税、关税、社会保险费等税费的申报方法。

技能目标

（1）会城市维护建设税、关税、社会保险费等应纳税（费）额的准确计算。
（2）懂城市维护建设税、关税、社会保险费等税费会计分录的规范编制。
（3）能正确完成城市维护建设税、关税、社会保险费等税费的申报缴纳。

素养目标

（1）树立诚信纳税意识，提高城市维护建设税、关税、社会保险费等依法合规操作能力。
（2）提升智能化税务管理环境下城市维护建设税、关税、社会保险费等知识的持续学习能力。
（3）培养爱岗敬业职业道德，发扬团队合作精神。

任务一　城市维护建设税及教育费附加核算与智能申报

引导案例

小李是一家刚成立的小企业的企业主，他的公司主要从事建筑材料的销售和安装服务。随着业务的不断拓展，公司近期承接了一个大型建筑项目，预计收入可观。小李在进行财务规划时，认真比较了小规模纳税人供应商和一般纳税人供应商的原材料价格，并了解了对方可以提供的增值税发票类型及增值税税率。但他听说交了增值税还要交城市维护建设税和教育费附加。他对城市维护建设税的计算和申报不太了解，担心因税务问题影响公司的资金周转和正常营运。你能帮小李解答一下吗？

城市维护建设税及教育费附加（含地方教育附加，下同）是对缴纳增值税、消费税的单位和个人征收的一种附加税费。城市维护建设税是加强城市的维护建设，扩大和稳定城市维护建设资金的主要来源。2020年8月11日，第十三届全国人民代表大会常务委员会第二十一次会议通过了《中华人民共和国城市维护建设税法》，并自2021年9月1日起施行。

教育费附加是为加强地方教育事业建设，增加地方教育经费的资金而征收的一项专用基金。现行的教育费附加征收规定，是国务院于1986年4月28日颁布的《征收教育费附加的暂行规定》，并自同年7月1日开始在全国范围内施行。2005年8月20日，国务院公布《国务院关于修改〈征收教育费附加的暂行规定〉的决定》,并自同年10月1日起施行。

一、城市维护建设税及教育费附加的基本规定

（一）纳税人

城市维护建设税及教育费附加的纳税人,是指负有缴纳增值税、消费税(以下可简称“两税”)义务的单位和个人,包括国有企业、集体企业、私营企业、股份制企业、其他企业和行政单位、事业单位、军事单位、社会团体、其他单位,以及个体工商户及其他个人。

（二）税(费)率

城市维护建设税及教育费附加的税(费)率,是指纳税人应缴纳的城市维护建设税、教育费附加税(费)额与纳税人实际缴纳的增值税、消费税税额之间的比率。城市维护建设税按纳税人所在地的不同,设置了三档地区差别比例税率,除特殊规定外,即:

(1) 纳税人所在地为市区的,税率为7%。

(2) 纳税人所在地为县城、镇的,税率为5%。

(3) 纳税人所在地不在市区、县城或者镇的,税率为1%。

城市维护建设税的适用税率,应当按纳税人所在地或生产经营活动所在地点的规定税率执行。

教育费附加包括教育费附加和地方教育附加,教育费附加征收比率为3%,地方教育附加征收比率为2%。

特别提示

对于下列两种情况,可按缴纳“两税”所在地的规定税率就地缴纳城市维护建设税:

(1) 由受托方代扣代缴、代收代缴“两税”的单位和个人,其代扣代缴、代收代缴的城市维护建设税按受托方所在地适用税率执行;

(2) 流动经营等无固定纳税地点的单位和个人,在经营地缴纳“两税”的,其城市维护建设税的缴纳按经营地适用税率执行。

（三）税收(费)优惠

城市维护建设税及教育费附加原则上不单独减免,但因城市维护建设税及教育费附加具附加税(费)性质,当主税减免时,城市维护建设税及教育费附加相应发生税收(费)减免。城市维护建设税及教育费附加的减免规定主要有:

(1) 对进口货物或者境外单位和个人向境内销售劳务、服务、无形资产缴纳的“两税”税额,不征收城市维护建设税。

(2) 对出口货物、劳务和跨境销售服务、无形资产以及因优惠政策退还“两税”的,不退还已缴纳的城市维护建设税。

(3) 对“两税”实行先征后返、先征后退、即征即退办法的,除另有规定外,对随“两税”附征的城市维护建设税和教育费附加,一律不予退(返)还。

(4) 对实行增值税期末留抵退税的纳税人,允许其从城市维护建设税、教育费附加和地方教育附加的计税(征)依据中扣除退还的增值税税额。

(5) 根据国民经济和社会发展的需要,国务院对重大公共基础设施建设、特殊产业和群体以

及重大突发事件应对等情形可以规定减征或者免征城市维护建设税，报全国人民代表大会常务委员会备案。

选择题 7-1

根据城市维护建设税和教育费附加法律制度的规定，下列说法中错误的是（　　）。

A. 城市维护建设税和教育费附加的计税依据是纳税人实际缴纳的增值税和消费税税额

B. 由受托方代扣代缴消费税的，其代扣代缴的城市维护建设税按受托方所在地适用税率

C. 当增值税享受减免时，城市维护建设税和教育费附加的计税依据也会相应减少

D. 对于海关进口的产品征收的增值税、消费税，需要同时征收城市维护建设税和教育费附加

答案解析：选项D错误，海关对进口产品征收的增值税、消费税，不征收城市维护建设税和教育费附加。正确选项为D。

二、城市维护建设税及教育费附加应纳税（费）额的计算

（一）计税依据

城市维护建设税及教育费附加的计税（费）依据，是指纳税人实际缴纳的"两税"税额。纳税人因违反"两税"有关税法而被加收的滞纳金和罚款，是税务机关对纳税人违法行为的经济制裁，不作为城市维护建设税及教育费附加的计税（费）依据。但是纳税人在被查补"两税"和被处以罚款时，应同时对其偷漏的城市维护建设税及教育费附加进行补税、征收滞纳金和罚款。自2005年1月1日起，经国家税务总局正式审核批准的当期免抵的增值税税额应纳入城市维护建设税和教育费附加的计征范围，分别按规定的税（费）率征收城市维护建设税和教育费附加。

（二）应纳税（费）额的计算

城市维护建设税及教育费附加应纳税（费）额大小是由纳税人实际缴纳的"两税"税额决定的，其计算公式为：

应纳税（费）额 = 纳税人实际缴纳的增值税、消费税 × 适用税（费）率

为进一步支持小微企业和个体工商户的发展，财政部和国家税务总局发布公告，自2023年1月1日至2027年12月31日，对增值税小规模纳税人、小型微利企业和个体工商户继续减半征收"六税两费"，包括城市维护建设税、教育费附加和地方教育附加。

技能训练 7-1

某市区B公司为非小微企业，2025年3月实际缴纳增值税300 000元，缴纳消费税400 000元。

要求：计算该企业应纳的城市维护建设税及教育费附加额。

技能训练 7-1 解析

应纳城市维护建设税税额 =（300 000 + 400 000）× 7% = 49 000（元）
应纳教育费附加 =（300 000 + 400 000）× 3% = 21 000（元）
应纳地方教育附加 =（300 000 + 400 000）× 2% = 14 000（元）

三、城市维护建设税及教育费附加的会计处理

纳税人应当在“应交税费”账户下设置“应交城市维护建设税”“应交教育费附加”“应交地方教育附加”明细账户，专门用来核算企业应交城市维护建设税及教育费附加的发生和缴纳情况。该账户的贷方反映企业按税收（费）政策规定计算出的应当缴纳的城市维护建设税及教育费附加，借方反映企业实际向税务机关缴纳的城市维护建设税及教育费附加，期末余额在贷方，反映企业应交而未交的城市维护建设税及教育费附加。

技能训练 7-2

要求：沿用【技能训练 7-1】资料，编制应纳城市维护建设税及教育费附加的会计分录。

技能训练 7-2 解析

借：税金及附加	84 000	
贷：应交税费——应交城市维护建设税		49 000
应交税费——应交教育费附加		21 000
应交税费——应交地方教育附加		14 000

四、城市维护建设税及教育费附加征收管理与智能申报实务

（一）纳税（费）地点

城市维护建设税及教育费附加以纳税人实际缴纳的增值税、消费税税额为计税依据，分别与“两税”同时缴纳。所以，纳税人缴纳“两税”的地点，就是该纳税人缴纳城市维护建设税及教育费附加的地点。有特殊情况的，按下列原则和办法确定纳税地点：

（1）代扣代缴、代收代缴“两税”的单位和个人，同时也是城市维护建设税及教育费附加的代扣代缴、代收代缴义务人，其城市维护建设税及教育费附加的纳税（费）地点为其代扣代收地。

（2）对流动经营等无固定纳税地点的单位和个人，应随同“两税”在经营地缴纳。

（二）纳税（费）期限

由于城市维护建设税及教育费附加是由纳税人在缴纳“两税”时缴纳的，所以其纳税期限与“两税”的纳税期限一致，即1日、3日、5日、10日、15日、1个月或者1个季度；纳税人的具体纳

税期限，由主管税务机关根据纳税人应纳税额的大小分别核定；不能按照固定期限纳税的，可以按次纳税。

（三）附加税费智能申报

自2021年8月1日起，纳税人在申报增值税、消费税时，应一并完成城市维护建设税、教育费附加和地方教育附加等附加税费的申报。

具体操作流程为：登录新电子税务局后，点击【我要办税】—【税费申报及缴纳】，一般纳税人选择【增值税及附加税费申报（一般纳税人适用）】，小规模纳税人选择【增值税及附加税费申报（小规模纳税人）】，消费税纳税人选择【消费税及附加税费申报】，进行增值税、消费税纳税申报。纳税人填写增值税、消费税相关申报信息后，系统将自动代入附加税费附列资料（附表）；完成附加税费其他申报信息后，回到增值税、消费税申报主表，形成纳税人本期应缴纳的增值税、消费税和附加税费数据。也就是说，当纳税人完成增值税、消费税申报后，系统会自动提取增值税、消费税的应纳税额、减免税额等数据，作为城市维护建设税及教育费附加的计税依据。纳税人无须手动输入增值税、消费税数据，系统会自动计算城市维护建设税及教育费附加的应纳税（费）额。

城市维护建设税及教育费附加申报相关表格及实例请参考项目二【技能训练2-24】。

课堂讨论

简述城市维护建设税和教育费附加对国家财政收入和地方财政收入的贡献。

引例解析

城市维护建设税及教育费附加以纳税人实际缴纳的增值税和消费税为计税依据，按照一定的税（费）率计算缴纳。纳税人可以通过电子税务局进行城市维护建设税及教育费附加的申报。目前，增值税、消费税与附加税费申报表已整合，纳税人申报增值税、消费税时，系统会自动计算城市维护建设税和教育费附加的应纳税额。

• 诚信纳税　为国聚财 •

如何确保城市维护建设税申报的准确性

确保城市维护建设税申报的准确性是企业税务管理的重要环节。城市维护建设税的申报风险主要集中在计税依据的准确性、申报流程的合规性以及优惠政策的正确适用等方面。

城市维护建设税的计税依据是纳税人实际缴纳的增值税和消费税。因此，首先要确保增值税和消费税的申报准确无误，要定期核对增值税和消费税的申报数据，确保数据的一致性和准确性。如果增值税或消费税享受减免政策，城市维护建设税的计税依据也会相应减少。企业需要及时关注相关政策变化，并正确调整计税依据。另外，城市维护建设税的税率根据纳税人所在地不同而有所差异，通常为7%（市区）、5%（县城）或1%（镇及其他地区）。企业需要确认企业所在地的具体税率，并在申报时正确填写。

通过电子税务局进行申报时，可以利用系统的自动计算和校验功能，减少手工填写造成的错误。电子税务局会自动提取增值税和消费税的申报数据，生成城市维护建设税的计税依据。不过在申报前，仍要仔细核对增值税、消费税和城市维护建设税的申报数据，确保数据的一致性和准确性。

城市维护建设税和教育费附加有多种减免政策，如小微企业“六税两费”减免政策等。企业需要确保正确适用这些政策，避免因误用政策导致申报错误，可以建立优惠政策台账，详细记录享受优惠的开始时间、期限和限额，确保优惠政策的正确适用。

任务二　车辆购置税核算与智能申报

引导案例

小杨是一位刚步入职场的年轻人，随着工作逐渐稳定，他开始考虑购买一辆汽车，既能方便日常通勤，又能满足周末出游的需求。在经过一番精心挑选后，他被一款新能源汽车深深吸引。这款车不仅外观时尚、内饰精致，而且环保节能，符合当下绿色出行的理念。小杨听说新能源汽车在车辆购置税方面还可以有一些优惠政策，但具体细节却不太清楚。他担心自己购车时会因不了解政策而多花钱，或者错过优惠。你能帮小杨解答一下吗？

车辆购置税，是对在中国境内购置应税车辆的单位和个人征收的一种税，是在原车辆购置附加费的基础上，由“费改税”方式发展而来的一种税。2018年12月29日，第十三届全国人民代表大会常务委员会第七次会议通过《中华人民共和国车辆购置税法》，并自2019年7月1日起施行。

一、车辆购置税基本规定

（一）纳税人

根据规定，在中华人民共和国境内购置汽车、有轨电车、汽车挂车以及排气量超过150毫升摩托车的单位和个人，为车辆购置税的纳税人。单位，包括企业、行政单位、事业单位、军事单位、社会团体和其他单位。个人，包括个体工商户和自然人。

（二）征税范围

车辆购置税的征税范围，是指在中华人民共和国境内购置应税车辆的行为。

应税车辆包括汽车、有轨电车、汽车挂车以及排气量超过150毫升的摩托车。地铁、轻轨等城市轨道交通车辆，装载机、平地机、挖掘机、推土机等轮式专用机械车，以及起重机（吊车）、叉车、电动摩托车，不属于应税车辆。

（三）税率

我国车辆购置税统一为10%的比例税率。

（四）税收优惠

根据规定，下列车辆免征车辆购置税：

（1）依照法律规定应当予以免税的外国驻华使馆、领事馆和国际组织驻华及其有关人员自用的车辆。

（2）中国人民解放军和中国人民武装警察部队列入装备订货计划的车辆。

（3）悬挂应急救援专用号牌的国家综合性消防救援车辆。

（4）设有固定装置的非运输专用作业车辆。

（5）城市公交企业购置的公共汽电车辆。

根据国民经济和社会发展的需要，国务院可以规定减征或者其他免征车辆购置税的情形，报全国人民代表大会常务委员会备案。

二、车辆购置税应纳税额计算

（一）计税依据

（1）纳税人购买自用应税车辆的计税价格，为纳税人实际支付的全部价款，不包括增值税税款。自2020年6月1日起，纳税人购置应税车辆，以电子发票信息中的不含增值税价作为计税价格。纳税人依据相关规定提供其他有效价格凭证的情形除外。

（2）进口自用应税车辆的计税依据为组成计税价格。计算公式为：

$$组成计税价格 = 关税完税价格 + 关税 + 消费税$$

其中：

$$关税 = 关税完税价格 \times 关税税率$$
$$消费税 = 组成计税价格 \times 消费税税率$$

得：

$$组成计税价格 = 关税完税价格 \times (1 + 关税税率) \div (1 - 消费税税率)$$

（3）自产自用应税车辆的计税价格，按照纳税人生产的同类应税消费品的销售价格确定，不包括增值税税款。如没有同类应税车辆销售价格的，按照组成计税价格确定。如应税车辆应征消费税，其组成计税价格中包括消费税税额。计算公式为：

$$组成计税价格 = 成本 \times (1 + 成本利润) \div (1 - 消费税税率)$$

（4）以受赠、获奖或其他方式取得自用应税车辆的计税价格，应按照购置应税车辆的相关凭证载明的价格确定，不包括增值税税款。

（5）如申报的应税车辆计税价格明显偏低，又缺乏正当理由，应由税务机关根据《中华人民共和国税收征收管理法》的规定核定其应纳税额。

选择题 7-2

下列关于车辆购置税的说法中，正确的是（　　）。

A. 纳税人购买自用应税车辆的计税价格为实际支付的全部价款，不包括增值税税款

B. 进口自用应税车辆的计税依据为组成计税价格

C. 车辆购置税的税率根据车辆类型不同而有所差异

D. 城市公交企业购置的公共汽电车辆免征车辆购置税

答案解析：选项C错误，我国车辆购置税统一为10%的比例税率，不因车辆类型而异。正确选项为A、B、D。

（二）应纳税额的计算

车辆购置税实行从价定率的办法计算应纳税额。计算公式如下：

$$应纳税额 = 计税价格 \times 税率$$

技能训练 7-3

北京市舒达外贸进出口公司（以下简称舒达公司）于2025年3月1日从国外进口1辆小轿车，排量为3 000升。该公司报关进口时确定的关税完税价格为120 000元/辆，假设海关按照关税政策规定其关税为12 000元/辆，消费税为14 400元/辆，增值税为19 032元/辆。后续由于企业内部需要，进口的小汽车用于本单位使用。

要求：计算舒达公司应纳的车辆购置税税额。

技能训练 7-3 解析

组成计税价格 = 关税完税价格 + 关税 + 消费税

= 120 000 + 12 000 + 14 400 = 146 400（元）

应纳税额 = 组成计税价格 × 税率

= 146 400 × 10% = 14 640（元）

三、车辆购置税会计处理

当纳税人购入车辆时，车辆购置税通常作为固定资产成本的一部分进行核算。具体会计分录如下：

借：固定资产（关税完税价格 + 关税 + 消费税 + 车辆购置税）

　　应交税费——应交增值税（进项税额）

　贷：银行存款

如果企业先计提各项税费，再实际缴纳，则可设置“应交税费——应交车辆购置税”“应交税费——应交关税”“应交税费——应交消费税”等会计科目。

技能训练 7-4

要求：沿用【技能训练7-3】资料，编制进口小轿车的涉税会计分录。

技能训练 7-4 解析

假设舒达公司将小轿车进口环节发生的各项税费直接计入“固定资产”成本。会计分录如下：

借：固定资产　　161 040

　应交税费——应交增值税（进项税额）　　19 032

贷：银行存款　　180 072

四、车辆购置税征收管理与智能申报实务

（一）纳税环节

车辆购置税的征税环节为车辆的最终消费环节。纳税人应当在向公安机关交通管理部门办理车辆登记注册前，缴纳车辆购置税。

（二）纳税地点

纳税人购置应税车辆，需要办理车辆登记的，向车辆登记地的主管税务机关申报纳税。不需要办理车辆登记的，单位纳税人向其机构所在地的主管税务机关申报纳税，个人纳税向其户籍所在地或者经常居住地的主管税务机关申报纳税。

（三）纳税申报

车辆购置税实行一车一申报的制度，实行一次性征收，购置已征车辆购置税的车辆，不再征收车辆购置税。

车辆购置税的纳税义务发生时间为纳税人购置应税车辆的当日，进口自用应税车辆的为进口之日，即《海关进口增值税专用缴款书》或者其他凭证的开具日期。自产、受赠、获奖或以其他方式取得并自用应税车辆的为合同、法律文书或者其他有效凭证的生效或开具日期。

纳税人应当自纳税义务发生之日起60日内申报缴纳车辆购置税。

车辆购置税申报方式包括网上申报和现场申报。网上申报是指纳税人登录新电子税务局，依次点击【我要办税】—【税费申报及缴纳】—【车辆购置税纳税申报】，系统会自动带出纳税人购置车辆应申报信息，确认后提交申报。如需要缴纳税款，按照提示进行缴纳即可。缴款完成后，可以下载完税证明。现场申报是指纳税人前往当地税务局办税服务厅车辆购置税申报窗口，提交申报纳税资料，实地验车，核对《车辆购置税纳税申报表》后签名确认。

课堂讨论

你觉得车辆购置税税率的调整是否会影响不同收入群体的购车意愿？

引例解析

2024年1月1日至2025年12月31日期间，对购置的新能源汽车免征车辆购置税，其中，每辆新能源乘用车免税额不超过3万元。2026年1月1日至2027年12月31日期间，对购置的新能源汽车减半征收车辆购置税，其中，每辆新能源乘用车减税额不超过1.5万元。

销售方销售“换电模式”新能源汽车时，不含动力电池的新能源汽车与动力电池分别核算销售额并分别开具发票的，依据购车人购置不含动力电池的新能源汽车取得的机动车销售统一发票载明的不含税价作为车辆购置税计税价格。

• 诚信纳税　为国聚财 •

绿色出行，税收助力

车辆购置税政策通过税收优惠引导消费者选择新能源汽车或低排放汽车，为绿色出行按下“快进键”。自2014年起，我国实施新能源汽车免征车辆购置税政策，并多次延续和优化，为新能源汽车市场注入持续动力，不仅降低了消费者的购车成本，还促进了新能源汽车的普及，推动了绿色出行方式的形成。如今，越来越多的人选择新能源汽车作为出行工具，为蓝天白云“添砖加瓦”。

国家通过为新能源汽车和智能汽车等高科技产品提供税收优惠，引导企业加大研发投入，提高产品竞争力，助力汽车产业向绿色、智能化方向发展，减少传统燃油汽车的使用，从而降低环境污染。在税收政策的“保驾护航”下，汽车产业的结构调整和升级步伐加快，绿色出行的“朋友圈”越来越大。

国家还通过对车辆购置税实行差别化税率来引导消费者选择更环保的车型，如小排量、节能型汽车，为绿色出行“精准导航”。此外，国家对公共交通工具如公共汽车实施较低税率，鼓励优先发展公共交通，减少私家车使用，缓解交通拥堵，让绿色出行更顺畅。在税收政策的引导下，城市交通结构逐渐优化，绿色出行成为越来越多人的首选。

然而，车辆购置税政策在实施过程中也面临一些挑战。如准确评估车辆排放标准和能源类型、确保减税优惠政策有效执行，是政策落实的“必答题”。部分消费者对新能源汽车续航里程、充电设施的疑虑，以及一些地区充电桩等基础设施建设不足，成为新能源汽车普及的“绊脚石”。

尽管如此，车辆购置税政策在推动绿色出行方面仍具有巨大潜力。只要不断完善政策设计和执行机制，提升市场接受度和基础设施建设，就能更好地发挥其在促进绿色交通发展中的作用，让绿色出行成为更多人的选择，为经济社会高质量发展注入绿色动力，让“绿水青山就是金山银山”理念在交通领域落地生根。

任务三　关税核算与智能申报

引导案例

小方是一家小型电商企业的负责人，随着业务的不断发展，他开始考虑从国外采购一些特色商品来丰富店铺的产品线，以吸引更多消费者。经过一番市场调研，他发现了一些国外的优质小众品牌产品，这些产品在国内市场上还比较稀缺，具有很大的销售潜力。

小方知道，进口商品涉及关税问题，而关税的多少会直接影响到商品的采购成本和最终销售价格。他听说不同国家的商品关税税率有所不同，有些商品可能还享受特定的关税优惠政策，但具体细节他却不太清楚。他担心自己在采购时会因不了解关税政策而多交关税，或者错过一些可以降低成本的机会。你能帮小方解答一下吗？

关税是由海关根据国家制定的有关法律，对进出境的货物、物品为征税对象而征收的一种税。我国现行的关税法律规范，主要包括1987年1月22日第六届全国人民代表大会常务委员会第十九次会议通过，并经2021年4月9日第六次修正的《中华人民共和国海关法》，2024年4月26日第十四届全国人民代表大会常务委员会第九次会议通过的《中华人民共和国关税法》以及国务院关税税则委员会发布的《中华人民共和国进出口税则》。

一、关税基本规定

（一）纳税人

进口货物的收货人、出口货物的发货人、进境物品的携带人或者收件人，是关税的纳税人。进出口货物的收、发货人是依法取得对外贸易经营权，并进口或者出口货物的法人或者是其他社会团体。进境物品的携带人或者收件人是携带物品进境的人员以及进境邮递物品的收件人。

从事跨境电子商务零售进口的电子商务平台经营者、物流企业和报关企业，以及法律、行政法规规定负有代扣代缴、代收代缴关税税款义务的单位和个人，是关税的扣缴义务人。

（二）征税对象

关税的征税对象是进出口的货物、进出境物品。凡准许进出口的货物、进境物品，除国家另有规定的以外，均应由海关征收进口关税或出口关税。对从境外采购进口的原产于中国境内的货物，也应按规定征收进口关税。

（三）关税税率

关税的税率分为进口税率和出口税率两种。其中，进口关税设置最惠国税率、协定税率、特惠税率、普通税率。出口关税设置出口税率。对实行关税配额管理的进出口货物，设置关税配额税率。对进出口货物，在一定期限内可以实行暂定税率。

1. 最惠国税率

原产于共同适用最惠国待遇条款的世界贸易组织成员的进口货物，原产于与中华人民共和国缔结或者共同参加含有相互给予最惠国待遇条款的国际条约、协定的国家或者地区的进口货物，以及原产于中华人民共和国境内的进口货物，适用最惠国税率。

2. 协定税率

原产于与中华人民共和国缔结或者共同参加含有关税优惠条款的国际条约、协定的国家或者地区且符合国际条约、协定有关规定的进口货物,适用协定税率。

3. 特惠税率

原产于中华人民共和国给予特殊关税优惠安排的国家或者地区且符合国家原产地管理规定的进口货物,适用特惠税率。

4. 普通税率

原产于除适用最惠国税率、协定税率、特惠税率国家或者地区以外的国家或者地区的进口货物,以及原产地不明的进口货物,适用普通税率。

5. 关税配额税率

实行关税配额管理的进出口货物,关税配额内的适用关税配额税率,有暂定税率的适用暂定税率。关税配额是进口国限制进口货物数量的措施,把征收关税和进口配额相结合以限制进口。对于在配额内进口的货物可以适用较低的关税配额税率,配额之外的则适用较高税率。

6. 进口暂定税率

暂定税率是指各国根据进口货物的认定及调整后暂时执行的税率,是一种临时性的关税措施。适用最惠国税率、协定税率、特惠税率、关税配额税率的进口货物,在一定期限内可以实行暂定税率。适用普通税率的进口货物,不适用暂定税率。

7. 出口税率

出口税率是国家对出口商品征收的关税税率。自2025年1月1日起,国家继续对铬铁等107项商品征收出口关税,对其中68项商品实施出口暂定税率。适用出口税率的出口货物有暂定税率的,适用暂定税率。

(四)关税税收优惠

(1)下列进出口货物、进境物品,免征关税。

① 国务院规定的免征额度内的一票货物。

② 无商业价值的广告品和货样。

③ 进出境运输工具装载的途中必需的燃料、物料和饮食用品。

④ 在海关放行前损毁或者灭失的货物、进境物品。

⑤ 外国政府、国际组织无偿赠送的物资。

⑥ 中华人民共和国缔结或者共同参加的国际条约、协定规定免征关税的货物、进境物品。

⑦ 依照有关法律规定免征关税的其他货物、进境物品。

(2)下列进出口货物、进境物品,减征关税。

① 在海关放行前遭受损坏的货物、进境物品。

② 中华人民共和国缔结或者共同参加的国际条约、协定规定减征关税的货物、进境物品。

③ 依照有关法律规定减征关税的其他货物、进境物品。

选择题 7-3

下列免征关税的货物或物品有(　　)。

A. 无商业价值的广告品和货样

B. 进出境运输工具装载的途中必需的燃料、物料和饮食用品

C. 外国政府、国际组织无偿赠送的物资

D. 在海关放行前遭受损坏的货物

答案解析： 选项D错误，海关放行前遭受损坏的货物属于减征关税的范围，而不是免征关税。正确选项为A、B、C。

二、关税应纳税额计算

（一）进口货物的计税依据

我国对进口货物征收关税主要以进口货物的计税价格为计税依据。进口货物的计税价格以成交价格以及该货物运抵中华人民共和国境内输入地点起卸前的运输及其相关费用、保险费为基础确定。进口货物的成交价格，是指卖方向中华人民共和国境内销售该货物时，买方为进口该货物向卖方实付、应付的，并按规定进行调整后的价款总额，包括直接支付的价款和间接支付的价款。

（1）进口货物的成交价格应当符合下列条件：

① 对买方处置或者使用该货物不予限制，但法律、行政法规规定的限制、对货物转售地域的限制和对货物价格无实质性影响的限制除外。

② 该货物的成交价格没有因搭售或者其他因素的影响而无法确定。

③ 卖方不得从买方直接或者间接获得因该货物进口后转售、处置或者使用而产生的任何收益，或者虽有收益但能够按照规定进行调整。

④ 买卖双方没有特殊关系，或者虽有特殊关系但未对成交价格产生影响。

（2）进口货物的下列费用应当计入计税价格：

① 由买方负担的购货佣金以外的佣金和经纪费。

② 由买方负担的与该货物视为一体的容器的费用。

③ 由买方负担的包装材料费用和包装劳务费用。

④ 与该货物的生产和向中华人民共和国境内销售有关的，由买方以免费或者以低于成本的方式提供并可以按适当比例分摊的料件、工具、模具、消耗材料及类似货物的价款，以及在中华人民共和国境外开发、设计等相关服务的费用。

⑤ 作为该货物向中华人民共和国境内销售的条件，买方必须支付的、与该货物有关的特许权使用费。

⑥ 卖方直接或者间接从买方获得的该货物进口后转售、处置或者使用的收益。

（3）进口时在货物的价款中列明的下列费用、税收，不计入该货物的计税价格：

① 厂房、机械、设备等货物进口后进行建设、安装、装配、维修和技术服务的费用，但保修费用除外。

② 进口货物运抵中华人民共和国境内输入地点起卸后的运输及其相关费用、保险费。

③ 进口关税及国内税收。

特别提示

进口货物的成交价格不符合规定条件，或者成交价格不能确定的，由海关经了解有关情况，并与纳税人进行价格磋商后，按照规定方法进行估价确定。

（二）出口货物计税依据

我国对出口货物征收关税主要以出口货物的计税价格为计税依据。出口货物的计税价格以该货物的成交价格以及该货物运至中华人民共和国境内输出地点装载前的运输及其相关费用、保险费为基础确定。出口货物的成交价格，是指该货物出口时卖方为出口该货物应当向买方直接收取和间接收取的价款总额。出口关税不计入计税价格。

出口货物的成交价格不能确定的，由海关经了解有关情况，并与纳税人进行价格磋商后，按照规定方法进行估价确定。

（三）应纳税额的计算

关税实行从价计征、从量计征、复合计征的方式征收，计算公式如下。

应纳税额 = 计税价格 × 比例税率

应纳税额 = 货物数量 × 定额税率

应纳税额 = 计税价格 × 比例税率 + 货物数量 × 定额税率

技能训练 7-5

北京市大东外贸公司（以下简称大东公司）3月有关进出口业务如下：

（1）从意大利进口一批原材料共500吨，货物以境外口岸离岸价格成交，单价折合人民币20 000元，买方承担包装费每吨500元，另向卖方支付的佣金每吨1 000元人民币，另向自己的采购代理人支付佣金5 000元人民币，已知该货物运抵中国海关境内输入地起卸前的包装、运输、保险和其他劳务费用为每吨2 000元人民币，进口后每吨又发生运输和装卸费用300元人民币，关税税率10%。

（2）向意大利出口产品一批，出厂价为3 800万元，支付境内佣金比例为5%，运费和商检等一切其他杂费为250万元，该产品出口关税税率为20%。

要求：计算进出口业务关税应纳税额。

技能训练 7-5 解析

（1）关税计税价格 =（20 000 + 500 + 1 000 + 2000）× 500 ÷ 10 000 = 1 175（万元）

进口原材料应纳关税税额 = 1 175 × 10% = 117.5（万元）

（2）关税计税价格 = 3 800 + 3 800 × 5% + 250 = 4 240（万元）

出口产品应纳关税税额 = 4 240 × 20% = 848（万元）

三、关税会计处理

企业可以在“应交税费”科目下设置“应交进口关税”和“应交出口关税”两个明细科目，分别用来核算企业发生的和实际缴纳的进出口关税，其贷方反映企业在进出口报关时经海关核准应缴纳的进出口关税，其借方反映企业实际缴纳的进出口关税，余额在贷方反映企业应缴而未缴的进出关税。

对于进口关税，应当计入进口货物的成本，而对于出口关税，通常应当计入“税金及附加”账户。企业也可以不通过“应交税费——应交进口关税”和“应交税费——应交出口关税”账户核算，而是在实际交纳关税时，直接借记“物资采购”等账户，贷记“银行存款”账户。

技能训练 7-6

要求：沿用【技能训练7-5】资料，编制进出口业务关税会计分录。

技能训练 7-6 解析

假设大东公司不设置“应交税费——应交进（出）口关税”账户，根据海关专用缴款书上注明的金额付讫税款。会计分录如下：

（1）进口关税：

借：物资采购　　1 175 000

　贷：银行存款　　1 175 000

（2）出口关税：

借：税金及附加　　120 000

　贷：银行存款　　120 000

四、关税征收管理与智能申报

（一）纳税期限

进出口货物的纳税人、扣缴义务人应当自完成申报之日起15日内缴纳税款；符合海关规定条件并提供担保的，可以于次月第5个工作日结束前汇总缴纳税款。因不可抗力或者国家税收政策调整，不能按期缴纳的，经向海关申请并提供担保，可以延期缴纳，但最长不得超过6个月。

特别提示

纳税人、扣缴义务人未在前款规定的纳税期限内缴纳税款的，自规定的期限届满之日起，按日加收滞纳税款0.5‰的滞纳金。

（二）纳税申报

进出口货物的纳税人、扣缴义务人可以按照规定选择海关办理申报纳税。

纳税人、扣缴义务人应当按照规定的期限和要求如实向海关申报税额，并提供相关资料。必要时，海关可以要求纳税人、扣缴义务人补充申报。

关税征收管理可以实施货物放行与税额确定相分离的模式。

企业可通过“单一窗口”或“互联网＋海关”进行概要申报，向海关申报进口货物的基本信息，包括是否涉证、涉检、涉税等。根据货物是否属于禁限管制、是否需要检验检疫、是否需要缴纳税款等情况，分别增加申报项目。海关完成风险排查处置后，允许企业将货物提离海关监管作业场所。

企业在运输工具申报进境之日起14日内，向接受概要申报的海关进行完整申报，办理缴纳税款等其他通关手续。海关总署已在全国推广原产地证书智能审核，基于签证风险分析和大数据研判，对申报数据进行“7×24小时”全天候“秒签”。企业需要在规定时间内缴纳税款。通过智能平台，企业可以实时跟踪申报状态，确保各环节的合规性。

自2024年12月1日起，对于进口货物和征收出口关税的货物，“单一窗口”报关单申报界面增加“申报税额”功能。纳税人填写报关单申报项后，点击【申报】按钮，系统自动弹出“申报税额”页面。如该报关单不涉税，可直接点击【0税额申报】完成纳税申报；如该报关单涉税，可先点击【计税】，系统自动调用海关计税服务辅助计算税款并返填后，点击【确认申报】完成纳税申报。计税服务计算的税款仅供参考，纳税人如不认可计税服务的计税结果，可以自行修改税额后点击【确认申报】完成纳税申报。

纳税人使用银行端查询缴税和银行柜台支付方式缴纳税款的，均可自行下载并打印《海关专用缴款书》，如表7-1所示。

表7-1　海关专用缴款书

收入系统：海关系统　　　　填发日期：　年　月　日　　　　号码：

<table>
<tr><td rowspan="3">收款单位</td><td>收入机关</td><td colspan="4"></td><td rowspan="3">缴款单位（人）</td><td>名称</td><td></td></tr>
<tr><td>科目</td><td></td><td colspan="2">预算级次</td><td></td><td>账号</td><td></td></tr>
<tr><td>收缴国库</td><td colspan="4"></td><td>开户银行</td><td></td></tr>
<tr><td>税号</td><td>货物名称</td><td colspan="2">数量</td><td colspan="2">单位</td><td>完税价格（¥）</td><td>税率（%）</td><td>税款金额（¥）</td></tr>
<tr><td></td><td></td><td colspan="2"></td><td colspan="2"></td><td></td><td></td><td></td></tr>
<tr><td colspan="7">金额人民币（大写）</td><td colspan="2">合计（¥）</td></tr>
<tr><td>申请单位编号</td><td></td><td colspan="3">报关单编号</td><td colspan="2"></td><td rowspan="3">填制单位
填制人：
复核人：</td><td rowspan="2">收款国库（银行）</td></tr>
<tr><td>合同（批文）号</td><td></td><td colspan="3">运输工具（号）</td><td colspan="2"></td></tr>
<tr><td>缴款期限</td><td></td><td colspan="3">提/装货单号</td><td colspan="2"></td><td></td></tr>
<tr><td colspan="7">备注</td><td>单证专用章</td><td>业务公章</td></tr>
</table>

课堂讨论

什么是反倾销税？征收反倾销税可能会产生什么样的效果？

引例解析

在采购进口商品时，不同国家对进口商品征收的关税税率因商品类别、原产地和贸易协定等因素而异。常见的关税税率包括最惠国税率、协定税率、特惠税率、普通税率、暂定税率。不同国家的关税税率存在显著差异，这取决于各国的经济状况、贸易政策和产业结构。小方在采购进口商品时，应确保供应商能够提供符合优惠税率条件的原产地证明，并优先选择与我国签订自由贸易协定的国家或地区采购商品，以享受协定税率，同时定期关注目标国家的关税政策调整，及时调整采购策略。

• 诚信纳税　为国聚财 •

代购行业的税收挑战与合规发展

近年来，代购行业发展迅速，成为跨境电商的重要组成部分。然而，代购行为涉及跨国交易，在实际操作中暴露出诸多复杂问题，如走私、逃税、假冒伪劣商品、消费者维权难等，尤其是税收问题，一直是行业发展的关键挑战之一。为促进代购行业的健康发展，需要从多个方面入手，加强规范和监管。

代购行为涉及多种税收，主要包括关税、增值税、消费税、企业所得税、个人所得税。《中华人民共和国电子商务法》明确要求代购经营者依法办理市场主体登记并纳税。代购者须在海关、税务等部门进行登记备案，确保交易记录可追溯。海关总署公告对代购商品的完税价格、税率、申报要求等作了详细规定。代购从业者应严格遵守税收法规，如实申报纳税，避免因偷逃税款而面临法律制裁。2011年9月，前空姐因从事代购业务、带化妆品入关长期不申报，涉嫌走私普通物品罪被判处有期徒刑11年，这一事件为我们敲响警钟。

总之，代购行业的发展离不开税收政策的监管。合规经营有助于规范代购市场秩序，推动行业的健康发展。通过合法纳税，代购行业也可以更好地融入国家税收体系，享受相关政策支持。

任务四　船舶吨税核算与智能申报

引导案例

小江是一家小型航运公司的负责人，随着公司业务的不断拓展，他计划从国外引进一艘二手货轮，以满足日益增长的运输需求。在经过一番市场调研后，他发现了一艘性能良好、价格合理的二手货轮，这艘货轮的净吨位为5 000吨，停泊期限为90天。小江了解到，进口船舶需要缴纳船舶吨税，而船舶吨税的税率和优惠政策可能会对采购成本产生重大影响。他听说不同国家的船舶吨税税率有所不同，而且有些船舶可能还享受特定的税收优惠政策，但具体细节他却不太清楚。你能帮小江解答一下吗？

船舶吨税（以下简称吨税）是海关代表国家交通管理部门在设关口岸对进出中国国境的船舶征收的用于航道设施建设的一种税。

我国现行的船舶吨税法律规范，主要指第十二届全国人民代表大会常务委员会第三十一次会议于2017年12月27日通过的《中华人民共和国船舶吨税法》，自2018年7月1日起施行。

一、船舶吨税基本规定

（一）纳税人

根据规定，在中华人民共和国境内港口行驶的外国籍船舶和外方租用的中国籍船舶，以及经批准从事国际运输业务的中国籍船舶为船舶吨税的纳税人。

（二）征税范围

船舶吨税的征税范围，是指在中华人民共和国境内港口行驶的应税船舶。应税船舶包括外国籍船舶和外方租用的中国籍船舶，以及经批准从事国际运输业务的中国籍船舶。

（三）税率

我国船舶吨税实行定额税率，设置优惠税率和普通税率，如表7–2所示。中华人民共和国籍的应税船舶，船籍国（地区）与中华人民共和国签订含有相互给予船舶税费最惠国待遇条款的条约或者协定的应税船舶，适用优惠税率。其他应税船舶，适用普通税率。

表7–2　吨税税目税率表

税目（按船舶净吨位划分）	税率/（元/净吨）						备注
	普通税率（按执照期限划分）			优惠税率（按执照期限划分）			
	1年	90日	30日	1年	90日	30日	
不超过2 000净吨	12.6	4.2	2.1	9.0	3.0	1.5	① 拖船按照发动机功率每千瓦折合净吨位0.67吨 ② 无法提供净吨位证明文件的游艇，按照发动机功率每千瓦折合净吨位0.05吨 ③ 拖船和非机动驳船分别按相同净吨位船舶税率的50%计征税款
超过2 000净吨，但不超过10 000净吨	24.0	8.0	4.0	17.4	5.8	2.9	
超过10 000净吨，但不超过50 000净吨	27.6	9.2	4.6	19.8	6.6	3.3	
超过50 000净吨	31.8	10.6	5.3	22.8	7.6	3.8	

（四）税收优惠

下列船舶免征吨税：

（1）应纳税额在人民币50元以下的船舶。

（2）自境外以购买、受赠、继承等方式取得船舶所有权的初次进口到港的空载船舶。

（3）吨税执照期满后24小时内不上下客货的船舶。

（4）非机动船舶（不包括非机动驳船）。

（5）捕捞、养殖渔船。

（6）避难、防疫隔离、修理、改造、终止运营或者拆解，并不上下客货的船舶。

（7）军队、武装警察部队专用或者征用的船舶。

（8）警用船舶。

（9）依照法律规定应当予以免税的外国驻华使领馆、国际组织驻华代表机构及其有关人员的船舶。

（10）国务院规定的其他船舶。

选择题 7-4

下列免征船舶吨税的选项有（　　）。

A. 净吨位为2 000吨的外国籍船舶　　B. 用于国际运输的中国籍船舶

C. 捕捞、养殖渔船　　D. 自境外购买初次进口到港的空载船舶

答案解析：捕捞、养殖渔船属于免征船舶吨税的范围。正确选项为C。

二、船舶吨税应纳税额计算

（一）计税依据

船舶吨税的计税依据为船舶净吨位。净吨位是指由船籍国（地区）政府签发或者授权签发的船舶吨位证明书上标明的净吨位。

（二）应纳税额的计算

船舶吨税实行从量定额的办法计算应纳税额。计算公式如下：

$$应纳税额 = 船舶净吨位 \times 适用税率$$

技能训练 7-7

某国际航运公司于2025年4月1日从国外进口一艘净吨位为10 000吨的货轮，停泊期限为90天，船舶吨税适用优惠税率。

要求：计算该公司应纳的船舶吨税税额。

技能训练 7-7 解析

根据吨税税目税率表，净吨位超过2 000净吨，但不超过10 000的船舶，90天的优惠税率为5.8元/净吨。

应纳船舶税额 = 10 000 × 5.8 = 58 000（元）

三、船舶吨税会计处理

如果船舶用于生产经营，船舶吨税可以计入固定资产成本。如果船舶用于非生产经营目的，船舶吨税可以计入当期损益。如果企业先计提各项税费，再实际缴纳，则可设置“应交税费——应交船舶吨税”账户记录应缴纳的船舶吨税。

技能训练 7-8

要求：沿用【技能训练7-7】资料，编制进口货轮的吨税会计分录。

技能训练 7-8 解析

假设该公司将货轮进口环节发生的船舶吨税直接计入固定资产的成本。会计分录如下：

借：固定资产　　58 000

　贷：银行存款　　58 000

四、船舶吨税征收管理与智能申报实务

（一）纳税环节

船舶吨税的征税环节为船舶进入中华人民共和国境内港口时。纳税人应当在船舶进入港口时缴纳船舶吨税。

（二）纳税地点

船舶吨税由海关负责征收。纳税人应当向船舶进入港口的所在地海关申报缴纳吨税。

（三）纳税申报

船舶吨税实行“一船一申报”的制度，实行一次性征收，船舶吨税的纳税义务发生时间为船舶进入港口的当日。应税船舶负责人应当自海关填发吨税缴款凭证之日起15日内缴清税款。未按期缴清税款的，自滞纳税款之日起至缴清税款之日止，按日加收滞纳税款0.5‰的税款滞纳金。

船舶吨税申报方式包括网上申报和现场申报。网上申报是指纳税人登录新电子税务局，依次点击【我要办税】—【税费申报及缴纳】—【船舶吨税纳税申报】，系统会自动带出纳税人购置船舶应申报信息，确认后提交申报，如需要缴纳税款，按照提示进行缴纳即可，缴款完成后，可以下载完税证明。现场申报是指纳税人前往当地海关办税服务厅船舶吨税申报窗口，提交申报纳税资料，实地验船，核对《船舶吨税纳税申报表》后签名确认。

引例解析

船舶吨税实行定额税率，具体可参照吨税税目税率表。中华人民共和国籍的应税船舶，船籍国（地区）为与中华人民共和国签订含有相互给予船舶税费最惠国待遇条款的条约或者协定的应税船舶，适用优惠税率。其他应税船舶，适用普通税率。

• 诚信纳税　为国聚财 •

船舶吨税：助力航运绿色发展，服务海洋强国建设

在当今全球贸易蓬勃发展的时代，航运业作为国际贸易的重要支撑，承担着超过80%的全球贸易运输任务。然而，航运业的快速发展也带来了环境污染等问题，对海洋生态环境构成了威胁。

船舶吨税作为一种针对船舶净吨位征收的税种，其征收不仅为国家财政收入贡献了力量，更为航运业的可持续发展提供了有力引导。通过合理设置税率和税收优惠政策，船舶吨税激励航运企业采用更环保的船舶技术，减少污染物排放，从而降低航运业对海洋环境的影响。例如，对于采用清洁能源、安装先进减排设备的船舶，给予税收减免优惠，这不仅减轻了航运企业的负担，更激发了企业更新环保船舶、提升绿色航运能力的积极性，推动航运业朝着绿色、低碳的方向转型升级。

船舶吨税的征收还促进了航运市场的公平竞争。不同国家的船舶在我国港口航行时，都需要按照统一的标准缴纳税款，这为我国航运企业创造了公平的竞争环境，避免了因税收差异导致的不正当竞争，保障了国内航运市场的健康发展。同时，这也促使国际航运企业更加注重船舶的环保性能，以适应我国的税收政策要求，提升自身在全球航运市场的竞争力。

此外，船舶吨税的征收还为我国海洋环境保护和基础设施建设提供了资金支持。所征收的税款部分用于海洋污染治理、港口环保设施建设等项目，改善了我国海洋生态环境和港口作业条件，为航运业的可持续发展奠定了坚实基础。在税收政策的引导下，越来越多的航运企业意识到绿色发展的重要性，积极履行社会责任，加大对环保技术的投入，共同守护我国的碧海蓝天。

未来，随着船舶吨税政策的不断完善和优化，其在推动航运业可持续发展、保护海洋生态环境方面将发挥更大的作用，助力我国从航运大国向航运强国迈进，让绿色航运成为海洋经济发展的新引擎，为实现海洋强国梦贡献力量。

任务五　社会保险费核算与智能申报

引导案例

小丽在家乡创办了一家小型的电商公司，主要销售特色手工艺品。在公司成立初期，小王忙于产品的研发和市场的开拓，对社会保险费的缴纳并没有给予足够的重视。直到有一天，一位员工向她咨询关于社会保险费的问题，她才意识到自己需要尽快了解这方面的知识。

她听说，不同险种的缴费比例和基数有所不同，而且各地的政策也存在一定的差异。她还听说有些企业因为拖欠社会保险费而被罚款影响了企业的信誉和发展，这让她感到非常焦虑。小丽希望能够找到一位专业人士，为她详细解答社会保险费的相关问题。你能帮小丽解答一下吗?

社会保险，是指国家依法建立的，由国家、用人单位和个人共同筹集资金、建立基金，使个人在年老（退休）、患病、工伤（因工伤残或者患职业病）、失业、生育等情况下获得物质帮助和补偿的一种社会保障制度。

目前我国的社会保险项目主要有基本养老保险、基本医疗保险、工伤保险、失业保险和生育保险。

一、社会保险费基本规定

（一）基本养老保险

1. 概念

基本养老保险是指缴费达到法定期限并且个人达到法定退休年龄后，国家和社会提供物质帮助以保证因年老而退出劳动领域者获得稳定、可靠的生活来源的社会保险制度。基本养老保险是社会保险体系中最重要、实施最广泛的一项制度。

我国现行的基本养老保险有两种类型：一是职工基本养老保险；二是新型农村社会养老保险（简称新农保）与城镇居民社会养老保险（简称城居保）合并实施的城乡居民基本养老保险。

2. 征缴范围

（1）职工基本养老保险的征缴范围包括国有企业、城镇集体企业、外商投资企业、城镇私营企业和其他城镇企业及其职工，实行企业化管理的事业单位及其职工。这是基本养老保险的主体部分，基本养老保险费由用人单位和职工共同缴纳。

用人单位按照国家规定的本单位职工工资总额的比例缴纳基本养老保险费，记入基本养老保险统筹基金。职工按照国家规定的本人工资的比例缴纳基本养老保险费，记入个人账户。

（2）无雇工的个体工商户、未在用人单位参加基本养老保险的非全日制从业人员以及其他灵活就业人员可以参加基本养老保险，由个人缴纳全部基本养老保险费。

（3）对于按照公务员法管理的单位、参照公务员法管理的机关（单位）、事业单位及其编制内的工作人员，实行社会统筹与个人账户相结合的基本养老保险制度。

（4）城乡居民基本养老保险的征缴范围包括年满16周岁（不含在校学生），非国家机关和事业单位工作人员及不属于职工基本养老保险制度覆盖范围的城乡居民。

本任务除特别说明外，基本养老保险均指职工基本养老保险。

3. 享受条件

职工按月领取基本养老金必须是达到法定退休年龄，并且已经办理退休手续；所在单位和个人依法参加了养老保险并履行了养老保险的缴费义务；个人累计缴费满15年。

选择题 7-5

基本养老保险的主体部分是（　　）。

A. 城乡居民基本养老保险　　B. 职工基本养老保险

C. 新型农村社会养老保险　　D. 城镇居民社会养老保险

答案解析：职工基本养老保险是基本养老保险的主体部分，涵盖国有企业、城镇集体企业等及其职工。正确选项为B。

（二）基本医疗保险

1. 概念

基本医疗保险是指按照国家规定缴纳一定比例的医疗保险费，在参保人因患病和意外伤害而就医诊疗时，由医疗保险基金支付其一定医疗费用的社会保险制度。

我国现行的基本医疗保险有两种类型：一是职工基本医疗保险；二是新型农村合作医疗与城镇居民基本医疗保险合并实施的城乡居民基本医疗保险。

2. 征缴范围

（1）职工基本医疗保险征缴范围指所有用人单位，包括国有企业、城镇集体企业、外商投资企业、城镇私营企业和其他城镇企业及其职工，企业（国有企业、集体企业、外商投资企业和私营企业等）、机关、事业单位、社会团体、民办非企业单位及其职工，国家机关及其工作人员，事业单位及其职工，民办非企业单位及其职工，社会团体及其专职人员。

基本医疗保险与基本养老保险一样采用“统账结合”模式，即分别设立社会统筹基金和个人账户基金，基本医疗保险基金由统筹基金和个人账户构成。

（2）无雇工的个体工商户、未在用人单位参加基本医疗保险的非全日制从业人员以及其他灵活就业人员可以参加职工基本医疗保险，由个人按照国家规定缴纳基本医疗保险费。

（3）城乡居民基本医疗保险，覆盖除职工基本医疗保险应参保人员以外的其他所有城乡居民。

本任务除特别说明外，基本医疗保险均指职工基本医疗保险。

3. 享受待遇

参保人员符合基本医疗保险支付范围的医疗费用中，在社会医疗统筹基金起付标准以上与最高支付限额以下的费用部分，由社会医疗统筹基金按一定比例支付。

参保人员符合基本医疗保险支付范围的医疗费用中，在社会医疗统筹基金起付标准以下的费用部分，由个人账户资金支付或个人自付；统筹基金起付线以上至封顶线以下的费用部分，个人也要承担一定比例的费用，可由个人账户支付也可自付。参保人员在封顶线以上的医疗费用部分，可以通过单位补充医疗保险或参加商业保险等途径解决。

（三）工伤保险

1. 概念

工伤保险是指劳动者在职业工作中或规定的特殊情况下遭遇意外伤害或职业病，导致暂时或永久丧失劳动能力及死亡，劳动者或其遗属能够从国家和社会获得物质帮助的社会保险制度。

2. 征缴范围

中华人民共和国境内的企业、事业单位、社会团体、民办非企业单位、基金会、律师事务所、会计师事务所等组织和有雇工的个体工商户应当依照《中华人民共和国工伤保险条例》的规定参加工伤保险，为本单位全部职工或者雇工缴纳工伤保险保险费。个人不缴纳工伤保险费。

3. 享受待遇

职工因工作原因受到事故伤害或者患职业病，且经工伤认定的，享受工伤保险待遇。其中，经劳动能力鉴定丧失劳动能力的，享受伤残待遇。

工伤医疗待遇包括：

（1）治疗工伤的医疗费用（诊疗费、药费、住院费）。

（2）住院伙食补助费、交通食宿费。

（3）康复性治疗费。

（4）停工留薪期工资福利待遇。

（四）失业保险

1. 概念

失业保险是指国家通过立法强制实行的，由社会集中建立基金，保障因失业而暂时中断生活来源的劳动者的基本生活，并通过职业培训、职业介绍等措施促进其再就业的社会保险制度。

2. 征缴范围

失业保险费的征缴范围包括国有企业、城镇集体企业、外商投资企业、城镇私营企业和其他城镇企业（统称城镇企业）及其职工，事业单位及其职工。失业保险由用人单位和职工按照国家规定共同缴纳。

3. 享受条件

失业人员符合下列条件的，可以申请领取失业保险金并享受其他失业保险待遇：

（1）失业前用人单位和本人已按照规定缴纳失业保险费满1年的。

（2）非因本人意愿中断就业的。

（3）已经进行失业登记，并有求职要求的。

（五）生育保险

生育保险是指国家维护女职工的合法权益，保障她们在生育期间得到必要的经济补偿和医疗保健，均衡用人单位生育保险费用的负担而设立的社会保险制度。

根据2019年3月6日印发的《国务院办公厅关于全面推进生育保险和职工基本医疗保险合并实施的意见》，推进两项保险合并实施，统一参保登记，即参加职工基本医疗保险的在职职工同步参加生育保险；统一基金征缴和管理，生育保险基金并入职工基本医疗保险基金，按照用人单位参加生育保险和职工基本医疗保险的缴费比例之和确定新的用人单位职工基本医疗保险费率，个人不缴纳生育保险费。两项保险合并实施后实行统一定点医疗服务管理，统一经办和提供信息服务，确保职工生育期间的生育保险待遇不变。

二、社会保险费计算

（一）缴费基数

（1）社会保险的缴费基数为本单位职工的月实际工资，或职工上一年度的月平均工资；新招职工以起薪当月工资收入作为缴费工资基数，从第二年起，按上一年度实际工资的月平均工资作为缴费工资基数。

（2）若职工本人月平均工资低于当地职工月平均工资60%的，按当地职工月平均工资的60%作为缴费基数；职工本人月平均工资高于当地职工月工资300%的，按当地职工月平均工资的300%作为缴费基数，超过部分不计入缴费工资基数。

（3）城镇个体工商户和灵活就业人员的缴费基数为当地上年度在岗职工月平均工资，允许缴费人在60%～300%选择适当的缴费基数。

（4）当地月平均工资数据，每年由当地社保部门统计公布。月平均工资按照国家统计局规定列入工资总额统计的项目计算，包括工资、奖金、津贴、补贴等收入。

（二）缴费比例

目前，全国社会保险的缴费比例总体较为统一，但仍存在地区差异。以杭州市为例，企业职工基本养老保险单位缴费比例统一为16%，个人缴费比例为8%。医疗保险、失业保险、工伤保险和生育保险的缴费比例因地区和行业而异，具体如表7-3所示。

表7-3 2025年杭州市社会保险费缴费比率

险　　种	单位缴费比率	职工缴费比率
职工基本养老保险	16%	8%
职工基本医疗保险（含生育保险）	9.5%	2%（个人不缴纳生育保险）
失业保险	0.5%	0.5%
工伤保险	0.2%（根据行业风险浮动）	不缴费

三、社会保险费会计处理

企业计提由单位负担的社会保险费时，借记相关的成本费用账户，贷记“应付职工薪酬——社会保险费”账户；代扣由职工负担的社会保险费，借记“应付职工薪酬——工资”，贷记“其他应付款”账户；企业缴纳社会保险费时，借记“应付职工薪酬——社会保险费”账户，借记“其他应付款”账户，贷记“银行存款”账户。

技能训练 7-9

杭州市汇达服装有限公司（以下简称汇达公司）是一家刚成立的小型企业，在2025年3月仅有员工刘欣1人并按最低缴费基数4 812元/月参保。刘欣身份证号码为330102198602131236，职务是办公室主任，城镇户籍，工资总额为4 500元/月。

要求：编制汇达公司2025年3月社会保险费相关业务会计分录。

技能训练 7-9 解析

（1）根据表7-3，计算单位和个人应缴纳的各项保险费。

表7-4 刘欣各项保险费缴纳金额计算表

金额单位：元

险　　种	缴费基数	单位缴费比率	缴费金额	职工缴费比率	缴费金额
职工基本养老保险	4 812	16%	769.92	8%	384.96
职工基本医疗保险	4 812	9.5%	457.14	2%	96.24
失业保险	4 812	0.5%	24.06	0.5%	24.06
工伤保险	4 812	0.2%	9.62	不缴费	/
合计	4 812	26.2%	1 260.74	10.5%	505.26

（2）编制社保费相关会计分录：

① 计提社会保险费时：

借：管理费用　　1 260.74

　贷：应付职工薪酬——社会保险费　　1 260.74

② 代扣社会保险费时：

借：应付职工薪酬——工资　　505.26

　贷：其他应付款　　505.26

③ 缴纳社会保险费时：

借：应付职工薪酬——社会保险费　　1 260.74

　　其他应付款　　505.26

　贷：银行存款　　1 766

四、社会保险费智能申报实务

操作演示 社会保险费信息采集

用人单位进入新电子税务局，点击界面上方的【地方特色】或【我要办税】模块，选择【社保费办理】或【社保业务】进入社保费申报缴纳页面。

当发生增员调整时，在左侧目录选择【社保费基本信息管理】—【社保增员登记】，可通过手工录入或模板批量导入新增人员信息，填写无误后点击“提交”。

当发生减员调整时，选择【社保费基本信息管理】—【社保减员登记】，在“本单位在册人员列表”中按条件查询需要减员的人员，勾选后提交。

当发生缴费工资调整时，选择【社保费基本信息管理】—【缴费工资调整】，查询需要调整的人员，填写新缴费工资后提交。

日常申报时，点击【社保费申报】—【社会保险费申报】，核对申报汇总数据无误后，点击【申报提交】完成申报。申报成功后，点击【社保费缴款】模块，点击【查询】按钮，系统展示待缴费信息。已签订三方协议的用人单位，勾选需要缴纳的社保费后，选择【三方协议缴款】，点击【立即缴款】，系统返回扣款成功信息即完成缴款。未签订三方协议的用人单位，点击【立即缴款】按钮，系统弹出【银行端缴款打印】提示框，点击【银行端缴款凭证打印】按钮，选择付款银行账户后，下载并打印凭证送至开户银行办理缴款业务。

用人单位完成申报后，若发现申报有误，可在【社保费申报】—【社会保险费作废申报】模块，选择需要作废的申报，点击【作废】即可。

技能训练 7-10

要求：沿用【技能训练7-9】资料，完成社会保险费缴费申报。

技能训练 7-10 解析

汇达公司登录新电子税务局，点击【社保费申报】—【社会保险费申报】，核对申报汇总数据无误后，点击【申报提交】即可完成申报。填报完成的申报表如表7-5所示。

表7-5 社会保险费缴费申报表

缴费人识别码：913301001234567801　　费款所属日期：2025年3月　　金额单位：元（列至角分）

缴费单位名称	杭州市汇达服装有限公司				单位地址				联系电话			
缴费银行					缴费账号				登记注册类型			
费种	征收品目	征收子目	缴费基数	费率	应缴费额	减免幅度	减免费额	抵缴费额	本期应缴费额	缴费人数	数据来源	费款所属期
1	2	3	4	5	6＝4×5	7	8＝6×7	9	10＝6－8－9	11	12	13
企业职工基本养老保险费	职工基本养老保险（单位缴纳）	企业缴纳	4 812.00	16%	769.92	0.00	0.00	0.00	769.92	1	税务生成	2025-03
企业职工基本养老保险费	职工基本养老保险（个人缴纳）	企业职工缴纳	4 812.00	8%	384.96	0.00	0.00	0.00	384.96	1	税务生成	2025-03
失业保险费	失业保险（单位缴纳）	企业缴纳	4 812.00	0.5%	24.06	0.00	0.00	0.00	24.06	1	税务生成	2025-03
失业保险费	失业保险（个人缴纳）	企业职工缴纳	4 812.00	0.5%	24.06	0.00	0.00	0.00	24.06	1	税务生成	2025-03
基本医疗保险费	职工基本医疗保险（单位缴纳）	基本医疗保险费Ⅰ、Ⅱ	4 812.00	9.5%	457.14	0.00	0.00	0.00	457.14	1	税务生成	2025-03
医疗保险费	职工基本医疗保险（个人缴纳）	职工缴纳	4 812.00	2%	96.24	0.00	0.00	0.00	96.24	1	税务生成	2025-03
工伤保险费	工伤保险	企业缴纳	4 812.00	0.2%	9.62	0.00	0.00	0.00	9.62	1	税务生成	2025-03
合计	——	——	——	——	1 766.00	——	0.00	0.00	1 766.00	——	——	——
缴费人申明	本缴费单位所申报的社会保险费真实、准确，如有虚假内容，愿承担法律责任。 法人代表（业主）签名： 年 月 日		授权人申明		我单位授权为本缴费人代理申报人，任何与申报有关的往来文件，都可寄此代理机构。 委托代理合同号： 授权人： 年 月 日				代理人申明	本申报表是按照社会保险费有关规定填报，我确认其真实、合法。 代理人（签章）： 经办人： 年 月 日		
税务机关受理：				受理日期：		年 月 日			备注：			

填表人签名：　　填表日期：　年　月　日

课堂讨论

除了缴纳社会保险费外，你觉得个人是否还需要进行其他养老规划？

引例解析

社会保险费主要包括养老保险、医疗保险、失业保险、工伤保险和生育保险。职工个人缴费基数为上年度本人月平均工资，但不得低于统筹区上年全口径城镇单位就业人员平均工资的60%，不得高于统筹区上年全口径城镇单位就业人员平均工资的300%。目前，企业职工基本养老保险单位缴费比例统一为16%，个人缴费比例为8%，医疗保险、失业保险、工伤保险和生育保险的缴费比例因地区和行业而异。小丽应根据当地具体政策，明确缴费基数和比例，确保合规缴纳社会保险费。

• 诚信纳税　为国聚财 •

新电子税务局赋能社会保险费征收：公平、透明与高效

社会保险是社会保障体系的核心组成部分，旨在为参保者在年老、疾病、失业、工伤和生育等情况下提供物质帮助。社会保险通过国家立法强制实施，具有普遍性、互济性和强制性的特点。

将社保费划转交由税务部门征收，可以统一征收标准和流程，规范社会保险费的征收管理，避免出现不同部门征收标准不一致、征收不规范等问题，提高社会保险费征收的公平性和透明度，确保缴费人的权益记录和待遇支付不受影响。

新电子税务局的建成使用，进一步缩短了纳税（费）时间，减少了纳税（费）次数，为广大纳税人提供了更加优质高效的服务。同时，有利于打破数据壁垒，实现数据共享与协同，提高税收共治水平，实现以数治税、促进税收公平。

通过新电子税务局，97%的税费事项、99%的纳税申报事项可在线上全流程办理。缴费人可以通过电子税务局、单位客户端、手机APP以及办税服务厅等渠道等“网上、掌上、实体、自助”多元化渠道进行缴费，安全高效地办理业务。税务部门更是不断优化“自动算税”申报方式，运用税收大数据，实现多个税费（种）申报由信息系统自动提取数据、计算税额以及预填报表业务。纳税人缴费人直接确认结果或补录少量数据即可完成申报，大幅减轻办税缴费负担。

思考训练题

一、单项选择题

1. 下列纳税人中，应缴纳城市维护建设税的是（　　）。

A. 印花税的纳税人

B. 个人所得税的纳税人

C. 车船使用税的纳税人

D. 既交增值税又交消费税的纳税人

2. 下列各项中，符合城市维护建设税相关规定的是（　　）。

A. 城市维护建设税实行差别比例税率

B. 当增值税享受减免时，城市维护建设税和教育费附加的计税依据也会相应减少

C. 流动经营的单位应随同缴纳“两税”的经营地的适用税率缴纳

D. 代扣代缴的城市维护建设税应按被扣缴纳税人所在地的税率缴纳

3. 某市区企业3月实际缴纳增值税500 000元，消费税300 000元，根据规定，该企业应缴纳的教育费附加和地方教育附加分别为（　　）。

A. 24 000元和16 000元

B. 18 000元和12 000元

C. 15 000元和10 000元

D. 21 000元和14 000元

4. 下列车辆中，属于车辆购置税征税范围的是（　　）。

A. 地铁

B. 装载机

C. 排气量180毫升的摩托车

D. 叉车

5. 进口自用应税车辆的计税依据是（　　）。

A. 购买价格

B. 关税完税价格

C. 组成计税价格

D. 市场价格

6. 关税的纳税人不包括（　　）。

A. 进口货物的收货人

B. 出口货物的发货人

C. 进境物品的携带人或收件人

D. 国内货物的运输人

7. 关税的税率分为进口税率和出口税率，其中进口关税设置的税率不包括（　　）。

A. 最惠国税率

B. 协定税率

C. 特惠税率

D. 固定税率

8. 船舶吨税的计税依据是（　　）。

A. 船舶总吨位

B. 船舶净吨位

C. 船舶载重吨位

D. 船舶长度

9. 船舶吨税的纳税义务发生时间是（　　）。

A. 船舶离开港口的当日

B. 船舶进入港口的当日

C. 船舶完成申报的当日

D. 船舶完成登记的当日

10. 工伤保险的缴费主体是（　　）。

A. 个人

B. 用人单位

C. 个人和用人单位共同缴费

D. 国家

二、多项选择题

1. 下列各项中，符合城市维护建设税征收管理有关规定的有（　　　）。

A. 海关对进口产品代征的增值税、消费税，征收城市维护建设税

B. 海关对进口产品代征的增值税、消费税，不征收城市维护建设税

C. 海关对出口产品退还增值税、消费税的，不退还已缴纳的城市维护建设税

D. 海关对进口产品退还增值税、消费税的，退还已缴纳的城市维护建设税

2. 根据税法规定，下列关于城市维护建设税及教育费附加的纳税人的说法中，正确的有（　　　）。

A. 包括负有缴纳增值税、消费税义务的单位和个人

B. 仅包括企业，不包括行政单位、事业单位等

C. 包括个体工商户及其他个人

D. 包括国有企业、集体企业、私营企业、股份制企业等

3. 下列各项中，属于城市维护建设税计税依据的有(　　)。

A. 应纳“两税”税额　　B. 纳税人滞纳“两税”而加收的滞纳金

C. 纳税人偷逃“两税”被处的罚款　　D. 纳税人偷逃“两税”被查补的税款

4. 下列车辆中，免征车辆购置税的有(　　)。

A. 中国人民解放军列入装备订货计划的车辆

B. 悬挂应急救援专用号牌的国家综合性消防救援车辆

C. 城市公交企业购置的公共汽电车辆

D. 电动摩托车

5. 车辆购置税的纳税地点包括(　　)。

A. 车辆登记地　　B. 单位纳税人机构所在地

C. 个人纳税人户籍所在地　　D. 个人纳税人经常居住地

6. 关税应纳税额的计算方式包括(　　)。

A. 从价计征　　B. 从量计征

C. 复合计征　　D. 定额计征

7. 进口货物的计税价格应当包括(　　)。

A. 由买方负担的购货佣金以外的佣金和经纪费

B. 由买方负担的与该货物视为一体的容器的费用

C. 由买方负担的包装材料费用和包装劳务费用

D. 进口货物运抵中华人民共和国境内输入地点起卸后的运输及其相关费用

8. 船舶吨税的税率包括(　　)。

A. 优惠税率　　B. 普通税率

C. 累进税率　　D. 固定税率

9. 船舶吨税的纳税人包括(　　)。

A. 外国籍船舶　　B. 经批准从事国际运输业务的中国籍船舶

C. 外方租用的中国籍船舶　　D. 仅在国内港口间运输的中国籍船舶

10. 职工基本医疗保险的享受待遇包括(　　)。

A. 个人账户资金支付的部分　　B. 社会医疗统筹基金起付标准以下的费用部分

C. 封顶线以上的医疗费用部分　　D. 社会医疗统筹基金起付标准以上的费用部分

三、判断题

1. 城市维护建设税按纳税人所在地的不同，设置了三档地区差别比例税率。(　　)

2. 自2021年8月1日起，纳税人在申报增值税、消费税时，应一并完成城市维护建设税、教育费附加和地方教育附加等附加税费的申报。(　　)

3. 城市维护建设税的纳税人，是指实际缴纳增值税、消费税的单位和个人。对外商投资企业、外国企业及外籍个人，不征收城市维护建设税。(　　)

4. 车辆购置税是在原车辆购置附加费的基础上，由“费改税”方式演变而来的一种税。(　　)

5. 车辆购置税的纳税义务发生时间为纳税人购置应税车辆的当日。 ( )

6. 进出口货物的纳税人、扣缴义务人应当自完成申报之日起14日内缴纳税款。 ( )

7. 从事跨境电子商务零售进口的电子商务平台经营者不是关税的纳税人。 ( )

8. 工伤保险由个人和用人单位共同缴纳。 ( )

9. 失业保险的享受条件包括自愿辞职。 ( )

10. 工伤保险的享受待遇包括治疗工伤的医疗费用、住院伙食补助费、停工留薪期工资福利待遇等。

四、综合实训题

1. 某市区A企业为小微企业，3月实际缴纳增值税180 000元，消费税120 000元。

实训要求： 计算该企业应缴纳的城市维护建设税及教育费附加额，并编制相应的会计分录。

2. 某企业于4月1日从国外进口一辆排气量为2.5升的小轿车，关税完税价格为150 000元，关税税率为20%，消费税税率为10%。

实训要求： 请计算该企业应缴纳的车辆购置税税额，并编制会计分录。

3. 某企业从国外进口一批设备，设备的境外口岸离岸价格为每台10 000元人民币，共进口100台。买方承担的包装费为每台200元，向卖方支付的佣金为每台300元，向自己的采购代理人支付的佣金为10 000元。已知该货物运抵中国海关境内输入地起卸前的运输、保险和其他劳务费用为每台500元人民币，关税税率为15%。

实训要求： 计算该企业应缴纳的进口关税税额。

4. 杭州市某企业4月有员工10人，每人月工资为5 000元，社会保险费的缴费基数为5 000元。

实训要求： 计算该企业4月应缴纳的社会保险费总额（包括单位和个人缴费部分）。

主要参考文献

[1] 财政部会计财务评价中心.经济法基础：2025年度全国会计专业技术资格考试辅导教材[M].北京：经济科学出版社,2025.

[2] 全国税务师职业资格考试教材编写组.涉税服务实务[M].北京：中国税务出版社,2025.

[3] 全国税务师职业资格考试教材编写组.税法：Ⅰ[M].北京：中国税务出版社,2025.

[4] 全国税务师职业资格考试教材编写组.税法：Ⅱ[M].北京：中国税务出版社,2025.

[5] 王荃,朱丹.税费计算与申报[M].4版.北京：高等教育出版社,2024.

郑重声明

编号：________________

课程平台申请体验单

学校和院系名称：____**（须院系盖章）**

联系人：____________________________ 联系方式：____________________________

感谢贵校使用郑宝凤、潘上永等编写的《纳税核算与智能申报》(978-7-04-065066-2)。为便于学校统一组织教学，学校可凭本体验单向厦门网中网软件有限公司（简称“网中网”）免费申请智能化税费申报与管理平台（学校每个二级学院可申请免费试用一个学期）。

提货方式：

1. 详细填写本提货单第一行学校和院系名称（盖院系章）及相关信息。
2. 把本体验单传真或者拍照发给高等教育出版社相关业务部门审核（联系方式如下），获取提货单编号。
3. 凭编号和院系名称，向网中网申请体验。
4. 本提货单最终解释权归网中网所有。

高等教育出版社联系方式：

姓名：胡伟峰　　手机：13761157915　　座机：021-56718737

传真：021-56718517　　QQ：122803063

网中网联系方式：

联系手机号：18250786196（微信同号），全国免费客服：400-0592-228

厦门网中网软件有限公司

高等教育出版社

教学资源服务指南

感谢您使用本书。为方便教学，我社为教师提供资源下载、样书申请等服务，如贵校已选用本书，您只要关注微信公众号“高职财经教学研究”，或加入下列教师交流QQ群即可免费获得相关服务。

高职财经教学研究
高等教育出版社(上海)教材服务有限...
上海

高等教育出版社旗下产品，提供高职财经专业课程教学交流、配套数字资源及样书申请等服务。>

资源下载：点击“**教学服务**”—“**资源下载**”，注册登录后可搜索相应的资源并下载。（建议用电脑浏览器操作）

样书申请：点击“**教学服务**”—“**样书申请**”，填写相关信息即可申请样书。

样章下载：点击“**教学服务**”—“**教材样章**”，即可下载在供教材的前言、目录和样章。

题库申请：点击“**题库申请**”，填写相关信息即可申请题库或下载试卷。

师资培训：点击“**师资培训**”，获取最新会议信息、直播回放和往期师资培训视频。

联系方式

会计QQ3群 :473802328　　会计QQ2群 :370279388　　会计QQ1群 :554729666
会计QQ4群 :291244392
(以上4个会计 Q群，加入任何一个即可获取教学服务，请勿重复加入)
联系电话: (021)56961310　　电子邮箱:3076198581@qq.com

在线试题库及组卷系统

我们研发有十余门课程试题库:“基础会计”“财务会计”“成本计算与管理”“财务管理”“管理会计”“税务会计”“税法”“税收筹划”“审计基础与实务”“财务报表分析”“EXCEL在财务中的应用”“大数据基础与实务”“会计信息系统应用”“政府会计”“内部控制与风险管理”等，平均每个题库近3000题，知识点全覆盖，题型丰富，可自动组卷与批改。如贵校选用了高教社沪版相关课程教材，我们可免费提供给教师每个题库生成的各6套试卷及答案（Word格式难中易三档，索取方式见上述“题库申请”），教师也可与我们联系咨询更多试题库详情。